KB036251

초연결사회

인터넷, 디지털 미디어, 그리고 기술-사회 생활

※ 이 책은 MBC재단 방송문화진흥회의 지원을 받아 출간되었습니다.

※ 이 도서의 국립중앙도서관 출판예정도서목록(CIP)은 서지정보유통지원시스템 홈페이지
(http://seoji.nl.go.kr)와 국가자료공동목록시스템(http://www.nl.go.kr/kolisnet)에서
이용하실 수 있습니다. CIP제어번호: CIP2018008699(양장), CIP2018008698(반양장)

방송문화진흥총서 181

초연결사회

인터넷, 디지털 미디어, 그리고 기술-사회 생활

메리 차이코 Mary Chayko 지음 | 배현석 옮김

Superconnected
The Internet, Digital Media, & Techno-Social Life

한울
아카데미

Superconnected

The Internet, Digital Media, and Techno-Social Life

by Mary Chayko

옮긴이의 글

한 인터넷 서점 사이트에서 최근에 발간된 커뮤니케이션 관련 서적을 검색하다가 정말 한눈에 들어온 '초연결사회'라는 제목의 책을 처음 보는 순간 빨리 만나보고 싶다는 생각과 좋은 책이라면 더 많은 사람이 손쉽게 이 책을 읽을 수 있도록 우리말로 소개하고 싶다는 생각에 살짝 흥분되기까지 했다. 그렇다, 우리는 초연결된 사회에 살고 있지만, 이 새롭게 변신한 사회가 정말 어떤 모습인지, 우리는 이 사회에 어떤 영향을 주고 또 어떻게 영향을 받는지, 그리고 앞으로 우리와 이 사회는 또 어떻게 변해갈지 궁금한 것이 너무 많기 때문이다.

실제로 많은 우리는 아침에 눈이 채 뜨기도 전에 손을 더듬어 침대 옆 간이 탁자에 놓여 있는 스마트폰을 찾고, 잠들기 전에도 이것저것 검색하고 확인한 뒤에 비로소 잠자리에 든다. 일상에서도 뭔가 좀 생각할라치면 스마트폰은 연신 각기 다른 소리를 내며 '초연결할 것'을 우리에게 종용한다. 그래서 저자의 표현처럼 "기술이 풍부한 사회에 살고 있는 우리는 진정으로 '로그오프'하는 것이 어려울 수도 있다." (물론 모든 국가의 국민이 다 그런 건 아니지만) 우리는 이제 스마트폰과 인터넷이 일상이 되어버린 그런 세상에 살고 있다. 그래서 이 책의 저자는 인터넷을 'Internet'이 아닌 보통명사 'internet'으로 쓰고 있다. 인터넷이 이제 더 이상 특별할 게 없다는 이유에서이다. 그렇다면 이제 우리 가운데 깊숙이 들어와 있는 '초연결사회'란 과연 어떤 사회이고, 그 속에 살고 있는 우리는 어떤 삶을 살고 있는가? 저자는 한마디로 초연결사회에서의 삶을 '기술-사회' 생활이라 부른다. '기술-사회' 생활(techno-social life)이란 우리의 경험이 기술의 영향력을 받는(technologically infused) 동시에 매우 사회적(highly social)임을 나타내는 용어이다.

이 책을 읽다보면 디지털 세상으로의 변화의 한가운데 있는 나는 그리고 우리는 누구이고, 나와 우리는 어떻게 앞으로 이 세상을 살아나갈 것이며, 우리의 만남과 상호작용은 아날로그 시대의 그것들과 어떻게 다르고 어떻게 같은가와 같은 여러 가지 의문에 대한 답이 조금씩 정리되어가는 느낌을 받을 수 있을 것이다.

로그오프하기 힘든 초연결된 사회는 우리에게 여러 기대를 가져다주기도 하지만, 그러한 그물 속에 갇혀 사는 우리는 여러 가지 문제와 해결 과제에 직면하기도 한다. 그래서 저자는 저자의 또 다른 저서에서 우리의 회복과 휴식을 위해 혼자 있을 것(solitude), 단절, 잠시 떠날 것을 주문하면서, "만약 우리가 서로를 결코 떠나지 않는다면, 서로를 결코 그리워할 수 없거나 재회가 주는 기쁨을 경험할 수 없다"고 말한다. 우리 자신의 규칙적이고 일상적인 경험으로부터 일시적으로 떠나 있는 것은 풍요로움과 깨우침을 가져다줄 수 있다. 그러면서 저자는 결론적으로 다음과 같이 제안한다: "네트워크를 형성하고, 말하고, 창조하고, 리믹스하고, 행동하고, 여러분이 마음대로 사용할 수 있는 기술과 (여러분이 만들어내는 기술을 포함해) 앞으로의 기술을 사용해 여러분이 살기 원하는 종류의 세상을 만들어가라. 여러분이 믿는 것처럼 여러분을 믿는 다른 사람들과 연결하라. 그러한 연계를 구축하고 유지하기 위해 인터넷, 디지털 미디어, 대면 모임을 조합해서 사용하라. 호기심, 창의성, 비판적 정신(여러분이 이 모든 것을 개발하는 것을 이 책이 도와줄 수 있기를 바람)을 가지고 있다면, 여러분이 떠날 수 있는 여정과 여러분이 자신만의 초연결된 기술-사회 생활에서 만들어 낼 수 있는 변화에는 거의 제한이 없을 것이다." 따라서 역자는 여러분이 이 책을 읽고, 잠시라도 단절되어 혼자 있는 것의 즐거움과 소중함에 대해 한 번쯤 생각해볼 수 있는 기회를 가지고, 반드시 그것을 실천해보기를 당부한다.

이 책이 독자 여러분과 만날 수 있게 되기까지는 많은 분들의 도움이 있었다. 이 자리를 빌려 그분들에게 고마움을 전하고자 한다. 먼저, 이 책을 '방송문화진흥총서'로 선정해 재정적으로 지원해주신 방송문화진흥회 관계자분들과 출간에 동의해주시고 출간의 기술적인 면에서 많은 도움을 주신 한울 출판사 관계자분들에게 감사의 마음을 전한다.

또한 늘 그렇듯이 사랑하는 가족들의 격려가 있었기에 더 즐거운 마음으로 번역에 임할 수 있었다. 먼저 현재의 건강한 모습으로 온전하게 존재할 수 있게 해준 두 분 부모님, 늘 곁에서 조용히 그리고 묵묵히 내조를 아끼지 않는 나의 동반자 수정 씨, 내 딸과 내 아들로 태어나 건강하게 자라준 것만으로도 늘 기쁨과 에너지를 주는 은결 그리고 한결, 그리고 무엇보다 지난해 새롭게 우리 가족에 합류한 사위 상병 군에게도 무한한 고마움을 전한다. 가끔 미스커뮤니케이션으로 인한 오해와 섭섭함 그리고 서먹서먹함이 있더라도 가족이기에 사랑과 이해로 다시 그리고 빨리 복원력(resilience)을 발휘해주는 가족 구성원 모두에게 사랑을 듬뿍 담아 이 책을 바친다.

2018년 3월, 더 따스한 봄날을 기다리며
배현석

감사의 글

나의 좋은 친구이자 사회학자이자 작가이자 공동체 조직가인 코리 돌곤(Corey Dolgon)이 이 책을 쓰도록 제안했을 때, 맨 처음 나는 그와 그의 제안을 무시하고 싶은 충동을 느꼈다. 나는 많은 이유와 변명을 들어 이 책을 쓰지 않으려 했고 그 가운데 어떤 것은 실제로 합당한 것도 있었지만, 사실은 내가 그 일을 할 준비가 되어 있는지 의문이 들었기 때문이다. 이 프로젝트가 그 범위에 있어서 내가 지금까지 했던 그 어떤 것보다 더 넓을 것이고 상당한 조사와 에너지와 시간이 걸릴 거라고 생각했다.

그러나 일단 이 프로젝트를 구상하고 그것에 어떻게 접근해나갈 것인지에 대해 마음속으로 그려보기 시작했다. 나는 이미 '발을 들여놓은 것'을 깨달았다. 나는 다른 프로젝트들을 수행하는 사이사이에 떠오르는 아이디어들과 전체 섹션을 끄적거리고 있었다. 내가 이 책에 포함하고 싶었던 토픽과 장들의 윤곽이 드러나기 시작했다. 세이지 출판사(SAGE Publications)가 이 책의 출판에 관심을 나타냈다. 갑자기 돌이킬 수 없는 상태가 되고 말았다.

이 책을 준비하는 동안 나는 잊을 수 없는 경험을 했다: 흥미로운 사실들을 배우고 내가 배운 것에 대해 쓰는 데 많은 날들을 보냈고, 옛 친구 및 새 친구와 멋진 대화를 나누었으며, 일을 마무리하고 목표를 달성하는 기쁨을 맛보았다. 나는 이 일을 시작해서 기쁘지만, 그 과정에서 생겨나 더 탄탄해진 관계 및 네트워크로 인해 지금 훨씬 더 행복하다.

따라서 이 책을 제안해주었을 뿐만 아니라 지속적이고 변함없는 격려를 해준 코리 돌곤에게 나는 감사하지 않을 수 없다. 동료로서 친구로서 공저자로서 그리고 노래할 때 파트너로서 그가 내 인생에 미친 영향은 다른 무엇보다 중요하며 수십 년간 이어져온 우리의 우정은 내 인생에서 가장 큰 즐거움 가운데 하나이다.

코리에 이어 사회정의를 지향하는 우리의 작은 포크 그룹(folk group)의 세 번째 멤버이자 최고의 사회학자이자 가수 겸 작곡가인 짐 캐널(Jim Kennel)에게도 감사하지 않을 수 없다. 짐과 교육학 교수이자 결혼을 통해 사회학자가 된 그의 아내 그레타 패널(Greta Pennel)은 럿거스(Rutgers)에서의 대학원 시절 이후 나에게 가족이 되어주었다. 대학원 시절 친구와 세월이 흘러도 여전히 서로 지지하고 함께 음악을 하면서 계속 친하게 지내는 것에는 매우 특별한 무언가가 있다. 늘 내 뒤를 지켜주고 있는 이 세 명에게 감사한다.

또한 다음 분들에게도 감사드린다:

- 제게 생각하는 법을 가르쳐주신 에비아타 제루바벨(Eviatar Zerubavel).
- 비할 데 없는 멘토이자 롤-모델이자 다방면에 걸쳐 탁월하신 캐런 세룰로(Karen Cerulo).
- 한없이 관대하고 자상한 아이라 코헨(Ira Cohen).
- 전문성을 토대로 이 책이 출판되도록 방향을 잡아준 제프 래서(Jeff Lasser)와 세이지 출판사의 편집인과 직원들, 특히 섀넌 켈리(Shannon Kelly), 베로니카 스테이플턴 후퍼(Veronica Stapleton Hooper), 네이썬 데이비슨(Nathan Davidson), 알렉스 크로엘(Alex Croell).
- 세이지에 있었을 때 일찍이 이 책에 관심을 보이고 출판 결정을 해준 데이브 레페토(Dave Repetto).
- 생활이 엉망일 때 내가 맨 먼저 전화를 거는 짐 맥글루(Jim McGlew).

- 나의 모든 전문가로서의 활동에 영향을 주고 영감을 주는 나의 과거, 현재, 그리고 미래의 학생들. 나는 늘 그들을 대상으로 그리고 그들을 위해 글을 쓴다.
- 내 직업 생활의 고향인 럿거스 대학교(Rutgers University) 커뮤니케이션 정보 학부(School of Communication and Information)와 특히 나와 이 프로젝트를 강력하게 지지해준 스티브 밀러(Steve Miller), 키이쓰 햄튼(Keith Hampton), 드니스 크레이거(Denise Kreiger), 그리고 하티 모크로스(Harty Mokros) 학부장, 캐런 노빅(Karen Novick), 클레어 매키너니(Claire McInerney), 조너썬 포터(Jonathan Potter).
- 럿거스 대학교, 세인트 엘리저베쓰 대학(College of Saint Elizabeth), 그리고 전 세계의 수많은 대학 및 대학교에 있는 나의 많은 다른 동료들과 친애하는 친구들.

그리고 나에게 가장 중요한 사람들에게 고마움을 전한다:

- 조건이나 기대 없이 나를 사랑해준 글렌 크룩스(Glenn Crooks).
- 이 책의 매우 많은 이슈들에 대해 나와 이야기를 나누고 나와 둘도 없는 매우 특별한 끈을 맺어준 나의 멋진 아들 라이언 리조테(Ryan Lizotte).
- 엄마와 딸이라는 무엇과도 대체할 수 없는 특별한 끈을 맺어준 모건 크룩스(Morgan Crooks). 너의 놀라운 자급자족 능력에 감사를 보내고 만약 그렇지 않았더라면 이 책은 결코 완성되지 못했을 거야.
- (때때로) 나를 애송이로 만드는 어머니 테리 체이코(Terri Chayko).
- 사랑과 생명의 교훈이 매시간은 아니지만 매일 상기시켜주는 밥 체이코(Bob Chayko).
- 그냥 나의 고모이어서 고마운 고모 팻(Pat).
- 나의 둘도 없는 '오빠' 롭 핀셀리(Rob Pincelli).

- 나의 형제자매이자 내 평생 최고의 친구 케이씨 체이코(Cathy Chayko)와 존 체이코(John Chayko), 조카 애나(Anna)와 조 와스머(Joe Wassmer) 그리고 알렉스(Alex)와 조시 체이코(Josh Chayko), 그들의 배우자 스캇 페트리(Scott Petry)와 클로디아 스코티(Clauddia Scotti), 모든 스코티 집안사람들〔특히 구그(Goog)〕, 또 정말 멋진 고모 잰(Jan)과 그녀의 일당들: 놈(Norm), 멜러니(Melanie), 데빈(Devin), 제프(Jeff), 어맨다(Amanda), 애디(Addy), 그리고 서맨씨(Samantha).

여러분 모두에게 진심 어린 감사를 드린다. 나는 그 누구보다도 내 마을 사람들을 더 중요하게 여길 것이다.

출판사 감사의 글

세이지 출판사는 이 책의 편집에 영감과 조언을 제공해준 다음 동료 검토자들에게 감사의 뜻을 전한다:

- 니콜 A. 쿡(Nicole A. Cooke)
  문헌정보 대학원(Graduate School of Library and Information Science)
  일리노이 대학교(University of Illinois)
- 스티브 존스(Steve Jones)
  일리노이 대학교(시카고 소재)
- 줄리아 네바레즈(Julia Nevarez)
  킨 대학교(Kean University)
- 중환 오(Joong-Hwan Oh)
  헌터 대학-뉴욕시립대학교(Hunter College-CUNY)

- 줄리 B. 와이어스트(Julie B. Wiest)

  펜실베이니아 웨스터 체스터 대학교(Wester Chester University of Pennsylvania)

차례

제 **1** 장

초연결성

초연결

여러분이 이 책에 대해 알아야 할 첫 번째 사실은 책 제목이 부분적으로 부적절하다는 것이다. 그렇다, 우리 사회는 '초연결되어(superconnected)' 있고, 우리 또한 그러하다―인류 역사상 그렇게 많은 사람이 다른 많은 사람과, 아주 다양한 방법으로, 아주 광범위한 사회적 함의를 가지면서 연결된 적이 결코 없었다. 그러나 때때로 전 세계가 전자적으로 연결된 상태에서 살고 있는 것으로 가정되지만, 그것은 정확히 말해 사실이 아니다. 전 세계적으로 남부 아시아의 상당 지역과 사하라 사막 이남의 아프리카 지역 같이 인터넷 접속, 컴퓨터, 심지어 전기도 심각하게 부족한 지역이 존재한다. 전 세계 인구의 약 4분의 1에게 불규칙한 전기 공급이 이루어지고 있다. 그리고 휴대폰이 컴퓨터보다 개발도상국에 훨씬 더 광범위하게 보급되어 있지만, 개발도상국가의 휴대폰은 기술적으로 더 발전된 지역의 휴대폰보다 훨씬 더 제한적으로 사용되며, 휴대폰 소지자들은 일관성이 없는 인터넷 접속, 신뢰할 수 없는 서비스, 휴대폰을 정기적으로 충전할 수 없음으로 인해 자주 지장을 받는다(Gronewold, 2009; International Telecommunications Union[ITU], 2014; McKinsey and Company, 2014; Pew Research Center's Global Attitudes Project, 2012).

그래서 인터넷, 디지털 및 소셜 미디어, 휴대폰 사용을 통한 기술적 연결성 (technological connectedness)[1]에 대해 이야기할 때, 우리는 모든 사람이 이러한 것들을 동등하게 이용할 수 없거나 경험하지 못한다는 사실을 반드시 명심해야 하며, 이러한 사실은 이 책 전체를 통해서도 명심해야 할 것이다. 심지어 미국과 캐나다처럼 매우 발전된 국가에서도 사람들이 온라인에 접속해서 연계를 맺는지 여부와 접속해서 연계를 맺는 방식에 영향을 미치는 사회적 분열(social division)과 사회적 차이가 존재한다. 규칙적으로 인터넷에 접속하지 못하는 사람들은 대부분 형편없는 하부구조, 의료, 교육, 고용 기회로 인해 인터넷 채택과 사용이 방해받는 시골 지역에 산다. 오프라인 인구의 약 4분의 1이 글을 읽거나 쓸 줄 모른다. 나머지 4분의 3은 그들이 원해서 오프라인 상태를 유지한다(Dutta, Geiger and Lanvin, 2015; Ferdman, 2014; McKinsey and Company, 2014).

인터넷 연결성(internet connectedness)은 사회경제적 지위, 교육적 배경, 인종, 민족성, 젠더(gender),[2] 나이, 성적 지향성(sexual orientation) 등과 같은 사회적 요인이 물리적 세계(physical world)에서 나타나는 방식을 반영한다. 이것은 '온라인' 디지털 세계가 '오프라인'의 물리적 세계와 분리된 실체가 아니기 때문이다. 온라인 디지털 세계는 오프라인 물리적 세계의 일부이다. 온라인 활동은 물리적 공간에서 이뤄지는 사회생활의 일부인 우려, 문제, 분열을 더 두드러지

---

1   'connectedness'는 사람이 기술을 사용하여 연결되어 있는 상태 혹은 연결되어 있는 질을 나타내기 때문에 '연결성'으로 번역하고, 본문 7장에 등장하는 'connectivity'는 기술들이 광범위한 규모로 서로 연결되어 있는 상태를 말하는 것으로, 유튜브나 GPS 서비스처럼 연결시켜주는 주류 기술이 변하면 함께 변하며, 그리고 connectedness와의 구분을 위해 '연결'이라고 번역한다. 또 원서 여기저기에 등장하는 'connection(s)'은 맥락에 따라 '연계', '연관성', '관련성', '연관', 혹은 '연결'로 번역한다(https://infograph.venngage.com/p/172695/connectivity-vs-connectedness) — 옮긴이 주.

2   '성(sex)'이 생물학적 성을 의미한다면, '젠더(gender)'는 사회문화적으로 결정되는 개념으로 사회 속에서 만들어지는 남성과 여성에 관련된 사회적·문화적·심리적 특성 등에 의해 결정된다. 사회적 성은 여성과 남성에게 기대되는 역할, 태도, 행동뿐 아니라 남성과 여성의 불평등한 관계를 포함한다 — 옮긴이 주.

게 하고 증폭시킬 수 있으며, 또한 새로운 이슈에 대한 우려도 야기할 수 있다. 그러나 디지털 세계는 어느 모로 보나 실재적(real)[3]이며 일상생활의 경험과 우리 사회의 미래(그리고 우리 자신)와 깊이 통합되어 있는데, 이로 인해 그것을 살펴보고 이해하는 것은 매우 중요하다.

전 세계적인 디지털 접근(digital access)은 물론 모든 사람을 위해 이러한 기술의 잠재력을 완전하게 실현하는 것에는 장애물이 남아 있지만, 인터넷과 디지털 미디어는 여전히 사회적 연결성(social connectedness)과 사회적 변화를 위한 엄청난 기회를 제공한다. 그것들은 도시, 자동차, 가전제품, 조명 및 난방 제품, 건강 및 라이프스타일 모니터링을 포함해 현대 생활의 거의 모든 측면에 깊이 자리하고(embedded) 있다. 전 세계적인 것에서부터 지역적인 것까지 그리고 그 중간에 있는 모든 것까지, 모든 종류의 공간에서 개인과 그들의 지역사회 그리고 사회는 상호 연결되었고, 생활은 극적으로 영향을 받았으며, 환경은 점차 기술로 포화되기에 이르렀다. 그래서 결국 이 책의 제목은 여전히 적절해 보인다. 왜냐하면 이전에는 상상도 못할 정도로 그리고 거의 무한한 추가적인 통합 잠재력을 지닌 채 이 세계는 정말 기술적으로 그리고 사회적으로 '초연결' 되었기 때문이다.

인터넷 …

인터넷은 무수히 많은 수십억 개의 컴퓨터화된 기기들을 연결하는 회로, 관 (tube) 및 데이터 패킷(packet)으로 구성된 전 세계적인 네트워크이다(Blum, 2013).

---

3   '실재(實在)'는 '실제(實際)로, 즉 사실로서 현실에서 존재(存在)함'이라는 의미로 그 '존재'에 초점이 있는 말이고, '실제(實際)'는 '사실의 경우나 형편'이라는 의미로, 어떤 '사실'에 초점을 둔 말로 쓰거나 본인이 보거나 듣거나 하는 경험을 통해서 무언가를 직접 하거나 느끼는 것을 나타내는 말이다 ― 옮긴이 주.

그렇게 해서 인터넷은 늘 성장하고 확산하는 거대하고 복잡한 정보 공유 하부 구조를 제공한다. 이 책에서 필자는 인터넷의 첫 글자를 대문자(즉, Internet)로 쓰지 않고 소문자(즉, internet)로 쓰는 것을 선호하는데, 그 이유는 인터넷은 수 없이 많은 사람의 필수적인 부분이 되어 더 이상 그것을 '대문자로 써줄 만한 가치가 있는 특별한 것'으로 간주할 필요가 없어 보인다는 확고한 결심 때문이다[이러한 주장은 스티브 존스(Steve Jones; Schwartz, 2002에서 재인용), 마컴 및 베임(Markham and Baym, 2009) 등의 주장과 유사함].

이메일(email), 소셜 미디어(social media), 월드 와이드 웹(World Wide Web)을 포함해 많은 서비스가 이러한 네트워크를 따라 전송된다. 웹이라는 용어와 인터넷이라는 용어는 흔히 서로 번갈아가며 사용되지만, 웹은 인터넷과 다르다. 웹은 인터넷'상'에 존재하는 하이퍼링크된(hyperlinked) 페이지와 문서들의 체계이다. 달리 표현하면, 인터넷은 웹을 포함해 좀 더 작은 수많은 네트워크와 운용체계들로 구성되는 거대한 네트워크이다. 사람들은 인터넷 서비스를 사용하여 서로를 찾고, 서로에 대해 배우고, 정보 및 사회적 지지를 교환하고, 일하고, 놀며, 그들이 초연결되어 있다고 말할 수 있을 만큼 매우 방대하고 완벽하게 연결되어 있다.

이러한 운용체계들이 잘 작동하고 좀 더 작은 네트워크들이 서로를 찾아내고 상호 연결되기 위해서는 컴퓨터화가 필요하다. 다양한 종류의 기기를 통해 작동하는 다양한 유형과 크기의 컴퓨터가 존재한다. 어떤 컴퓨터는 매우 작아서 손에 들고 다닐 수 있다. 휴대폰과 스마트폰은 디지털화된 이동통신을 가능하게 해주는 소형 컴퓨터로 간주되기에 정말 최적격이다.

문자 보내기, 게임하기, SMS(short messaging service)를 통한 인스턴트 메시지 보내기와 같이 컴퓨터화된 모바일 기기를 통해 교환되는 일부 커뮤니케이션 서비스는 실제 인터넷이 아닌 무선 이동통신 네트워크와 위성 네트워크에 의해 촉진된다. 즉, 이러한 네트워크들은 기술적으로 인터넷의 일부가 아닐 수도 있다. 그러나 이 네트워크들은 디지털화되어 있고 사람들을 연결해주는 역할을 한다. 따라서 인터넷 사용에 대한 조사는 정말 〔소위 '컴퓨터 매개 커뮤니케이션(CMC: computer-mediated communication)'이라 불리는〕 컴퓨터화에 의해 매개되는 모든 종류의 일상적 커뮤니케이션 행위에 대한 연구이다. 그래서 이 책은 사람들이 전자적으로, 디지털 방식으로 연결되는 이러한 모든 방식을 망라할 것이다.

··· 디지털 미디어 ···

'미디어'는 데이터(모아져서 정보가 됨)가 수집되어 저장된 다음 다른 사람들에게 전달되게 해주는 수단이다. 컴퓨터화된 매개 없이 대면(對面) 전달되는 것('아날로그' 방식이라 기술될 수도 있는 것)과는 반대로, 보이지 않는 에너지(비트)를 쏟아내며 컴퓨터화된 네트워크를 통해 데이터를 전달하는 미디어는 디지털 미디어로 간주된다. 정보가 디지털화됨에 따라, 무수히 많은 데이터의 비트들이 컴퓨터에 의해 숫자, 즉 0('꺼짐'을 표시)과 1('켜짐'을 표시)로 표시되고 저장된다.

여기에는 한계가 있다. 즉, 모든 것이 다 디지털화될 수는 없다. 어떤 경험이 아날로그로 여겨질 때, 감각, 즉 미각, 후각, 촉각이 좀 더 온전하게 몰입될 수 있다. 숫자로 코드화되어 전달될 수 없는 대인관계의 미묘한 뉘앙스(감지할 수 있는 것과 감지할 수 없는 것 모두)가 탐지될 수 있다. 그럼에도 엄청난 양의 정보가 컴퓨터에 의해 디지털 방식으로 저장되고 전달될 수 있어서, 디지털 커뮤니케이션은 전반적으로 효율적이고 비용 효율적인(cost-effective) 정보 전달 및 커뮤니케이션 수단이 된다. '디지털'이란 단어 그리고 그에 상응하는 현대의 '디지털성(digitality)'⁴의 상태는 컴퓨터화된 현상, 컴퓨터화된 미디어, 컴퓨터화

---

4   'digitality' 혹은 'digitalism'은 디지털 문화 속에서의 생활 상태를 의미하는 것으로 니컬러스 네그로폰테(Nicholas Negroponte)의 저서 『디지털이다(Being Digital)』에서 근대성과

된 환경을 지칭하게 되었으며, 심지어 컴퓨팅 시대의 상황과 생활 자체에 적용되었다.

기술이 향상되어 사람들이 연결되고 그들을 둘러싸고 있는 세계에 영향을 미칠 수 있는 방법이 점점 더 많이 생기게 됨에 따라, 기술에 의해 가능해진 모든 활동은 일상생활을 바꾸어놓았다. 심지어 개인적으로 그다지 (혹은 전혀) 인터넷에 접속하지 않거나 소셜 미디어를 사용하지 않는 사람들의 생활도 전 세계적인 인터넷, 디지털 미디어, 그리고 모바일 미디어 혁명으로 인해 극적으로 바뀌었다. 이 책은 디지털화되고 초연결되는 사회에서 사는 경험에 초점을 맞추면서 이러한 다양한 변화와 영향을 살펴본다.

인터넷과 디지털 및 모바일 미디어에 대해 살펴볼 때, 그것들 간의 구분과 온라인에 접속하는 여러 가지 방식들 간의 구분이 당면한 토픽과 관련이 없다면, 그러한 구분이 반드시 필요하지는 않을 것이다. 예를 들어, '온라인'이라는 용어와 '디지털'이라는 용어는 대략적으로 컴퓨터화된 기술을 통한 연결성을 나타내지, 사용자들이 그러한 연결에 정확히 어떻게 접속했는지를 의미하지는 않을 것이다. 이러한 활동의 이동 가능하고 휴대 가능한 성질이 당면한 문제와 매우 관련되어 있을 때, 우리는 그러한 활동에 '모바일' 혹은 '휴대할 수 있는'이라는 태그(tag)를 달 것이다. 그러나 디지털 커뮤니케이션은 흔히 휴대용 모바일 기기를 통해 일어나지만, '이동 중(on the go)'이라는 것이 늘 그러한 행위의 가장 두드러진 측면은 아닐 수도 있기 때문에, 우리는 모바일 기기에 접속된 모든 행위를 그런 식으로 지칭하지는 않을 것이다. 사람들이 물리적 공간에서 어떤 경험을 할 때, 우리는 그것을 '오프라인(offline)'에서 일어난다고 말할 것이며, 어떤 상호작용이 물리적 공간에서 일어날 때, 우리는 그것을 '대면(face-to-face)'이라고 부를 것이다. 디지털 기기도 물론 사람들이 서로의 얼굴을 볼 수 있게 해주지만, '대면'은 물리적 일체감이라는 아날로그 경험을 약칭하는

후기 근대성에 대한 비유로 사용되었다 — 옮긴이 주.

말이 되었다.

　이런 용어들은 꽤 불완전한데, 왜냐하면 이러한 모든 종류의 활동은 서로들 속으로 '녹아들어가' 분리되지 않기 때문이다. 예를 들면, 우리는 방 저쪽에서 문자를 보냄으로써 누군가와 대면 상호작용과 온라인 상호작용을 동시에 할 수 있다. 우리는 서둘러야 하거나 별 특징 없는 오프라인, 대면 상호작용에서 보다 온라인, 디지털 상호작용에서 사람들이 더 완전하게 그리고 더 활기차게 존재하는 것을 느낄 수 있다. 그러나 필자가 이 글을 쓰고 있는 지금, 이러한 용어들은 매우 흔히 사용되며 이러한 복잡한 현실을 전달하는 것으로 이해되고 있다. 마침내는 좀 더 정확한 용어들이 나타날 것이고, 따라서 우리는 우리의 명명법에 유연성을 유지해야 하며 또한 급속도로 변하는 이 분야에 대해 배우는 데 늘 열린 자세를 유지해야 한다.

　우리는 또한 그러한 용어들의 기초가 되는 개념을 이해하고자 할 때 정신적 유연성도 유지해야 한다. 사람들은 흔히 디지털 '혹은' 대면으로, 온라인 '혹은' 오프라인으로 깔끔하게 범주화되지 않는 경험을 한다. 관계를 형성하고 유지할 때 사람들은 디지털 기술을 좀 더 전통적인 상호작용 수단과 함께 사용할 수도 있다. 서로 겹치고 교차하는 상호작용 양식들을 이해하고자 할 때, 이분법적인 범주는 심각한 한계를 지닌다. 3장에서 좀 더 충분하게 살펴보겠지만, 우리는 일반적으로 온라인과 오프라인을 병행해서 경험한다. 온라인과 오프라인은 서로 얽혀 있다. 사람들은 흔히 그들의 일상생활 깊숙이 침투한 기술에 매우 크게, 매우 광범위하게 영향을 받고 있기 때문에, 이러한 생활(이러한 공간, 경험, 관계, 지역사회, 그리고 사회)에 대해 생각하는 매우 유용한 한 가지 방식은 그것이 '기술-사회적(techno-social)'이라고 생각하는 것이다(Brown, 2006; Chayko, 2014; Ito and Okabe, 2005; Willson, 2010; Zeynep Tufekci's blog, techno-sociology.org 참조).

… 그리고 기술-사회 생활

기술로 포화된 환경에 살고 있는 사람들은 생활의 거의 모든 측면이 기술의 영향을 받는다는 것을 알 수 있다. 그들은 엄청난 거리를 비교적 쉽게 여행할 수 있고, 한때는 그들의 생활을 앗아갈 수도 있었던 끔찍한 질병에서도 살아남을 수 있으며, 만약 그렇지 않았더라면 영원히 낯선 사람으로 남아 있을 수도 있었을 사람들에 대해 꽤 수월하게 알게 되고, 그들과 소통하며, 그들과 알고 지낼 수 있다. 멀리 떨어져 있는 친구, 친척, 지인이 비교적 쉽게 사람들의 일상 생활의 일부가 될 수 있다. 디지털 지구촌 사회에서는 심지어 기술에 대한 경험이 비교적 초보적인 수준에 있는 사람들도 그럼에도 불구하고 심각한 영향을 받는다.

'기술'은 인간이 지식을 공유하거나 일을 수행하거나 기능을 수행할 수 있게 해주는 어떤 것을 만드는 과정 혹은 기법이다(Jary and Jary, 1991 참조). 기술은 또한, 일단 그것이 발명되어 사용되고 나면, 어떤 문제를 해결하거나 무언가를 하는 방법에 대한 과거의 이해를 향상하기 위한 도구나 발명품으로 간주될 수도 있다. 과학은 주로 과학 자체를 위해 지식의 발견을 지향하는 반면, 기술은 무언가를 이루기 위한 지식의 효율적 사용을 의미한다는 점에서 기술은 '과학'과 다르다(Volti, 2014: 64). 운송이든 건설이든 예술이든 (우리의 주 관심사인) 커뮤니케이션 분야이든, 기술은 아이디어를 전파하고 지식을 향상하며 새로운 생산방식과 새로운 제품이 가능하도록 도와준다. 이러한 기술은 이상적으로는 계속해서 사람들이 사는 방식을 향상해주는 좀 더 효과적이고 유용한 발명으로 이어지지만, 불가피하게 계속해서 좀 더 복잡한 사회를 초래한다.

기술은 글쓰기나 그림 그리기 과정만큼 커뮤니케이션에 기본적이면서도 매우 중요하거나, 혹은 컴퓨터, 카메라, 소프트웨어처럼 더 실재적이고 기계적으로 더 복잡한 무엇일 수 있다. 심지어 펜이나 연필도 하나의 기술이다. 어떤 종류의 기계나 현대화된 산업이 관련될 때 우리는 보통 무언가를 '하이-

테크(high-tech)'로 여기며, 덜 기계화된 상태에 있을 때는 그것을 '로우-테크(low-tech)'로 간주한다.

'정보 및 커뮤니케이션 기술(ICT: information and communication technology)'은 사람들이 사는 방식, 생각하는 방식, 다른 사람과 연계하는 방식에 깊이 자리잡고 있다. 약 30억 명, 즉 전 세계 인구의 40%가 인터넷을 사용하고 있다. 개발도상국의 휴대폰 보급률이 선진국에 비해 두 배 빠른 속도로 증가하면서, 이제 휴대폰 가입자 수는 70억 명에 육박하고 있다. 이러한 휴대폰 가입자 수의 약 3분의 1이 고속, 상시 접속(always-on) '모바일 광대역(mobile broadband)' 기술을 이용한다. 인터넷과 휴대폰은 점차 '소셜 네트워크(social network)', 즉 자원, 기회, 정보[사회적 자본(social capital)]를 확보하고 공유하는 데 사용되거나 연계와 커뮤니티를 형성하는 데 사용될 수 있는 사람들 간의 통로를 만들기 위해 사용된다(boyd and Ellison, 2007; Castells, 2011; ITU, 2014; Pew Research Center's Global Attitudes Project, 2012; Rainie and Wellman, 2012; Zichuhr and Smith, 2013).

더욱이 전 세계 인구의 약 4분의 1인 대략 19억 명은 소셜 미디어를 활발하게 사용하는 활성 사용자(active user)[5]이다(McKinsey and Company, 2014). 사람들이 인터넷에 접속할 때, 소셜 네트워킹(social networking)은 일반적으로 그들이 하는 첫 번째 온라인 활동 가운데 하나이다. (앞으로 보게 되겠지만, 비록 사람들이 무한히 긴 시간 동안 다른 사람과 연결하기 위해 미디어와 기술을 사용해왔고, 따라서 미디어는 오랫동안 어떤 사회적 구성요소를 가지고 있었지만) 기술은 사회 내에서 인상적인 속도와 깊이로 사회적 목적에 사용되고 있다.

정보 및 커뮤니케이션 기술이 개입될 때 가장 심하게 변하는 생활의 측면 가운데 하나가 사회생활(다른 사람들과 협력 속에서, 관계 속에서, 가족 속에서, 지역

---

5 소셜 미디어 앱의 경우, 기간에 따라 일간 활성 사용자(DAU: daily active user), 주간 활성 사용자(WAU: weekly active user), 월간 활성 사용자(MAU: monthly active user)로 나타내는데, 하루에 한 번, 일주일에 한 번, 그리고 한 달에 한 번 해당 앱에 접속하면 활성 사용자로 계산된다 ─ 옮긴이 주.

사회 속에서 사는 것)이다. 인터넷과 디지털 미디어는 일상적인 방식과 의미심장한 방식 모두로 사람들을 서로 연결해준다. 인터넷과 디지털 미디어는 사람들이 서로 잘 알게 도와주며 공통점을 발견하고 서로 접촉할 수 있게 해준다.

우리 생활의 모양과 질감에 상당한 기여를 하는 기술은 사람에 의해 설계되었고 발명되었고 만들어졌으며 그리고 계속해서 역시 사람에 의해, 즉 기술을 창조하고 사용하는 모든 사람의 집합적 행동(collective action)에 의해 구체화되고 있다. 기술을 사람들에게 무언가를 행하는 하나의 실체로 간주하고서는 일이 잘못되거나 복잡해질 때 기술을 탓하는 것은 유용하거나 정확하지 않다. 이것을 일컬어 '기술 결정론(technological determinism)'이라 하며, 기술과 기술의 영향을 이해하는 하나의 방식으로서 기술 결정론은 많은 한계를 지니고 있다.

기술 결정론을 사용할 때는 행위주체성(agency, 행동하고 선택하는 능력)[6]이 기술 자체에 주어진다. 기술 결정론은 인간적 요소(개인적 선택, 취해진 행위, 채워진 충족, 모든 기술 창조 및 사용의 근원인 인간성)를 적절하게 포착하지 못한다. 물론 인간 행위주체성(human agency)은 흔히 자유롭게 행동할 수 있는 사람의 능력에 영향을 미치거나 제약을 가하는 구조(예를 들어, 조직이나 이보다 더 큰 문화 속에서의 사람들의 위치)에 제한을 받는다. 구조가 행위주체성에 제약을 줄 수 있지만, 구조는 바로 문화 속에 살고 있는 사람들이 취한 누적된 행동과 내린 누적된 결정을 통해서 먼저 만들어지고 그런 다음 시간이 흐르면서 변한다.

기술은 인간 행위주체성의 속성을 가지고 있지 않다. 기술은 생각할 수 없으며 인간 및 사회력(social force)[7]과 별개로 스스로 행동할 수 없다. 그렇게 할 수 있다고 가정하면서 기술 사용과 관련하여 나타나는 결과에 대해 기술을 비난하거나 기술의 공로를 인정하는 것은 기술이 우리의 사회적 세계(social

---

6 '행위주체성'이란 행위를 선택할 수 있는 대안의 범위이며, 선택 가능한 자원과 생활에 영향을 미치는 사건에 대하여 개인이 소유하고 있는 통제의 정도를 의미한다 ― 옮긴이 주.
7 사회를 움직이는 힘 ― 옮긴이 주.

world)[8]와 어떻게 만나는지를 이해하는 데 도움이 되지 않는다. 그럼에도 기술 결정론은 사회적 상황(social condition)[9]에 대한 설명으로 꽤 자주 언급된다. 우리는 이 책에서 온라인 괴롭힘(online harassment), 온라인 감시(online surveillance), 강박적인 인터넷 사용과 같은 많은 이슈를 살펴보는데, 어떤 사람들은 기술 결정론을 이러한 문제에 대한 설명으로 제시한다. 이러한 상황들 각각에서 우리는 그러한 조건의 원인이 될 수 있는 다양한 요인을 살펴보며, 그리고 필자는 여러분에게 기술 자체가 그러한 문제의 원인이라는 결론을 서둘러 내리지 말 것을 요청한다.

사회는 범죄, 폭력, 기아, 전쟁, 환경 파괴, 온갖 종류의 불평등과 같은 심각한 사회 문제에 직면해 있다. 급속한 기술 변화는 이러한 문제들을 '동반하기' 때문에, 그것은 때때로 그러한 문제를 '야기하는' 것처럼 보일 수 있다. 그러나 사회 문제를 이해하고 해결책을 찾는 것은 단순한 인과적 틀로는 좀처럼 충분하지 않은 복잡한 노력을 필요로 한다. 더욱이 두 가지가 어떤 식으로 연관되어 있거나 관련되어 있거나 상관되어 있을 때, 반드시 하나가 다른 하나를 야기한다고 결론 내릴 수 없다. 기술과 사회('사회'는 항상 실제로 행동하고 의사 결정을 내리는 사람들의 집합체로 간주되어야 함)는 상시적으로 상호작용한다. 오늘 사람들이 기술을 개발하고 사용하는 방식은 내일 그리고 수일, 수년, 수십 년 내에 기술이 개발되고 사용될 방식에 영향을 미친다.

기술은 그것을 창조하고 그것에 자금을 대는 사람들의 이익을 반영하고 흔히 증진한다는 점을 인식하는 것 또한 도움이 된다. 기술은 중립적인 것이 아니라, 즉 기술은 '단순히' 물건이나 도구가 아니라, 그것을 만들거나, 그것을 통해 이윤을 얻거나, 그것의 사용을 통제하는 사람들을 과도하게 이롭게 해줄 수

---

8   생체적 현실이나 개인이 인지하는 현실을 초월하는 사회적 상호작용으로 형성되는 세계 ― 옮긴이 주.

9   수입, 직업, 혹은 교육 수준 등으로 인해 우리가 사회에서 처하는 상황을 말한다 ― 옮긴이 주.

있는 어떤 것이다. 기술의 발명과 사용이 권력, 사회 계층 차이, 조직 역학과 같은 힘과 어떻게 관련되어 있는지를 살펴보는 것을 일컬어 '사회 구성주의적 (social constructivist)' 기술 연구 접근방법이라고 한다. 이 접근방법은 기술이 개발되어 사회 도처로 유입되는 (혹은 유입되지 않는) 방식과 그것이 개인, 관계, 지역사회, 조직, 산업, 전체 사회에 영향을 줄 수 있는 방식에 대해 많은 것을 설명할 수 있다(Volti, 2014 참조).

기술이 기기, 기술, 그리고 조직, 사업체, 혹은 정부와 같은 더 큰 사회 구조의 조합으로 간주될 때, 그것은 하나의 '체계(system)'로 간주된다. 기술 체계 내에서 이러한 요소들은 상호 연결되어 있으며 특정한 사용 패턴과 영향으로 이어진다. 이러한 여러 요소들이 발전되는 과정은 일반적으로 순탄하지 않는데, 왜냐하면 체계의 한 부분이 변하면 체계의 다른 부분이 반드시 해소되어야 하는 긴장을 유발할 수 있기 때문이다(Volti, 2014). 예를 들면, 사진, 이야기, 음악, 비디오를 만들어내고 출판할 수 있는 도구를 개인이 이용할 수 있고 이러한 도구를 사용하는 사람들의 기술이 발전됨에 따라, 이러한 기술이 사용되고 환금화(monetize)되는 방식을 통제하고자 하는 산업은 엄청난 긴장을 느꼈고 기술이 좀 더 엄격하게 규제되기를 기대했으며, 이것은 다시 개인 사용자들에게 긴장을 야기할 수 있다. 인간 사회 체계는 역동적이고 흔히 불안정하며, 따라서 그러한 긴장은 현대 기술 공동체 및 기술 사회에 널리 퍼져 있다.

인간 경험은 기술로 가득 채워져 있는 동시에 매우 사회적이다. 생활은 말 그대로 '기술-사회적'이다. 필자는 기술적인 것과 사회적인 것 그리고 현대적인 생활을 살펴보고 이해하는 데 있어 이 둘의 동등한 중요성에 대한 주의를 환기하기 위해 이 단어를 하이픈으로 연결했다(Chayko, 2014 참조). 기술적인 것과 사회적인 것은 서로가 서로에게 지속적으로 영향을 주면서 매우 친밀하게 상호작용하기 때문에 우리는 진정으로 그들이 서로에게 깊이 미치는 영향을 반드시 고려하지 않을 수 없다. 따라서 기술-사회 생활의 '기술적' 측면과 '사회적' 측면 모두를 좀 더 자세하게 살펴보자. 먼저 기술적인 것부터 살펴보자.

기술, 매개, 그리고 혁신의 확산

ICT는 사람들 사이에 아이디어와 정보를 전달한다. ICT가 사람들 사이에 아이디어와 정보를 전달하는 과정을 '매개(mediation)' 혹은 '기술적 매개(technological mediation)'라고 하며, 기술 그 자체가 '매개자(mediator)'로 간주될 수 있다. 수 세기 동안 사람들은 매스 미디어를 통한 대규모 매개(TV, 영화, 신문, 책)이든, 중간 혹은 중규모 매개(아마도 수십 혹은 수백 명의 사람들에게 도달하기 위해 소셜 미디어나 블로그를 사용하는 것)이든, 아니면 소집단을 통한 소규모 매개(두 사람 혹은 소집단 내에서 이메일 보내기나 문자 보내기, 전화하기나 영상 채팅, 혹은 블로그나 소셜 미디어의 더 개인화된 사용)이든 그들의 생각을 다른 사람에게 들려줄 이야기로 만드는 데 도움을 받기 위해 기술적 매개를 사용해왔다. 사람들은 책, 백과사전, 사진, 편지, 역사 영화와 같은 모든 종류의 미디어를 통해 과거에 살았던 사람들에 대해 배울 수 있다. 서로 떨어져 사는 사람들도 서로에 대해 아주 많은 것을 알 수 있다. 이러한 방식들을 통해 기술은 사람들이 마음의 산물을 서로 공유할 수 있게 해주며, 그 과정에서 시공간을 가로질러 사람들을 함께 연결해준다(Chayko, 2002 참조).

정보와 기술은 '혁신의 확산(diffusion of innovation)'이라 불리는 과정을 통해 사회 도처로 확산된다(Rogers, 1962/2010 참조). 새로운 아이디어, 기법, 혹은 기술, 즉 혁신이 창안자나 '혁신자(innovator)'에 의해 시작될 때마다 그것은 소셜 네트워크를 통해 퍼져나가기 시작한다(혹은 퍼져나가지 않기도 한다). 만약 혁신이 널리 그리고 성공적으로 퍼져나간다면, 한 가지 가능한 결과는 사람들이 연결되는 새로운 방법이 개발될 수도 있다는 것이다. 인터넷 및 디지털 미디어의 경우와 같이 만약 혁신이 매우 성공적으로 확산된다면, 새로운 '규범'(기대되는 행동), 새로운 '가치'(신념), 새로운 종류의 문화가 만들어질 수 있다.

변화 주도자, 즉 처음으로 혁신에 관심을 가지거나 다른 사람들이 혁신에 관심을 가지게끔 영향을 미치는 사람들은 기술적 혁신을 채택하기로 결정하고, 그것을 사용하며, 그것에 대해 다른 사람들에게 말할 수도 있다. 이러한 비교적 낮은 비율의 '조기 채택자(early adopter)'는 혁신을 재빨리 그리고 쉽게 받아들이며 문화의 최첨단에 서 있는 것을 즐기는 경향이 있다. 예를 들면, 그들은 가장 먼저 개인용 컴퓨터나 휴대폰을 구입해서 사용한 사람들이다. 이들은 최신 제품을 사용하고 그러한 제품과 관련된 용어를 배우려고 줄의 맨 앞에 서 있는 사람들이다. 그들은 유행을 창조하고 선도한다.

사회 내의 다른 사람들이 혁신에 노출되고 반응을 보임에 따라, 그들 역시 그것을 채택할지 말지 결정을 내린다. '조기 다수자(early majority)'는 일단 그러한 혁신이 사용되고 있는 것을 보고 그것이 어떤 가치를 지니고 있다는 판단을 내리면 그것을 채택하는 경향이 있는 반면, 더 보수적이고 실용적인 '후기 다수자(late majority)'는 그것이 널리 보급되어 일상생활의 필수적인 부분이 되는 것처럼 보일 때까지 기다린다. 이 두 집단을 합치면 전체 인구의 약 3분의 2쯤 되는데, 이러한 개인과 집단은 그들이 편안하게 느끼는 속도로 새로운 기술을 채택한다. 이 두 집단은 혁신의 대중적인 성공을 결정한다.

일반적으로 약 16%로 추정되는 낮은 비율의 인구는 다른 사람들에 비해 상당히 뒤처진다. 일부는 혁신을 결코 채택하지 않을 수도 있다. 꽤 호의적이지 않게 '지체자(laggard)'로 불리는 이들은 할 수 있는 한 혁신의 채택에 저항하는 사람들이다. 그들은 현상 유지(status quo)를 편안하게 느끼면서 변화의 이유를 찾지 못하거나, 혁신을 채택할 형편이 되지 않거나, 혹은 그것이 그들을 어떻게 이롭게 할 수 있는지를 생각해내지 못해 혁신의 유용성에 관심을 가지지 않을 수도 있다. 심지어 북미에서도 컴퓨터나 인터넷을 사용하지 않는 사람이 여전히 일부 존재한다(Rainie and Wellman, 2012: 46~47).

혁신이 성공적으로 정착될 때, 그것은 조기 채택자들을 넘어 퍼져나가 사회 도처로 확산된다고 말할 수 있다. '임계 질량(critical mass)' 혹은 '결정적 다수'[10]

---

10 물리학에서 임계 질량은 핵분열 물질이 연쇄반응을 일으키는 데 필요한 최소한의 질량을

라 불리는 충분한 사람들이 그것을 그들 생활의 일부로 만들 때 혁신이 제대로 확산되었다고 말할 수 있다. 때가 되면 사람들이 일하고 놀며 그들의 일상생활을 수행하는 방식과 같은 사회 규범이 변할 수도 있다. 결국 혁신의 확산 과정은 자립적이 될 수 있으며, 새로운 아이디어나 기술은 문화 속에 뿌리를 내린다고 말할 수 있다(Rogers, 1962/2010).

어떤 기술이 확산되기 시작함에 따라, 그것의 영향이 더욱더 광범위하게 느껴질 수 있다. 그것은 관련되어 있거나 경쟁하는 혁신을 고무할 수 있으며, 원래의 기술 그 자체가 조정을 겪을 수 있다. 문제가 확인되어 극복될 수도 있으며(혹은 극복되지 않을 수도 있음), 디자인이나 용도 변경이 제안되어 변경이 이루어질 수 있다. 이러한 조정은 적어도 획기적인 혁신만큼 중대할 수 있지만, 그것은 흔히 놀랄만한 충격으로 이전에 일어났던 것을 바꾸어놓는 대규모의 '파괴적인' 변화가 아니라 소규모의 꾸준하고 '점진적인' 진전의 형태를 띤다. 모든 종류의 산업에서 그것은 기존의 기술을 꾸준히 그리고 적당하게 향상함으로써 종국에는 대개 누적된 큰 이득을 얻게 된다(Volti, 2014: 43).

이러한 절차가 반드시 진행되는 것은 아닌데, 왜냐하면 어떤 새로운 기기나 과정이 다른 것보다 더 우월하다고 밝혀지거나 그것을 사용하는 것이 더 흥미진진하거나 재미있기 때문이다. 특정 집단이, 예를 들면 어떤 기술이 그들의 요구를 충족시킨다거나 그들의 자금을 지원받을만한 자격이 있다는 결정을 내림으로써, 선택 과정에 크게 영향을 미칠 수 있다. 하나의 기술이나 과정을 다른 것보다 더 유리하게 해주는 정책과 법이 통과될 수도 있다. 이러한 이유에서 기술을 여러 이질적이고 다양한 행위 주체(agent)〔이러한 종류의 설명에서는 때로는 '행위자(actor)'라고도 불림〕와 요소로 구성되어 있는 사회 체계의 일부로 간

___

말하는데, 혁신의 확산 맥락에서 '임계 질량'이라 번역하면 너무 자연과학적 뉘앙스가 풍기므로 이것을 용어의 원래 의미를 살리면서 좀 더 사회과학적인 용어로 바꾼다면, '본격적인 확산을 불러일으키며 결정적으로 중요한 다수의 사람들'이라는 의미에서 '결정적 다수'로 번역해도 무방하다고 본다 ― 옮긴이 주.

주하는 것은 매우 유용하다.

힘(power)이 이러한 사회 체계와 이것을 둘러싸고 있는 소셜 네트워크를 어떻게 관통하는지를 살펴보는 것 또한 유익하다. 소셜 네트워크 내에서 사람들의 집합체들은 사회적 지지, 자원, 심지어 관계들 자체[이 모든 것을 한데 묶어 '사회적 자본'으로 간주할 수 있음]가 이동하고 교환될 수 있는 물리적 혹은 디지털 경로를 통해 어떤 의미 있는 방식으로 연결된다. 디지털 경로를 사용할 때, ICT는 이러한 경로를 따라 정보와 메시지가 전달 가능하게 해준다. 대인적, 즉 사람들 간의 권력과 영향력 역시 네트워크를 통해 흐른다.

예를 들어, 여러분이 자신의 사진을 페이스북이나 다른 어떤 소셜 미디어 플랫폼(platform)을 통해 공유할 때, 여러분은 자신에 대한 어떤 것을 전하는 메시지를 보내고 있는 것이다. (컴퓨터나 휴대폰을 통해) 페이스북이 기술적 매개자 역할을 하는 가운데 그 메시지는 다른 사람들에게 전달된다. 그러나 그 단순한 행위 내에서 실제로 일어나는 것에 대해 생각해보고 그리고 여러분이 그 사진을 공유할 때 페이스북의 힘에 대해서 생각해보라. 여러분의 친구 모두가 그것을 볼 기회를 가지는가? 페이스북을 사용하지 않거나 좀처럼 페이스북을 체크하지 않는 사람들은 어떤가? 페이스북이 (알고리즘이라 불리는 공식을 통해) 여러분의 뉴스 피드(news feed)를 볼 수 없도록 해놓은 여러분의 친구들은 어떠한가? 여러분의 친구들은 여러분이 보내는 것을 알고 수신할 수 있는 동등한 역량을 가지고 있는가? 여러분의 사진을 보는 일부 사람들이 (예를 들어, 아마 여러분은 진지하게 생각하는 것을 놀리거나 여러분은 좋아 보인다고 생각하는 사진에 결함이 있다고 지적함으로써) 여러분이 결코 생각해보지 않은 방식으로 그 사진에 댓글을 단다면 어떤가? 그들은 어떤 힘, 아마도 그 메시지의 의미를 바꿀 수 있는 힘을 거머쥐고 있는가? 다른 사람들이 그 사진을 태그(tag)를 하거나 재게시(repost)를 하거나 혹은 여러분이 그 사진을 볼 거라고 결코 생각하지 않은 누군가와 그것을 공유한다면 어떤가? 그래서 그 사진에 여러분이 알지 못하는 사람들의 댓글이 많이 달린다면 어떤가? 이러한 댓글 가운데 일부가 여러분을 고통스럽게 만든다면 어떤가? 여러분이 연관되는 것에 대해 편하게 느낄 수도 있고 편하게 느끼지 않을 수도 있는 어떤 제품을 보증하는 것으로 페이스북이나 어떤 외부 기관이 여러분의 사진의 용도를 바꾸어 사용한다면 어떤가? 우리가 인터넷과 디지털 미디어 네트워크를 통해 아이디어와 이미지를 공유할 때 그것들에 대한 권한을 포기하는 방식은 얼마든지 존재한다.

이 책에서 우리는 디지털화된 메시지가 어떤 맥락에서 만들어지고 전달되어서 어떤 효과를 불러일으키는지를 결정하는 힘을 누가 가지고 있는지에 대해 살펴본다. 커뮤니케이션 이론가인 네일 포스트먼(Neil Postman)은 "모든 기술은 짐이자 축복이다"라고 말하면서, 이러한 축복과 짐은 동등하게 분배되지 않는다는 점을 우리에게 계속해서 상기해주었다(Postman, 1993: 5). 기술이 발명되고 채택되고 사용될 때, 거기에는 승자와 패자가 있다고 포스트먼은 말한다. 누가 이기고 누가 질 것인지가 늘 분명한 것은 아니며, 그로 인해 정확히 '무엇'을 얻고 '무엇'을 잃을지도 늘 분명하지는 않다. 포스트먼은 우리가 "기술이 누구에게 더 큰 힘과 자유를 가져다줄 것인가? … 그것으로 인해 누구의 힘과 자유가 줄어들 것인가?"(Postman, 1993: 11)라고 자문해볼 것을 제안한다. 1940년대에 '혁신'이라는 단어가 널리 사용되기 시작하면서 혁신 과정에 초점이 맞추어진 이후 발생한 기술 혁신의 편익에 대한 모든 수사(修辭)에도 불구하고, 사회적 불평등은 여전히 두드러지고 있으며(Vinsel, 2014), 그로 인해 야기되는 문제에 대한 해결책은 찾기 어렵다.

기술 혁신은 기술 창안자, 조기 채택자, 혹은 다른 어떤 사람들이 상상할 수 있는 것을 뛰어넘어 영향을 미칠 수 있다. 일단 어떤 기술이 창안되어 세상으로 나오게 되면, 어떤 일도 일어날 수 있으며 이러한 변화는 상당 정도 예측할 수 없다. 기술이 어떻게 처음 개발되고 채택되며 사용될지 그리고 그것이 지역사회나 사회 전체에 어떤 의미를 가지게 될지를 정확히 아는 것은 불가능하다. 바꾸어 말하면, 인간은 기술 체계 속에 깊이 자리하고 있기 때문에 인간과 인간의 사회생활은 예측하지 못한 어떤 방식으로 인터넷 및 디지털 미디어 사용에 영향을 받을 수 있다. 이러한 이유에서 이 책은 '기술' 부분과 함께 그리고 이것과 직접 관련하여 기술-사회 생활의 '사회' 부분도 살펴본다.

사회성, 즉 사회적인 것

인간은 본질적으로 사회적이다. 즉, 우리는 안전, 주거, 생명 유지에 필요한 음식, 동료애, 사랑 등 우리 욕구들 가운데 많은 것을 충족하기 위해 서로에게 이끌린다. 서로 단절된 채 우리 멋대로 하도록 내버려지게 된다면, 우리는 지적으로 그리고 정서적으로 충분히 발달되지 않을 것이다. 우리는 위험에 훨씬 더 취약해질 것이다. 다른 사람과 함께할 때 우리는 세상에 더 잘 대처할 수 있다.

서로 연계를 맺고 결속을 다지고 다른 사람과 협력하려는 사람들의 성향을 일컬어 '사회성(sociality)'이라고 하며, 이러한 사회성의 상당 부분은 디지털 기술을 통해 성취될 수 있다. 사회적 유대(social tie)를 형성하고 결속을 다지기 위해 사람들은 반드시 그들의 행동 그리고 심지어 생각과 정서를 다른 사람들과 조정해야 한다. 이것을 하기 위해서 그들은 반드시 서로의 정확한 위치를 찾아내어 서로를 알아야 하며 서로 간에 유사성, 공통성, 시너지가 어느 정도 존재하는지를 알아내야 한다. 그리고 이러한 모든 것이 일어나기 위해 반드시 다른 사람과 물리적으로 대면할 필요는 없다.

기술이 사람들 사이를 매개함에 따라, 기술은 사람에서 사람으로 그리고 네트워크에서 네트워크로의 정보 흐름을 촉진한다. 이로 인해 사람들은 사회적 연결성을 고무하는 공통성의 종류를 찾아낼 수 있다. 일부 사람들이 가정하는 것과는 반대로, 인터넷, 디지털 기술, 모바일 기술의 사용은 대면 상호작용을 막는 경향이 '없다.' 오히려 그것은 대면 상호작용이 일어날 가능성을 높이면서 그것을 '촉진한다'(Chayko, 2014). 이것은 계속 이어지는 연구들에 의해 뒷받침되는 일관된 결과로 어떤 사람들에게는 직관에 반하는 것처럼 보이지만 그것은 기술-사회 생활에 대한 연구에서 중요한 사실이다(Boase, Wellman and Rainie, 2006; Chayko, 2014; Wang and Wellman, 2010; Zhao, 2006).

디지털 기술 사용은 더욱더 많은 사람이 사회적 연계(social connections)를 형성하고 유지하게 하며 심지어 물리적으로 만날 약속을 잡을 수 있게 해줌으로써 사회성에 전반적으로 긍정적인 영향을 미쳐왔다(Chayko, 2008, 2014; Tufekci, 2012). 어떤 사람들은 다른 사람을 대면 상황에서 만날 때보다 주로 디지털 기술을 이용해 접촉할 때 그들을 '더 잘' 알게 된다. 거리는 친밀감을 향상할 수 있다. 모바일 미디어 사용은 거의 언제든 어디서든 접촉과 연결성이 일어날 수 있도록 해주며, 사람들은 많은 시간을 서로에게 내어줄 수 있고 자주 상호작용함으로써 관계가 더 견고해지고 대면 접촉으로 계속 이어질 가능성도 더 높다.

더욱이 인터넷과 디지털 미디어를 매우 자주 이용하는 사람들은 친구들과 매우 밀접한 대면 접촉을 유지하는 사람들이다. 그들은 그러한 기술을 사용해 친구와 가족이 무엇을 하고 있는지 확인하고 업데이트를 게시함으로써 모두가 '서로의 사정을 잘 아는 상태'를 유지할 수 있다. 그들은 그러한 기술을 사용하여 모임을 준비한다. 그들은 인터넷을 사용하지 않는 사람보다 친밀한 관계와 친밀한 친구를 유지하며 지역의 이웃 관계를 형성하고 있을 가능성이 더 높다. 7장에서 더 자세하게 논의하겠지만, 인터넷 및 디지털 미디어 사용은 온라인과 오프라인 모두를 통해 사회적 접촉을 형성하고 유지하는 것을 훨씬 더 쉽게 해준다.

인터넷과 디지털 미디어 그리고 특히 모바일 및 소셜 미디어는 서로 연결을 유지할 수 있는 사용자의 능력을 향상해주지만, 어떤 사람은 디지털 수단을 통해 서로 연결하는 것을 몹시 싫어하거나 어려워한다(Tufekci, 2010). 기술이 그것을 사용하는 모든 사람에게 획일적인 효과를 초래할 거라고 기대하는 것은 무리다. 그럼에도 대부분의 인터넷 및 디지털 미디어 사용자, 특히 소셜 네트워크 사이트를 자주 들르는 사람들은 온라인에 접속할 때 사회성, 유쾌함, 심지어 깊고 의미 있는 연결성을 경험할 여지가 있다. 많은 사람이 상당한 정도의 사회적 지지, 도움, 그리고 자원(resource)을 받거나 교환한다(Ellison, Steinfield and Lamp, 2007; 2011; McCosker and Darcy, 2013; Sproull, Conley and Moon, 2005). 동시에 리스크(risk)와 위험(danger)[11]이 모든 대인적 상황에서 존재하듯이, 그것들은 온라인에서도 존재한다. 이 책은 이것들에 대해서도 살펴본다.

함께하고자 함에 대한 인간의 욕망과 욕구 그리고 대인 매개자로서의 기술의 능력을 감안할 때, 사람들은 심지어 (혹은 특히) 공간과 시간에 의해 분리되어 있을 때조차도 기술에 의지하여 서로를 불러 모음으로써 사회성을 경험할 수 있다. 그렇게 하는 것이 인터넷 및 디지털 미디어의 일상적인 사용이 되어버렸고 또한 그것은 이러한 기술의 엄청난 확장과 인기에 대해 많은 것을 설명해준다. 그에 따라 기술이 풍부한 지역사회와 사회에 사는 사람들은 '기술-사회 생활(techno-social life)'을 하는 경향이 있다.

이 책

기술적 초연결성(technological superconnectedness)과 사람들의 삶에서 인터넷 및 디지털 미디어, 소셜 미디어, 모바일 미디어가 하는 역할은 각계각층의 사상가들의 관심을 끈 대단히 흥미로운 토픽이다. 여러 학문 분야(커뮤니케이션학, 사회학, 심리학에서부터 미디어 연구, 정보과학, 컴퓨터 과학, 철학, 인문학, 그리고 더 많은 학문에 이르기까지)의 학자들은 연구를 수행하며/하거나 우리 모두가 그것을 더 잘 이해하는 데 도움을 줄 수 있는 이론을 개발한다. 기술 전문가, 발명가, 비평가를 포함해 학자는 아니지만 이 토픽에 관심 있는 사람들과 작가들 역시 시

---

11 'risk'와 'danger'를 우리말로 옮기면 둘 다 '위험'이지만 risk는 위험 속에서도 기회가 있는 반면 danger는 단순한 위험을 뜻한다. 따라서 이 둘을 구별하기 위해 risk는 그냥 '리스크'로 옮기기로 한다 — 옮긴이 주.

사하는 바가 많고 중요한 말할 거리를 많이 가지고 있다. 이상적으로 말하면, 여러분이 이 책을 읽고 이 책이 말하고자 하는 아이디어에 깊이 빠져듦에 따라 여러분 역시 기술-사회 생활에 대해 말할 것이 많을 것이다.

이 책을 쓰면서 필자는 이것에 관한 다양한 연구, 글, 대화, 토론을 살펴보았으며 많은 관련된 분야의 아이디어, 이해, 조사 결과를 모아서 종합했다. 이 책의 많은 부분이 기술이 풍부하고 정보 집약적인 북미 사회에 관한 연구와 이론을 반영하고 있는데, 이러한 연구와 이론은 전 세계의 기술이 풍부한 정보 사회에 적용될 수 있다. 필자는 또한 전 세계의 기술 수준이 낮은 사회에 관한 많은 연구도 찾아 포함했으며 이 책은 이러한 연구들에 대해서도 이야기할 것이다. 따라서 이 책은 커뮤니케이션 기술과 정보가 꾸준한 흐름을 보이는 특징이 있는 지역사회와 사회에 초점을 맞추는 한편 이러한 생활과 기술 수준이 낮은 생활(lower-tech life)을 대비하면서 매우 다양한 관점과 연구 결과들을 사용해 기술-사회 생활을 개관한다.

또한 25년에 걸친 필자의 연구도 사용하는데, 이러한 연구 가운데 일부는 발표된 논문과 강연에 강조되어 있으며 또 일부는 저서인 『휴대 가능한 커뮤니티: 온라인 및 모바일 연결성의 사회적 역학(Portable Communities: The Social Dynamics of Online and Mobile Connectedness)』(2008)과 『연결: 인터넷 시대에 우리는 사회적 결속과 연계를 어떻게 형성하는가?(Connecting: How We Form Social Bonds and Connections in the Internet Age)』(2002)에 정리되어 있는 것이다(둘 다 SUNY Press 출간). 이들 책에 상세히 소개되어 있는 프로젝트를 위해 대면으로 그리고 이메일로 200명이 넘는 사람들을 상대로 실시한 인터뷰의 발췌문도 관련된 사항들을 예시하기 위해 여기서 일부 공유한다. 그 발췌문은 필자의 이전 연구가 가장 관심을 기울였던 주제인 사회적 역학과 온라인 경험의 함의(3장과 9장) 그리고 인터넷 및 디지털 미디어를 사용하면서 형성된 정체성, 연계, 커뮤니티의 속성(6장과 7장, 이 프로젝트들과 프로젝트와 연관된 조사방법론 및 조사 결과에 대한 상세한 내용은 Chayko, 2002, 2008 참조)에 초점을 맞춘 장들에 주로 정리되어 있다.

사회생활과 사회에 대한 연구는 여러분이 '여러분 자신'의 생활이라는 렌즈를 통해 그것을 보면서 개인화할 때 여러분의 관심을 가장 사로잡기 때문에, 이 책은 여러분이 기술-사회 생활의 여러 차원과 초연결성을 고려해보고 '여러분'과 여러분이 신경 쓰고 있는 사람들이 어떻게 영향을 받아왔는지에 대해 생각해보도록 요청한다. 어쨌든 사회는 곧 여러분이지 어떤 추상적인 대중이거나 얼굴 없는 거대한 군중이 아니다. 즉, 사회는 여러분과 여러분의 친구, 필자와 필자의 친구, 공동의 공간이나 정체성이나 목적을 공유하는 모든 사람과 같이, 살아 있고 숨 쉬고 배우고 상호 연결된 사람들의 무리이다. 사회는 일상생활을 시작하고, 무슨 일이 일어나는지 그리고 세상이 어떻게 돌아가는지를 이해하고자 애쓰는 우리 '모두'이다. 그래서 사회는 늘 살아 있고 움직이며, 사회에 대한 연구는 늘 개인에 관한 것이다.

우리는 인터넷과 모바일 기술이 어떻게 개발되었는지, 그것이 어떻게 수많은 사람의 생활에 매우 깊이 자리하게 되었는지, 그것이 어떻게 현대 정보시대를 창조하는 데 도움을 주었는지에 관한 짧은 역사로 시작할 것이다(2장). 그런 다음, 기술-사회 환경과 온라인 경험의 풍부한 복잡성에 대해 자세히 훑어볼 것이다(3장). 우리는 온라인 정보 공유와 감시(4장), 전 세계적 영향과 불평등(5장), 인터넷과 디지털 미디어가 사회화, 성장, 늘 발전하는 자기(self)[12]에 미치는 영향(6장)에 대해 살펴볼 것이다. 우리는 온라인에서 친구 추가하기(friending), 데이트하기, 관계 맺기(7장)와 가족, 보건 의료(health care), 종교, 일과 상거래, 교육과 도서관, 정치와 통치, 미디어와 같은 기술-사회 제도들(8장)과 그리고 다른 장에서 다루지 않은 24/7[13] 초연결성의 편익과 위험(9장)에 대

---

12 'ego'(자아)와 구별하기 위해 'self'는 '자기'로 번역한다. 칼 융(Carl Jung)은 자아(ego)는 의식의 중심이며 자기(self)는 의식과 무의식을 포함하는 정신의 중심이고 전체성으로 정의했으며, 자기란 자아를 초월한 것으로 보았다 ─ 옮긴이 주.

13 1주일에 7일, 하루 24시간, 즉 연중무휴라는 의미 ─ 옮긴이 주.

한 더 많은 것을 배울 것이다. 마지막으로 우리는 기술-사회 생활의 미래(좀 더 정확하게 말하면 '가능한' 미래, 10장)에 대해 살펴볼 것이다.

따라서 조금 더 과거로 돌아가서 시작해보자. 우리는 인터넷, 모바일 기술, 디지털 및 소셜 미디어가 어떻게 구상되어 발명되었으며, 그것들 그리고 그것들과 관련된 서비스와 앱이 어떻게 많은 사람의 생활에 매우 중요해지게 되었는지 알게 될 것이다. 여러분은 오늘날까지 계속되면서 '여러분의' 세계와 여러분의 생활, 즉 여러분의 초연결된 기술-사회 생활이 되는 방식으로 사회가 바뀌기 시작하는 것을 목격하게 될 것이다.

제 2 장

인터넷 시대 창조하기

정보 및 커뮤니케이션 기술의 (매우) 짧은 역사

커뮤니케이션은 기술적 매개 행위 혹은 심지어 쓰거나 말하는 과정 훨씬 이상의 것이다. 커뮤니케이션은 역사보다 앞서고, 문자 사용보다 앞서고, 말 사용보다도 앞서며, 심지어 비언어적이다―몸짓 언어에 의해 얼마나 많은 소통이 이루어지는지에 대해 생각해보라. 말과 글이 발명되기 전에 사람들은 몸짓, 그르렁거리는 소리, 외침, 그리고 동굴 벽화, 돌에 새긴 그림, 연기 신호와 같은 투박한 상징을 사용하여 서로에게 메시지를 전했다. 이러한 메시지들은 그 당시에도 지금처럼 아마 불완전하게 수신되고 해석되었겠지만, 서로 소통하고자 하는, 즉 보이고 알려지고 이해되고자 하는, 세월이 흘러도 변하지 않는 인간의 욕망에 호소한다.

이러한 과정들에 대한 기록이 보관될 수 없었던 선사시대의 커뮤니케이션은 주로 몸짓(gesture), 그르렁거리는 소리, 몸짓 언어(body language)[1]로 구성되었다. 커뮤니케이션은 서서히 언어화되었고 더 복잡해져, 그르렁거리는 소리

---

1   몸짓 언어는 몸짓, 얼굴 표정, 몸의 자세, 눈 움직임, 접촉, 공간의 사용을 포함하는 포괄적인 용어로, 동작학(kinesics)으로도 알려져 있다 ― 옮긴이 주.

는 단어(words)가 되었고 단어는 구어(spoken language)가 되었다. 훨씬 더 이전이었을 수도 있지만 아마도 15만 년 전에서 35만 년 전 사이에(글로 기록이 보관되기 전에 일어난 일을 정확히 기술하는 것은 극도로 어려움) 공식적인 언어들이 합체되고 퍼져나가기 시작했다(Perreault and Mathew, 2012). 아주 유명한 커뮤니케이션 이론가인 마셜 맥루언(Marshall McLuhan)은 프랑스 철학자 앙리 베르그송(Henri Bergson)을 언급하면서 언어를 운송기술에 비교해 "바퀴와 발 및 몸의 관계는 언어와 지성의 관계와 같다"라고 썼다. 맥루언은 언어는 지성이 "이것에서 저것으로 옮겨 다닐" 수 있게 해주며 사람들의 생각과 아이디어가 전파되고 더 쉽게 공유될 수 있게 해준다고 말했다(McLuhan, 1964: 83; Chayko, 2002 참조).

언어가 뿌리를 내리기 시작하자, 사람들은 더 광범위할 뿐만 아니라 더 구체적으로 정보를 서로 공유할 수 있게 되었다. 우선 그들은 왕의 명단이나 일족(一族)의 이름과 같이 미래 세대에게 전하는 것이 중요하다고 생각하는, 쉽게 암기할 수 있는 사실들을 공유하곤 했다. 그들이 그렇게 하자, 그러한 사실들은 사람들의 마음속과 집단의 집단 기억(collective memory) 속에 확고하게 자리잡을 수 있게 되었다. 그때부터 미래의 집단 구성원들이 그와 같은 사실을 아는 것이 더 중요해졌을 것이며, 그것을 아는 것은 집단 구성원으로서의 역할과 정체성의 일부가 되었을 것이다. 이런 식으로 정보를 공유하는 것은 사람들이 서로 관련되며 그들이 서로 연결되도록 돕는 방식의 일부가 되었다.

대략 5000년 전에서 8000년 전 사이쯤 메소포타미아, 중국, 혹은 이집트에서는 본래 단순히 사물의 수를 헤아리고 상거래를 기록하기 위해 공식적인 글쓰기 체계가 나타나기 시작했다. 뼈와 조개껍질을 식물 즙이나 동물의 피에 묻히는 신체 외부의 기술을 사용해 이용 가능한 표면 위에 정보를 기록했다(Gabrial, 2008). 음성 요소와 음성 기호도 생겨났다. 이로 인해 사람들은 훨씬 더 구체적이고도 훨씬 더 폭넓게 소통할 수 있게 되었다. 사람들은 그들이 아는 모든 것을 그들의 머릿속에 기억해야 하는 것에서 자유로워졌다. 이제 그들은 그들이 아는 것의 상당 부분을 적어서 전달할 수 있었기 때문에, 메시지가 더 복잡하고, 더 추상적이어도 그리고 길이가 더 길어도 괜찮아졌다. 서로 다른 시점에 산 사람들이 이전에 살았던 사람들에 대해 훨씬 더 상세하게 알 수 있게 되었다. 시간과 공간을 가로지르는 상세하고 복잡한 사회적 연계를 형성하는 것이 가능해졌다(Chayko, 2008: 10~13 참조).

단어와 상징이 돌과 점토에 새겨졌고, 그다음에는 철필과 잉크를 사용해 양피지, 직물, 종이 위에 새겨졌다. 이러한 미디어의 초기 형태(진정한 소프트웨어!)로 인해 데이터와 메시지를 저장해서 타인에게 전달할 수 있게 되었다. 손으로 써서 복제한 두루마리, 책, 팸플릿, 신문(많은 수용자를 겨냥한 최초의 매스 미디어)이 그 뒤를 이었다. 활자가 발명되기 전까지 이러한 문서들은 손으로 공들여 작성되고 복제되었는데, 활자의 주형이 점토, 나무, 혹은 가장 내구성이 있는 금속과 같은 재료로 만들어짐으로써 인쇄되고 재인쇄될 수 있게 되었다.

1450년 혹은 1450년쯤에 요하네스 구텐베르크(Johannes Gutenberg)는 인쇄기라 불리는 기계식 활자를 소개함으로써 대량 제작 및 매스 커뮤니케이션 시대의 도래를 알렸다. 이제 성경을 포함한 책들을 대량 제작할 수 있게 되어, 실제로 베스트셀러가 등장할 수 있게 되었다. 인쇄술은 빠르게 대중화되어, 5년 이내에 수천만 권의 책이 인쇄되었다. 머지않아 팸플릿, 신문, 잡지도 활자를 사용해 인쇄되었다. 매스 미디어 시대가 이제 빠르게 진행되어, 아이디어와 정보를 광범위하게 전파할 수 있게 됨에 따라 (미국 독립혁명과 같은) 정치 운동, 사회 운동(시민권, 노동권, 여성의 권리), 공교육의 시작이 모두 대규모로 힘을 더해가면서 급격한 사회 변동의 시대가 열렸다. 이때부터 ICT는 크고 작은 사회 변동이 일어나는 것을 도왔으며, 실제로 그와 같은 목적에 필수적인 것이 되었다(이것에 대해서는 5장에서 더 논의하기로 함).

1800년대 초, 전자기(electromagnetism)와 배터리 같은 전력을 활용할 수 있게 해준 기술이 전기의 실용적 응용으로 이어질 수 있을 정도로 충분히 발전되었다. 이러한 응용에는 축음기(원래는 전자장치를 사용하지 않았음), 전신, 전화, 그리고 매스 미디어(예를 들어, 영화와 라디오)와 같이 메시지의 전자적 송신을 촉진한 많은 것이 포함되었다. 메시지는 이제 한 장소에서 다른 장소로 훨씬 더 빠르게 이동할 수 있게 되었다. 1900년대에는 이전 세기의 혁신의 향상과 더불어 텔레비전, 화상 전화기(이상하게도 웹캠 시대가 열렸을 때까지 결코 인기를 끌지 못했던 매우 초창기 발명품), 컴퓨터, 벽돌 크기의 큰 초기 휴대폰(전화 통화 이상의 컴퓨터화된 능력을 가지고 있지는 않았는데, 이것에 대해서는 이 책의 후반부에서 디지털 커뮤니케이션의 이동성과 함께 논의하기로 함)이 등장했다. 흥미롭게도 새로운 기술들이 발명되면서, 그것들은 반드시 이전의 것들을 대체하는 것이 아니라 흔히 이전의 것들과 함께 사용되며, 때로는 기존의 기술이 작동되거나 사용되는 방식의 변화를 불러일으키기도 한다(Dunbar-Hester, 2014; Jenkins, 2006; Volti, 2014 참조).

1900년대 무렵 데이터가 저장되어 매우 다양한 방법으로 대단히 광범위하게 공유될 수 있게 됨으로써 '미디어'라는 단어는 여러 가지 의미를 가지게 되었다. 미디어는 그것을 전달하는 데 사용되는 플랫폼의 유형(방송, 신문, 디지털, 모바일, 소셜/상호작용적 미디어, 멀티미디어)이나, 그것의 내용(뉴스 미디어, 광고 미디어), 혹은 그것의 최근성(전통적 미디어, 뉴 미디어)에 따라 정의되었다. '미디어(the media)'에 대해 말한다는 것은 일반적으로 이러한 모든 유형의 미디어 전체에 대해 언급한다는 것이다. 그리고 많은 사람에게 거의 즉각적으로 도달할 수 있는 가장 새롭고 가장 중요한 미디어 가운데 하나인 인터넷의 등장이 임박했다.

컴퓨팅과 인터넷의 (그다지 짧지는 않은) 짧은 역사

현대 컴퓨터의 선구자가 등장한 시기는 실제로 수천 년 전으로 거슬러 올라가는데, 수천 년 전 사람들은 총수(總數)를 세고 계산하며 매우 기본적인 기능을 자동화하는 상품화되지 않은 수단(나중에는 상품화됨)을 개발하기 시작했다. 처음으로 사용된 '컴퓨터'라는 단어는 실제로 1600년대 초에 연산에 매우 능하고 계산에 소질이 있다고 여겨지는 사람을 일컫는 말이었다. 그러한 사람을 줄여서 '컴퓨터'라고 부르곤 했다. 물론 현재 우리가 '컴퓨터'라고 말할 때, 그것은 프로그램 작동이 가능하고, 복잡한 작업을 수행하고, 디지털 인코딩(encoding)을 사용하며, 다른 컴퓨터와 연결되어 정보가 서로 전송될 수 있는 기계를 말한다.

컴퓨터는 1800년대 중·후반과 1900년대 초반을 거치면서 더 현대화되어 현재와 같은 모습을 갖추기 시작했다. 1847년에 프로그램 기능이 가능한 기계식 컴퓨터를 설계한 찰스 배비지(Charles Babbage), 최초의 컴퓨터 프로그래머(1840년대)인 에이더 러브레이스(Ada Lovelace), 1880년대에 정보 처리에 착수하는 키펀치(keypunch) 기계를 발명한 허먼 홀러리쓰(Herman Hollerith), 1936년에 최초의 전자 디지털 컴퓨터를 설계한 앨런 튜링(Alan Turing)에 의해 주목할 만한 진전이 이루어졌다.

많은 사람이 현대의 컴퓨팅 시대는 1930년대와 1940년대에 시작되었다고 생각한다. 엔지니어이자 수학자인 배너바 부시(Vannervar Bush)는 기계가 인간의 사고를 자동화하는 방법에 대해 생각하기 시작했고, 1931년 미분 방정식을 분석할 수 있는 미분 해석기라 불리는 거의 방 크기만 한 거대한 기계를 만들었다. 1945년, 그는 역사적인 논문을 ≪애틀랜틱 먼쓰리(*Atlantic Monthly*)≫에 발표했다. 「우리가 생각하는 대로(As We May Think)」라는 제목의 그 논문은 메멕스(memex)[2]라 불리는 기계가 문서들 간의 링크를 만들어(컴퓨터화된 하이퍼링킹의 전조가 됨), 사람들이 "많은 아이템의 트레일"[3]을 만들 수 있게 하고 "자신의 주석과 메인 트레일(main trail)을 연결하거나 사이드 트레일(side trail)을 통해 자신의 주석을 어떤 특정한 아이템에 연결함으로써" 이따금씩 자신의 주석을

---

2 'memory extender', 즉 기억 확장기의 합성어 — 옮긴이 주.
3 부시는 이 장치에 개인의 모든 책, 서류, 문서 등을 저장할 수 있고 그것들의 연계를 통해 서로 다른 정보 사이에 링크나 트레일을 생성할 수 있다고 예상했다 — 옮긴이 주.

삽입할 수 있게 해줌으로써 인간의 기억을 어떻게 확장할 수 있는지에 대해 기술했다(Bush, 1945). 부시의 노력은 당시 기술 수준을 넘어서지 못했고, 결국 웹과 하이퍼링킹(hyperlinking)이 발명되기 전에 세상을 떠났지만, 그의 아이디어는 인터넷과 웹을 실제로 만든 사람들에게 직접적으로 영감을 주었다.

1950년대에는 많은 컴퓨터 과학자, 심리학자, 물리학자, 그리고 기타 학자들이 인터넷이 사용할 유형의 컴퓨터인 상호작용적인 컴퓨터를 마음에 그리면서 개발하기 시작했다. 컴퓨터 과학자인 존 매카씨(John McCarthy)를 중심으로 한 몇몇 과학자들은 '인공지능(artificial intelligence)', 즉 시지각(visual perception),[4] 음성 인식, 의사 결정과 같은 인간의 지능을 요하는 일을 수행할 수 있는 컴퓨팅 시스템의 개발에 집중했다. 매카씨와 동료들은 '인공지능'에 대한 연구를 수행했고, 그 결과 체커(checkers)[5]와 체스(chess) 같은 게임에서 인간을 이기고 논리 문제를 풀 수 있는 컴퓨터 개발로 이어졌다. 미국 국방부(Department of Defence)는 '스마트 기계(smart machine)'의 중요성에 분명히 전념하면서 이러한 연구의 많은 부분에 자금을 지원했다. 1954년, 미국의 발명가 조지 디볼(George Devol)은 유니메이트(Unimate)라 불리는 디지털 방식으로 작동되고 프로그램된 최초의 로봇을 개발함으로써 로봇 공학의 기반을 다졌는데, 이 로봇은 뉴저지(New Jersey)의 한 조립 라인에서 일했다. 인공 지능의 확장인 '로봇'은 컴퓨터 프로그램으로 조정되면서 자동화될 수 있는 틀에 박힌 일을 수행하곤 했지만, 동시에 우리가 앞으로 보게 되듯이 시간이 흐르면서 복잡한 일도 수행하고 더 실물과 같아지게 될 것이다.

동시에 심리학자인 J. C. R. 릭라이더(Licklider)와 같은 다른 연구자들은 다단계 작업들 가운데 좀 더 일상적인 단계를 수행할 수 있는 컴퓨터 개발에 대한

---

4   우리의 눈을 통해 주어진 자극이나 정보를 수집하고 조절하여 판단, 해석해서 적절한 수행을 이끌어내도록 돕는 것으로, 단순히 눈으로 정확히 보는 능력만이 아니라 두뇌 작용에서 일어나는 고차원의 기능성으로서 시각적 자극의 해석 능력까지 포함한다 ─ 옮긴이 주.
5   체스판에 말을 놓고 움직여 상대방의 말을 모두 따먹으면 이기는 게임 ─ 옮긴이 주.

요구가 특별히 존재한다는 것을 깨달았다. 그는 "인간과 인간의 전자 파트너 간의 매우 밀접한 결합"을 특징으로 하는 인간-컴퓨터 동반자 관계 혹은 공생 관계를 마음속으로 그렸다(Licklider, 1960: 4). 릭라이더는 디지털 도서관, 전자 상거래, 온라인 뱅킹을 포함해 온갖 종류의 있을 법한 컴퓨터화의 용도에 대해 기술했으며, 또한 포인트-앤드-클릭 인터페이스(point-and-click interface)를 통해 컴퓨터를 사용하는 것을 마음속에 그렸다.

상호작용적 컴퓨팅 분야를 개척하고 있던 릭라이더의 동료 선구자들도 네트워크화된 컴퓨팅을 현실화하는 데 필요한 기술을 개발하기 시작했다. 배너바 부시에 크게 영향을 받은 더그 잉글바트(Doug Englebart)는 컴퓨터에 의해 증대되는 인간의 지성에 대한 비전을 제시하고 하이퍼링킹 기술과 컴퓨터 마우스(mouse)를 개발하는 연구소를 만들었다. 미국에서는 폴 바란(Paul Baran)이, 영국에서는 도널드 데이비스(Donald Davies)가 독자적으로 패킷 교환(packet switching)[6]이라는 데이터 블록을 전송할 수 있는 방법을 개발했다. 컴퓨터 하드웨어, 소프트웨어, 컴퓨터에게 해야 할 일을 지시하는 프로그래밍 코드가 점점 더 정교해졌다. 컴퓨터들을 서로 연결하는 프로토콜(protocol), 네트워크 기준, 할당된 도메인(domain)도 생겨나기 시작했다. 인터넷이 탄생할 수 있는 조건이 무르익었다.

우리가 현재 인터넷으로 생각하는 것이 실제로 군사용 기술 개발을 책임지고 있는 미국 국방부 산하에 있는 한 기관의 주도로 시작되었다. 그 기관은 국방 고등 연구 기획청(DARPA: Defense Advanced Research Project Agency)이라 불렸다. 릭라이더, 바란, 레너드 클라인락(Leonard Kleinrock), 프로젝트 매니저인 래리 로버츠(Larry Roberts)〔모두 MIT(Massachusetts Institute of Technology) 출신〕를 포함해 DARPA의 컴퓨터 연구팀은 여러 모델을 발명해 시험해보기 시작했다. 군사

---

6   컴퓨터 네트워크나 통신의 방식 가운데 하나로, 작은 블록의 패킷으로 데이터를 전송하며 데이터를 전송하는 동안만 네트워크 자원을 사용하도록 하는 방법을 말한다 — 옮긴이 주.

및 무기 연구를 수행하는 국제 비영리 조사개발기관인 RAND와 도널드 데이비스가 일했던 영국의 국립 물리학 연구소(NPL: National Physical Laboratory)도 유사한 연구를 수행 중이었다. 1965년, 로버츠는 토머스 메릴(Thomas Merrill)과 함께 저속 다이얼 접속(dial-up) 전화선을 이용해 매사추세츠(Massachusetts)에 있는 컴퓨터와 캘리포니아(California)에 있는 컴퓨터를 연결함으로써 (현재 기준으로 보면 작지만) 최초의 광역 네트워크를 만들어냈다. 로버츠는 이러한 네트워크화된 컴퓨터 개념을 ARPANET이라 불렀다(Leiner et al., 2009).

얼마 지나지 않아 몇몇 학술 기관도 이 프로젝트에 큰 관심을 가졌다. ARPANET 컴퓨터 사이트가 로스앤젤레스(Los Angeles) 소재 캘리포니아 대학교(University of California), 샌터 바버라(Santa Barbara) 소재 캘리포니아 대학교, 유타 대학교(University of Utah), 스탠퍼드 연구소(Stanford Research Institute)에 설치되었다. 폴 바란은 인터넷의 노드(node), 즉 병합지점이 단 하나의 중앙집중화된 소스(source)에 직접 공급되는 것이 아니라, 전체 네트워크의 한 부분이 실패하더라도 전체 네트워크가 붕괴하지 않고 또한 전체 네트워크가 적의 공격에 모두 한꺼번에 파괴되지 않도록 하기 위해 분산되어야 한다고 강력하게 주장했고 결국 그의 주장은 받아들여졌다. 이러한 사이트들의 통합된 활동(주로 자원 및 수학적 기능 수행 공유)이 1969년에 시작되었으며, 1970년에는 부가적인 컴퓨터들이 네트워크에 추가되었다. 이 시스템은 대중에게 성공적으로 소개되었고 1972년 로버트 칸(Robert Kahn)은 국제 컴퓨터 통신회의(ICCC: International Computer Communication Conference)에서 이 시스템을 시연해보았다.

분산되어 있는 컴퓨터들을 연결하고 네트워크화하는 수단에 대한 연구뿐만 아니라 그와 같은 네트워크의 가능한 사용에 대한 연구도 계속해서 이루어짐에 따라, ARPANET은 우리가 인터넷으로 알고 있는 것으로 진화했다. 관심 있는 연구자, 업계 전문가, 정부 및 군사 사용자들이 정보를 서로 공유하기 위해 이러한 컴퓨터들을 활용하기 시작했다. BITNET이라 불리는 계획이 모든 학계 메인프레임 컴퓨터의 연결을 시도했다. 1974년, '인터넷'('인터네트워크(internetwork)'의 약어]이라는 용어가 빈턴 서프(Vinton Cerf), 요겐 달라(Yogen Dala), 칼 선샤인(Carl Sunshine)이 작성한 전송 프로토콜에 관한 문서에서 처음 언급되었다(Cerf, Dala and Sunshine, 1974). 인터넷의 가장 매혹적인 사용은 군사적이거나 학문적 사용도 아니고 심지어 특별히 산업적 사용도 아닌 '사회적' 사용일 거라는 것이 오래잖아 명백해졌다.

ARPANET이 사용되고 있었기 때문에, 애플리케이션이 개발될 수 있었고 거의 즉시 사람들이 사용할 수 있는 플랫폼이 개발되었다. 1972년, 미국 국방부 엔지니어였던 레이 톰린슨(Ray Tomlinson)은 최초의 이메일 메시지(그에 따르면, 그 후 그 이메일의 내용이 무엇이었는지 잊어버렸다고 함!)를 보냈으며 @ 심벌을 전자 로케이터(locater)[7] 심벌로 사용하게 하는 매우 영향력이 큰 결정을 내렸다. 래리 로버츠는 이메일 유틸리티(utility) 프로그램을 짰으며 거의 즉시 사람들은 공상과학 영화 추종자나 포도주 감정가 같은 유사한 관심사를 가지고 있는 사람들로 구성된 집단이 정보를 공유하고 토론에 참여할 수 있게 해주는 메일링 리스트(mailing list)를 만들기 시작했다. 빈턴 서프는 "우리는 이메일이 단순히 사무실 간 메모 시스템인 것에 더해 '소셜 미디어'인 것을 즉시 알 수 있을 것이다"라고 말했던 것을 기억한다(Standage, 2013: 219에서 재인용, 따옴표 추가됨). 전자적으로 빨리 메시지를 교환할 수 있는 단순하지만 강력한 능력은 인터넷의 가장 인기 있는 사용 가운데 하나가 되었고, 결국 수십억 사람들의 일상 활동이 되어버렸다(Rainie and Wellman, 2012 참조).

게임, 파일 공유, 보이스(voice) 커뮤니케이션과 같은 다른 종류의 애플리케이션에 대한 실험도 시작되었다. 몇몇 초기 그룹 메시징(group messaging) 및 전자 게시판 시스템(bulletin board system)이 존재했지만(나중에 논의되는 소셜 네트워킹과 소셜 미디어 참조), 그것을 사용할 거라고 생각하거나 사용할 수 있었던 사

---

7   보조 기억 장치나 외부 기억 장치 내에 보관되어 있는 프로그램이나 데이터를 그 부분의 필요에 따라 빼낼 수 있는 프로그램 ─ 옮긴이 주.

람은 상대적으로 거의 없었다. 컴퓨터 자체가 일반적이지 않았고, 컴퓨터를 다른 컴퓨터 혹은 컴퓨터들의 네트워크에 연결하는 데 필요한 느리며 때로는 비싼 다이얼 접속 연결 또한 일반적이지 않았다. 그것들을 작동하는 데 필요한 전문적인 지식을 가지고 있는 사람도 거의 없었는데, 왜냐하면 (포인트-앤드-클릭 인터페이스와 같은) '윈도우형(windows-like)' 그래픽 양식의 네트워크 내비게이션(navigation)이 아직 발명되지 않았기 때문이다.

그럼에도 소규모 지역 컴퓨터 네트워크(LAN: local computer network)가 생겨났으며, 1970년대를 거치면서 더 큰 LAN이 등장했다. 몇몇 연구자, 업계 전문가, 정부 및 군사 기관 종사자들은 서로 정보를 공유하기 위해 이러한 컴퓨터들과 젊은 인터넷을 사용하기 시작했다. 동시에 컴퓨터는 크기가 작아지고 가격도 내렸다. 마이크로프로세서(microprocessor, 컴퓨터 회로의 대부분이 들어 있는 작은 칩)의 발명으로 컴퓨터가 처음으로 책상에 올려놓을 수 있는 크기가 되었고, 수년 뒤에는 사람의 손 위에 올려놓을 수 있는 크기가 되었다.

1973년, IBM과 휴렛-팩커드(Hewlett-Packard)는 이러한 책상에 올려놓을 수 있는 크기의 프로그램 가능한 컴퓨터를 내놓았다. 이러한 컴퓨터는 주로 과학 및 연구용으로 사용되었다. 다른 초창기 개인용 컴퓨터들이 제록스(Xerox), 코모도어(Commodore), 라디오 색(Radio Shack), 그리고 아마도 가장 유명하게는 스티브 잡스(Steve Jobs)와 스티브 워즈니악(Steve Wozniak)에 의해 만들어졌는데, 스티브 잡스와 스티브 워즈니악은 1976년 잡스의 차고에서 최초의 애플(Apple) 컴퓨터를 만들어냈다. 이 시기에 마이크로소프트(Microsoft) 창립자인 폴 앨런(Paul Allen)과 빌 게이츠(Bill Gates)는 컴퓨터가 그들의 암호화된 명령을 해석해 수행할 수 있게 하는 운영 체계를 개발하기 시작했다. 1970년대 말 무렵에는 조기 채택자들이 개인용 컴퓨터를 구입하고 있었고 이러한 컴퓨터는 비록 사용면에서는 여전히 꽤 제한적이었지만 성공적으로 팔리고 있었다.

1970년대 말, X.25라 불리는 패킷 교환 시스템이 국제적으로 확산되기 시작했으며, 미국과 유럽에서부터 캐나다, 홍콩, 호주로 이어지는 전 세계적인 네트워크 하부구조가 생겨났다. 1982년 무렵에는 〔TCP(Transmission Control Protocol)와 IP(Internet Protocol)라 불리는〕데이터가 송수신될 수 있게 해주는 프로토콜이 표준화되었으며, 그 결과 탄생한 상호 연결된 네트워크들의 전 세계적인 네트워크가 '인터넷(Internet)'〔당시에는 항상 대문자 I를 썼으며, 때로는 정보 초고속도로(information superhighway)라 불리기도 했음〕이라 널리 불리게 되었다. 1985년, 미국 국립과학재단 네트워크(National Science Foundation Network)는 권역 네트워크와 대학 및 대학교에 연결될 다섯 개의 대규모 상호 연결된 수퍼컴퓨팅 센터에 자금과 함께 이러한 네트워크로의 연결을 촉진하는 데 필요한 장비 및 회로를 지원했다. NSFNET이라 불리는 거대하게 뻗어 있는 이 네트워크는 현대 인터넷의 '백본(backbone)'으로 여겨지게 되었다(Cyber Telecom, 2014).

오늘날 우리가 알고 있는 인터넷이 구체화하고 있었지만, 1983년에는 아직 미국인의 10%만이 개인용 컴퓨터를 가지고 있었으며 또한 이들 가운데 10%(미국 인구의 약 1.4%)만이 메시지를 송수신하기 위해 인터넷을 사용하고 있었다 (Rainie and Wellman, 2012: 60). 컴퓨터의 활용과 사용이 여전히 분명하지 않았고, 운영체계도 느리고 복잡했다. 또한 큰 구조적 장애도 존재했다는데 (비록 좀 더 작은 연결 네트워크들은 그들 자신의 정책을 수립할 수 있었지만) 국립과학재단의 사용 제한 정책(acceptable use policy)[8]은 NSFNET '백본' 네트워크에 대한 '어떠한' 개인적 사용이나 상업적 사용도 금지했다. 더 큰 네트워크, 즉 인터넷 그 자체는 연구, 교육, 비영리 회사만 지원하기로 되어 있었다. 그러나 머지않아 이러한 정책은 도전에 직면했다. 인터넷은 구속되지 않으려 했다.

1990년, 인터넷에 연결된 권역 네트워크 가운데 하나인 MERIT라 불리는 미시건(Michigan)주의 한 네트워크가 인터넷의 상업적 잠재력을 모색해볼 것을 국립과학재단에 제안했다. 영리회사들이 컴퓨터와 전송선을 개발하고 소유하며 고객을 유인할 수 있게 되었다. 이러한 상황 전개를 둘러싼 논란이 없었던

---

8   네트워크, 애플리케이션, 또는 정보의 사용 방식을 규제하는 공식 규칙의 전신 ─ 옮긴이 주.

것은 아니지만(실제로 인터넷의 적절한 미래에 관한 의회 청문회가 개최되었음), 상업적 인터넷 서비스 제공자들이 결국 빠르게 확산하는 네트워크의 일부가 될 수 있도록 허용되었고, 이러한 네트워크의 하부구조와 서비스는 이제 자주 업데이트되고 있었다. 스프린트(Sprint), AT&T, IBM, MCI 같은 통신 기반 회사들은 인터넷을 확장하고 민영화하는 데 필요한 기술에 자금을 대고 그러한 기술을 확립하는 데 도움을 주었다. 컴퓨서브(CompuServe, 1979), 프로디지(Prodigy, 1984), AOL(America Online, 1985)이 서비스 패키지와 사람들이 인터넷에 '접속하는' 수단을 제공하기 시작했으며, 마이크로소프트는 운영체계뿐만 아니라 브라우저(browser)와 서버(server)를 개발해서 공급하기 시작했다. 1995년, 국립과학재단은 이 프로젝트에 대한 후원을 종료했으며 인터넷은 민영화된 것으로 여겨질 수 있었다(Harris and Gerich, 1996).

비록 민영 회사들이 판매자나 서비스 제공자로 참여하기 시작하긴 했지만, 인터넷을 통제하는 중심기구나 세계적인 기구가 없었다. 미국 국방부도, 조사연구소도, 대학교도 아니었다. 인터넷의 성공적인 발전과 정체성에 결정적으로 중요한 것은 그것의 개방되고 분산된 구조였다. 물론 개방성은 장점도 있고 단점도 있다. '컴퓨터 바이러스(computer virus)'라고 불리는 컴퓨터와 네트워크의 작동을 방해하도록 프로그램된 악성 프로그램이 작성되어 배포되기 시작했다. '맬웨어(malware)'라 불리는 악성 코드가 컴퓨터에서 컴퓨터로 급속히 퍼져나가 하드 드라이브(hard drive)를 지우거나 데이터를 도용하거나 사라지지 않는 그래픽으로 스크린을 독점할 수 있다. 잠재적으로 컴퓨터에 손상을 줄 수 있는 '스팸(spam)', 즉 정크 메일이 수많은 계정에 동시에 전송될 수 있다(Naughton, 2012). 이윽고 맬웨어 및 스팸 차단 서비스와 필터(filter)가 이러한 문제의 상당 부분을 무산시킬 수 있을 만큼 충분히 정교해졌지만, 4장에서 보게 되듯이, 현재 해킹(hacking)과 컴퓨터 범죄(computer crime)가 급증하고 있다.

그럼에도 인터넷의 기능과 사회적 적용에 매우 중요하며 다름 아닌 인터넷의 정체성에 중요한 것으로 여겨지는 인터넷의 개방성은 인터넷을 확장 가능하게 해준 각각의 반복(iteration)[9]과 혁신을 통해 보호되었다. 네트워크 내의 각 링크(link)는 다른 것들과 독립적일 수 있지만, 더 큰 네트워크는 네트워크의 어느 한 부분에 의존해서 작동하지 않았다. 서비스와 응용 프로그램의 거미줄인 '웹(web)'이 여전히 비교적 젊은 인터넷을 통해 확산되기 시작했을 때, 그것의 영향은 즉각적이면서도 엄청났다.[10]

웹이 탄생하다

1990년까지만 해도 인터넷은 여전히 비교적 작은 규모의 현상이었다. 아마 전 세계적인 인터넷 사용자 수는 500만 명 미만이었을 것이다. 리 레이니(Lee Rainie)와 배리 웰먼(Barry Wellman)은 "전문 지식을 가지고 있는 사람들만이 나중에 '웹사이트'라고 불리게 된 것을 찾을 수 있었으며 진정한 전문가들만이 웹사이트를 만들 수 있었다"(Rainie and Wellman, 2012: 61)라고 지적했다. 인터넷이 기술적으로 업계에 개방되었지만, 웹사이트 여기저기를 돌아다니고 그 안에서 작업하기가 쉽지 않았기 때문에, 그것의 '어포던스(afforance)'[11](즉, 그것의 가능한 기회, 효과, 편익)은 여전히 대체로 알려져 있지 않았다. 인터넷은 여전히 낯설고

---

9   소프트웨어 개발에서 이터레이션(반복)이란 짧은 개발 주기(코딩-테스팅-배포)를 반복하며 개발하는 방법을 말한다 — 옮긴이 주.
10   컴퓨팅, 인터넷, 웹에 대한 더 자세한 역사를 보려면, 그리핀(Griffin, 2000), 라이너 등 (Leiner et al., 2009), 레이니 및 웰먼(Rainie and Wellman, 2012), 해프너(Hafner, 1998), 노튼(Naughton, 2012), 스탠데이지(Standage, 2013), 스튜어트(Stewart, 2014), 사이버 텔레콤(Cyber Telecom, 2014), 컴퓨터 호프(Computer Hope, 2014)를 참조하라.
11   어떤 행동을 유도한다는 뜻으로 '행동유도성'이라고도 한다. 인간 컴퓨터 상호작용, 인지 심리학, 산업 디자인, 인터액션 디자인, 환경 심리학 그리고 인공지능학 분야에서는 '서로 다른 개념을 연결하는 것'이란 뜻으로 쓰이기도 한다. 다시 말해, 물건(object)과 생물 (organism, 주로 사람) 사이의 특정한 관계에 따라서 제시되는 것이 가능한 사용(uses), 동작(actions), 기능(functions)의 연계 가능성을 의미한다(출처: 위키백과) — 옮긴이 주.

이해할 수 없는 영역이었다.

1989년에서 1991년 사이에 월드 와이드 웹(WWW: World Wide Web)이 개발됨으로써 이 모든 것이 변했다. WWW는 유럽 원자핵 공동연구소(CERN: European Organization for Nuclear Research)에서 일하면서 이미 WWW 개발에 착수했었던 영국인 엔지니어 팀 버너스-리(Tim Berners-Lee)가 생각해낸 것으로, 그는 원래 그것을 하나의 단어인 '월드와이드웹(WorldWideWeb)'으로 불렀다. 그것은 '하이퍼텍스트(hypertext)'라 불리는 시스템을 통해 서로 연결된 문서들을 모아놓은 것이었고 지금도 그러하다. 하이퍼텍스트는 1960년대에 미국인 엔지니어인 더그 잉걸바트와 오그멘티드 리서치 센터(Augmented Research Center)에 있는 그의 팀이 발명한 것으로, 당시에는 그것이 널리 사용될 상황이 아니었다. 하이퍼텍스트는 사용자가 하나의 데이터에서 다른 데이터로 쉽게 그리고 비선형적으로 클릭할 수 있게 해주는 '하이퍼링크(hyperlink)'를 포함하고 있으며, 인터넷 사용의 중요한 특징이 되었다. 문서가 사용자를 웹의 어디든 데려다주는 하이퍼텍스트 링크와 결합될 수 있게 함으로써 버너스-리는 웹의 한 부분이나 한 부문이 전체 시스템을 지배하거나 장악하지 못하도록 했다. 문서들은 거대하게 뻗어 있는 거미줄 같은 구조 내에서 연결되고 또 상호 연결될 수 있었기 때문에, 머지않아 그것의 이름은 '웹(the web)'으로 줄여서 불리게 되었다.

버너스-리의 웹과 인터넷에 대한 기술적·지적 공헌만큼이나 중요한 것은 웹은 탈중앙집중화되어야 하며 사용하고자 하는 사람 누구에게나 무료로 이용 가능해야 한다는 그(와 CERN)의 확고한 결심이었다. 1993년, CERN은 어떠한 특정한 기관에게도 비용 부담을 지우지 않으면서 전 세계가 웹 기술을 이용할 수 있게 했는데, 이것은 인터넷에 대한 제한받지 않는 접근이 웹의 가장 눈에 띠면서도 매력적인 특징이 될 것임을 의미하는, 인터넷 역사에서 매우 중요한 순간이었다. 이것은 인터넷의 개방형 구조(open architecture)의 도움을 받아 웹의 (보편적이지는 않지만) 전 세계적인 확산과 영향의 도래를 알렸다. 1996년 텔레커뮤니케이션법(Telecommunications Act of 1996)은 모든 미국의 교실, 도서관,

병원이 인터넷에 연결되도록 요구했다. 이메일과 (파일, 채팅, 전화 통화, 스트리밍 비디오를 포함한) 데이터 전송 기술의 발명 덕분에 웹은 사람들이 모이고 서로 연락을 취하고 사교적이 되며 그래서 궁극적으로 네트워크를 만들고 미디어를 공유하기 시작하는 장소가 되었다.

웹의 광범위한 발전을 지원해준 기술들이 꽤 빨리 발명되었으며 컴퓨터 사용자들 사이에서 급속히 채택되고 확산되었다. 그래픽 형태여서 사용하기 쉬운 웹 브라우저인 모자이크(Mosaic)는 1993년 세련되지 못한 텍스트 기반 브라우저인 고퍼(Gopher)를 대체했으며 머지않아 훨씬 더 사용하기 쉬운 넷스케이프 내비게이터(Netscape Navigator)가 뒤이어 등장했다. 이제 사람들은 전문적인 지식과 기술을 동원하지 않고도 웹을 여행하거나 '서핑(surfing)'할 수 있게 되었다. 웹 페이지는 시각적으로 흥미로워졌다(오늘날의 모습보다는 단순하지만 가장 초기의 버전보다는 훨씬 더 다채롭고 세련되었음). 1998년 디지털 밀레니엄 저작권법(DMCA: Digital Millennium Copyright Act of 1988)은 〔이론(異論)이 있는 콘텐트(content)[12]는 일시적으로 사이트에서 내려져야 했고 지금도 여전히 그렇게 해야 하지만〕 있을 수도 있는 사용자들의 저작권 침해에 대한 법적 책임으로부터 웹사이트를 보호하면서 미국에서 저작권이 있는 콘텐트의 사용을 관리했다. 야후(Yahoo) 같은 웹 디렉토리(web directory)는 웹에 사물들을 목록화하기 시작했고, 웹 기반 커머스(commerce) 및 뱅킹(banking)의 초기 버전이 나왔다.

사람들이 웹에서 찾고 있는 것을 찾을 수 있게 해주는 수단을 제공한 검색 엔진(search engine)이 곧이어 등장했지만 결정적으로 중요한 도구로 즉각 받아들여지지는 않았다. 인터넷은 "분류하거나 체계화해주는 하부구조가 아니라 연결해주는 하부구조"라고 생각했기 때문이라고 크리스천 샌드비그(Christian

---

12 '콘텐츠'가 표기법상 맞는 표기이지만, 영어에서 'contents'는 '목차'나 '어떤 물건 안에 들어 있는 내용'을 뜻하고 '정보의 내용'이나 '추상적 내용'을 뜻하는 단어는 'content'이며 또 한글은 이를 '콘텐트'라고 표기할 수 있기 때문에 여기서는 '콘텐트'라고 표기하거나 맥락에 따라 '내용'으로 번역해도 괜찮을 경우에는 그냥 '내용'으로 표기하기로 한다 — 옮긴이 주.

Sandvig)는 말했다(Sandvig, 2015). 그에 따르면, "그 시대의 전형적인 인터넷 사용자들에게 컴퓨터는 대개 내용을 의미 있는 어떤 방식으로 분류해주지 않았다. 컴퓨터는 음악이나 영화를 분류하지(추천하지) 않았고, 이메일은 자동으로 '중요 메일'이나 '스팸'으로 표시되지 않았으며, 검색 엔진은 특별히 유용하지 않았다." 실제로 이전의 검색 엔진인 웹크롤러(WebCrawler)와 라이코스(Lycos)에 이어 1994년에 등장한 최초의 중요 검색 엔진인 알타비스타(AltaVista)의 성공은 예기치 못한 일이었다. 웹을 효율적으로 분류하고 목록화하는 것은 가능하거나 필요하지 않다는 것이 당시의 지배적인 믿음이었다(Sandvig, 2015).

1990년대 중반, 스탠퍼드 대학교(Stanford University) 박사과정 학생이었던 래리 페이지(Larry Page)와 세르게이 브린(Sergey Brin)이 개발한 구글(Google)은 1997년 말 일반인에게 이용 가능해졌으며 웹 검색을 한 단계 업그레이드시켰다. 구글은 원하는 검색어의 출현(appearance) 빈도로 검색 결과 순위를 매기는 것이 아니라 원하는 검색어와 관련된 페이지 수로 어떤 웹사이트의 관련성을 판단하는 페이지랭크(PageRank) 시스템을 사용했다. 2001년, 구글은 훨씬 더 효율적으로 정보를 분류하고 체계화하는 복잡한 규칙 기반 공식, 즉 '알고리즘(algorithm)'을 개발함으로써 웹 검색 과정을 다시 혁명적으로 바꾸어놓았다. 시간이 흐르면서 이러한 알고리즘은 계속해서 더 정교해져, 검색자인 여러분이 가장 관심 있어 하는 링크를 여러분에게 제공하기 위해 검색이 개인화될(personalized) 수 있게 되었다(그리고 그 과정에서 여러분에 대해 상당히 알게 되었다). 이것의 함의에 대해서는 4장에서 살펴보기로 한다.

이러한 혁신은 더욱더 상호작용적인 소프트웨어, 미디어 플랫폼, 애플리케이션, 즉 '앱(app)'이라 불리는 전문화된 프로그램 개발을 위한 길을 닦아주었다. 다양한 배경과 특별한 관심사를 가진 사람들이 현재 웹의 상당 부분을 차지하고 있는 복잡하고 정교한 웹 페이지, 사이트, 블로그를 만들기 시작했다. 많은 사람이 이러한 혁신의 흐름에 매혹되었으며, 콘텐트를 만들어내는 방법 및 이와 관련된 기술이 누가 봐도 이해할 수 있을 정도가 되고, 이용 가능하고,

획득 가능하며, 가격도 싸지게 되었다. 기술적 전문성이 없는 사람들에 의한 인터넷 성형이 진행 중이었다.

그러나 인터넷은 여전히 보편적으로 접근 가능하지 않았으며 지금도 그러하다. 인터넷 연결성을 촉진한 기술이 1980년대 중반에는 유럽을, 1980년대 말에는 아시아를, 1990년대 말에는 아프리카를 침투해나가기 시작했다. 1장에서 언급했듯이, 그럼에도 오늘날 전 세계 인구의 약 40%만이 인터넷을 사용한다(ICT, 2014; McKinsey and Company, 2014). 전 세계의 많은 지역에서 전자적 (및 물리적) 하부구조는 여전히 개발이 덜 되어 있거나 매우 부유한 시민을 제외한 모든 사람이 접근하기에 너무 비싸다. 더욱이 권위주의적이거나 전체주의적인 정권은 인터넷을 검열하거나 필터링(filtering)을 하여 사람들이 정보에 자유롭게 접근하고 정보를 전파하는 것을 막고 있다. 그러나 모바일 전화 커뮤니케이션은 심지어 개발도상국에서도 더 광범위하게 확산되고 있어서, 만약 그렇지 않았더라면 가능하지 않을 인터넷 접근을 많은 사람에게 제공하고 있다(5장에서 전 세계적인 영향과 불평등 그리고 이러한 불평등의 함의에 대해 논의함).

무선 및 모바일 커뮤니케이션

정보 및 커뮤니케이션 기술 분야와 특히 디지털 기술 분야의 가장 큰 업적 가운데 하나는 무선으로 커뮤니케이션할 수 있는 능력을 개발한 것이다. 매개된 세계와 그것이 제공하는 모든 것을 휴대 가능하게(거의 모든 곳에서 그리고 거의 모든 시간에 접근하게) 함으로써 무선 및 모바일 기술은 현대 사회 생활의 필수적인 구성요소가 되었으며 이러한 사회를 여러 면에서 특징짓고 있다. 우리는 휴대폰(그리고 지금은 스마트폰)을 이러한 기술들 가운데 첫 번째이자 가장 중요한 것으로 생각하지만, 휴대폰 이전에도 사람들이 물리적 공간에서 서로 더욱 더 멀리 떨어져 있을 수 있게 하고 또 '이동 중에도' 사회적 연계를 쌓고 유지할 수 있게 해준 많은 혁신이 존재했다. 이러한 혁신 가운데는 도로, 철로, 자동차, 비행기, 돌 명판,[13] 펜과 잉크, 책과 신문, 트랜지스터 라디오, 손에 쥘 수 있는 크기의 카메라가 있다. 우리가 커뮤니케이션할 수 있는 늘 더 작고 늘 더 휴대 가능한 장치를 계속해서 발명하는 것은 이동 중에도 많은 정보에 접근하고 사회적 연결성을 즐기고자 하는 현대인의 욕망을 반영한다.

무선 커뮤니케이션은 무선 연결을 가능하게 해주는 전자기파(electromagnetic wave)가 발견되었던 1800년대 후반으로 거슬러 올라간다. 무선파는 시티즌 밴드(CB: citizen band) 무전기와 같은 쌍방향 무전기를 통한 전자적 전송과 전보 발송에 사용되었다. 그 후 라디오와 텔레비전 그리고 자동차, 배, 비행기에서 위치를 확인하는 데 사용되는 GPS(global positioning system)가 등장했다. 20세기 중반 현재, 이동통신, 위성 및 기타 무선 네트워크가 현대의 휴대폰, 컴퓨터 연결, 와이-파이(Wi-Fi), 무선 광대역 인터넷의 토대가 되었다.

휴대폰 기술은 처음에는 카폰(car phone) 형태로 등장했는데, 그때가 1946년이었다. 카폰은 엄청나게 컸고 비쌌으며, 그리고 당연히 당시 기술 수준의 한

---

13 고대 도시의 통치자들(governors)은 도시가 어떻게 운영되어야 하는지를 결정해야 했고, 따라서 도시 도처에 서로 다른 집에서 살았던 그들은 종종 서로 간의 통신이 필요했으며, 도시 도처에서 메시지를 주고받을 필요가 있었다. 통치자들은 본인이 살고 있는 집 번호로 식별되었고, 모두 메시지를 전달하는 것을 업으로 하고 있는 메시지 전달자(messenger) 집단에 접근할 수 있었다. 메시지를 전송하는 유일한 방식은 커다란 사각형 돌 명판(stone tablet)에 메시지를 적는 것이었다. 메시지 전달자는 돌 명판을 가지고 목적지까지 들고 갔다. 돌 명판은 크기가 고정되어서 돌 명판에는 정보로 여섯 조각만 맞춰 넣을 수 있었고, 정보 한 조각에는 문자 하나 혹은 숫자 하나를 적어 넣을 수 있었다. 메시지는 다수 명판에 쪼개질 수 있고, 명판이 매우 무겁기 때문에 한 번에 하나만 옮겨 전달될 수 있었다. 메시지 전달자의 건망증과 게으름으로 인해 항상 올바른 메시지를 전달할지 신뢰할 수 없었다. 흔히 근무시간에 너무 오래 휴식을 취하거나 도시를 탈출하여 도망가기도 했다. 통치자들은 통신을 신뢰성 있게 만들 방법을 찾고 싶었고, 통치자 모두가 따를 수 있는 규칙을 개발하고자 했다. 이렇게 함으로써, 메시지 전달 여부와 메시지가 올바르게 맞춰진 것인지 알 수 있었다. 그래서 통치자들은 이미 명판에 목적지가 명시되어야 한다고 결정했다. 이러한 고대 돌 명판은 현대의 패킷에 해당하고 고대 명판의 내용은 현대의 데이터에 해당한다 — 옮긴이 주.

계를 벗어나지 못했다. 카폰은 비록 이동 가능했지만, 셀룰러(cellular) 및 트랜지스터 기술이 아직 발명되지도 않았고 완벽해지지 않아 그 기술을 활용하지 못했기 때문에, 대화를 계속하기 전에 한 사람이 다른 사람의 말이 끝날 때까지 기다려야만 하는 CB 무전 송신과 같이 전화 통화가 이루어졌다. 다른 사람이 전화 대화를 쉽게 엿들을 수도 있었다. 가장 초기의 전화기는 여행가방 크기였으며, "전화를 하는 데 필요한 전기로 인해 실제 자동차 배터리를 못 쓰게 만들었기 때문에 사람들이 할 수 있었던 유일한 통화는 배터리 서비스 센터에 전화하는 것이었을 것이다"(Dead Media Archive, 2011).

모토롤라(Motorola)가 자동차에 부착되어 있지 않는 현대적인 휴대폰 개발을 주도했다. 엔지니어인 마틴 쿠퍼(Martin Cooper)는 1973년 뉴욕에서 최초로 휴대폰 통화를 했다. 그 전화기의 무게는 거의 2.5파운드였고 배터리 수명은 고작 20분이었지만, 쿠퍼의 말을 빌리면 "전화기를 그 정도로 오래 들고 있을 수 없었기 때문에" 그것이 지나치게 큰 문제는 아니었다(John Dixon Technology, 2012b).

1990년대가 되어서야 휴대폰이 생존 가능한 대량 기술(mass technology)이 되는 데 필요한 충분한 무선 주파수가 할당되었으며, 기꺼이 널리 받아들여질 수 있을 정도로 전화기의 크기가 작아지고 가격이 내려가는 데는 더 오랜 시간이 걸렸다. 2000년대가 되어서야 비로소 전화기는 진정으로 '똑똑해져서' 문자 메시지 보내기와 웹 브라우징을 표준 사양으로 하면서 소형 오락 및 정보 센터 역할을 할 수 있게 되었다. (1G, 2G, 3G, 4G라고 불리며, 각각 대략 10년 터울로 소개된) 네 '세대'의 휴대폰 기술은 이러한 전화기들의 능력 차이를 나타낸다. 1981년에 소개된 1G에서는 사용자가 대화를 하는 동안 셀 사이트(cell site) 사이를 이동함에 따라 한 셀 사이트에서 다음 셀 사이트로 전화 통화를 이동시켜주는 능력이 향상되었으며, 2012년에 소개된 4G에서는 이러한 종류의 회선 교환(circuit switching)이 더 높은 밀도(density)[14]의 스트리밍(streaming) 오디오, 비디오 및 전화 통화를 가능케 한 인터넷의 패킷 교환(packet switching) 기술로 대체되었다.

그러나 전화 통화를 가능하게 하는 것이 더 이상 스마트폰의 주된 목적은 아니다. 2000년대 말, 휴대폰과 스마트폰은 숫자 키패드 내에 그냥 문자를 박아 넣은 것이 아닌 확장 키보드(full keyboard)[15]를 특징으로 하기 시작했고, 무선 데이터 요금제(price plan)가 도입되어 가격이 인하되기 시작했는데, 이 둘 모두로 인해 문자 메시지 보내기가 휴대폰 활동의 대세가 되었다. '문자 보내기 (texting)'는 과거에도 그랬고 지금도 비교적 간단하고 편리하며 불필요하게 남의 관심을 끌지 않는 방식으로 커뮤니케이션할 수 있는 방법이다. 문자 보내기는 어떤 활동을 하든 그리고 어떤 환경에 놓여 있든 흔히 다른 사람이 알아채지 못하는 가운데 조용하게 이루어질 수 있다. 문자 보내기는 매우 편리하고 효율적으로 커뮤니케이션을 할 수 있는 방법이어서, 사람들이 여러 이유로 거의 끊임없이 서로 연결될 수 있게 해준다(이러한 상태에 대해서는 9장에서 더 자세하게 살펴볼 것임).

최근 들어 문자를 사용하는 미국 인구의 비율은 극적으로 증가한 반면, 휴대폰을 음성 대화용으로 사용하는 것은 그만큼 극적으로 줄어들었다. 2006년부터 2011년 사이에 미국 성인 인구 가운데 문자를 사용하는 사람의 비율이 31%에서 59%로 거의 두 배 증가했으며, 이러한 사람의 수는 계속 늘어나고 있다(Rainie and Wellman, 2012). 75%가 넘는 미국의 10대가 문자를 사용하며, 10대 후반 청소년들은 하루 평균 100개 이상의 문자를 보낸다(Lenhart, 2012). 현대의 스마트폰은 실제로 카메라, 문서 작성 능력, 인터넷 접속, 그리고 수많은 앱이 포함된 미니-컴퓨터이기 때문에, 휴대'폰'이 궁극적으로 뭔가 다른 것으로 불릴 수 있을지 사람들은 궁금해한다.

심지어 휴대폰 기술을 활용할 수 없을 수도 있는 전통적으로 가난하거나,

---

14   음성 혹은 영상 신호의 촘촘함과 성김의 정도 — 옮긴이 주.

15   컴퓨터 스타일의 문자 배치를 사용하고 한 키에 한 문자를 표시한다 — 옮긴이 주.

시골이거나, 인구가 적은 지역에까지 휴대폰이 도달함으로써 휴대폰은 이제 전 세계로 확산되었다. 물론 그러한 지역의 사람들은 인터넷에 접속할 수 없을 수도 있는 초보적인 수준의 전화기를 사용할 가능성이 훨씬 더 높으며, 한 대의 전화기를 몇 사람이 함께 사용하는 경우도 드물지 않다(전 세계적인 디지털 커뮤니케이션에 대해 더 자세한 것은 5장 참조). 많은 모바일 웹 사용자는 웹에 접속하기 위해 데스크톱이나 노트북 혹은 태블릿을 좀처럼 사용하지 않거나 결코 사용하지 않는다. 모바일 기술의 향상과 '가상현실(virtual reality)', 즉 물리적 세계를 시뮬레이션하는 몰입형 비물리적 환경(immersive nonphysical environment) 기술로 인해 모바일 기기에서 즐기는 게임과 게임하기가 엄청나게 증가하게 되었다(John Dixon Technology, 2012a).

초기 온라인 네트워킹

다수의 사람(혹은 집단이나 조직)이 연결되거나 서로 묶여 어떤 관계를 가지거나 서로 영향을 미칠 때, 그들은 '네트워크화'되었다고 말할 수 있다. 실체들이 네트워크화되었다고 간주하는 것은 이러한 일이 일어나는 여러 가지 방식(일부는 미묘하고, 일부는 심지어 눈에 보이지도 않음)을 추적해서 차트에 기록할 수 있다는 것이다.

온라인 소셜 네트워킹은 흔히 인터넷 및 웹의 최신 애플리케이션 가운데 하나로 기술되지만, 그것은 실제로 인터넷과 웹, 이 둘 모두보다 앞선다. 최초의 컴퓨터화된 대인 소셜 네트워크는 1970년대 중반에 등장했다. 그것들은 물리적으로 서로 떨어져 있는 사람들 사이의 메시지 교환을 촉진한다는 측면에서 상당한 역사적 함의를 지니고 있었으며, 그런 이른 시기에 그것을 사용한 데 따른 흥분은 놀라울 정도였다. 그리 멀지 않은 과거에 이러한 새로운 종류의 사회적 상호작용을 개발하고 있었던 사람들은 야심 찬 사회적 실험(완전히 새로운 개척지의 선구자)의 일부가 되는 느낌을 자주 들먹였다. 그들은 자신들이 혁명적인 형식의 사회성의 선봉에 서 있다는 것을 정확히 느낀 것 같았다.

많은 사람은 머리 투로프(Murray Turoff)를 사회적·상호작용적 컴퓨팅의 '아버지'로 여긴다. 1970년대 초반 처음에는 정부에서, 그다음에는 뉴저지 공과대(NJIT: New Jersey Institute of Technology) 교수로 일했던 그는 흩어져 있는 사람들이 컴퓨터를 통해 정보를 공유할 수 있는 몇 가지 새로운 계획(initiative)을 발의했다. 아마 [역시 NJIT 교수인 스타 락선 힐츠(Starr Roxanne Hiltz)와 투로프의 배우자와 함께 개발한] 그러한 것들 가운데 가장 널리 알려진 것은 전자 정보 교환 시스템(EIES: Electronic Information Exchange System)이라 불리는 원격회의 시스템이었는데, 이것은 매우 초창기 버전의 온라인 교육과정을 포함하고 있었다. 흥미롭게도 그것은 또한 그것을 사용하는 사람들 사이의 대면 회의도 촉진했다. EIES에 뒤이어 나온 온라인 네트워크를 설계한 많은 사람은 이러한 새로운 초기 온라인 계획이 디지털 방식으로 연결되고 네트워크화되는 것이 의미하는 바를 그들이 개념화하는 데 큰 영향을 미쳤다고 말했다.

사람들이 온라인으로 네트워크화될 수 있는 한 가지 방법은 누군가가 전자적으로 메시지를 올리고 다른 누군가가 응답할 수 있게 하는 시스템을 통해 연결하는 것이다. 처음에 이러한 교환은 비동시적(asynchronous)이어야 했었는데, 실제로 초기에는 어떤 응답(response)이 나타나기까지 수일 혹은 심지어 수 주가 걸릴 수도 있었다! 매우 이른 1970년대 초반에 이루어진 메시지 교환을 가능케 한 몇몇 실험으로는 커뮤니티 메모리[Community Memory, 캘리포니아 주 버컬리 부근의 여러 이웃마을에 있는 고정배선식(hardwired) 단말기들을 사용해 사람들이 질문하고 질문에 답하게 했음], 일리노이 대학교(University of Illinois)에서 개발된 PLATO[사람들이 '노트'를 공유하고(처음에는 교육 지향적이었음), 게임을 하고, 채팅을 하고, 관계망을 만들며, 궁극적으로 이러한 메시지를 전 세계에 확산할 수 있게 했음], 그리고 1978년 일리노이(Illinois)주 시카고(Chicago)에서 처음 시작된 컴퓨터화된 게시판 시스템[Computerized Bulletin Board System, 처음부터 다이얼업(dial-up) 접속을 통해 더 많은 일반 시민에게 접속 가능하게 함을 의도로 했음〕이 있었다. 그 후 게시 및 응답(post-and-response) 체계는 흔히 BBS(bulletin board system), 즉 전자 게시판이라 불렸으며 종내에는 메시지 게시판, 토론 게시판, 혹은 간단하게 토론방이라 불렸다.

온라인 게임 역시 1970년대에 등장해 꾸준한 인기를 얻었다. 일부 게임은 모험을 기반으로 하고 있었으며 가상 '세계'라 불려온 것을 함께 만들도록 플레이어를 고무했다. 이러한 게임들은 MUD(multiuser domains), MOO(multiuser object-oriented domains), 혹은 MPORGS(multiplayer online role-playing games)라 불렸으며 지금도 그렇게 불리고 있다. 이러한 게임에서는 다수의 사용자가 그들이 상호작용하고, 게임을 하며, 낭만적인 관계와 사이버섹스(cybersex)를 나누는 관계를 포함해 관계를 형성하는 의미 있는 도메인이나 환경을 함께 만든다. 플레이어는 게임 공간, 즉 '세계'를 만들고 그러한 곳에서 거주하기 위해 서로 의존한다.

그래픽 인터페이스(graphical interface)가 개발되기 전 이러한 세계들은 오직 텍스트 기반이었으며 이미지나 아바타(avatar)를 특별히 포함하지 않았다. 그럼에도 그것들은 플레이어들에게 그들이 다차원적인 환경 속에 있다는 느낌을 느끼게 해주었다. 거대하게 뻗어 있는 공동 창조된(cocreated) 환경은 사람들이 게임을 할 뿐만 아니라 서로를 알아나가게 되는 '장소'를 제공하는데, 이것은 게임 경험의 매우 중요한 측면이었다(또한 지금도 그러하다). 초보적인 그래픽과 〔1974년의 던전스 앤드 드래건스(Dungeons and Dragons)와 같은〕 많은 상호작용 게임 및 〔2000년의 '인생 경험(life experience)' 비디오 게임인 더 심(The Sims)과 같은〕 '세계'가 뒤이어 나왔다. 참여자들은 사회적 상호작용과 때로는 매우 실재적인 것처럼 느끼는 (실제로 매우 실재적인) 가상현실 경험에 빠려드는 느낌을 정말로 느꼈다.

소셜 네트워킹 세계로 매우 초기에 진입한 사람들은 대개 '테키(techie)', 즉 컴퓨터나 게임에 평균 이상의 관심을 가지고 있는 사람들이었다(그렇지 않았더라면 그들은 여전히 드문 컴퓨터화된 기술에 대한 지식을 맨 먼저 가지지 못했으며 그러한 기술에 접근할 수 없었을 것임). 그들은 극도로 느린 데이터 전송 속도와 응답을 기다리는 시간 때문에 인내가 필요했으며 이러한 전혀 새로운 방식으로 연결하는 것이 신기하기도 했고 흥미롭기도 했다. 이러한 끈기 있는 조기 채택자들과 사용자들은 이러한 새로운 경험, 이러한 새로운 기술-사회적 활동이 도약하고 성장할 수 있는 기회를 주었다.

1980년에는 기사와 게시글을 공유하고 토론하는 다소 다른 방법이 듀크 대학교(Duke University)에 다니는 톰 트러스콧(Tom Truscott)과 짐 엘리스(Jim Ellis)에 의해 발명되었다. 유즈넷(Usenet)이라 불리는 그것은 원래 듀크 대학교와 노쓰 캐럴라이너 대학교(University of North Carolina)에 있는 사람들이 사용할 목적으로 발명되었다. 유즈넷은 인터넷이 아닌 ARPANET을 사용했다. 유즈넷은 단 하나의 중앙 관리당국이나 서버를 가지고 있지 않았다. 그 대신 그것은 서로 다른 토픽에 관심이 있는 사람들의 집단이 텍스트 기반의 범주화된 뉴스그룹(newsgroup)에서 서로를 찾고, 기사와 메시지를 게시하고 검색하며, (뉴스그룹들이 중도적이긴 하지만 그것을 검열할 수 있는 중앙 관리당국이 없었기 때문에) 이러한 커뮤니케이션 내용에 대해 자유롭고 검열받지 않는 방식으로 토론하는 거대하게 뻗어 있는 탈중앙집중화된 수단이었다. 유즈넷은 꽤 빨리 꽤 광범위하게 확산되었다. 불행하게도 개방되고 검열받지 않는 속성으로 인해 유즈넷을 통한 불법 복제된 자료와 포르노그래피의 제한받지 않는 확산은 결국 최고의 소셜 네트워크로서의 유즈넷의 위치를 위협했다. 그것에다가 인터넷에서 급격히 늘어나기 시작한 토론 그룹 및 토론방(이들 가운데 많은 것이 사용하기 더 쉬운 그래픽 인터페이스를 특징으로 하고 있었음)으로부터의 경쟁이 더해져 유즈넷은 몰락했다. 유즈넷은 결국 인터넷으로 옮겼으며 매우 탈중앙집중화되어 있어서 한순간에 간단히 폐쇄될 수 없었다. 실제로 소셜 네트워크로서 어떤 종류의 지배력도 차지하지 못하고 있지만, 유즈넷은 여전히 존재하고 있다. 옛 모습을 찾아볼 수 없게 된 유즈넷은 2010년 현재 심지어 듀크 대학교에서도 더 이상 운영되지 않았다.

1984년, 의사인 래리 브릴리언트(Larry Brilliant)는 일부는 커뮤니티용으로 일부는 사업용으로 운영될 독특한 온라인 소셜 네트워크를 만들기 위해 힘을 합치도록 ≪홀 어쓰 리뷰(Whole Earth Review)≫라는 진보적인 잡지의 발행인인 스튜어트 브랜드(Stewart Brand)를 설득했다. 브릴리언트의 아이디어는 간단했다(그리고 빛났다?): "일단의 흥미로운 사람들을 데려다가 그들에게 서로 계속해서 커뮤니케이션을 유지할 수 있는 수단을 준 다음 뒤로 물러서서 무슨 일이 일어나는지 보라"(Hafner, 2004). 이 실험은 큰 성공을 거둘 수 있었다: 적절하게 WELL(Whole Earth 'Lectronic Link)이라는 이름이 붙여진 이 실험은 결과적으로 회원들 간의 강도 높은 교환을 특징으로 하는 기발하고 독특한 소셜 네트워크를 탄생시켰는데, 많은 회원이 그들의 인생을 서로 깊이 있게 공유했으며 때로는 송금과 대면 만남 시작을 포함해 온갖 종류의 지원을 서로에게 제공했다. WELL은 트라이포드(Tripod, 1992년 설립)라 불리는 대학생을 위한 초기 온라인 커뮤니티와 사용자들이 시가지(市街地)를 본뜬 웹사이트를 만들 수 있게 해준 사이트인 지오시티즈(GeoCities, 1994)를 포함해 이후에 등장한 거의 모든 형식의 소셜 네트워킹에 영향을 미쳤을 것이다.

1980년대와 1990년대를 쭉 거치면서 WELL은 규모와 범위 면에서 성장했으며, WELL의 정신, 즉 인터넷은 매우 사회적일 수 있다는 아이디어는 공통 의식(common consciousness) 속에 스며들기 시작했다. 1994년과 1995년, '위키(wiki)', 즉 사람의 집단들이 온라인에서 합심해서, 심지어 그들이 원할 경우 실시간으로, 문서와 사이트를 만들고 편집할 수 있는 웹 애플리케이션이 만들어졌다. 참여자들이 서로 채팅을 할 수 있게 해준 AIM(AOL's Instant Messenger, 1997년 설립)은 엄청난 인기를 끌고 있었다. 교육과정 관리 시스템인 블랙보드(Blacknoard, 역시 1997년 설립)는 가르침과 학습이 온라인에서 이루어질 수 있는 조직화된 수단을 제공했다. 그리고 블로깅(blogging)은 웹이 공적인 공간임에도 웹을 일종의 사적 표현 공간으로 만들기 시작했다.

아직 블로그라 불리지는 않았지만, 최초의 블로그는 일반적으로 스워쓰모어 대학(Swarthmore College) 학생이었던 저스틴 홀(Justin Hall)이 만든 것으로 여겨지는데, 그는 1994년 링크스.넷(links.net, 필자가 이 책을 쓰고 있을 당시에도 여전히 활발하게 운영되고 있었음; Hall, 2014; Silleson, 2014 참조)에서 그의 생활에 대한 글을 온라인에 게시하기 시작했다. ('웹에 기록했기' 때문에) 머지않아 웹로그(weblog)라 불렸고, 그 후 그냥 블로그라 불린 그와 같은 사이트들은 링크 모음, 일기와 같은 묵상과 고백, 정보 전파, 혹은 이것들의 일부를 조합해놓은 것으로 구성되었다. 1999년에 시작된 블로거(Blogger)라는 플랫폼은 사람들에게 블로그를 만들고 공유하는 간단한 방법을 제공함으로써, 그러한 행위가 대중화되는 데 도움을 주었다. 인터넷은 아직 널리 알려지지 않았기 때문에, 누군가가 왜 사적인 생각과 감정을 온라인에서 공유하려 하는지 많은 사람은 궁금해했다. 실제로 2002년 블로거인 헤더 암스트롱(Heather Armstrong)은 웹 디자이너(web designer)이자 그래픽 아티스트(graphic artist)인 그녀의 직업에 대해 온라인에서 불평을 했다는 이유로 해고되었는데, 이것은 온라인 공유의 잠재적인 치명적 결과를 보여주는 초기 사례 가운데 하나이다. 그럼에도 블로거와 쟁가(Xanga) 및 라이브저널(LiveJournal) 같은 다른 블로깅 및 저널링(journaling) 사이트들이 등장한 지 몇 년 되지 않아 블로깅은 널리 받아들여졌으며, 2006년까지 4000만 개가 넘는 블로그가 인터넷에 출판되었다(Standage, 2013: 228).

2001년에는 위키백과(Wikipedia)가 탄생했으며, 위키와 영상회의, 음성회의, 문자회의 같은 협업적(collaborative)[16] 행위가 계속해서 증가했다. 위키백과는 접근이 쉬운 장소에 많은 양의 정보를 수집하는 것의 확장된 발현이다. 이것은 백과사전(이것의 이름도 부분적으로 백과사전에서 따옴)과 유사하지만, 이것에 기

---

16 '협력(cooperation)'은 서로 다른 부서에서 일하는 둘 이상의 삶들이 정해진 프로세스와 역할 내에서 도움을 주고받으며 일하는 것이고, '협업(collaboration)'은 서로 다른 부서에서 일하는 둘 이상의 사람들이 공동의 목표를 설정하고 이를 달성하기 위해 함께 일하는 방식을 말한다(출처: m.cafe.daum.net) — 옮긴이 주.

여하는 2000만 명이 넘는 사용자(혹은 '편집인')[이들의 대부분은 기술적 기량(tech skill)를 갖춘 남성(Hargittai and Shaw, 2015 참조)]에 의해 계속해서 업데이트된다. 위키백과는 좀 더 전문적으로 편집되는 온라인 백과사전인 누피디어(Nupedia) 의 보충판으로 처음 시작되었다가 나중에는 그것의 대체판이 되었다. 위키백과는 또한 그것의 콘텐트가 자유롭게 배포될 수 있고 재생될 수 있음을 의미하는 '오픈 소스(open source)'[17] 소프트웨어를 사용하는 것으로도 유명하다. 그와 같은 시스템은 공개성 때문에 신뢰도 및 안전성이 위태로워질 수 있지만, 위키백과를 감독하는 사람들은 표제항(entry)을 감독하고 필요할 경우 추가적인 정보를 요구하면서 부정확함을 최소하고자 하며, 이상적으로 표제항의 정확성은 시간이 지나면서 향상된다. 그것은 절대 실패할 일이 없는 시스템도 아니고 최고 기준의 연구용 도구도 아니지만, 비판적인 시선을 가지고 사용될 때 그것은 어떤 토픽을 조사하는 아주 훌륭한 출발점이 될 수 있다. 또한 이 글을 쓰고 있는 지금 위키백과는 광고를 받아들이지 않고 있고 앞으로도 받아들이지 않을 거라고 주장하기 때문에 어떤 기업 편향(corporate bias)도 가지고 있지 않다.

이러한 초기의 네트워킹 시스템은 중요했는데, 왜냐하면 온라인에서 사람들을 연결해주는 기술이 작동함을 증명하고 있었기 때문뿐만 아니라, 더 중요하게는 그러한 시스템이 확립될 때마다 예외 없이 나타나는 부산물인 강력하고도 '실재적인(real)' 의미의 커뮤니티 때문이었다. 이러한 온라인 네트워크를 통해 커뮤니케이션을 한 사람들은 진정으로 흔히 깊이 참여하는 공동체나 클럽의 회원처럼 그들이 결속되어 있음을 매우 자주 느끼게 되었다. 그것은 틀림없이 사회성을 접하게 하는 새로운 방식이었다. 존 페리 바로우(John Perry Barlow)가 "전자 개척지(electronic frontier)"라고 부른 것을 개척한 모든 선구자는 모든 다른 사람에게 온라인에서 보내는 시간이 실재적이고 의미 있는 사회적·공동체적 특성을 가지게 될 수 있음을 보여주고 있었다(Goldsmith and Wu, 2006:

---

17   소프트웨어의 소스 코드가 공개되는 것 ― 옮긴이 주.

17). 곧 이러한 특성은 실질적으로 인터넷과 동의어가 될 것이다.[18]

모든 기능을 갖춘 소셜 네트워크 사이트(SNS) 및 소셜 미디어

1990년대 후반과 21세기로 접어들 즈음에 초기 실험과는 매우 다르며 '소셜 네트워크 사이트(SNS: social network site)'라는 특화된 이름으로 알려지기 시작한 많은 사이트가 갑자기 나타났다(boyd and Ellison, 2007). 이러한 사이트들은 사용자들이 '친구(friend)'와 '팔로워(follower)' 리스트와 프로필을 쉽게 보고 분명하게 표현할 수 있다는 점에서 이전 사이트들과 달랐다. 이러한 친구와 팔로워는 통상 그들이 이미 개인적으로 알고 있거나 들어서 알고 있는 사람들이다. SNS 회원은 또한 프로필 페이지를 만들고 사이트의 사용을 상당히 개인화할 수 있었다. 과거에 존재했던 사이트들과 비교할 때, SNS는 일반적으로 사용하기 더 쉽고 시간이 흐르면서 더욱더 사용자 편의적이게 되었다.

이러한 사이트들은 또한 규모면에서도 이전의 것들과 달랐다. SNS는 일대일 커뮤니케이션 기능이나 일 대 다수 커뮤니케이션 기능을 똑같이 순조롭게 수행해냄으로써 개인용 미디어라는 느낌과 기능은 물론 '매스 미디어'라는 느낌과 기능도 동시에 제공할 수 있다. 이러한 사이트에 올라온 자료들은 일반적으로 쉽게 공유되고 재게시될 수 있으며, 검색 엔진을 통해 정보와 프로필에 접근할 수 있다. SNS는 때로 뉴 미디어로 불리지만, 그것의 사회적 기능은 매우 심오하고 두드러져서 특히 분명한 미디어 공유 능력을 갖춘 그러한 플랫폼에게는 정말 갑자기 떠올린 '소셜 미디어(social media)'라는 이름이 붙여지게 되

---

[18] 초기 소셜 네트워킹 사이트와 모든 기능을 갖춘 SNS와 소셜 미디어에 대한 더 자세한 역사를 보려면, 커티스(Curtis, 2011), 스튜어트(2014), 노튼(2012), 스탠데이지(2013), 보이드 및 엘리슨(boyd and Ellison, 2007), 해프너(1998, 2004), 레이니 및 웰먼(2012), 사이버텔레콤(2014), 컴퓨터 호프(2014), 오프콤(Ofcom, 2008)을 참조하라.

었다.

일반적으로 이러한 모든 기능을 제공함으로써 최초의 모든 기능을 갖춘 (full-featured) SNS로 여겨지는 첫 번째 사이트는 1997년에 등장한 식스 디그리 즈(Six Degrees)였을지도 모른다. AIM이 친구 리스트를 특징으로 내세웠고, 클 래스메이트.컴(Classmates.com)의 회원은 자신의 고등학교나 대학교에 가입해 서 연락하고자 하는 사람을 찾을 수 있었으며, 또한 일부 초기 데이팅(dating) 및 커뮤니티 사이트는 프로필을 만들고 게시할 수 있게도 해주었지만, 식스 디 그리즈는 이러한 모든 기능을 최초로 통합했다. 아마도 이 사이트는 "시대를 조금 많이 앞서" 갔던 것 같다(boyd and Ellison, 2007). 이 사이트는 수백만 명의 사용자를 끌어들였지만, 사용자들은 지리적으로 너무 넓게 분포해 있어서 대 면적으로 서로 아는 사람들로 이루어진 꽤 큰 규모의 네트워크가 만들어지지 못했다. 온라인 소셜 네트워킹에 대한 첫 번째 자명한 사실 가운데 하나가 분 명하게 보이기 시작했다: 사람들은 주로 대면적으로 알고 있는 사람들과의 연 계를 유지하고 향상하기 위해 온라인 소셜 네트워크를 사용한다.

그다음으로 널리 사용된 SNS는 저널링(LiveJournal),[19] 공동체 이익(AsianAvenue, BlackPlanet), 사업(Ryze), 가상세계(Cyworld)를 중심으로 구성되었다. 2002년, 프 렌스터(Friendster)가 출범했는데, 이 SNS는 친구들의 친구들(그리고 친구들의 친 구들의 친구들)이 연락하고 가능하면 만날 수 있도록 돕는다는 분명한 목표를 가지고 있었다. 프렌스터의 빠른 성장은 기술적으로 그리고 문화적으로 문제 를 일으켰는데, 왜냐하면 이 회사는 사용자들이 가장 원하는 것처럼 보이는 기 능을 어떻게 계속해서 촉진해야 할지 고심했고 사용자들은 환상에서 깨어났 기 때문이다. 흥미롭게도 프렌스터의 인기가 미국에서 사라지고 있던 바로 그 때, 프렌스터는 필리핀, 싱가포르, 말레이시아, 인도네시아에서 급격히 인기

---

19   저널 혹은 로그 작성을 뜻하는 것으로, 매일매일의 사소한 일을 적어 내려감을 의미한 다 ― 옮긴이 주.

를 얻었다. 프렌스터의 성공은 당분간 많은 집단이 그들 자신의 SNS를 출범시키도록 설득하는 데 도움을 주었으며, 2003년 정도쯤 그와 같은 사이트들[특히 링크드인(LinkedIn), 트라이브.넷(Tribe.net), 마이처치(MyChurch)]이 폭발적으로 늘어났다.

소셜 네트워크 사이트는 또한 미디어 공유를 중심으로 구성되고 있었다. 얼마 후 플리커(Flickr, 사진 공유)와 유튜브(YouTube, 동영상 공유) 같은 미디어 공유 사이트가 그들의 사이트에 소셜 네트워킹 특성을 추가하면서, 모든 기능을 갖춘 SNS와 진정한 소셜 미디어 사이트가 되었다. 오늘날, 소셜 미디어와 소셜 네트워킹은 여러 면에서 동의어로 사용되는데, 왜냐하면 대부분의 SNS가 미디어 공유와 네트워킹(networking), 즉 네트워크 형성 모두를 가능하게 하고 (실제로 장려하며) 사용자들은 흔히 이러한 활동들을 함께 수행하기 때문이다. 2003년에 풀-서비스(full-service) SNS로 출범한 마이스페이스(MySpace)는 음악인과 밴드들에게 특히 환영을 받고 있었다. 사람들은 자신들의 음악적 선호도와 온갖 종류의 다른 공유 관심사를 토대로 다른 사람과 연결되기 시작했다. 당시 가장 인기 있는 SNS였던 마이스페이스는 회원들(점차 10대 회원이 많아짐)이 친구의 가입을 권장하면서 규모가 커졌다. 시간이 지나 마이스페이스는 어떤 회사에 팔렸고 몇몇 미성년 성범죄 및 스캔들에 연루되었으며, 그 결과 최고 SNS로서의 지위를 상당 부분 잃게 되었다.

마이스페이스의 쇠퇴는 페이스북(Facebook, 원래는 'thefacebook'이었음)의 부상(浮上)과 때를 같이 했는데, 페이스북은 결국 세계 최대이자 가장 영향력 있는 SNS가 되었다. 2004년, 마크 저커버그(Mark Zuckerberg)는 다른 하버드 대학교(Harvard University) 학생들의 도움을 받아 하버드 대학교 내에만 있는 사이트로 페이스북을 설립했다. 페이스북은 2005년에는 다른 대학교와 고등학교로 그리고는 전문가들에게로 또 2006년부터는 더 넓은 세계로 확산되기 시작했다. 이 글을 쓰고 있는 지금, 페이스북은 약 12억 5000만 명의 사용자와 7억 5000만 명 이상의 일일(daily) 사용자를 가지고 있는, 역대 최고로 사용 인구가 많고 유명한 SNS이다(Sedghi, 2014). 그러나 페이스북의 성장이 초기 페이스북의 특징이었던 친밀감과 '멋짐(coolness)'[20]을 없애버렸다고 생각하는 사람도 일부 있다.

광고를 게시하기 시작함으로써 사이트를 상업화하고, 인터넷 도처에 '좋아요(like)' 버튼을 끼워 넣으며, 이른바 '마찰 없는 공유(frictionless sharing)'로 여러 애플리케이션이 페이스북 계정을 통해 활성화되고 사용될 수 있게 한 페이스북의 결정은 돈벌이를 위해 친밀감과 공동체 정신을 약화했다는 비판을 받았다. 페이스북은 사용자가 어떤 사람이고 어떻게 하면 그들에게 가장 잘 도달하고 그들이 더 깊이 그들 사이트에 관여하도록 고무할 수 있을지에 대한 많은 것을 결정하는 데 도움을 주는 알고리즘을 개발하고 사용한다. 그런 다음 페이스북은 사용자들의 참여를 환금화하기, 즉 사용자들의 참여로(대개 그들의 데이터를 모으고 판매하는 것을 통해) 돈을 벌기 시작한다(데이터 마이닝에 대한 더 자세한 내용을 보려면 4장 참조). 트위터(Twitter)와 핀터레스트(Pinterest) 같은 다른 소셜 네트워킹 사이트도 마찬가지이다. SNS는 또한 광고나 회사 주식을 팖으로써 돈을 벌 수도 있다.

페이스북은 소셜 네트워킹이 매우 큰 사업이 될 수 있음을 증명했다. 소셜 미디어 및 소셜 네트워킹 사이트와 블로깅 사이트는 현재 많이 있다. 트위터, 인스타그램(Instagram), 포스퀘어(Foursquare) 같은 일부 소셜 네트워킹 사이트와 워드프레스(WordPress), 블로거(Blogger), 텀블러(Tumblr) 같은 블로깅 사이트는

---

[20] 비즈니스 인사이더(Business Insider)의 니컬러스 칼슨(Nicholas Carlson) 기자가 쓴 "Facebook Isn't Cool Anymore (And That's What It Has To Fix Today)"라는 제목의 기사에서 더 버지(The Verge)의 엘리스 햄버거(Ellis Hamburger)는 다음과 같이 설명하고 있다: "페이스북은 평범한 것이 되어버렸다. 즉, 모든 사람이 사용하지만 들떠서 사용하는 사람은 거의 없는 '사회적 유틸리티'이다(Facebook has become a normal thing — a "social utility" everyone uses but few are excited about)"(http://www.businessinsider.com/facebook-isnt-cool-anymore-and-thats-what-it-has-to-fix-today-2013-1) — 옮긴이 주.

사용자 수가 수백만 명에 이르면서 인기와 영향력을 얻게 되었다. 소셜 미디어 전문가, 디자이너, 작가, 관리자들이 컴퓨터 과학자, 정보 기술 전문가 및 기타 기술 경력자들과 힘을 합쳐 이 분야가 현대 노동시장에서 크고 급격히 성장하는 분야가 되게 했다. 그러나 상당수의 웹 콘텐트가 많은 사이트와 블로그에 무료로 제공되고 공유되는 것이 그와 같은 일에 대한 보수를 바라는 사람들의 상황을 복잡하게 만들고 있다는 점에 주목해야 한다. 더욱더 많은 사람이 이러한 "지식 산업"(Machlup, 1962)에서 일자리를 찾고 있는데, 지식 산업에서는 재화나 심지어 재화와 관련된 서비스가 아니라 (교육, 과학, 매스 미디어와 같은 분야에서) 아이디어의 생산과 교환이 지배적이다.[21]

2000년대의 3중 혁명

인터넷, 모바일 커뮤니케이션, 소셜 미디어 네트워킹이 계속 지배를 키워온 것은 다름 아닌 주로 2000년 이후에 일어난 사회적 연결성의 혁명에 촉매작용을 했다. 소셜 네트워크 연구자인 리 레이니와 배리 웰먼은 이러한 세 가지 업적을 합쳐 '삼중 혁명(triple revolution)'이라 부른다(Rainie and Wellman, 2012). 이것은 사회의 모든 기술적 정교화 단계에 영향을 미쳤다.

21세기 이전에는 광대역 서비스나 무선 기술로 인터넷에 접속하는 일이 비교적 드물었다. 모바일 연결성과 소셜 미디어는 초보적 수준이었다. 현재는 전 세계 가구의 약 40%(77%는 기술이 발전된 사회에서, 31%는 좀 더 가난한 발전 중인 지역에서)가 인터넷에 연결되어 있으며, 좀 더 발전된 지역에서는 상당히 빠른 흔히 무선 광대역 서비스를 통해서 인터넷에 접속한다(Castells, 2011; ITU, 2014; McKinsey and Company, 2014; Zickuhr and Smith, 2013). 물론 좀 더 가난한 지

---

21   2장 각주 18 참조.

역에는 컴퓨터와 인터넷 서비스가 훨씬 더 부족하다(Castells, 2011; Gronewold, 2009). 넓고 깊은 '디지털 격차(digital divide)'(좀 더 자세한 것은 5장 참조)가 디지털 생활에 참여할 수 있는 사람과 그렇게 할 수 없거나 그렇게 하지 않는 사람을 분리하고 있다.

흔히 사용자 곁에 있거나 심지어 사용자 몸에 붙어 있는 휴대폰(Katz, 2003; Katz and Sugiyama, 2006)은 빠른 속도로 매우 흔해져가고 있다. 대부분의 다른 형식의 디지털 기술보다 더 낮은 초기 비용과 이용 가능성이 점점 더 높아지고 있는 셀룰러 네트워크로 인해, 개발도상국의 전반적인 보급률 89%와 아프리카 대륙의 전반적인 보급률 63%에서 볼 수 있듯이 휴대폰은 심지어 덜 발전된 지역에서도 좀 더 흔해지고 있다(Pew Research Center's Global Attitudes Project, 2012; 또한 Castells, 2011 참조). 위에서 언급했듯이, 휴대폰은 좀 더 가난한 지역에서 훨씬 더 제한적인 방식으로 사용되고 있지만(인터넷 접속이 흔히 들쑥날쑥하고 서비스의 신뢰도가 떨어지고/떨어지거나 비싸서 사용할 수 없음), 네트워크화된 정보와 일자리를 확보할 수 있는 능력으로 인해 사용자가 자신의 환경을 개선할 수 있는 가능성이 열리고 있다(Castells, 2011; Pew Research Center's Global Attitudes Project, 2012; 또한 디지털 시대의 일자리와 일에 대한 더 자세한 내용은 8장 참조).

점차 휴대폰과 아이패드(iPad)나 다른 유형의 디지털 '태블릿(tablet)' 같은 기기가 소셜 네트워크 사이트에 접속하고 연결하는 데 사용되고 있다. 선진국에서는 전체 성인의 약 절반, 18세에서 29세 사이 성인의 80% 이상이 페이스북, 트위터, 핀터레스트, 링크드인과 같은 소셜 네트워크 사이트를 사용하며, 그 가운데서도 대졸자와 고소득자들이 더 많이 사용한다(Pew Research Center's Global Attitudes Project, 2012). 사람들이 인터넷에 접속할 때 가장 먼저 하는 경향이 있는 활동 가운데 하나가 소셜 네트워킹이다. 이것은 심지어 개발도상국에서도 마찬가지이다.

온갖 종류의 전문 서비스와 사이트들이 1990년대부터 인터넷에서 한 자리를 차지하기 위해 다투기 시작했다. (1994년에 시작된) 온라인 라디오 방송국과 아마존(Amazon, 1994) 및 이베이(eBay, 1995) 같은 소매업자들은 온라인 게임, 취미 사이트, 포르노그래피 이용자들을 찾았다. 스포츠, 뉴스, 오락, 유명인 가십 사이트가 급증했다. 1999년, 숀 패닝(Shawn Fanning)은 냅스터(Napster)라는 피어-투-피어(peer-to-peer) 파일 공유 프로그램을 시작함으로써 음악 공유, 배급 및 제작의 새 시대를 열었다. 음악 저작권 및 소유권을 둘러싼 법적 문제로 2년 뒤에 문을 닫았지만, 냅스터는 인터넷과 디지털 미디어를 통한 음악 보급 문화를 소개했고, 아이튠즈(iTunes, 2001), 유튜브(YouTube, 2005), 그리고 넷플릭스(Netflix, 2007)와 훌루(Hulu, 2007) 같은 스트리밍 서비스는 이를 활용해 큰 성공을 거뒀다(냅스터, 미디어 제작 및 공유, 그리고 이러한 참여 문화의 역학에 대한 더 자세한 것은 4장 참조).

1990년대 중반, 웹이 엄청난 성장을 보이기 시작하면서, 광대역망에 대한 투자도 늘어나 '대역폭(bandwidth)', 즉 정보 전송 용량은 수요를 충족하기에 충분했다. 동시에 마이크로소프트, 구글, 아마존 같은 대규모 인터넷 서비스 공급자와 회사들은 엄청난 컴퓨팅 능력(computing power), 서버, 온라인 저장 능력을 필요로 했다. 그 결과, 2000년대의 가장 중요한 컴퓨팅의 발전 가운데 하나인 '클라우드 컴퓨팅(cloud computing)'이 등장했다. 클라우드 컴퓨팅은 "유비쿼터스 네트워크 접속(ubiquitous network access)을 통한 주문형 셀프 서비스 컴퓨팅 자원(on-demand, self-service computing resources) 제공 및 위치와 무관한 자원 공유(location-independent resource pooling)를 위한 모델"(Naughton, 2012: 149)이다. 즉, 이러한 모든 디지털 활동과 저장은 어떤 하드웨어와도 무관하게 존재하며 어떤 컴퓨터화된 기기에서도 접근이 가능한 비물리적 공간에서 일어난다. 그러나 데이터가 디지털화되고 멀리 떨어진 곳에서 공유될 때 심각한 취약점이 존재한다.

온갖 종류의 정보가 풍부하게 생성되어 확산되기 시작했다. 특히 지식이 기하급수적으로 축적되기 시작하면서 점차 큰 데이터베이스에 수집되는 이러한 큰 데이터셋(dataset)〔일반적으로 '빅 데이터(big data)'라 불림〕을 관리하고 분석하는 것이 어느 때보다 더 중요해졌다(Gleick, 2011; Schilling, 2013). 기술 집약적인 사회는 정보가 '주요 재화(a primary good)'[22]가 되었기 때문에, 사회 구성원들은 거의 상시적으로 정보를 생산하고 정보에 따라 행동해주도록 요구받는 것처럼 느끼기 시작했다(Dyson, Gilder, Keyworth and Toffler, 1994). 정보에 접근하고 정보를 비판하며 정보가 진짜임을 증명하는 기술이 매우 중요해졌다. 그 결과, 그와 같은 사회는 때로 '정보' 사회, '지식' 사회, '정보 네트워크' 사회, 혹은 '네트워크' 사회로 불린다.

3중 혁명은 실제로 전 지구적인 혁명이다. 불공평하게도 디지털 기술의 편익은 여전히 더 많은 권력을 지닌 사람에게 더 많이 돌아가며, 많은 사람이 여전히 완전한 접근을 거부당하고 있다. 그러나 기술은 네트워크가 개발되어 권력이 더 적은 사람들에게 자원이 흘러갈 수 있게 하는 메커니즘, 즉 경로를 제공할 수 있다. 예를 들면, 컴퓨터, 인터넷 연결, 디지털 리터러시(digital literacy)를 서비스가 충분하지 못한 지역에 제공하고자 하는 새로운 계획은 많은 경우 경제 상황에 도움을 주었으며 지역 공동체와 집단의 역량을 강화해주었다 (Alkalimat and Williams, 2011; Hampton, 2010; Haythornthwaite and Kendall, 2010; Haythornthwaite and Hagar, 2005; Mesch and Talmud, 2010; Newman, Biedrzycki and Baum, 2012; Schuler, 1996, 2008; Schuler and Day, 2004).[23]

커뮤니케이션 기술과 미디어의 역사에 대한 이러한 개관은 인류 역사의 정말 작은 조각, 즉 기술이 풍부하고(technology-rich) 컴퓨터가 포화된(computer-saturated) 사회의 창조를 몰고 온 행위와 태도에 초점을 맞추었다. 정보와 커뮤

---

22 재화를 뜻하는 영어는 'goods'와 같이 복수형으로 주로 사용되나, 다음 옥스퍼드 온라인 사전과 위키피디아에 나타난 예에서 볼 수 있듯이 어떤 특정한 재화를 나타낼 때 'good'과 같이 단수형으로도 사용된다〔예 1: "the market price of an agricultural good"(https://en.oxforddictionaries.com/definition/good); 예 2: "A good may be a consumable item that is useful to people but scare in relation to its demand…"(https://en.m.wikepedia.org/wiki/Goods)〕 — 옮긴이 주.

23 일부는 Chayko(2014)에서 발췌함.

니케이션의 역사를 되돌아볼 때 기술은 기술을 공식적으로 발명한 사람만큼이나 기술을 채택해서 사용하는 사람에 의해서도 형성된다는 점을 우리는 명심해야 한다. 많은 기술이 결국 그것을 만든 사람이 상상했던 것과 매우 다른 방식으로 사용되게 된다. 아마 이러한 점을 가장 잘 보여주는 예 가운데 하나가 인쇄기인데, 원래 구텐베르크는 성경을 대량 제작하기 위한 수단으로 생각하고 인쇄기를 만들었다. 독실한 가톨릭 신자였던 구텐베르크가 현재 그의 기술이 일부 확실하게 비성서적인 내용을 제작하고 대중화하는 것을 돕는 데 사용된다는 것을 안다면 분명 놀랄 것이고 아마도 소름이 끼칠 것이다. 앨릭잰더 그레이엄 벨(Alexander Graham Bell)은 일종의 보청기로 전화기를 발명했으나, 전화기는 서로 떨어져 있는 사람들이 커뮤니케이션을 하는 데 사용되었으며 지금은 모바일 커뮤니케이션 혁명의 중심에 있다. 그러나 이러한 기술이 택할 경로와 기술의 도움으로 만들어질 사회의 유형은 바로 사회 속의 사람들, 즉 여러분과 필자가, 물론 사회적으로나 기술적으로 더 힘이 있는 사람들과 함께, 결정한다.

기술은 매우 중요한 실재들의 집합(set of realities)을 우리의 일상생활에 가져다준다. 만약 컴퓨터화가 여러분의 생활에 영향을 주지 않고 있다면, 여러분의 생활이 (개인 수준, 소집단 수준, 조직 수준, 사회 수준에서) 어떻게 다를 것인지에 대해 생각해보라. 여러분의 관계, 여러분의 온라인 및 오프라인 환경, 그러한 환경 속에서 여러분이 하게 되는 경험은 정말 다양한 방식으로 다를 것이다. 다음 장에서 우리는 우리가 기술-사회 환경 속에서 어떻게 사는지, 즉 기술의 영향을 받는 공간을 어떻게 구성하고 경험하는지에 대해 더 자세하게 살펴본다. 늘 그렇듯, 여러분은 여러분이 배우는 것을 여러분 개인의 필요에 맞추고, 그것을 여러분 자신의 생활에 적용하며, 다른 환경 속에서 살 수도 있지만 아마도 비슷한 욕구(즉, 우리의 복잡하고 빠르게 변하는 세계 속에서 생존하고 의미를 찾는 것)를 가지고 있을 가능성이 있는 사람들의 생활을 더 잘 이해하려고 노력하라는 요구를 받는다.

사회정신적 공간, 문화, 그리고 사회

인간은 그들이 살고 그들의 관계를 만들어가는 환경을 조성하기 위해 (그것이 카메라이든, 인쇄 및 전자 미디어이든, 혹은 컴퓨터 및 모바일 기기이든) 늘 미디어와 기술을 사용해왔다. 이러한 환경이 디지털화될 때, 그것은 늘 잠재적으로 휴대 가능하다. 그리고 그러한 환경은 휴대폰과 다른 유형의 휴대 가능한 기술 (태블릿, 노트북, 무선 기기, 심지어 손목시계, 안경, 이식형 컴퓨터 칩)에 의해 접속이 가능하기 때문에 사람들은 어디를 가든 그러한 환경을 구성할 수 있고 휴대할 수 있다. 휴대성(portability)은 디지털 환경의 가장 두드러진 특징 가운데 하나이다.

이러한 공간과 이러한 공간 내에서 형성되는 활동, 결속, 연계는 또한 '사회정신적(sociomental)'이라고 할 수 있다. 왜냐하면 그러한 연결성은 대인적('사회적' 부분)이며 그것이 만들어지고 유지되기 위해서는 물리적 활동이 아닌 인지적 활동('정신적' 부분)에 의존하기 때문이다. 심지어 대면 관계에서 매우 친밀한 사람들도 때로는 물리적으로 떨어져 있기 때문에 모든 사회적 연결성은 강력한 사회정신적인 구성요소를 가지고 있다. 그러나 수많은 상호작용과 관계가 다양한 인지적 행위를 통해 개발되는 사회적 공간(social space)은 속성상 대부분 사회정신적이다.

최초의 사회학자 가운데 한 사람인 에밀 뒤르껭(Emile Durkheim, 사회학이 확립되는 데 도움을 주었음)은 사회는 개인을 넘어설 뿐만 아니라 물리적인 것도 넘어선다고 주장했다. 즉, 사회는 본질적으로 크고, 집단적이며, 비물리적인 실체라는 것이다. 뒤르껭은 사회가 '집단 양심(conscience collective)', 즉 집단적인 공유 '의식(consciousness)'〔마음(mind) 혹은 자각(awareness)〕이며, 동시에 집단적인 공유 '양심(conscience)'〔도덕성(morality) 혹은 옳고 그름을 결정하는 도구〕이라고 가르쳤다(Durkheim, 1893/1964). '의식'과 '양심' 간의 미묘하지만 중요한 차이에 유의하라. 뒤르껭의 모국어인 프랑스어에서 '양심'은 마음과 도덕성 모두로 번역된다. 그것은 사회란 무엇인가에 대한 역대 최고의 이론가 가운데 한 사람(수백만 명의 생각에 영향을 주었으며 사회학이 하나의 학문 분야로 발전하는데 1차적인 힘이 되어준 사람)이 사회를 본질적으로 정신적'이자' 도덕적인 것으로 이론화했음을 의미하기 때문에 중요하다. 뒤르껭에게 사회는 이러한 두 비물리적인 상태 모두를 동시에 그리고 분해할 수 없는 상태로 포함하기 때문에, (비록 그가 정확히 그 단어를 사용하지는 않았지만) 사회는 사회정신적 실체로 간주될 수 있을 것이다.

사회는 모든 구성원의 생각, 아이디어, 정보, 규범, 가치, 신념, 도덕으로 구성된다. 사회는 정신적 구성요소로 만들어진 진정한 '수프(soup)'에다 책, 빌딩, 옷과 같은 구성원들이 만든 물질적 산물을 더해놓은 것이다. 우리는 이러한 정신적 산물과 물질적 산물을 총괄하여 사회의 '문화(culture)'라고 부른다. 침투성이 강하고 매우 한결같아서 문화적 산물을 공유하는 사람들의 집단 자신도 흔히 문화라 불리는 과정 속에서 사람들의 생활은 이러한 산물을 형성하기도 하고 이러한 산물에 의해 형성되기도 한다. 그렇다 하더라도 사회와 문화는 이러한 모든 것보다 훨씬 더 크다. 사람들이 모일 때, 거의 정의할 수 없는 무언가 특별한 일이 일어난다. 사람들의 집단은 "부글부글 끓어올라 독특한 에너지, 힘, 분위기를 만들어낸다. 그것은 정신적이면서 도덕적일 뿐만 아니라, 에너지와 정서로 활기가 넘친다(Durkheim, 1912/1965).

뒤르껭은 인터넷이 발명되기 몇 세기 전에 살았지만, 그의 통찰력은 디지털 집단화(digital grouping)의 사회정신적 속성을 더 잘 이해하고 이러한 집단화가 실재적이고 합법적인 사회적 단위로 간주될 수 있는 토대를 마련해주었다. 게 오르크 짐멜(Georg Simmel), 조지 허버트 미드(George Herbert Mead), 찰스 호튼 쿨리(Charles Horton Cooley)를 포함해 다른 사회학 이론가들은 '사회적', '정신적' 집단화의 강점, 결과, 그리고 실재에 대해 광범위하고도 자세하게 글을 썼다 (Simmel, 1908/1950; Mead, 1934/2009; Cooley, 1922/1964). 그와 같은 집단화는 문자 그대로 삶을 긍정적으로 여기게 해주고 삶을 유지해주는 사회의 기반이라고 그들은 주장한다. 응집력 있는 강한 '규범'(기대되는 행동)과 '가치'(신념)를 가지 고 있는 사회 집단과 사회에 확고하게 통합되지 않을 때 사람들은 훨씬 더 궁 색해진다.

대면 만남에서 비롯되는 것들을 포함하는 '모든' 사회적 연계와 집단화는 구 성원들의 마음속에 가장 완벽한 형태로 존재한다. 사회 집단은 거의 언제나 너 무 크거나 너무 광범위하거나 혹은 참여자들이 너무 바빠서 구성원들은 (실제 모인다 하더라도) 때때로가 아니고서는 직접 모이지 못한다. 사회적 결속이나 집단화가 대면적인 것으로 기술될 수 있다는 이유만으로 그것이 그러한 결속 이나 집단화에 연루되어 있는 사람들이 엄청난 시간을 육체적으로 함께 보낸 다는 것을 의미하는 것은 아니다. 실제로 빠르게 진행되는 모바일 사회에서는 사람들이 결코 매우 자주 모이지 않는 것이 사실일 수도 있다. 그러나 그들이 모이지 않는다는 것이 그들 간의 연결이 중단된다는 것을 의미하는 것은 아니 다. 심지어 물리성(physicality)[1]이 부족하거나 부재할 때도 그리고 심지어 구성 원들이 생겼다 없어졌다 하더라도 집단은 지속한다(사회집단의 지속성에 관해서 는 Anderson, 1983; Cooley, 1922/1964; Simmel, 1898 참조).

---

1   간단히 말하자면 물리적 세계에 있는 물건의 특성을 말한다 ― 옮긴이 주.

디지털 공간(소셜 미디어 사이트, 채팅방, 토론 게시판, 온라인 게임, 작업장, 교실, 회의, 사교나 오락 목적으로 자주 들르는 장소, 심지어 이메일과 문자 메시지를 공유하는 공간)은 때로 '가상(virtual)' 공간이라고도 불린다. 특히 디지털 작업팀과 디지털 조직은 흔히 속성상 가상적이라고 기술된다. 그러나 '가상적'이라는 용어의 사용은 오해를 불러일으킬 소지가 있는데, 왜냐하면 그것은 무언가가 정말 실재적이 아니라 거의 실재적임을 암시하기 때문이다. 그런데 디지털 공간의 경우 그것은 전혀 사실이 아니다. 사회학자 W. I. 토머스(Thomas)가 〔토머스 정리 (Thomas Theorem)로 불리는 것에서〕 고전적인 스타일로 말한 것처럼, 만약 사람들이 "어떤 상황을 실재적이라고 정의한다면, 그것은 결과에 있어서도 실재적이다"(Thomas and Thomas, 1928). 디지털 경험과 그러한 경험이 일어나는 공간은 정말 실재적이고 또한 실재적이며 명확한 결과를 초래한다. 이런 이유에서 많은 사람은 디지털 공간과 디지털 사회를 기술할 때 '가상적'이라는 서술어보다 '사회정신적', '네트워크화된' 그리고/혹은 '디지털'과 같은 서술어가 더 낫다고 생각한다(Chayko, 2008; Dyson et al., 1994 참조).

'사이버공간'은 어떤가?

여러분은 디지털 공간을 '사이버공간(cyberspace)'이라고 말하는 것을 들어봤을 수도 있다. 디지털 공간과 연관된 활동에도 사이버범죄(cybercrime), 사이버펑크(cyberpunk), 사이버집단따돌림(cyberbullying), 사이버섹스(cybersex)와 같이 '사이버'라는 접두어가 붙어 있다. 그러나 많은 학자는 점차 디지털 공간을 사이버공간이라고 부르지 않고 있으며, 왜 이런 일이 일어나고 있는지에 대한 이야기는 정말 흥미롭다. 왜냐하면 그러한 잘못된 해석과 잘못된 사용을 경고하고 나선 사람은 다름 아닌 '사이버공간'이란 단어를 만든 사람인 공상과학 소설가 윌리엄 깁슨(William Gibson)이기 때문이다.

온라인 경험이 전혀 새롭고 매우 특이한 경험이었던 것은 그리 오래전의 일이 아니라는 점을 기억하라. 1980년대와 1990년대에 사람들은 당시로서는 정말 새로운 경험이었던 것을 정의하고 기술하는 데 애를 먹었다. 깁슨은 가장 영향력 있는 (사람들을 꼼짝 못하게 한) 기술(記述)을 했는데, 그는 1984년 그의 소설 『뉴로맨서(Neuromancer)』에서 사람들이 컴퓨터를 '합의된 환각(consensual hallucination)'으로 사용할 때가 올 수 있다고 언급했다. 깁슨은 이러한 환경을 "사이버공간"이라 불렀는데(Gibson, 1984: 69), 접두어 '사이버'는 여러 종류의 시스템과 네트워크가 어떻게 기능하는지에 관한 연구인 '사이버네틱스(cybernetics)'에서 따왔다. 그 후 '사이버'는 컴퓨터 시대의 컴퓨화된 어떤 것 혹은 현대적인 어떤 것을 시사하는 용어가 되었다.

컴퓨터 사용의 영향을 이해하고 예측하려 노력하던 초창기에는 그것을 기술할 개념들을 총체적으로 이해하는 것이 중요했다. 그것은 지금도 여전히 그렇다. 그러나 사이버공간을 '합의된 환각'으로 개념화하는 것은 시간이 흐르면서 점차 문제가 되었다. 왜냐하면 컴퓨터 사용 경험과 결과가 이제 전적으로 실재적인 것으로 널리 이해되고 있기 때문이다. 컴퓨터화는 많은 것을 뜻하지만 좀처럼 환각적이지는 않다.

'사이버공간'이란 용어가 어디에서 왔는지에 대해 논의하고 있는 깁슨의 사고 과정을 다소 깊이 있게 따라가 보고, 그런 다음 이 용어의 가능성과 한계점을 살펴보자. 깁슨은 『뉴로맨서』를 집필한 것에 대해 다음과 같이 말했다:

나는 나의 공상과학 소설 무대가 빈약하다는 것을 고통스럽지만 깨닫지 않을 수 없었다. … 외계와 우주선을 대체할 무언가가 필요했다. 나는 그러한 필요성을 깨달으면서 밴쿠버(Vancouver) 여기저기를 걷고 있었다. 당시로서는 새로운 종류의 비즈니스였던 한 비디오 아케이드(video arcade)를 지나갔던 것과 아이들이 합판으로 만든 콘솔 방식의 구식 비디오 게임기에서 게임을 하는 것을 본 것이 기억난다. 그 게임들은 공간과 시점(perspective)²을 매우 초보적인 그래픽 형태로 표현했다. 게임 가운데 일부는 심지어 시점도 없었지만 시점과 차원성(dimen-sionality)[3]을 향한 소망을 표출하고 있었다. 심지어 이런 매우 초보적인 형태의 게임에서도 게임을 하는 아이들은 몸을 매우 많이 사용했는데, 그것이 나에게는 그들이 원하는 것이 게임 안에, 그 게임기의 개념적 공간 내에 있는 것처럼 보였다. 그들에게 실재 세계는 사라지고 없었다. 즉, 그것의 중요성이 완전히 상실된 상태였다. 그들은 그러한 개념적 공간에 있었고, 그들 앞에 놓여 있는 기계는 멋진 신세계였다.

그 당시 내가 본 적이 있는 유일한 컴퓨터는 그 크기가 차고(車庫) 옆면만 했다. 그러던 어느 날 내가 버스 정류소 옆을 지나가는데 거기에 애플(Apple) 컴퓨터 포스터가 있었다. 그 포스터는 재킷에 깔끔한 와이셔츠 커프스(cuffs)를 단 사업가가 오늘날의 노트북보다 훨씬 더 크지는 않는 실제 컴퓨터를 실물 크기로 재현해놓은 것을 들고 있는 사진이었다. 모든 사람이 이러한 컴퓨터를 가지게 될 것이며 모든 사람이 그 안에서 살기를 원할 거라고 나는 생각했다. 그리고 어쩐 일인지 나는 모든 컴퓨터 스크린 뒤에 있는 개념적 공간이 하나의 단일 우주가 될 거라는 것을 알았다. …

그러나 나의 실용적인 필요성이라는 측면에서 그 당시 더 중요했던 것은 그것에 멋진 이름을 붙이는 것이었는데, 왜냐하면 그것에 정말 멋진 이름을 붙이지 않는다면 그러한 공간의 의미를 결코 살릴 수 없었기 때문이다. 그래서 나는 제일 먼저 노란색 노트패드와 마커를 들고 앉아서 인포스페이스(infospace), 데이터 공간(data space)이라고 갈겨쓰기 시작했다. 나는 세 번째 시도에서 사이버공간을 생각해냈다(Newitz, 2011에서 재인용).

물론 그 후 컴퓨터화는 합판으로 만든 커다란 비디오 게임기와 차고 크기의

---

2   1인칭 시점(first-person perspective), 3인칭 시점 등을 말한다 ─ 옮긴이 주.
3   1차원, 2차원, 혹은 다차원을 갖는 성질이다 ─ 옮긴이 주.

콘솔에서 더 작고 더 휴대 가능한 인터페이스(interface)로 이주했다. 그러나 사이버공간을 '모든 컴퓨터 스크린 뒤에 있는' 우주로 본 윌리엄 깁슨의 견해는 우리가 컴퓨터 사용에 빠져들게 되는 환경과 경험을 마음속에 그리고, 이해하며, 정의하는 데 결정적인 도움을 주었다.

그러나 깁슨 자신이 좀 더 최근에 말했듯이, 이 우주는 이러한 원래 개념에서 바뀌었으며, 그것도 극적으로 바뀌었다. "얼마 전까지만 해도 사이버공간은 특이한 어떤 다른 곳, 친숙한 물리적 세계에서 그것을 들여다보며 우리가 정기적으로 방문하는 곳이었다. 현재 사이버공간은 외번(外飜)하여, 안과 밖이 뒤집어졌다. 물리적 세계를 식민화했다"라고 그는 썼다(Gibson, 2010). 바꾸어 말하면, 스크린 뒤에 있는 공간이 확장되어 물리적 세계와 교차하며 때로는 물리적 세계를 포함하기도 한다고 깁슨은 지적한다. 그런데 깁슨은 구글이 이러한 새로운 우주의 주요 '건축가'라고 믿고 있다(Newitz, 2011).

그러나 '사이버'라는 용어와 그에 따른 하나의 구성개념(construct)으로서 '사이버공간'이라는 용어에 대한 더 꼼짝달싹할 수 없게 만드는 비판은 위의 인용문 첫 번째 문단에 있는 사이버공간에 대한 깁슨 자신의 기술에서 발견되는데, 그 문단에서 그는 컴퓨화된 비디오 게임을 즐기는 어린이들에게 '실재 세계는 사라지고 없었다'라는 그의 감(느낌)을 독자들과 공유한다. 이것은 초기 견해이며, CMC와 인터넷 사용에 대해 광범위하게 확산되어 있는 우려였다. 매스 미디어와 컴퓨터 사용은 흔히 잠재적으로 호혜적인 진짜 연계가 아닌 허위적이거나 가상적이거나 의사사회적인(parasocial)[4] (일방적) 연계를 만들어내는 것으로 여겨졌다(Beniger, 1987; Caughey, 1984; Giles, 2002; Horton and Wohl, 1956 참조). 그러나 이러한 연계의 확실성과 기술-사회 생활의 실재성(reality)을 보여주는 분명한 증거가 쌓여가기 시작하자, 사이버공간은 합의되었든 그렇지 않았든

---

4   직접 만나본 적이 없는 매스 미디어에 자주 등장하는 실재 혹은 가상의 인물에 대해 친밀감을 느끼는 것 ─ 옮긴이 주.

결코 환각이 아니라는 점이 분명해졌다.

　연구자들은 디지털 환경이 얼마나 실재적이고 중요한지, 사람들이 디지털 환경을 얼마나 확실하게 경험하는지에 대해 더욱더 많이 알게 됨에 따라, '사이버공간'이라는 용어는 더욱더 덜 정확한 서술어가 되어가고 있다. '사이버'라는 접두어가 붙은 다른 단어와 함께 사이버공간이라는 용어는 잘못된 해석의 대상이 되었다. 사이버로 기술되는 현상은 그것의 특성과 결과가 그러한 행동 자체가 아닌 컴퓨터화와의 연결로부터 비롯되는 것처럼 보이기 때문에 너무나 쉽게 덜 실재적인 것으로 보일 수 있다. 예를 들어, 사이버집단따돌림은 어떤 형식으로 이루어지든 해로울 그러한 괴롭히는 행동 자체 때문이 아니라 그러한 행동을 하는 수단이 되는 기술 '때문에' 해로운 것처럼 보일 수 있다. (배우자나 애인에 대한) 사이버 부정(cyber infidelity) 역시 사귀는 기간 동안 상대를 배신하기로 한 결정이 아닌 컴퓨터로 시간을 보내는 습관 때문에 발생하는 것처럼 보일 수 있는데, 많은 사람은 그러한 행동이 어떠한 맥락에서 발생하든 해롭다고 생각할 것이다. '사이버'라는 접두어는 기술과 관련된 현상에 대해 가장 중요한 것은 기술을 사용하는 사람이 아닌 기술 자체이며 기술이 그것의 결과를 야기함을 암시하는데, 앞에서 보았듯이 이를 일컬어 기술 결정론이라고 한다. 집단따돌림, 희롱, 학대, 배신은 어떠한 맥락에서건(디지털이건 대면이건) 해롭고 폐를 끼치며, 기계가 아닌 인간의 소행이다.

　이 글을 쓰고 있는 지금, '사이버공간'이라는 용어는 점차 사용되지 않는 듯 보이지만(Rennie, 2012), 기술 결정론은 여전히 매우 건재하다. 사람들이 디지털 기술을 사용하고 그러한 기술에 영향을 받는 다양한 방식을 살펴보는 것은 기술을 비난하는 것보다 더 생산적인 행동이다. 그와 같은 조사를 고무하는 용어를 채택하고 사용하는 것은 널리 유익하다. 모든 맥락에서와 마찬가지로 디지털 맥락에서도 용어는 중요하다.

온라인 커뮤니티, 네트워크, 그리고 네트워킹

공동체와 네트워크가 이러한 사회정신적 디지털 공간에서 어떻게 작동하는지에 대해 많은 연구가 이루어졌다. 모든 개념 가운데서 아마 가장 사회학적 개념인 공동체는(Wolfe, 1989: 60) 또한 가장 다루기 힘든 개념 가운데 하나이다. 공동체는 특정한 지리적 영역 내에 사는 사람들의 집단으로 기술할 수 있으며, 동시에 공동체는 그와 같은 집단에 대한 흔히 매우 정서적인 무형의 소속감이라고 할 수 있다(이러한 구별에 대한 논의는 Bell and Newby, 1974; Chayko, 2002, 2008, 2014; Fernback, 2007; Gottschalk, 1975; Hewitt, 1989; Hillery, 1968; Hunter, 1974; Parks, 2011; Scherer, 1972 참조). 공동체는 또한 상업적 목적과 마케팅 목적에서 이 용어에 함축되어 있는 따스함이 주는 이점을 누리고자 하는 조직에 의해 전용(轉用)될 수도 있다(Baym, 2010: 74; Preece and Maloney-Krichmar, 2003).

그러나 공동체는 따스함을 함축하고 있는 것 훨씬 이상의 것을 의미한다. 공동체 안에서는 좋은 일도 일어나고 나쁜 일도 일어나며, 이러한 일(그리고 이러한 공간)이 항상 따뜻하고 다정한 것은 아니다. 공동체라는 단위가 자연스럽게 생겼든 아니면 의도적으로 구성되었건, 자기 자신보다 큰 그러한 단위의 일부가 되고 또 일부가 되었다고 느끼는 것은 개인들에게 다양한 결과를 초래한다. 좋을 때도 그리고 좋지 않을 때도 우리가 의지할 수 있는 집단과 공동체의 일부가 되는 것이 그러한 생활에 무한히 복잡한 문제를 가져다주기도 하지만, 그러한 집단과 공동체의 일부가 되는 것은 사람들이 균형 잡히고 건강한 생활을 할 수 있도록 도와준다.

공동체는 규칙적이고 패턴화된 개인적인 사회적 상호작용으로 구성되며 또한 구성원들에게 그러한 상호작용을 제공한다. 사람들은 공동체 내에서 공유된 정체성, 문화, 목적, 운명, 그리고 연대감과 소속감을 개발한다. 이 모든 것은 사람들이 삶의 의미를 찾고 그들 간의 애착 형성을 돕는 데 매우 중요하다. 사회학자들은 사회학이라는 학문이 처음 생겼을 때부터 이러한 속성을 공동체의 핵심적인 구성요소로 간주해왔다. 그리고 인터넷과 디지털 미디어는 공동체 조성 및 확립을 기꺼이 고무하고 촉진한다(Cooley, 1922/1964; Durkheim, 1893/1964; Simmel, 1908/1950; 그리고 좀 더 최근의 것으로 Amit, 2002; Anderson, 1983; Baym, 2010; Bell and Newby, 1974; Bellah, Madsen, Swindle, Sullivan and Tipton, 1985; Bourdieu, 1985; Chayko, 2002, 2008, 2014; Erikson, 1966; Fischer, 1982; Hampton and Wellman, 2003; Hillery, 1968; Jones, 1995; Kanter, 1972; Mazlish, 1989; Parks, 2011; Shibutani, 1955 참조).

온라인 커뮤니티는 "개인적 관계망을 형성하기 위해 … 인터넷에서 생겨나는 사회적 집합체"이다(Rheingold, 1993: 5). 온라인 커뮤니티는 전적으로 온라인에 존재할 수도 있고 대면 구성요소를 가질 수도 있다. 온라인에서 형성하거나 맞닥뜨리는 사회적 집단화에 대해 기술해달라는 요청을 받을 때, 사람들은 온라인 및 모바일 연결성의 사회적 역학을 조사한 『휴대 가능한 공동체(*Portable Communities*)』 연구에서 필자가 인터뷰한 절대 다수의 사람들처럼 흔히 '공동체'라는 단어를 들먹인다(Chayko, 2008). 그들에게 던진 첫 인터뷰 질문에서 공동체라는 단어를 사용하지 않았는데도 그들은 반복해서 자신들이 속해 있는 온라인 집단을 공동체라고 언급했다. 더욱이 이러한 집단화는 예외 없이 친밀하고 의미 있는 것으로 기술되었다. 사람들은 그와 같은 집단의 일부가 되는 경험에 대한 필자의 질문에 "나는 서로를 염려하는 유대가 긴밀한 공동체의 일부라고 느낍니다"라든지 "나의 집단은 보통의 일상생활에서는 정말 찾아볼 수 없는 긴밀하게 결속된 공동체입니다"와 같은 말로 대답했다(Chayko, 2008: 7; 또한 Baym, 1995, 2000, 2010: 64~75; boyd, 2006, 2007; Cavanagh, 2009; Cerulo, Ruane and Chayko, 1992; Chmiel et al., 2011; Haythornthwaite and Kendall, 2010; Kendall, 2002; Licklider and Taylor, 1968; Parks, 2011; Poor, 2013; Rotman and Preece, 2010).

모든 개인이 다 온라인 연계와 커뮤니티를 쉽게 형성하는 것은 아니다. 사회학자인 제이넵 투펙치(Zeynep Tufekci)는 소셜 네트워크 사이트상에서의 친구관계에 관한 연구에서 어떤 사람은 다른 사람보다 "온라인 친구관계를 가능한 것으로 혹은 심지어 바람직한 것으로 받아들일" 가능성이 더 높은 것 같다는 의견을 제시한다(Tufekci, 2010: 176; 또한 Tufekci, 2008 참조). 그녀는 온라인 연계를 덜 쉽게 그리고 덜 자주 형성하는 사람들을 사이버-'비사교적인(the cyber*asocial*)' 사람이라 부르며 또한 그와 같은 사람들의 경우 "대면 상호작용이 어떤 다른 유형의 커뮤니케이션에 의해 단순히 복제되거나 대체될 수 없는 독특한 특징을 가지고 있다"고 말한다(Tufekci, 2010,: 176). 이것이 사이버 비사교적인 사람이 반드시 모든 디지털 기술의 사용을 거부함을 의미하는 것은 아니다. 그들은 다른 무엇보다 계획을 조정해야 하는 상황이나 온라인에서 시간을 보내거나 자신들의 소셜 네트워크를 넓혀야 하는 일부 상황에서는 기술을 좀 더 편하게 사용할 수도 있다(Tufekci and Brashears, 2014). 따라서 모든 사람이 같은 목적을 가지고 유사하게 디지털 도구를 사용하고 디지털 맥락에 참여한다고 가정해서는 안 된다.

온라인 집단을 만드는 사람들은 매우 흔히 온라인 집단화를 진짜 공동체로 여기는데, 그렇게 여기는 부분적인 이유는 ICT가 그것을 사용하는 사람들에게 매우 강한 '장소감(sense of place)'[5]을 주기 때문이다(Meyrowitz, 1985; 또한 Polson, 2013 참조). 구어 및 문어 커뮤니케이션을 통한 스토리텔링(storytelling)은 그것의 '몰입감(transportedness)'[6]으로 잘 알려져 있다(Biocca and Levy, 1995; Gerrig, 1993; Kim and Biocca, 1997; Lombard and Ditton, 1997; Radway, 1984). 이야기를 하고 들은 이야기를 다시 이야기하는 토론장을 제공할 때, (텔레비전, 라디오, 책 등의 매스 미디어가 그렇게 하는 것처럼) 소셜 미디어도 비슷한 아이디어와 관심사를 공유하는 사람들을 마음속으로 비슷하게 상상하는 특정한 환경에 정신적으로 잘 빠

---

5   공통된 장소에 대한 심리적 경험인 장소감은 사회 구성원들에게 정체성과 소속감 등을 제공해주며 공동체의 문화적 특성에까지 영향을 준다(이민영, 『인터넷 심리학』(커뮤니케이션북스, 2015) ― 옮긴이 주.

6   심리학과 커뮤니케이션학에서는 'transportation'이란 용어로 더 많이 쓰이며, 'engagement', 'engrossment', 'absorption', 'flow' 등과 같은 개념이다 ― 옮긴이 주.

겨들게 한다.

사람들은 기술적 매개(technological mediation)를 통해 공유하는 이야기를 특정한 장소, 흔히 이웃이나 공동체에서 일어나는 일처럼 상상하는 경향이 있다(Kim and Biocca, 1997; Lombard and Ditton, 1997; Morley and Robins, 1995; Schwartz, 1981). "페이스북은 여러분이 생활 속에서 사람들과 공유하고 연결하는 것을 돕는다"라는 표현에서처럼 소셜 네트워크 사이트에는 공동체 언어와 이미지가 풍부하다(Parks, 2011: 106; 또한 Gere, 2012 참조). 이웃 혹은 공동체에 비유하는 은유는 구성원들에게 디지털 방식으로 매개되는 그들의 경험이 좀 더 집단적이고 좀 더 가시적이며 심지어 좀 더 실재하는 것처럼 보이게 하는 데 사용할 수 있는 공통 이미지를 제공한다(Hampton, 2007; Lambert, 2013; Parks, 2011).

따라서 온라인 집단화는 기꺼이 공동체로 불리거나 공동체로 경험될 것이다. 그리고 사회학자인 키이쓰 햄튼(Keith Hampton)과 배리 웰먼은 "공동체는 분명 소셜 네트워크이다"라고 주장한다(Hampton and Wellman, 1999: 648). 소셜 네트워크의 발전은 집단 문화와 공동체의 출현을 허용하며 부추긴다(Yuan, 2013; 또한 Adams and Allan, 1998; Amit, 2002; Cavanagh, 2009; Lee and Lee, 2010).

소셜 네트워크에 대한 연구는 적어도 게오르크 짐멜까지 거슬러 올라가 그의 가르침을 되돌아보게 한다. 그는 20세기로의 전환기에 네트워크의 크기가 네트워크 구성원들 간의 상호작용의 속성에 미치는 영향에 대한 글을 썼다. 짐멜은 심지어 적게는 두 명과 세 명〔2인 1조(dyad), 3인 1조(triad)로 불림〕으로 구성되는 사회적 단위도 연구했으며, 그러한 단위들을 집단이 어떻게 구성되며 사람들에게 어떤 영향을 주는지 우리에게 가르쳐줄 수 있는 사회적 집단화로 간주했다. 예를 들면, 어떤 네트워크가 두 명에서 세 명으로 확대될 때, 연합과 담합이 가능해지기 때문에 그 네트워크 내의 관계는 매우 위태롭게 변함을 짐멜은 입증했다. 네트워크의 속성은 네트워크의 콘텐트와 네트워크 내 사람들이 참여하는 활동의 구체적인 속성보다 네트워크 내 사람의 수와 네트워크의 유형과 구조에 의해 더 많이 바뀔 수 있다(Simmel, 1908/1950).

네트워킹을 좀 더 현대적으로 분석함으로써 우리는 소셜 네트워킹이 온라인에서 어떻게 작동하는지 훨씬 더 잘 이해하게 되었다. 심리학자인 스탠리 밀그램(Stanley Milgram)은 '작은 세계 현상(small world phenomenon)'이라 불리는 것에 대한 연구에서 사람들에게 어떤 특정한 사람에게 보내려고 쓴 편지를 그 사람을 알 가능성이 가장 높다고 생각하는 누군가에게 전달하라고(forward) 요청했다. 밀그램은 단지 평균 다섯 내지 여섯 차례 전달에 대부분의 편지가 최종 목적지에 도착하는 것을 확인했는데, 이러한 연구 결과로 인해 '6단계 분리(six degrees of separation)'라는 문구가 생기게 되었다(Milgram, 1967). 네트워크 연구자인 던컨 와츠(Duncan Watts)와 스티븐 스트로가츠(Steven Strogatz)는 이 개념을 거의 동일한 결과를 보여주는 다른 종류의 네트워크에 적용한 결과, 인간이 만든 대부분의 네트워크는 잘 연결되어(connected) 있을 뿐만 아니라 잘 상호 연결되어(interconnected) 있다고 결론 내렸다(Watts and Strogatz, 1998; 또한 Boase and Wellman, 2006 참조).

배리 웰먼은 많은 제자와 공저자와 함께 디지털 소셜 네트워크가 어떻게 우리를 지역적으로뿐만 아니라 전 지구적으로 연결해주는지에 대한 연구를 처음 시작했다(예를 들면, Boase and Wellman, 2006; Hampton and Wellman, 1999, 2003; Quan-Haase and Wellman, 2002; Wang and Wellman, 2010; Wellman and Tindall, 1993 참조). 이러한 연구(그리고 관련된 연구)가 시사하듯이, 만약 사회가 네트워크라는 비계(飛階)[7]로 단단히 묶여 있다면 사람들이 인터넷과 웹을 사용해 이러한 네트워크를 만들고 키워나갈 거라는 것은 말이 된다. 사람들은 이러한 네트워크를 통해 확보되고 교환되는 자원, 연계, 사회적 자본(social capital)에 의지하게 된다. 따라서 그들은 더욱더 많은 네트워크를 만들고 그러한 네트워크에 더 크게 의존하게끔 동기화된다.

모바일 미디어와 소셜 미디어에 접속하는 사람들의 경우, 온라인 네트워크

---

7   높은 곳에서 공사를 할 수 있도록 임시로 설치한 가설물 ─ 옮긴이 주.

와 커뮤니티는 거의 언제 어디서나 형성될 수 있다. 그것들은 미국에서 특히 인기가 높아, 18~29세 미국 성인의 89%와 65세 이상 성인의 43%를 포함해 미국 성인의 72% 이상이 규칙적으로 온라인 소셜 네트워킹에 참여한다(Brenner and Smith, 2013). 리 레이니와 배리 웰먼이 명명한 '네트워크화된 개인주의(networked individualism)'를 통해 사람들은 필요에 따라 이러한 네트워크들을 전략적으로 운영하고 바꾸며 사용한다. "네트워크화된 사람들은 다수의 네트워크에서 준회원 신분을 유지하며 안정된 집단의 정회원 신분에 덜 의존한다. 인터넷과 휴대폰 같은 기술은 사람들이 더 크고 더 다양한 일단의 관계를 관리할 수 있도록 도와준다. … 뉴 미디어는 새로운 이웃이다"라고 두 학자는 설명한다(Rainie and Wellman, 2012: 12~13).

고도의 기술 사회에서 사람들을 연결해주는 유대와 공동체의 강도는 자주 문제시된다. 실제로 온라인 네트워크에서는 강한 유대와 약한 유대 모두와 그리고 이 둘 사이에 있는 모든 유대가 발견된다(Brenner, 2013; Ling and Stald, 2010; Wang and Wellman, 2010; Hampton, Goulet, Marlow and Rainie, 2012; Hampton, Goulet, Rainie and Purcell, 2011; Rainie and Wellman, 2012; Chayko, 2008; Haythronthwaite, 2005). 디지털 기술을 통해 가장 친밀한 관계도 만들어져 유지되지만, 좀 더 순식간에 끝나버리는 덧없는 유대도 분명하게 보인다. 대부분의 사람들의 소셜 네트워크는 약하거나, 강하거나, 혹은 이 둘 사이에 있는 수백 개의 사회적 유대와 대면적일 뿐만 아니라 디지털 기술로 인해 가능해진 사회적 유대도 포함한다(Caughey, 1984; Chayko, 2008; Hampton et al., 2011; Preece, 2000).

소위 약한 사회적 유대조차도 엄청난 유용성을 가진다. 사회학자인 마크 그래노베터(Mark Granovetter)가 밝혀냈듯이(Granovetter, 1973), 약한 유대는 만약 그렇지 않았더라면 서로에 대해 결코 알 수 있는 방법이 없을지도 모르는 사람들을 연결해줌으로써 궁극적으로 하나의 소셜 네트워크의 '모든' 구성원이 두 번째 네트워크의 '모든' 구성원과 접촉할 수 있게 해주는 통로를 열어준다. 새로운 정보와 사회적 자본이 이러한 통로를 따라 한 일단의 사람들로부터 다른 일단의 사람들에게로 움직인다(Bakshy, Rosenn, Marlow and Adamic, 2012; Haythronthwaite, 2005). 공동체는 종횡으로 교차하는 통로와 네트워크들로 가득 차 있으며, 공동체는 사람들이 온라인과 오프라인으로 연결되고, 새로운 집단화가 형성되며, 이러한 모든 연결되는 활동을 통해 사회가 결속력을 더해갈 수 있는 수많은 기회를 제공한다. 네트워크는 본질적으로 사회가 서로 '봉합되도록' 도와준다.

디지털 환경 만들어내기

사람들은 서로 커뮤니케이션하면서 그들의 사회적 공간과 환경을 만들어낸다. 언어, 이미지, 소리, 몸짓, 아바타(avatar)와 같은 공유되는 상징은 사람들이 이러한 공간의 의미를 상상하고, 만들어내고, 그러한 의미에 대해 소통하며, 그러한 의미를 이해하도록 도움을 준다. 다른 사람들의 상징적 표상(그들의 생각, 이미지, 사진)은 그들이 물리적으로 우리와 함께 있지 못해서 우리가 그들과 결속을 계속 이어나가지 못할 때, 심지어 그들이 부재할 때도 우리가 그들에 대해 생각할 수 있게 해준다.

집단 구성원들은 끊임없이 상징을 만들어내고 사용한다. 즉, 스포츠 팀과 학교는 슬로건, 로고, 대표색을 가지고 있고, 친구와 가족은 좋아하는 음식, 별명, 구호를 가지고 있으며, 종교와 국가는 우상, 조각상, 그림, 문서에 엄청난 중요성을 부여한다. 집단은 "너무 복잡한 실재(reality)여서" 마음속에 담아낼 수 없기 때문에 이러한 상징은 사실상 사람과 집단을 대신한다(Durkheim, 1912/1965: 252). 대부분의 현대인은 내내 우리 마음속에 완전히 머물러 있을 수 없는 여러 집단에 속해 있다. 그래서 깃발이나 로고 같은 상징은 "그것이 이러한 실재 자체인 것처럼 취급된다"(Durkheim, 1912/1965: 252). 상징은 그것이 보이거나 사용될 때마다 집단에게 집단 구성원이라는 정신을 심어주는데, 상징의 그러한 역할은 매우 확실해서 집단이 그렇게 하는 것만큼이나 강력한 느낌을 불러일으킨다. 상징은 심지어 집단'으로' 취급될 수 있다.

바로 이런 이유에서 사람들은 깃발이 불에 타거나 깃발에 경례를 하거나 혹은 성가나 국가를 연주할 때와 같은 상징적 몸짓을 수행할 때 매우 정서적이 될 수 있다. 깃발과 노래는 국가나 집단이라는 실재를 매우 구체적이고도 강력하게 상기시켜줌으로써 집단이라는 실재에 주목하게 해준다. 예를 들면, 깃발이 불에 타는 것은 실제로 국가가 파멸되는 것 같은 느낌이 들게 할 수 있다. 물론 대면 상황에 있건 온라인에 있건, 우리는 전체 국가나 심지어 큰 집단 전부와 결코 상호작용할 수는 없지만, 상징은 국가나 집단을 대신하기 때문에 우리는 여전히 우리가 국가나 집단에 소속되어 있다는 것을 '느낄' 수 있다. 그래서 우리는 국가나 집단이라는 복잡한 실재를 느끼고 감지할 수 있다. 비록 집단이 동시에 한 장소에 물리적으로 모이지 않거나 결코 모이지 않을 수 있다 하더라도, 우리는 집단 내의 다른 사람들과 함께 공동체를 느낄 수 있다.

따라서 상징은 사람들이 디지털 세계의 실재를 표현하고 경험하는 것을 돕는 데 매우 중요하다. 상징은 또한 은유와 더불어 사람들이 그들의 세계를 설명하고 그들 세계 내의 사물들 간의 비교 가능성을 평가하는 것을 돕는다. 이것은 사람들이 이 세계에서 그들의 '위치'를 정하도록 돕는다. 디지털 현상은 책(페이스'북'), 구름(수많은 데이터가 저장되는 비물리적 공간인 클라우드), 물의 흐름(데이터 흐름 혹은 데이터 전달 양식), 게시판(온라인 대화 공간), 광장이나 토론장〔포스퀘어(Foursquare) 앱, 온라인 메시지 포럼 등〕에 비유될 수 있다. 심지어 웹(web, 망)과 넷(net, 그물)도 은유이다. 이러한 온라인에 대한 많은 예, 즉 물리적 물체나 물리적 공간을 암시하는 은유를 사용하는 물리적으로 서로 분리되어 있는 사람들에 대한 많은 예를 찾아보라. 은유와 상징은 사람들이 추상적이거나 보이지 않는 사물, 사람, 장소를 상상하고 마음속에 그려보도록 돕고, 또한 사람 집단들이 그것들을 비슷하게 마음속에 그려보도록 도와준다.

그러나 은유는 우리가 사물들에 대해 달리 생각하지 못하도록 제한하는 가정을 제시하기 때문에 제한적이기도 하다. 예를 들어, 데이터를 외견상 멀리 공중에 떠 있는 구름, 즉 '클라우드'에 수집되고 저장되는 것으로 생각하는 것은 데이터가 정확히 어떻게 저장되고 안전하게 보호되는지 그리고 누구의 손에 저장되고 보호되는지에 대한 세부사항을 추가적으로 알아보지 못하게 막을 수도 있다. 따라서 은유를 부주의하게 사용하는 것은 디지털 및 데이터 관련 현상과 그 영향에 대한 좀 더 정확한 이해를 방해할 수 있다(Hwang and Levy, 2015 참조).

어떤 집단의 구성원들이 수행하는 의례적인 활동 역시 사람 집단들을 비슷하게 그리고 확실하게 기억하게 한다. 의례적인 방식으로 정기적으로 수행되는 활동(예배, 공휴일 모임, 퍼레이드 등)은, 그것이 대면적으로 이루어지건 기술을 통해 이루어지건, 사람들이 규칙적으로 상호작용하게 하고 서로에게 관여하게 해준다. 페이스북, 트위터, 혹은 어떤 다른 소셜 네트워킹 사이트에 자주 업데이트를 올리거나 (아마도 그룹 문자 대화방에서) 패턴화된 방식으로 서로 문자를 주고받는 사람들은 다른 사람들이 그들을 확실하게 보고 접촉할 수 있도록 현관문을 열어젖히는 셈이다. 이것은 그들에게 상징을 바라보고 다른 사람과 상징을 교환할 수 있는 기회와 지속적인 집단의식을 유지할 수 기회를 정기적으로 제공함으로써 그 집단에 필요한 힘과 결속력이 생기게 해준다(Chayko, 2002, 2008).

매스 미디어 역시 디지털 공간이 비슷하게 상상되고 경험되게 하는 데 도움을 준다. 텔레비전, 라디오, 신문, 잡지(그리고 심지어 칠판, 포스터, 범퍼 스티커, 전단지 등과 같은 구식 미디어)는 (심지어 상징들 가운데 일부를 우상적 지위에까지 올려놓으면서) 어떤 집단의 상징을 많은 사람에게 알리고 퍼뜨리며, 의례(儀禮)를 고취하며, 집단이 세간의 주목(과 그들 구성원의 주목)을 받게 할 수 있다. 소셜 미디어와 더불어 매스 미디어는 (항의 행진을 하는 것이건, 콘서트를 즐기는 것이건, 파티에 참석하는 것이건) 실제 집단 구성원들이 때때로 그러한 활동에 참여하는 것을 표현한다. 이러한 모든 매개되는 활동은 그 집단을 더욱 강하게 하고 구성원들이 그 집단을 더 구체적으로 기억하게 하는 데 도움을 줄 수 있다.

'플랫폼(platform)'이라 불리는 디지털 공간은 애플리케이션이 돌아갈 수 있게 해주는 컴퓨터화된 프레임워크(framework)이다. 플랫폼은 블로거와 워드프레스 같은 블로깅 사이트이거나, 페이스북, 트위터, 인스타그램 같은 소셜 미디어 사이트이거나, 넷플릭스, 훌루, 유튜브 같은 비디오-스트리밍 사이트이거나, 혹은 아이튠즈와 스포티파이(Spotify) 같은 오디오 사이트일 수 있다. 플랫폼은 처음에는 하향식으로(top down) 설계되나, 각각의 플랫폼이 독특한 스타일, 논리, 문법(혹은 토속어[8])을 띠면서 상향식으로(bottom up) 형성되기도 한다. 예를 들면, 트위터의 '해시태그(hashtag)'(즉, #)는 원래 '설계에 포함되어 있던' 것이 아니라 사용자들에 의해 개발되었다(Bruns and Burgess, 2011). 그런 다음, 그것은 페이스북이나 인스타그램 같은 다른 플랫폼으로 퍼져나갔으며, 심지어 때때로 그 상징(즉, #)을 모사하는 몸짓과 함께 대면 대화에서도 사용된다. 그런 다음, 플랫폼 토속어가 공동으로 개발되고 공유되고 퍼져나가며, 결코 고정되거나 정지되어 있지 않다.

단어나 문구 앞에 # 상징을 붙이는 해시태그는 사람들이 디지털 환경에서 어떤 토픽이나 어떤 순간을 표시한 다음 동일한 단어나 문구를 사용하는 다른 사람들을 확인하고 찾는 방법으로, 원할 경우 그들과 일종의 집단을 형성하게 해준다. 해시태그는 '트위터 채팅'과 회의나 다른 이벤트에서 정보의 소통과 큐레이션(curation)[9]을 위한 온라인 공간에 사람들이 모이는 것을 촉진한다. 또한 해시태그는 뚜렷이 구분되는, 적어도 다섯 가지 방식[즉, 강조하거나, 비판하거나, 사람들이 함께 집회를 하게 하거나, 작가의 특징을 확인하거나, 잘 알려진 인터넷 '밈(meme)'을 반복하는 것]을 통해 수사적으로 사용되기도 한다. 밈이란 다수의

---

8   크거나 작은 일정한 공동 생활체 안에서 태어나 거기서 자란 사람이 사용하는 자연스러운 형태의 구어 ― 옮긴이 주.

9   다른 사람이 만들어놓은 콘텐츠를 목적에 따라 분류하고 배포하는 일을 뜻하는 말 ― 옮긴이 주.

개인들에 의해 흔히 함께 만들어지고 리믹스(remix)되는 단어들이 포함된 문자, 동영상, 혹은 사진의 형태를 띨 수 있는 대중문화의 표상을 말하는데, 밈은 다른 문화 산물(cultural artifact)처럼 매우 날카롭거나 정서적인 대응을 불러일으켜 디지털 네트워크를 통해 널리 그리고 빠르게 퍼져나갈 수 있고 그래서 '입소문'을 탄다고(go viral) 말할 수 있다(Bruns and Burgess, 2011; Daer, Hoffman and Goodman, 2014; Milner, 2013; Zittrain, 2014).

디지털 공간과 디지털 공간에서 일어나는 활동은 이러한 모든 방법을 통해 협업적으로 상상되고 만들어진다. 사람들이 이러한 공간을 드나들고 서로가 진정으로 '거기에' 있는 듯한 느낌을 가지게 됨에 따라, 그것들은 개별적으로 그리고 공동으로 형성과 재형성을 몇 번이고 되풀이한다. 그러한 과정에서 디지털 환경은 형태, 질감, 윤곽, 깊이, 세부사항이 이미 주어져 있는, 간단히 말해, '실재(reality)'이다.

실재, 존재감, 그리고 근접성

디지털 생활(digital life)은 간단히 말해 실재하는 생활이다. 특히 컴퓨터화된/디지털 형식의 기술과 함께 살아가는 현실은 때때로 '증강 현실(augmented reality)'로 기술되는데(Jurgenson, 2012a), 이것은 디지털 기술이 환경을 상당 정도 향상했음, 즉 증강했음을 의미한다. 기술 집약적인 사회에 살고 있는 사람들에게 이것은 늘 일어난다. 그러나 사실은 심지어 컴퓨터 시대 이전에도 생활은 기술에 의해 증강되어왔다.

태초부터 인간은 주거지를 만들고, 불을 이용하고, 자연을 개척하고, 서로에게 정보를 전하며, 자신들의 영토를 방어할 수 있게 해주는, 간단히 말해 생존에 필요한 모든 것을 할 수 있게 해주는, 도구를 만들어왔다. 2장에서 보았듯이, 구어(口語)와 뒤이은 문어(文語)의 발명은 사람들이 매일 맞닥뜨리는 가공되지 않은 현상에 대한 감(感)을 더 잘 잡을 수 있게 하고 시공간을 가로질러 점차 더 추상적이고 복잡한 방법으로 소통할 수 있게 해준다. 사람들은 사회를 건설하고 증강하기 위해 늘 도구와 기술을 사용해왔다. 현대사회에서는 모든 종류의 ICT가 생각과 아이디어의 전송을 가능하게 한다.

온라인 경험과 디지털 기술의 도움으로 만들어진 사회적 연계와 환경은 현대 기술-사회 생활의 매우 중요한 구성요소인데, 기술-사회 생활에서 사람들의 대응은 꾸밈없고, 의미 있으며, 흔히 심오하다. 온라인에 있을 때, 우리의 뇌와 몸은 생각하고 느끼고 행동한다. 우리는 육체적인 피곤함이나 고통을 경험하거나, 걱정하거나 기뻐하거나, 친구를 사귀거나 언쟁을 벌이거나, 관계를 강화하거나 파괴할 수도 있다. 사람들이 온라인에서 행하는 것은 분리된 것이 아니라 생활의 '일부'이기 때문에 그들의 남은 생활에 영향을 미친다. 그렇다면 이러한 환경에 대해 생각하고 그것의 실재성(realness)을 강조하게끔 기술하는 것, 예를 들면 대면 영역을 IRL〔'실재하는 생활에서(in real life)'라는 의미로 대면 공간이 디지털 공간보다 더 실재적이라는 생각을 잘못 조장할 수 있음〕이라 부르지 않는 것은 중요하다.

인터넷을 통해 연계를 찾아 형성하는 사람들을 상대로 한 인터뷰에서 필자는 이러한 연계가 어떻게 예기치 않게 깊어졌고 신뢰할 수 있게 되었는지에 대해 기술하는 이야기를 많이 들었다. 예를 들면, 종교에 관한 한 온라인 집단의 회원은 다음과 같이 말했다:

나는 친구를 찾으려고 (이 온라인 집단에) 온 건 아닌데, 정기적으로 게시글을 올리는 몇몇 사람들이 나에게 어떻게 실재하는 사람이 되는지를 보고 나는 놀랍니다. 나는 그들 가운데 일부가 자신을 매우 정답게 표현한다는 것을 깨닫게 되었고 때로는 매우 좋아하게 되었습니다. 이것은 철자법이나 정신적 탁월함이나 심지어 신앙의 깊이와는 아무 상관이 없어요. 여기 있는 몇몇 사람들에게 내가 끌리는 것은 진정성과 불완전함을 기꺼이 받아들이는 그들의 마음 때문이라고 생각합니다. 그러나 심지어 내가 특별히 좋아하지 않는 사람들도 때로 내가 그들을 염려하고 어떻게든 컴퓨터를 통해 그들을 도와주고 싶을 정도로 나의 마음을 울립니다. 실제로 그것에 대해 생각하니까 하는 말입니다만, 멀리 떨어져 있고 보이지도 않지만 자주 메시지 게시판에 글을 올리는 일부 익명의 사람들이 그토록 실재적으로 느껴지는 것은 놀라운 일입니다. 그러나 물론 그들은 실재하는 사람들'입니다'(Chayko, 2002: 114)!

디지털 공간에서 형성되는 연계와 커뮤니티의 속성이 진정성 있고 매우 사적이라는 점은 한동안 연구의 공통된 주제였다.

사람들은 또한 그들이 심지어 어떤 대면 상호작용도 없이 오직 온라인에서만 만난 사람도 매우 잘 알게 될 수 있을 것이라 느낀다고 말했다. 온라인 관계의 '사적인' 속성을 기술해달라는 요청에 대해 한 젊은 여성은 생각에 잠긴 채 다음과 같이 말했다:

그것이 어떻게 사적일 수 있을까요? 그것은 있는 그대로의 그것처럼 '느껴져요.' 만약 사람들이 "오, 맙소사, 당신은 아무개를 압니까?"라고 말한다면, 나는 안다고 말할 겁니다. "그럼요. 나는 그를 한 번 만났어요"라고는 말하지 않겠지만, "그럼요. 나는 그를 압니다"라고는 말할 겁니다(Chayko, 2002: 86).

온라인 사회적 연계는 매우 흔히 전적으로 실재적이고 매우 사적인 것처럼 경험되기 때문에, 디지털 기술을 통해 만난 다른 사람을 '실재하는' 것으로 지각하는 것은 다음 단계일 뿐이다.

인터넷과 디지털 미디어는 물리적 세계를 초월하여 근접성(proximity)과 존재감(presence)을 지각하고 경험하는 것을 촉진한다. 온라인으로 연결될 때, 우리와 연결되는 사람은 흔히 '실제로 거기에' 있는 것으로 지각된다. 다른 사람이 '실제로 거기에' 있는 것 같은 이러한 느낌을 일컬어 '사회적 존재감(social presence)'이라고 한다. 커뮤니케이션 학자인 존 쇼트(John Short), 에더린 윌리엄스(Ederyn Williams) 및 브루스 크라이스티(Bruce Christie)가 제시한 사회적 존재감 이론(Social Presence Theory)에 따르면, 커뮤니케이션 미디어는 사용자들이 서로의 존재를 알게 되는 몇 가지 방법을 제공할 수 있다고 한다. 그들은 서로의 자질, 특성, 내적 상태를 알 수 있고 서로를 사회적으로 실재하는 것처럼 지각하고 경험하기 시작한다(Short, Williams and Christie, 1976). 인터넷과 디지털 미디어보다 앞선 이 이론은 그때 이후 사람들이 심지어 물리적으로 떨어져 있을 때도 서로에게 인지적으로 존재하는 것처럼 보이게 하기 위해 이러한 기술을 사용할 수 있는 다양한 방법을 설명하기 위해 업데이트되었다(Chayko, 2002 참조).

물리적으로 떨어져 있는 다른 사람이 가까이 있거나 실재하고 있다고 느끼는 것을 일컬어 '지각된 근접성(perceived proximity)'이라고 하며(O'Leary, Wilson and Metiu, 2014), 전자 미디어가 그러한 연계감을 촉진할 때, '전자적 근접성(electronic propinquity)'이라고 한다(Korzenny, 1978; Walther and Barazova, 2008). 한 대규모 국제 연구에서 경영학 교수인 마이클 오리어리(Michael O'Leary), 진 윌슨(Jeanne Wilson), 그리고 안카 메티우(Anca Metiu)는 서로 수백 마일 떨어져 일하는 동료들이 평균적으로 같은 사무실에 있는 동료들만큼이나 자주 소통한다는 사실을 확인했다. 그뿐 아니라 서로 떨어져 있는 동료들은 동일한 장소에서 함께 일하는 동료들과 같은 수준의 공유된 정체성과 인지적·정서적 친밀감을 느꼈다. 직장에 있는 사람들이 서로 멀리 떨어져 있음에도 강한 결속을 형성할 수 있음을 연구자들은 밝혀냈다.

물리적으로 떨어져 있는 사람들을 매개하는 요소가 대중문화일 때도 유사한 결과가 발견되었다. 텔레비전 프로그램, 영화, 혹은 음악에서 공통된 관심사를 공유하는 것은 열성 애호가들 사이에서 강하게 공유된 정체성과 공동체의식을 불러일으킨다. 그들 역시 그들이 서로 하나의 사회적 세계에 살고 있다는 것을 느끼게 될 수 있다. 사용자들 사이에 그와 같은 관여를 고무할 수 있는 문화 산물과 프랜차이즈는 대중적 성공을 거둘 수 있는 절호의 기회를 갖는다.

커뮤니케이션 및 미디어학 교수인 헨리 젠킨스(Henry Jenkins)는 이것을 "세계를 만들어내는 기술(the art of world making)"이라 부른다(Jenkins, 2006: 21; 이것에 대한 더 자세한 내용은 9장 참조).

그러나 디지털 및 모바일 기술의 출현으로 어떠한 집단이나 '세계'의 구성원도 '주변 공존(ambient copresence)', 즉 타인이 존재하거나 근접해 있음에 대한 상시적인 배후 인식(background awareness)을 즐길 수 있다(Ito and Okabe, 2005: 264; 또한 Chayko, 2008, 2014; Gray et al. , 2003; Quan-Haase and Wellman, 2002 참조). 휴대 가능한 기기는 원할 경우 서로를 자주 확인하고 심지어 '부재중 메시지'를 남기면서 사용자들이 거의 항상 서로에게 채널을 열어놓을 수 있게 해준다. 이러한 짧고 잦은 업데이트는 '거기에' 사람이 있음을 전한다(Park and Sundar, 2015 참조). 사람들(특히 좀 더 젊은 사람들)의 집단이 그룹 채팅, 문자, 트윗을 통해 이런 식으로 서로 거의 상시적인 접촉을 유지하는 것을 흔히 볼 수 있다(Chayko, 2008 참조).

소셜 미디어와 블로그는 흩어져 있는 사용자들 사이에 존재감을 느낄 수 있게 해주는 데 크게 기여한다. 소셜 미디어와 블로그는 경험과 이야기를 깔끔하고 간단하게 보여줄 수 있게 한다. 소셜 미디어와 블로그는 아이디어를 공유하고 대화를 시작하며 대화할 때나 집단 내에서 타인의 존재감을 느낄 수 있는 기회를 제공한다. 소셜 미디어와 블로깅 커뮤니티의 핵심 멤버들, 즉 그러한 집단 내의 가장 활동적인 참여자들은 신규 회원을 환영하거나 그 집단의 규칙과 규범을 (공식적으로나 비공식적으로) 모니터하고 시행할 가능성이 매우 높다. 그들은 가장 오랫동안 이해관계를 유지해오면서 그 집단의 집단 기억(collective memory)과 정체성을 보호하고 전하는 책임을 지는 경향이 있다. 그러나 심지어 그러한 집단 내에 숨어 있거나 덜 적극적으로 참여하는 사람들도 그 집단이 형성되는 것을 도우며 그들의 존재감이 느껴지게 할 수 있다(Chayko, 2008).

'주변 공존'은 흔히 공식적으로나 비공식적으로 온라인 '행아웃(hangout)'에서, 즉 사람들이 의무와 책임이 거의 (혹은 전혀) 없이 계획이 짜여 있지 않는 시간을 보낼 수 있는 그런 종류의 공간에서 발생한다. 미국 성인 인터넷 사용자의 70% 이상이 그냥 시간을 보내거나 재미있게 놀기 위해 적어도 가끔씩 온라인에 접속한다(Rainie, 2011). 그들은 페이스북이나 트위터 같은 소셜 미디어 플랫폼에서 눈팅(lurking)만 하거나 별 목적 없이 많은 시간을 보내거나, 토론 게시판을 확인하거나, 채팅룸을 방문하거나, 게임을 하거나, 블로그를 읽거나, 구글 행아웃에서 시간을 보내거나, 이러한 것들 몇몇을 병행하면서 여유롭게 시간을 보낼 수도 있다. 그와 같은 공간에서 다른 사람들이 무엇을 하고 있는지 그리고 무엇을 말하는지 확인하면서, 즉 다른 사람들과 반드시 상호작용을 하지는 않지만 그들에게 지각된 근접성과 공동체 의식을 느끼며 여전히 그들의 주변 공존을 감지하면서, 하루 종일 밤낮으로 그저 별 목적 없이 많은 시간을 소비하는 것이 가능하다. 한 여성은 자신의 온라인 행아웃에 대한 애착을 설명하면서 "나는 그냥 거기에 있는 것을 좋아하는데, 왜 그런지는 모르겠어요"라고 말했다(Chayko, 2008: 30).

사회학자 레이 올던버그(Ray Oldenburg)는 이러한 종류의 행아웃을 '제3의 공간(third spaces)'이라고 부른다(Oldenburg, 1989). 제3의 공간은 가정(제1의 공간)과 직장(제2의 공간) 이외의 공간으로, 사람들은 거기에서 대개 정해진 의제 없이 시간을 보내고 휴식을 취한다. 올던버그는 커피숍, 펍(pub),[10] 미용실 등과 같은 격의 없는 오프라인 장소에 초점을 맞추고 있지만, 그 개념은 또한 사람들이 단순히 별 목적이 없이 시간을 보내는 격의 없는 온라인 공간의 종류를 기술하는 데도 꽤 유용하다. 그리고 그와 같은 공간은 많다.

물리적 행아웃과 디지털 행아웃 모두 사람들이 다른 사람들과 함께 계획이 짜여 있지 않은 시간을 보내는 공간을 제공하기 때문에 중요하다. 물리적 행아웃과 디지털 행아웃은 사람들이 직장과 가정에서 하는 것과 다른 그들의 생활과 정체성의 측면에 참여하는 것을 허용한다. 단순히 공유된 정체성과 문화를

---

10   술을 비롯한 여러 음료와 흔히 음식도 파는 대중적인 술집 — 옮긴이 주.

경험하면서 생각이 비슷한 사람들과 시간을 보냄으로써 사람들은 자신이 사람들에게 알려지고 받아들여지고 있다고 느낄 수 있다.

제3의 공간에서의 존재감은 선택적이고 자발적이며, 아무런 요구조건이 없다. 사람들은 그 속에서 의무도 별로 없고 압박도 별로 없는 상태에서 서로를 알게 될 수 있다(혹은 그렇지 않을 수도 있다). 제3의 공간에서 시간을 보내는 것은 사람들이 서로 접촉하고 공동체 의식을 느끼는 가운데 일상의 스트레스를 덜도록 도와줄 수 있다. 제3의 공간에서는 직장과 가정에 존재하는 그런 종류의 의무가 존재하지 않기 때문에, 그러한 종류의 환경 속에서 다른 사람과 어울리는 것은 사람들이 느긋하게 쉬도록 도와줄 수 있다. 제3의 공간은 또한 사람들이 다른 사람과 연결됨으로써 더 큰 사회의 일원, 문화의 일부임을 느낄 수 있게 해준다.

눈팅만 하거나 제3의 공간에 최소한으로, 즉 가볍게 참여하는 것은 더 큰 대화의 일부가 되어 타인들과 그들의 대화에 대한 감을 잡을 수 있는 기회를 제공할 수 있다. 그것은 또한 사회에 '연결되어' 있거나 사회에 통합되어 있다는 지극히 중요한, 생활을 긍정적으로 여기는 느낌을 제공한다(우리는 9장에서 이것에 대해 더 자세하게 논의함). 사람들이 이런 식으로 연결되어 있음을 느끼는 것은 매우 중요하기 때문에, 제3의 공간에서 어느 정도의 시간을 보내는 것은 일반적으로 건강에 좋으며, 따라서 이러한 공간은 사회 전반을 위해 좋거나 사회 전반의 '건강에 좋은' 것으로 간주될 수 있다. 그러나 제3의 공간에서 지나치게 많은 시간을 보내는 것은 분명 오프라인에서 주어진 책임으로부터 비정상적으로 도피함을 나타내거나 비정상적인 도피로 이어지게 할 수 있다.

때로 온라인에 접속해 있더라도 다른 사람들이 근접해 있음을 느끼지 않을 때도 분명히 있다. 사람들은 혼자 있으면 외로움을 느낀다. 그러나 사람들은 의미 있는 사회적 세계의 일부일 때 근접성과 연계감을 더 자주 느낀다. 그리고 마침내 우리의 뇌가 연결되어 이러한 사회적 세계가 완전하게 그리고 완벽하게 실재적이라고 여긴다.

실재와 뇌

우리의 몸과 마음은 복잡하게 연결되어 있다. 심리적 장애로 인한 육체적 질병 혹은 육체적 피로로 인한 정신 착란에서 볼 수 있듯이, 몸과 마음은 지속적으로 서로에게 영향을 준다. 우리의 몸과 마음은 항상 서로에게 "말을 걸며" 정보를 제공한다. 몸과 마음은 정교하게 맞물려 돌아가는 하나의 단위이다(Chayko, 2008: 41; Goleman, 2006).

뇌는 디지털 형식의 연결성과 물리적 형식의 연결성 모두를 실재라고 여긴다. (속성상 물리적 경험이건 아니면 디지털 경험이건) 모든 종류의 경험에 해당하는 심상(mental image)이 뇌의 동일한 부위에 기록된다. 이러한 이미지들이 신체적 경험에서 비롯되었건 정신적 경험에서 비롯되었건, 정확히 동일한 인지 과정을 사용해 그러한 이미지들을 암호화하고, 처리하며, 인출한다(retrieve). 이로 인해 우리는 때로 과거의 무언가가 실제로 일어났는지 아니면 그것이 일어났다고 단순히 상상하는지를 확신하지 못한다. 뇌는 신체적 현상과 정신적 현상을 동일한 부위에 동일한 방식으로 저장하기 때문에, 신체적 현상과 정신적 현상을 똑같이 실재적인 것으로 "부호화"한다(우리의 모든 신체 부위처럼 뇌 역시 불완전하며 실수할 수 있지만; Chayko, 2002; Neimark, 1995 참조).

인간은 디지털 현상과 물리적 현상 모두에 유사한 방식으로 대응할 수 있다. (물리적 공간에서건 사회정신적 공간에서건) 어떤 사건이 발생하면, 우리는 그것을 해석해서 의미를 부여한다. 어떤 사건에도 실재성(혹은 실재성의 정도)이 부여될 수 있다. 사람들은 또한 각기 다른 유형의 실재나 각기 다른 영역의 실재가 의미 있고 중요하다는 것을 알아볼 수 있다. '일상의 현실', 꿈, 환상, 게임, 허구, 종교적 경험, 성애적 경험, 그리고 심지어 약물에 의해 유발된 상태를 포함하는 이러한 실재들은 각각 그들 자신만의 규범, 규칙, 논리를 가지고 있으며, (비록 일시적이긴 하지만) 전적으로 실재적이라는 것을 느낄 수 있다 (Berger and Luckmann, 1967; Caughey, 1984; Davis, 1983; James, 1893/1983; Schutz, 1973

참조). 사회학자 머리 데이비스(Murray Davis)는 일상생활에 대해 "우리는 하나의 실재 속에서 사는 것이 아니라 (적어도) 두 개의 실재 속에서 살며, 계속해서, 흔히 우리의 의지에 반하여, 그 사이를 왔다 갔다 한다"고 말한다(Davis, 1983: 10).

더욱이 뇌와 몸은 흔히 대면 상황에서 발생하는 사건에 대응하는 것과 똑같은 방식으로 매개되는 디지털 사건에 대응한다. TV나 영화를 보거나, 책을 읽거나, 음악을 듣거나, 소셜 미디어를 사용하고 있을 때, 마치 그러한 사건이 매개되지 않는 것처럼 몸이 대응하는 사건에 인지적으로 그리고 정서적으로 몰입하게 되는 것을 흔히 볼 수 있다. 뇌의 인지 및 지각 체계로 인해 몸은 닥칠 상황에 대비하며, 몸과 뇌는 생리적으로 대응한다. 우리는 울고, 웃고, 땀 흘리고, 환호성을 지르고, 우리의 몸을 움직인다(Bellur and Sundar, 2010; Reeves and Nass, 1996).

사람들은 심지어 어떤 면에서 컴퓨터와 휴대폰을 그들이 관계를 맺고 있고 똑같이 대응할 수 있는 상호작용체로 지각하게 될 수 있다(Chayko, 2002; Reeves and Nass, 1996). [아이폰의 시리(Siri) 같은] 목소리, (아바타 같은) 이미지, 미디어 스크린에 등장하는 배우 및 다른 것들과 인지적·정서적으로 조우할 수 있으며, 때로는 심지어 서로 소통할 수도 있다. 아마 이러한 지각은 인간 간의 상호작용 및 관계에 대한 지각과 닮아 있을 수 있다.

로봇과 '봇(bot)'(자동화된 작업을 하는 인간 같은 기계와 웹 기반 소프트웨어 애플리케이션)은 어떤 경우 상호작용적이며 외관상 매력적으로 되어가고 있다. 비록 컴퓨터의 인공지능이 지각할 수 있는 커뮤니케이션의 유형에 제한이 있기는 하지만(예를 들어, 시리는 빈정대는 것을 감지하지 못함; Zawacki, 2015 참조), 그와 같은 기계와 애플리케이션은 사람에게 위안이 될 수 있고, 사람들이 도전을 극복하도록 도울 수 있으며, 심지어 어떤 형태의 사회적 지지도 제공할 수 있다(Kellerman, 2012 참조). 영화 〈그녀(Her)〉에서 허구의 주인공 씨어도어(Theodore)와 그의 컴퓨터의 자동화 정보 시스템인 서맨싸(Samantha) 간의 풍부하고도 사람과의 상호작용처럼 보이는 상호작용이나 영화 〈엑스 마키나(Ex Machina)〉에서 칼렙(Caleb)과 로봇 애바(Ava) 간의 관계에도 불구하고, 현재 설정되어 있는 컴퓨터와 소프트웨어는 깊이 있는 미묘한 차이를 표현하며 진정으로 인간적인 커뮤니케이션이 되는 데 필요한 인간 경험과 언외(言外)의 정서적 의미에 대한 이해가 부족하다.

그럼에도 사람들은 디지털 기술, 특히 매우 실물 같은 그러한 기계와 의미 있는 방식으로 관계를 맺을 수 있다. 로봇 개, 로봇 인형, 로봇 장난감은 이것들과 시간을 보내는 사람, 특히 고령자와 같이 절대적으로 위안이 필요한 사람에게 위안을 주는 것으로 알려져 있다(Turkle, 2012a 참조). 사람들은 특수 아동들이 디지털 방식으로 매개되는 상호작용을 통해 도움을 받는다고 말한다. 예를 들어, 특수 아동의 부모인 론 서스킨드(Ron Suskind)는 자폐증을 앓고 있는 아들이 디즈니(Disney) 캐릭터와의 관계를 통해 어떻게 마음을 열게 되었는지에 대해 기술했으며, 주디쓰 뉴먼(Judith Newman)은 자폐증을 앓고 있는 아들 거스(Gus)와 시리 간의 대화가 어떻게 거스의 커뮤니케이션 기술을 향상해주고 그에게 우정을 느끼게 해주었는지에 대해 썼다(Newman, 2014). 뉴먼은 거스가 시리와 가진 연습 대화가 사람과의 상호작용 능력을 향상해주었다고 말한다. 아주 많은 사람이 현재 이러한 종류의 디지털 테크 '조력자'와의 (즐겁거나 진지한) 대화에 빠져 있으며, 시리의 목소리를 만든 연구개발회사인 SRI 인터내셔널(SRI International, 현재 애플 소유)은 그러한 조력자들이 훨씬 더 복잡하고 실제 같은 대화에 참여할 수 있는 능력을 향상하는 데 연구의 초점을 맞추고 있다(Newman, 2014).

그와 같은 기술을 사용하는 사람은 대개 물리적 실재(physical reality)와 매개된 실재(mediated reality)의 차이를 이해한다. 주디쓰 뉴먼은 시리가 실제 사람이 아니라 기계화된 것임을 아들 거스가 잘 알고 있음을 분명히 밝히고 있다. 허구의 캐릭터와 실체가 없는 기계음은 일반적으로 실재의 강력한 구성요소를 함유하고 있는 창조된 구성물(created constructions)로 마주하게 된다. 사람들은 허구와 비허구의 차이를 잘 알 수 있지만 그럼에도 그러한 차이를 여러모로 '활용한다.' 사람들이 허구적이거나 매개되는 경험을 즐길 때 실재와 환상이라는 개념을 자유롭고 융통성 있게 활용하는 것을 흔히 볼 수 있다. 필자는 다른 연구에서 허구적 캐릭터에 그것이 실재하는 것처럼 접근하는 것은 허구적 경험의 즐거움을 높여주며 심지어 실재하는 사람과의 디지털 관계를 만들고 유지하기 위한 연습 공간을 제공할 수 있다고 이론화했다(Chayko, 2002; 또한 Chayko, 1993; Jenkins, 1992; Harrington and Bielby, 1995).

어떤 사람은 디지털 환경이 기만으로 가득 차 있기 때문에 오프라인 공간보다 덜 실재적이라고, 즉 많은 디지털 공간에서 발견되는 상대적인 익명성이 기만과 허위 그리고 위험을 야기한다고, 주장한다. 실제로 대면 책임이 줄어들기 때문에, 디지털 기술 사용으로 인해 기만이 발생할 수 있다. 있을 수 있는 다른 부정적인 결과로는 불쾌하거나 마음을 상하게 하는 언어 주고받기, 괴롭힘, 신체적 손상 야기하기, 스토킹, 신원 도용, 마약 판매 및 밀매, 더 높아진 포르노그래피 및 음란물 이용 가능성 등이 있다. 그러나 비록 방식이 다르고 사회적 역학과 결과가 다르긴 하지만 이러한 행동은 물리적 공간에서도 마찬가지로 존재한다는 점은 기억해둘 만한 가치가 있다.

기만과 비밀주의는 물리적 세계에서도 흔하기 때문에 디지털 세계에서도 존재할 것으로 예상된다(Baym, 2010 참조). 사람들은 서로에게 자주 거짓말을 하는데, 어떤 추정치에 따르면 사람들은 거의 매일 여러 차례 거짓말을 한다고 한다(DePaulo, 2004; Feldman, Forrest and Happ, 2002; 또한 비밀주의에 관해서는 Nippert-Eng, 2010 참조). 이러한 종류의 행동은 온라인과 오프라인 모두에서 일어난다. 그러나 온라인에서 다른 사람을 의식적이고 의도적으로 속이려는 시도와 다른 신원을 사용하는 것이 많은 사람이 걱정할 정도로 발생하지는 않는다(Baym, 2010). 예를 들어, 성별을 바꾸는 경우는 의도적인 기만행위라기보다는 대개 롤-플레잉(role-playing) 게임이나 일반 게임을 할 때 실험 삼아 시도된다. 온라인에 접속하는 대다수는 다른 성별 신원을 사용하는 실험을 하지 않으며, 그러한 실험을 해보는 사람도 대부분 그러한 행위를 그만둔다(Roberts and parks, 1999; 또한 Martey, Stromer-Galley, Banks, Wu and Consalvo, 2014). 온라인에서 상호작용할 때 사람들은 대체로 그들의 신원, 개인적 가치, 그리고 기준을 가진 그들 자신의 모습으로 상호작용을 한다(6장 참조).

서구 사회에서 정신적 영역은 육체적 영역에 비해 상대적으로 오명을 쓰는 경향이 있기 때문에 사람들은 흔히 정신적 현상을 육체적 현상만큼 중요하게 여기지 않는다. 정신은 여전히 '실제로' 실재적이지 않는 것으로 흔히 여겨져, 예를 들면 정신적 질병은 신체적 질병보다 더 잘 이해되지 않으며 또한 정신적 질병은 '실재하는' 질병으로 간주되지 않기 때문에 일부 의료보험의 적용을 받지 못할 수도 있다. 사람들이 무언가가 '모두 마음속에만' 있다고 말할 때, 그것은 믿을 만한 무언가가 없음을 의미한다. 그러나 이것은 잘못된 것이며 심지어 사람들이 살면서 얻은 경험을 축소하거나 무시하는 위험한 편견이다.

〔실재적인 생활(그것이 무엇이건)이 인지적 활동에 푹 빠져 있지 않을 때〕 정신적 디지털 활동을, 실재적인 생활과 분리되어 있거나, 실재적인 생활의 바깥에 있거나, 실재적인 생활이 아닌 것으로 생각하는 것은 전혀 도움이 되지 않는다. 그것은 잘못된 이분법이다. 정신적인 것은 실재적'이며', 그것은 우리의 머릿속에만 있는 것이 아니라 우리를 둘러싸고 있다. 그리고 신체적인 것과 정신적인 것은 불가분하게 뒤얽혀 있다. 그 결과, 온라인 경험은 대면 상호작용에서 직접 나타나는 경험만큼이나 풍부하게 정서적이며 깊은 친밀감을 준다.

정서성과 친밀감

온라인에서 소비되는 시간은 흔히 친밀하고 정서적으로 풍부한 역동성을 갖는다. 친밀감과 정서는 온라인에서 아낌없이 그리고 거의 즉각적으로 교환된다. 실제로 친밀감과 정서는 온라인에서 형성되는 관계에 일종의 '접착제' 역할을 한다. 이 '정서적 접착제(emotional glue)'는 대면 상호작용이 제공할 수 있는 '물리적 접착제(physical glue)'가 없을 때 특히 중요하다.

디지털 환경과 여기에서 만들어지는 경험은 매우, 아마 놀라울 정도로, 친근할 수 있다. 사람들 간의 친근함을 원하는 사회적 동물로서 인간은 디지털 환경을 포함해 친밀감을 찾아내고 구축하는 데 매우 창의적이다. 온라인에서는 인간 친밀감의 모든 스펙트럼에 걸쳐 아주 다양한 유형의 관계가 형성될 수 있는데, 심지어 아주 짧은 기간에 끝나고 마는 관계도 관련 당사자들이 자신에 대해 공개하고 또한 상대에 대해서 많은 것을 이해하게 되었다고 느낄 때 매우 친밀할 수 있다. 관계를 친밀하고 의미 있게 만드는 것은 바로 이러한 종류의 신상 공개와 이해 그리고 (비록 그것이 특별히 장기간 지속되는 관계로 드러나지 않는다 하더라도) 관계의 긍정적인 진전이다. 오프라인에서 그럴 수 있는 것처럼, 단기적인 관계도 매우 친밀할 수 있다.

친밀한 관계를 형성하고자 하는 인간의 욕구와 욕망은 매우 강해서 친밀한 관계는 흔히 큰 어려움 없이 온라인에서 늘 발생한다. 모바일 미디어와 소셜 미디어는 친밀한 관계를 형성하는 데 큰 역할을 한다. 많은 사람이 어디를 가든 휴대폰을 가지고 가기 때문에, 약간의 시간을 할애해서 페이스북이나 트위터 혹은 어떤 다른 소셜 미디어 플랫폼을 통해 다른 사람들이 어떻게 지내는지 확인하고/확인하거나 업데이트를 제공할 수 있다. 흥미롭게도 이것은 [화려한 몸짓과 경험에 못지않게 사소하고 일상적인 연결의 순간에서] 대면 상호작용을 통해 친밀감이 발전해가는 방식과 같다. 그리고 사람들 곁에서 항상 연결해주고 네트워크화해주는 기기 덕분에 다른 사람과, 심지어 매우 많은 다른 사람과 상시적인 접촉을 유지하며, 때로는 매우 예기치 않게 그리고 빠르게 그러한 친밀감이 발전해가는 것을 보는 것이 이처럼 쉬웠던 적이 없었다(Chayko, 2002, 2008; Fortunati, 2002; Fox, 2001 참조).

디지털 환경에서 유발되는 정서는 사회성(sociality)이 온갖 종류의 형태로 불러일으키는 정서이다. 따스함, 친밀감, 심지어 신남은 온라인에서 흔히 생성되는 감정이다. 두려움, 분노, 역겨움의 감정도 마찬가지로 유발된다. 온라인에 있건 오프라인에 있건, 둘 이상의 사람이 '손발이 잘 맞는다는' 느낌이 들 때 흔히 정서의 큰 파도가 일어난다(Baker, 2005; Chayko, 2008). 이러한 감정은 매우 강하고 만족스러워서 그러한 감정을 갖는 것은 사람들이 소셜 미디어를 사용하고자 하는 욕구에 매우 중요한 역할을 할 수 있다(Chayko, 2008; Chmiel et al., 2011).

이러한 정서의 큰 파도는 온라인에서 매우 자주 추구되고 발견되는 사람들의 관여를 통해 그리고 관여에 의해 생성되기 때문에 필자는 그것을 '인간 참여의 흥분(rush of human engagement)'이라고 불렀다. 필자의 연구에서 많은 사람이 그것을 정확히 그런 식으로, 즉 "흥분"(charge 혹은 rush)으로 묘사했다. 사람들은 온라인에서 어떤 비극적인 사실을 알게 되어 정말 눈물을 흘렸던 일, 좋은 소식을 접하거나 바라던 문자를 제때에 받고서 들끓는 흥분을 경험한 일, 블로그에 부정적인 댓글이 달린 것을 보고 화가 났거나 격분했던 일, 혹은 온라인 언쟁이 작업이나 연애로 이어져 정말 들떴던 일에 대해 이야기해주었다. 한 온라인 연결자(online connector)는 이러한 정서의 파도는 "내가 정말 설명할 수 없는 흥분"을 가져다줄 수 있다고 설명했다(Chayko, 2008: 77). 또 다른 사람은 다음과 같이 설명했다:

내가 정말 좋아하는 책을 정말 좋아하는 누군가를 만날 때가 정말 좋습니다. 그 느낌은 "오, 와우!" 혹은 "오, 저도 그래요!"와 같은 것이에요. 그것은 멋져요. 그 것은 정말 굉장해요. 그리고 나는 그러한 종류의 연계가 좋습니다. 그리고 나는 심지어 그러한 연계를 뭐랄까 발전시켜나가기 위해 애를 씁니다. … [나는 "이러 한 연계에 대해 설명해주시겠습니까?"라고 물었다.] 오, 그것은 정말 유대감입니 다(Chayko, 2002: 70).

요약하면 다음과 같이 정리할 수 있다:

방에 돌아오면 때때로 나는 그냥 마우스를 움직여 내가 좋아하는 사이트에 접속해서 내 프로필을 체크하는데, 그것은 누군가가 금(金) 비슷한 것을 나에게 남겨주고 간 것과 같아요(Chayko, 2008: 62)!

이러한 북받치는 흥분은 사람들이 약물, 섹스, 도박, 초콜릿, 그리고 뇌의 쾌락 중추를 활성화하는 다른 어떤 것으로부터 오는 흥분과 비슷할 수 있다(이것이 어떻게 작동하는가에 대해서는 7장 참조).

MIT의 인터넷 학자인 쉐리 터클(Sherry Turkle)은 사람들이 무언가를 '느끼고자' 할 때 그들은 때때로 정보 및 커뮤니케이션 기술에 의존한다고 주장한다. 사람들은 기술을 일종의 정서 전달자로 사용하며 또한 사랑, 증오, 공포, 격노, 기본적으로 상상할 수 있는 모든 기분을 표현하기 위해 사용한다. 또한 기분과 정서를 조절하거나 통제하기 위해 온라인에 접속한다(Chayko, 2008 참조).

그러나 이것이 항상 일어나는 것은 아니며, 실제로 디지털 연결성에 대한 사람들의 정서적 대응은 매우 예측 불가능하다. 사회성은, 그것이 어떤 유형이건 혹은 그것이 어떤 맥락에 있건, 온갖 다양한 인간 정서를 만들어낼 수 있다. 인간의 상호작용은 복잡하게 얽혀 있고, 예측 불가능하며, 위험투성이다. 슬프거나, 화가 나거나, 실망스럽거나, 갈등을 겪는 일은 상호작용이라는 '춤'에 대한 인간의 대응이기 때문에, 온라인에서도 그러한 일은 많이 일어난다. 슬프거나 불행하거나 심지어 치명적인 결과[예를 들어, 온라인 부정(不貞)에 대한 암시로 관계가 끝나버리거나 온라인 집단따돌림이나 대중 앞에서의 창피함(public embarrassment)이 지나쳐서 목숨을 끊는 경우]에 대한 예는 아주 많다. 디지털 환경에서 일어나는 사건은 사람들에게 심각한 결과를 초래하며 과도하게, 부인할 수 없을 정도로, 실재적이다.

그래서 물리성은 어떤가?

디지털 환경에서 물리적 단서가 없거나 적을 때, 공동체, 사회적 존재감, 정서성, 친밀감이 어떻게 경험될 수 있는지를 이해하는 것은 때로 어렵다. 만약 우리가 (온라인에서 흔히 그렇듯이) 누군가의 얼굴을 볼 수 없거나, 손을 만지거나 만나서 데이트를 할 수 없다면, 우리는 정말로 친밀하게 연결될 수 있는가? 나중에 밝혀지겠지만 사람들은 사회적 연계를 형성하는 것과 그들이 물리적으로 상호작용하지 않거나 심지어 서로 만나지 않는 사회적 환경을 만드는 것에 관한 한 꽤 창의적이다.

외적 단서가 주는 충분한 이점(촉각적인 정보나 어떤 경우 시각적인 정보와 청각적인 정보)이 없어도 연계가 형성될 수 있다는 것이 일부 사람들에게는 이상하게 보이는 것 같다. 커뮤니케이션 연구자인 조셉 월써(Joseph Walther)는 사람들이 정확히 어떻게 여러 상황에서 '걸러낸 단서'를 감지하는지(그리고 사회적 연계를 만드는지)를 이론화했다(Walther, 1996). 그는 사회적 정보 처리 이론(Social Information Processing Theory)을 통해 사람들은 다른 감각과 무한한 창의성을 사용해 상호작용을 조정하며 심지어 물리성이 없이도 연계와 잠재적인 친밀감을 형성하기에 충분할 만큼의 것을 서로에게서 찾아낼 수 있다고 주장한다.

사람들은 단지 문자로만 커뮤니케이션하더라도 다른 사람에 대해 꽤 많은 것을 알 수 있다. 언어 및 커뮤니케이션 연구자인 크리스핀 썰로우(Crispin Thurlow)와 동료들은 "심지어 문자만으로도 여전히 사람들이 사용하는 언어, 즉 단어, 문법, 스타일을 통해 그들에 대해 많은 것을 말할 수 있다"는 것을 확인했다. "그 밖에도 만약 우리가 나이, 성별, 외모 같은 사회적 단서를 실제로 볼 수 없다면, 우리는 늘 그냥 물어볼 수 있다. … 이러한 종류의 직접적인 요청은 〔대면〕 커뮤니케이션에서는 꽤 무례하게 보일 것 같지만 〔컴퓨터 매개 커뮤니케이션에서는〕 용인될 수 있는 것으로 여겨진다"(Thurlow, Lengel and Tomic, 2004: 53; 또한 Baker, 2005 참조). 6장에서 논의하겠지만, 서로에 대한 정보를 모을 수 있는 방법은 많다. 사람들은 별명, 아바타, 문체, 플랫폼 및 사이트 디자인에서 자신의 성격에 대한 실마리를 제공한다. 실제로 사람들이 아마도 어떤 사회적 연계를 만들겠다는 목적으로 온라인에 접속할 때, 이러한 종류의 사실 조사(fact-finding) 활동은 그들이 하는 첫 번째 일 가운데 하나이다.

사람들은 첫 번째 접촉이 대면 접촉이 아닌 디지털 접촉일 때 실제로 서로를 '더 잘' 알게 될 수 있다. 시각적 단서가 없거나 적을 때, 사람들은 서로를 더 좋아할 수 있으며 심지어 서로를 더 정확하게 바라볼 수 있다(Baker, 2005; McKenna, Green and Gleason, 2002). 어떤 사람은 사람의 신체가 집중을 방해하는 것으로 보고 사람의 신체를 보지 않을 때 정직하고 신뢰할 수 있는 관계를 더 잘 형성할 수 있다고 생각한다. 심리학자 케이틀린 맥케나(Katelyn McKenna)는 "우리가 누군가와 직접 마주보고 이야기할 때, 우리는 우리가 어떤 인상을 갖게 될지를 알려주는 그들의 미묘한 몸짓 언어와 안면 단서(facial cue)에 주목한다. 이로 인해 우리는 생각과 감정을 충분히 표현하지 않게 된다"고 말한다(Chayko, 2008: 46에서 재인용). 물리성이 존재하지 않을 때, 생각과 감정은 더 쉽게, 더 편하게, 더 믿을 만하게 공유될 수도 있다.

어떤 사람은 물리성이 부재할 때 자신에 대해 더 자유롭게 커뮤니케이션한다. 바꾸어 말하면, 신체의 물리적 존재가 다른 사람을 알려고 하는 노력을 방해할 수 있다. 사람들은 서로의 물리성이 부재할 때 더 친밀해지고, 더 관여하며, 심지어 더 끌릴 수 있다(Chayko, 2008; Hian, Chuan, Tevor and Detenber, 2004; Hu, Wood, Smith and Westbrook, 2004; Nowak, Watt and Walther, 2005; Walther, 1996). 어떤 관계는 상호작용하는 사람들이 대면으로 만날 때보다 훨씬 더 빨리 튼튼해지고 강화될 수 있다. 실제로 온라인 관계는 주로 대면적으로 이루어지는 관계보다 훨씬 '더' 친밀하고 사적일 수 있다. 조셉 월써는 그와 같은 관계를 '하이퍼퍼스널(hyperpersonal)', 즉 초사적(超私的)이라 부른다(Walther, 1997).

사람들이 서로 보거나 만질 수 없는 상태에서 접촉할 때, 그들은 '탈억제될 (disinhibited) 수 있다(Suler, 2004; 또한 McKenna et al., 2002 참조). 그들 간의 어색함이 줄어들 수 있고 또 그들의 행동이 다소 (혹은 많이) 더 외향적이거나 더 대담해질 수 있다. 만약 사람들이 온라인에서 이름이나 신상 명세를 공유하지 않거나 서로에게 이름을 밝히지 않을 경우 탈억제가 훨씬 더 두드러지게 일어날 수 있다. 사람들은 대면 상황에서와 다르게 행동할 수도 있어서, 어쩌면 아마도 좀 더 빨리, 심지어 무분별하게 신상 정보를 공유하거나, 어쩌면 생각 없이 부정적 혹은 외설적이 되거나, 어쩌면 즉흥적 혹은 충동적이 되거나 거칠어질 수도 있을 것이다.

어둠 역시 탈억제를 도와준다. 많은 경우, 대면 친밀감은 대낮보다 어두울 때, 특히 심야에 더 쉽게 공유된다. 사람들은 평소보다 당혹감이나 자의식을 덜 느낄 수도 있다. 사람들은 더 자유롭게 행동하고 좀 더 빨리 좀 더 심하게 자신을 '공개할' 수도 있다. 심지어 얼굴을 마주 보며 함께 있는 상황에서도 어떤 사람들은 극도로 사적이고 정서적인 무언가에 대해 서로 이야기를 나누거나 시각적으로 대립하고 싶지 않을 때 시선을 돌린다(Suler, 2004; Thurlow et al., 2004). 실제로 어두운 방에서 만나는 사람들은 '대낮에' 처음 만나는 사람들보다 더 사적인 정보를 서로에게 공개하며 심지어 서로 더 좋아하는 경향이 있다(Gergen, Gergen and Barton, 1973; McKenna et al., 2002).

어둠 속에서 만나는 것과 온라인에서 만나는 것은 확실한 유사성이 존재한다. 줄어든 물리적 단서는 어둠과 야간의 공개성과 흥미진진함을 그대로 되풀이하게 할 수 있다. 물리적 존재감의 부재는 정보와 친밀감이 좀 더 쉽게 공유되는 환경을 조성하는 데 기여한다. 이것은 친밀감과 사회적 연결성을 촉진할 수 있다.

더욱이 디지털 미디어와 모바일 미디어는 사람들이 낮이나 밤의 뜻밖의 시간에 뜻밖의 장소에서 연결할 수 있게 해준다. 이것 역시 친밀감이 발전할 수 있도록 유도해준다. 매우 개인적이거나 매우 사적인 무언가를 공유할 때는 눈에 띄지 않는 은밀한 환경을 선호하는 것을 흔히 볼 수 있다. 누군가가 한밤중에 온라인에 머물러 있는 것을 보고 그 순간을 다소 색다른 순간으로 만들어 특별함으로 가득 채우려는 그 혹은 그녀에게 접근하는 것에는 무언가가 있다. 이것은 '기차에서의 만남' 현상(meeting on the train phenomenon)[11]과 비슷한데, 이 현상은 그러한 환경이 친밀감을 공유하는 데 적합하다는 이유만으로 사람들이 또다시 볼 거라고 전혀 기대하지 않는 전혀 낯선 사람에게 비밀을 털어놓는 것을 말한다. 그와 같은 공유가 초래하는 영향이 좀 더 적어 보이거나 일시적으로 무시될 수도 있다(McKenna et al., 2002).

대면 경험의 시각적 요소와 감각적 요소를 흉내 내거나 그러한 요소들을 온라인이나 모바일 연결에 재도입하는 기술이 계속 개발되고 있다. 사진 및 동영상 공유는 소셜 미디어에서 폭발적인 인기를 끌어왔다. 그러나 어떤 사람들은 특히 관계의 초기 단계에서는 여전히 더 큰 익명성과 문자를 기반으로 하는 주고받음의 명료성을 선호한다. 심리학자 제프 개빈(Jeff Gavin)은 어떤 사람들은 데이트 상대를 나중에 직접 대면해서 보는 것을 선호하기 때문에 인터넷 데이트(internet dating)에 웹캠 사용을 피한다는 것을 알았다. "문자를 기반으로 하는 관계에는 무언가 특별한 것이 있다"고 그는 말한다(ScienceDaily.com, 2005).

필자가 인터뷰했던 많은 사람이 그의 말에 동의했다. 이러한 사려 깊은 관점은 지성(知性)이 풍부하고 관여적인 온라인 커뮤니티에서 볼 수 있다:

대면하고 있을 때 우리가 할 수 있는 것보다 더 깊이 우리는 관여하고 있다고 심지어 주장할 수 있을 것입니다. 구두 주장에는 많은 것이 사라지고 없고 또 곡해됩니다. 이로 인해 모든 것이 글로 작성됩니다. 서면 작성 시 사람들은 흔히 명료하게 하기 위해 편집하고 표현을 바꿉니다. 무언가를 글로 적는 것은 무언가를 그냥 큰 소리로 내뱉는 것과 크게 다릅니다. 많은 게시글이 많은 숙고와 생각의 선별을 거친 후에 게시됩니다. 그래서 우리는 우리가 소통하고 있는 사람의 목소

---

11 또는 '기차에서 만나는 낯선 사람' 현상(stranger on the train phenomenon)이라고도 한다 — 옮긴이 주.

리와 얼굴 표정은 비록 놓치지만, 그럼에도 좀 더 깊이 있는 수준에서 소통하고 있다고 주장할 수 있을 것입니다(Chayko, 2002: 122).

많은 사람이 물리적 공간을 공유하기 전에 (혹은 공유하는 대신) 비물리적 의미에서 어떤 사람을 알게 되는 것에는 소중하고 친밀한 독특한 무언가가 있다고 말했다.

물론 어떤 시점이 되면 특정한 만족감을 누리기 위해 사람들은 서로 전방위적인 감각적 경험(촉각, 후각, 미각, 물리적 가까움, 신체 접촉)을 공유하기 위해 반드시 서로 만나야 한다. 사람들이 서로 직접 얼굴을 보고 만날 때 개인의 책임 역시 일반적으로 커진다. 그러나 비물리적 연결성에 대한 한 가지 우려는 종식될 수 있는데, 그것은 인터넷으로 인해 가능해진 관계가 대면 관계를 어느 정도 대체하거나 대신할 거라는 걱정이다. 오히려 온라인과 오프라인은 사람들의 일상생활에서 교차하고 맞물리며 하나의 혼합된 전체로 경험되는 경향이 있다.

온라인과 오프라인의 교차

사람들은 우리가 온라인에서 하는 것이 오프라인에서 하는 일을 희생시키거나 대신한다고 가정하려는 유혹을 느끼기도 하고 꽤 흔히 그렇게 가정하기도 한다(이것에 대한 상세한 설명과 비판은 Boase and Wellman, 2006; Rainie and Wellman, 2012; Tufekei, 2010, 2012; Wang and Wellman, 2010 참조). 그러나 연구들은 사람들이 디지털 커뮤니케이션 기술을 사용하는 방식을 매우 다르게 설명한다. 분명 외로움을 느끼는 일부 사람들은 인터넷에 끌릴 것이고(Amichai-Hamburger and Ben-Artzi, 2003), 웰빙(well-being)에 어려움을 겪는 일부 사람들은 온라인 연결성에 빠져들게 된다(LaRose, Eastin and Gregg, 2001; Morgan and Cotten, 2003). 그러나 이것이 표준은 아니다.

대부분의 사람들은 온라인 연결성을 활용해 대면 상호작용과 공동체를 형성하고, 강화하며, 그것에 새로운 차원을 더한다. 그들은 오프라인으로 관계를 맺고 있는 사람들 가운데서 온라인 친구를 선택하며, 매개되는 수단과 대면 수단 모두를 사용하여 그들의 모든 관계를 지속한다. 6장에서 깊이 있게 살펴보겠지만, 집단과 관계가 온라인과 오프라인 모두를 망라하는 공간에서 존재하는 것은 흔히 볼 수 있는 일이다(Ellison et al., 2009; Hampton et al., 2011; Haythornthwaite and Kendall, 2010; Rainie and Wellman, 2012 참조). 온라인 활동은 다양한 욕구, 충족감, 욕망을 채워주며, 사람들의 인생 경험과 분리된 것이 아닌 인생 경험의 일부로 경험된다(Baym, 1995, 2000, 2010; Jurgenson, 2012a, 2012c; Katz, Hass and Gurevitch, 1997; Kayany, Wotring and Forrest, 1996; Walther, 1996, 1997 참조).

기술과 함께하는 사람들의 살아 있는 실재는 일반적으로 온라인 아니면 오프라인이 아닌 온라인과 오프라인의 혼합으로 경험된다(Baym, 2010; Beer, 2008; Cerulo and Ruane, 1998; Floridi, 2007; Jurgenson, 2012c; Kendall, 2010). 우리는 생활을 온라인과 오프라인으로 분리하지 않는, 즉 사물을 디지털 아니면 대면적인 것으로 이분법적으로 경험하지 않는 경향이 있다. 소셜 미디어 이론가인 네이썬 저겐슨(Nathan Jurgenson)은 이러한 분리를 '디지털 이원성(digital dualism)'이라 부르며, 그와 다른 사상가들이 지적했듯이, 그것은 실제로 뒤얽혀 있는 영역을 인위적으로 그리고 불필요하게 분리하는 것이다(Jurgenson, 2012c). 온라인과 오프라인 영역의 성질과 특성은 분명히 다르지만(예를 들어, 물리적 공간에서 주고받는 미소는 온라인에서 만나게 되는 정서로서의 미소와 결코 같지 않음), 이러한 경험들이 일어나는 두 영역은 서로 대립하지 않는다. 두 영역은 서로 소용돌이 치고 교차하면서 어떤 의미에서 서로 뒤엉켜 그야말로 실재가, 즉 우리의 생활이, 되는 인생 경험의 서로 다른 측면들일 뿐이다.

새로운 기기나 플랫폼을 사용하는 것이 대개 처음에는 혼란스럽거나 어설프지만 시간이 흐르면서 더 쉬워지듯이, 디지털 기술은 기술이 풍부한 공동체와 사회에 사는 사람들의 일상생활에 통합되는 경향이 있다. 이것은 매듭 없이 아주 매끄럽게 발생해서 사람들은 자신들의 경험을 매개해준 기술을 잊어버리거나 무시하고 단지 경험 그 자체에 집중할 수 있다(Floridi, 2007; Rainie, 2006; Thomas, 2006 참조). 그러는 과정에서 사람들은 점차 일상생활의 일부가 되는 그러한 새로운 기술에 적응하게 되며 그들의 생활이 기술의 영향을 받아 증강되는 방식에 익숙해지게 된다(Jurgenson, 2012c).

온라인과 오프라인을 전적으로 분리된 영역으로 간주해 디지털 이원성에 빠지는 것은 그것들의 높은 상호침투성(interpenetration)을 무시하거나 최소화하는 것이다. 저겐슨은 "페이스북 사용자들이 더 많은 오프라인 접촉을 가지고 더 시민답게 참여한다는 사실을 연구들이 보여주는데, 그것은 소셜 미디어가 오프라인 생활을 (대체하는 것이 아니라) 증강하기 때문이다. 온라인과 오프라인은 서로 분리된 영역이 아니며 따라서 제로-섬이 아니다"라고 주장한다(Jurgenson, 2012c). 실제로 오프라인 활동은 온라인 콘텐트와 표현을 부채질하며, 많은 사람이 현재 그들의 오프라인 생활에서 일어나고 있는 일을 온라인에 어떻게 기록할지를 고려하는 데 상당한 시간과 에너지를 소비한다(Hurgenson, 2012a; 또한 Fox, 2011 참조). 대면 상호작용이 항상 본질적으로 모든 작업에 만족스럽거나 최고는 아니라는 점 또한 명심해야 한다(Calhoun, 1986). 흔히 오프라인이 아닌 온라인에서 정보, 자원, 그리고 특정 종류의 지원을 더 효과적으로 획득하고 공유할 수 있다.

인터넷과 디지털 미디어 사용에 푹 빠진 채 성장해온 사람들은 온라인과 오프라인이 매끄럽게 병합되어 있는 것으로 볼 수도 있다. 젊은이들은 온라인과 오프라인의 구분과 실재적인 것과 비실재적인 것의 구분이 없어지지는 않았지만 더욱더 희미해지는 시대를 열고 있을 수도 있다. 정보 기술 전문가인 찰스 그랜썸(Charles Grantham)은 젊은 기술 사용자들의 두 세계가 서로 뒤섞이고 있으며, 따라서 "그들 생활의 서로 다른 영역들 주위에 경계선을 긋는 것은 꽤 무모한 짓이다"라고 말한다(Rainie, 2006에서 재인용; 또한 Baym, 2000, 2010; Cerulo and

Ruane, 1998; Ess, 2011; Ito et al., 2010; Thomas, 2006; Wilson and Atkinson, 2005 참조).

디지털 환경은 물리적 세계와 완전히 뒤얽혀 있어서 사람들은 굳이 온라인에 있지 않아도 그 영향을 느낄 수 있다. 아마 자연적인 환경에서 기술이 없는 조용한 날을 즐기며 오프라인에서 시간을 보내는 그 순간에도 사람들은 인터넷 및 디지털 미디어 사용에 영향을 받을 수 있다. 그들은 그러한 경험을 한 장의 (혹은 몇 장의) 사진으로 남겨 나중에 공유할 계획이거나, 그러한 오프라인 경험에 대해 나중에 소셜 미디어에 게시할 상태 업데이트를 마음속으로 구성하거나, 혹은 아마도 빠른 문자 메시지를 보낼 수도 있다. 저겐슨은 이것을 세상을 '페이스북의 눈(Facebook Eye)'으로 보는 것, 즉 인생 경험을 앞으로의 게시글, 트윗, 혹은 업데이트로 어떻게 옮겨놓을 것인가에 대해 생각하는 것이라고 부른다(Jurgenson, 2012a).

이러한 종류의 활동은 기술이 풍부한 사회에서 흔히 볼 수 있다. 기술은 생활의 매우 많은 측면과 매우 깊이 통합되어 기술이 사람 속으로 침투해 들어가 흡사 사이보그(cyborg) 스타일이 된 것 같다. 그리고 실제로 어느 정도는 잦은 기술 사용으로 인해 기술이 마음속으로 침투해 들어'갔다'. 온라인과 오프라인의 뒤얽힘은 그것이 경험적인 만큼이나 인지적이기도 하다. 기술이 풍부한 사회에서 우리의 뇌는 계속 '로그온'한 상태일 수도 있기 때문에 진정으로 '로그오프'하는 것은 때로 어려울 수도 있다.

기술이 풍부한 사회에서는 매우 많은 사람이 매우 많은 시간과 에너지를 디지털 환경에 소비하기 때문에, 이러한 경험을 개념화하는 것은 현대 사회 생활을 이해하는 데 매우 중요하다. 이 장에서 보았듯이, 그러한 경험과 기술-사회생활이 이루어지는 환경에 관한 연구는 수많은 연구 분야에서 이루어지고 있다. '여러분의' 연구 분야와 일상의 이해 및 지식을 이 모든 것에 쏟을 것을 권장한다. 여러분의 경험상 디지털 환경은 어떻게 진화하고 변하며 사회적 연결성에 어떻게 영향을 미치는가?

이것에 대한 우리의 견해가 근시안적인 것이 아님을 확실히 하기 위해 우리는 다음 장에서 디지털 공유 및 감시라는 주제를 살펴보기로 한다. 심지어 회사와 정부도 이러한 정보를 엿보고 수집하며 심지어 판매하듯이, 디지털 공간에서 (흔히 가능한 한 광범위하게) 정보를 공유하는 것이 하나의 규범이 되었다. 초연결된 기술-사회 환경 속에 놓여 있는 우리 자신을 더 잘 이해하고 더 잘 보호하기 위해 우리는 이러한 행위가 사적인 것을 지키고, 관계를 형성하며, 그들의 생활을 통제하고자 하는 사람들의 능력에 어떤 영향을 미칠지에 대해 살펴볼 것이다.

제 4장

공유와 감시

참여 문화에서의 공유와 프로슈밍

많은 인터넷 및 디지털 미디어 사용자들은 아이디어, 정보, 이야기, 음악, 사진, 동영상 등을 만들고 공유하기를 원한다. 그들은 그것을 즐겁고 창의적인 것으로 생각하며 또한 온라인 경험의 큰 일부라고 생각한다. 그 결과, 시민들이 문화 산물의 생산과 소비에 적극적으로 참여하고 흔히 그것을 아낌없이 광범위하게 공유할 것으로 기대되는 '참여 문화(participatory culture)'가 만들어지게 되었다(Bruns, 2008; Jenkins, 2006, 2009 참조). 참여 문화는 또한 콘텐트, 상품, 시간, 노력, 돈이 어느 정도 공유되고 교환되고 소비되는 경제이다.

소위 공유 경제(sharing economy)는 인터넷을 초월한다. 우버(Uber)와 에어비앤비(Airbnb) 같은 회사는 자동차와 숙소 같은 제품을 구입하는 대신 공유하거나 임대하는 방법을 고안해냈다. 많은 디지털 사이트와 앱이 방문하거나 사용하는 데 무료인 것처럼 보이지만, 나중에 알게 되듯이 그렇게 방문하는 동안 대개 많은 개인 정보가 제공된다. 사람들이 웹사이트, 블로그, 소셜 미디어 네트워크에 정보를 제공할 때, 그들은 다른 사람에게 자신에 대해 많은 것을 말하며 그 대가로 아무 보상도 못 받고 꽤 많은 개인 정보를 공개하게 된다. 그와 같은 데이터는 집계되어 조직과 회사를 매우 부유하게 만들어줄 수 있다. 그렇다면 '공유(sharing)'라는 단어는 그렇게 하는 것이 불공평하게도 우리 가운데 더 힘이 센 사람을 더 이롭게 하는 정도를 간과하고 있다. 그럼에도 디지털 공간에서는 콘텐트가 풍부하게 만들어지고 공유된다.

그러나 사람들이 항상 그들의 정보를 공유하고 싶어 한다고 가정해서는 안된다. 때로 사람들은 개인 정보 공개를 제한한다. 사람들은 정보가 공개될 가능성을 줄이거나, 있을 수 있는 대인 갈등을 피하거나, 자기 이익을 보호하거나, 자신의 이미지가 향상되기를 원할 수도 있다. 조직 커뮤니케이션 연구자인 제니퍼 깁스(Jennifer Gibbs)와 공동 저자들은 "사람들은 흔히 정보를 제한하거나 한정하는 전략적 선택을 하며, 소셜 미디어 애플리케이션에서 지식을 공유하거나 공유하지 않기로 하는 선택은 그와 같은 우려에 영향을 받을 가능성이 있다"고 밝혔다(Gibbs, Rozaidi and Eisen, 2013: 104). 광범위한 공적 공유(public sharing)가 늘 모든 사람의 목표는 아니다.

서로 다른 집단의 사람들에 의해 흔히 서로 다른 종류의 콘텐트가 만들어지고 공유된다. 인터넷 연구자인 그랜트 블랭크(Grant Blank)에 따르면, 정치적 콘텐트는 매우 흔히 사회의 '엘리트'에 의해 만들어지는 반면, 사회적이며 오락적인 콘텐트는 흔히 '비엘리트'에 의해 만들어진다. 그렇다면 온라인 콘텐트는 유형이 서로 다를 뿐만 아니라 그것을 만드는 사람의 배경과 관점의 차이를 반영할 수도 있다(Blank, 2013).

기술이 풍부한 사회에서는 게시글, 이야기, 동영상, 음악 같은 콘텐트를 만들고 소비하는 것이 일상의 규범이 될 정도로 많은 사람이 그렇게 한다. 사람들(혹은 '제작자들')은 개인화된 기술 제품과 콘텐트를 디자인하고 만들며, 또한 다른 사람이 만든 그러한 제품과 콘텐트를 소비한다. 흔히 사람들은 그렇게 하는 법을 독학하면서 소셜 미디어와 블로깅 플랫폼, 인터넷에서 이용 가능한 도구들, 그리고 오픈 소스(open source) 소프트웨어를 사용해 온갖 종류의 콘텐트를 제작한다. 그런 다음 그것은 다른 사람들에 의해 공유되고, 소비되고, 비판받으며, 때로는 전유(專有, appropriation)[1]되고 리믹스(remix)[2]된다(Benkler, 2014

참조).

음악과 동영상을 포함해 기존의 콘텐트를 리믹스하거나 재구성함(reconfigure)
으로써 창의성을 표현하는 것 역시 흔한 일이 되었다. 이러한 리믹스 문화에서
는, 합법적으로 허용되건 허용되지 않건, 기존 텍스트에서 가져온 재료로 새
버전(version)이 만들어진다. 그런 다음 이러한 새로운 텍스트는 다른 사람들
에 의해 리믹스되면서, 생산과 소비 과정이 합쳐진다. 네트워크와 법을 연구
하는 학자인 요차이 벤클러(Yochai Benkler)는 그러한 행위가 "개방형 공유(open
sharing)라는 배경 문화와 증가하고 있는 개방성(openness)에 대한 수사(修士)와
더불어 암묵적으로 허용됨으로 인해" 규범이 되었다고 말한다(Benkler, 2014:
296). 온라인 콘텐트를 생산하고 소비하고 리믹스하는 것은 현대의 기술적 생
활을 규정하는 특징이 되었고, 이는 결과적으로 합법적인 것 혹은 불법적인
것, 유급(有給) 혹은 무급, 공적인 것 혹은 사적인 것에 대해 새로운 방식으로
생각하게 만들었다. 미디어 연구자인 아람 신레이크(Aram Sinnreich)는 그것이
우리의 문화 전체를 '구성 가능하게(configurable)' 만들었다고 말한다(Sinnreich,
2010).

생산과 소비의 경계가 모호해져 때로는 동시에 발생하는 하나의 순환적 과
정이 되는 것을 정확히 담아내는 진정한 포스트모던 방식의 복합어가 갑자기
나타났다. 앨빈 토플러(Albin Toffler)가 처음 소개하고(Toffler, 1980) 그 후 사회학
자인 조지 리처(George Ritzer)와 네이썬 저겐슨이 다른 용도에 맞게 고친 이 행
위는 현재 흔히 '프로슈밍(prosuming)' 혹은 '프로섬션(prosumption)'으로 불리며,
그렇게 하는 사람을 일컬어 '프로슈머(prosumer)'라고 한다(또한 Ritzer, Dean and

---

1   '전유'나 '재전유'는 다른 이의 소유물을 내 것으로 취하는 행위 혹은 훔치고 믹스해 자기 것
    으로 만들어버리는 행위를 말한다 ─ 옮긴이 주.
2   '리믹스'란 원래 음악을 구성하는 개별 트랙들을 조작하거나 추가해 새로운 음악을 만들어
    내는 것을 말하나, 지금은 음악을 넘어 시각물 생산, 소프트웨어, 문학 텍스트 등 다른 미디
    어 분야로 확산되어 사용된다 ─ 옮긴이 주.

Jurgenson, 2012 참조). 또한 그러한 활동은 때로 '프로듀시지(produsage)'[3]라고도 불렸다(Bruns, 2008 참조). '프로슈밍'과 같은 복합어는 편리한 약칭일 뿐만 아니라, '기술-사회적'의 경우처럼 두 실체가 어떻게 결합되었는지를 잘 표현한다.

프로섬션은 많은 회사 비즈니스 모델(business model)[4]의 일부가 되었다. 가능한 한 많이, 가능한 한 비용-효율적으로 생산하는 것은 오랫동안 사업의 1차적인 목표였다. 회사들은 가능한 한 많은 이윤을 창출하기 위해 상품 및 서비스 생산, 분배 및 소비의 효율성을 높이도록 매우 동기화되어 있다. 1800년대 중반의 1차 산업혁명 때는 공장이 생산의 1차적인 장소였고, 1900년대 초반의 2차 산업혁명 때는 조립 라인이 효율성을 한층 더 높여주었다. 생산 과정은 여러모로 시대와 사회를 규정한다.

대량 생산을 통한 효율성 기대가 현대 기술 문화에서 가속화됨에 따라, 만약 소비자들이 상품이나 서비스 생산에 참여한다면(무급으로, 무료로!) 사업의 이익률(profit margin)[5]이 엄청나게 커질 거라는 것이 분명해졌다. 회사는 더 이상 이전만큼 많은 노동자를 고용할 필요가 없을 것이다. 시간이 지나면 소비자들은 심지어 특정한 일이 급여를 받는 고용인(혹은 심지어 사람 고용인)에 의해 수행되리라고 기대하지 않을 수도 있을 것이다.

인터넷과 디지털 기술을 중심으로 발전해온 산업을 포함해 많은 산업에서 정확히 이런 일이 일어났다. 소비자들은 소비하고 때로는 소비를 위해 돈을 지불하는 그 순간에도 기꺼이 제품이나 서비스 생산에 참여한다. 예를 들면, 한때 식료품점 주인은 물건을 가져다주고 신선육을 제공하면서 고객의 주문을 처리했다. 현재 수퍼마켓은 고객에게 자신의 살 물건을 선택해서 스스로 자신의 주문을 처리하라고 요구하며, 따라서 현재 식료품점과 정육점의 수는 훨씬

---

3   'production'과 'usage'의 복합어 ― 옮긴이 주.
4   기업이 서비스를 제공하는 고객들에게 가치를 제공하기 위해 기업이 개발하는 전략들 ― 옮긴이 주.
5   매출에서 이익이 차지하는 비율 ― 옮긴이 주.

더 적다. 현재 일부 레스토랑은 고객에게 카페테리아식으로 스스로 자신의 주문을 받고 음식을 다 먹은 후에는 깨끗이 치울 것을 요구한다(Ritzer et al., 2012). 그와 같은 회사들은 더 적은 사람을 더 적은 임금을 주고 고용할 수 있는데, 왜냐하면 남아 있는 고용인들이 할 일은 엄격히 조직화되어 있으며 사람들이 그 일을 하도록 훈련하는 것도 쉽기 때문이다. 이로 인해 결국 그러한 노동자들은 더 쉽게 대체될 수 있으며, 기계적이고 반복된 일을 하므로 받는 임금도 더 적다(이는 경영진에게 외견상 정당한 것처럼 보임). 이로 인해 많은 고용인의 수입은 줄어들지만 회사의 이윤은 훨씬 더 늘어난다.

컴퓨터화된 기술은 인간의 손길을 필요로 하곤 했던 많은 소비자 행동을 자동화해준다. 쇼핑을 하건, 은행과 거래를 하건, 사업상 전화로 누군가와 접촉을 시도하건, 거래를 하거나 관련 있는 이슈를 논의할 때 도와줄 사람을 찾는 것이 불가능하지는 않지만 어려울 수 있다. 오히려 소비자들은 관련된 일에 대한 책임을 받아들이고 무엇을 해야 할지 그리고 어떻게 해야 할지를 파악하는 데 시간과 에너지를 쓸 것으로 기대된다. 회사들이 기술 전문성을 발전시켜 더욱더 많은 온라인 제품을 자동화함에 따라, 특히 그것에 대해 불평하는 사람을 찾기란 흔히 불가능하기 때문에 소비자들은 그러한 상황을 받아들일 수밖에 없다. 즉, 만약 그것을 받아들이지 않으면 버려질 수밖에 없다! 그래서 소비자들은 자신도 모르게 이러한 회사들의 무급 생산자(사실상의 고용인)처럼 된다. 소비자들은 회사를 위해 무료로 많은 회사 일을 해줄 것으로 기대된다.

고전 사회학 이론가인 칼 맑스(Karl Marx)는 이와 같이 엄격히 관리되는 저임금 노동은 더 창의적이고 더 충분히 인간적인 방식의 생활로부터 노동자들을 단절시키기 때문에 착취적이며 노동자를 매우 소외시킨다고 상세하게 이론화했다(Marx, 1844/2012, 1887). 사람들은 매우 많은 시간과 에너지를 상대적으로 모욕적인 환경에서 저임금 노동을 하는 데 사용하는 나머지 결국 다른 사람을 부유하게 만들어주는 데 일평생을 보내며 그들이 그토록 많은 시간을 들여 생산하지만 사용조차 하지 못하는 제품에게서 소외감을 느낄 수 있다. 아니나 다를까 맑스는 노동자들은 그들의 복지가 아니라 이윤을 위해 설계되어 있는 체계, 노동자들의 이익을 위해 결코 운영되지 않은 체계의 일부임을 알지 못한 채 다른 사람과 그들 자신의 자기(self)로부터 소외될 것이라고 주장했다. 그가 지지한 경제 체계, 즉 공산주의가 불평등을 줄이는지 아니면 다른 사회경제적·정치적 문제를 야기하는지에 대해 사람들이 논쟁을 벌이고 있기 때문에, 맑스의 견해는 심지어 현대 시대에서도 여전히 논란이 되고 있다.

인터넷 사용자들이 웹에서 온갖 종류의 콘텐츠를 만들어내고 구성하고 소비하며 확산시키기 시작하면서, 흔히 보수를 받지 않은 (혹은 형편없는 보수를 받은) 사용자 제작 콘텐츠(UCC: user-created content)가 많은 웹사이트와 웹 회사의 토대가 되었다. 페이스북, 트위터, 인스타그램, 위키피디아, 유튜브, 다수의 블로그 및 기타 공유 사이트 같은 소셜 미디어 플랫폼들은 대중 소비용 콘텐츠를 제작하는 사람들에게 전적으로는 아니만 상당히 의존한다. 그와 같은 사이트들의 압도적인 인기는 미디어 수용자를 수동적인 소비자로 이해하는 모델(어쨌든 시대에 뒤져가고 있던 모델)에서 사용자들이 매우 적극적이고 계속해서 소비하는 동시에 생산하는 모델로의 커다란 변화를 보여준다. 그들은 지속적으로 그리고 기하급수적으로 증가하는 많은 양의 콘텐츠를 생산하고 소비하는 프로슈머이다.

사람들은 왜 그들 자신의 창의적 노동을 그토록 많이 만들어내서 사실상 무료로 줘버릴까? 사람들은 어느 정도 '허위의식(false consciousness)'을 표현하고 있을 수도 있다. 즉, 그들은 그렇게 하는 것이 자신의 이익이 아닌 사회 내의 더 힘센 사람을 이롭게 한다는 사실을 깨닫지 못할 수도 있다. 그들은 정보를 공유하는 것은 좋은 일이며 아낌없이 공유하지 않는 것은 버림받게 될 것이라고 말하는 더 높은 사회경제적 지위를 가진 사람들의 내러티브를 무비판적으로 받아들일 수도 있다. 미디어 회사에 돌아가는 재정적 이익에 대한 기술은 일반적으로 '공유는 좋은 것'이라는 내러티브에서 빠져 있다.

다른 한편으로 디지털 제품을 만들고, 콘텐츠를 만들어내고, 음악과 동영상을 리믹스하는 등의 일을 함으로써 개인적으로 얻는 것도 많이 '있다'. 그것은 매우 창의적이고 표현적이며 재미있는 활동이다. 프로섬선 과정에서 사회적 연계, 네트워크, 그리고 커뮤니티가 만들어지고 결합할 수 있으며, 도움이 제공될 수도 있고, '인간 참여(human engagement)의 흥분'이 느껴질 수 있다. 그것은 심지어 그와 같은 개인적 창의성을 금지하거나 방해하는 어떤 문화나 회사에 대한 정치적 의사 표명이나 저항 행위일 수 있다(Sinnreich, 2010). 그럼에도 콘텐트 제작자들은 즉각적으로 분명하게 나타나지 않을 수도 있는 방식으로 착취당할 수 있다.

사람들은 노동과 데이터를 기부함으로써 그들이 즐기는 디지털화된 경험에 대한 비용을 지불한다. 이러한 일은 그들이 단순히 웹 여기저기를 클릭하여 정보를 서로 주고받거나 공유하는 순간에 발생한다. 그것은 어디에나 있지만 대체로 눈에 보이지 않는 경제에 기여하며, "전혀 노동처럼 보이거나 노동처럼 느껴지거나 노동 냄새가 나지 않는다"고 미디어 이론가인 트레버 숄츠(Trebor Scholz)는 말한다. "이러한 디지털 노동은 육아, 가사, 대리모 행위와 같이 덜 눈에 띄고 칭찬받지 못하는 전통적인 여성의 노동과 매우 흡사하다"(Scholz, 2012: 2; 또한 Andrejevic, 2012 참조).

사람들이 온라인에서 소통하거나 공유하는 거의 모든 것이 전유[6]되고, 상품화되어, 대개 여러분을 광고의 대상으로 삼기 위해 여러분에 대해 더 알고 싶어 하는 회사에 팔린다. 이것은 표면상 '무료'인 인터넷의 이율배반성이다(어쨌든 인터넷은 실제로 무료가 아니어서, 기술 및 접속 비용이 하드웨어 및 접속료 외에 광고와 더 높은 가격의 상품 형태로 전가됨). 그러나 많은 사람은 이러한 비용과 이율배반성을 알아차리지 못한다. 그리고 그러한 체계에서 완전히 손을 떼는 것은 불가능하다(Vertesi, 2014 참조). 필요한 정보를 획득하고, 만들어내고 공유하고, 일하고, 물건을 구입하고, 사람들과 어울리는 것, 이 모든 것을 하기 위해서는 자

---

6   4장 각주 1 참조 — 옮긴이 주.

신의 행동과 콘텐트를 공개하는 것이 필요하다.

거의 모든 기술-사회 현상이 그러하듯이, 프로섬션에는 장점도 있고 단점도 있다. 새로운 사업 기회가 실제로 주어질 수 있고, 인터넷으로 인해 다양한 사물이 만들어지고 판촉되며 판매되는 작은 '가게'와 온라인 베뉴(online venue)[7]를 시작하고 홍보하는 것이 더 쉬워졌다. 때로는 협업적으로 콘텐트를 만들고 리믹스할 수 있는 기회는 여러 면에서 재미있고 자기표현적이며 성취감을 준다. 그러나 무언가를 환금화하는 것은 그것의 속성과 그것을 둘러싸고 있는 역학을 바꾸는 것이며, 인터넷 콘텐트는 눈에 보이지는 않지만 지속적으로 환금화된다. 블로그 두 개를 성공적으로 운영해온 소셜 미디어 연구자 보니 스튜어트(Bonnie Stewart)는 "만약 (인쇄기, 라디오, TV를 포함해 디지털 미디어 이전의 대부분의 미디어처럼) 디지털 미디어가 결국 소수의 강력한 세력의 손에 들어간다면, 디지털 미디어 문화에 어떤 일이 일어날까?"라며 궁금해한다. "문화적 행위와 관련된 권력 관계의 재구성은 … 소비자뿐만 아니라 생산자가 되는 길을 찾는 것을 점점 더 힘들게 만든다"(Stewart, 2012).

선구적인 기술 작가이자 비평가인 해럴드 레인골드(Harold Rheingold)는 "미디어 카르텔(cartel)과 정부 기관은 지상파 방송 시대의 제도를 재도입하는 것을 모색하고 있다"고 말한다. 그와 같은 제도에서는 "기술 고객들이 콘텐트를 만들 수 있는 힘은 박탈당하고 소비할 수 있는 힘만 남게 될 것이다"라고 그는 주장한다(Rheingold, 2002). 저작권, 파일 공유, 그리고 기타 지적 재산권 이슈를 둘러싼 싸움이 웹의 개방성과 중립성을 위협한다. 인터넷이 콘텐트의 생산과 소비, 진취적 정신이 널리 넘쳐흐를 수 있는 공간으로 남아 있기 위해서는 강력하고 견고한 대기업이 인터넷 및 디지털 미디어 기술과 비즈니스 모델 그리고 실제로 웹 자체의 콘텐트와 사용자들을 만들어나가고 통제하는 방식에 프로슈

---

7   소셜 베뉴(social venue)는 단순한 공간의 개념을 넘어 사람과 사람 간의 교감을 바탕으로 네트워킹이 이루어지는 사회 교류의 장이자 문화 예술의 공간을 의미한다 — 옮긴이 주.

머들이 저항할 필요가 있을 것이다(Rheingold, 2002).

크라우드소싱

디지털 환경에서는 소셜 미디어의 도움으로 물리적으로 떨어져 있는 사람들이 개인적으로뿐만 아니라 함께 콘텐트를 프로슘한다. 현재 많은 수의 사람이 쉽게 온라인에 함께 모여 공유되는 디지털 활동에 참여할 수 있다. 집단(때로 매우 큰 집단) 내에서 사람들은 협업을 통해 이야기를 들려주거나, 문제를 해결하거나, 정보를 모아서 편집하거나, 프로젝트에 자금을 대거나, 상상할 수 있는 거의 모든 집단 지향적 활동을 할 수 있다.

몇몇 혹은 그 이상의 사람들이 물리적으로 서로 떨어져 있어서 분산되어 있지만 집단적인 방식으로 작업을 떠맡거나 공유할 때 [혹은 그 일이 명백하게 돈을 모금하는 것, 즉 '크라우드펀딩(crowdfunding)'을 지향하고 있을 때], 그러한 활동을 '크라우드소싱(crowdsourcing)'이라 부른다. 아웃소싱(outsourcing)[8] 개념에서 유래된 크라우드소싱은 많은 사람이 일이나 활동을 떠맡거나 일이나 활동이 '외부에 위탁될' 때 존재한다. 크라우드소싱과 크라우드펀딩은 어떤 집단의 집합적 대응과 행동을 보여주는 활동이다. 크라우드소싱과 크라우드펀딩이 어떤 공식적이거나 명확한 임무나 요구사항을 반드시 반영하는 것은 아니다 (Korthaus and Dai, 2015 참조).

어떤 사람들은 크라우드소싱이 일정 수준의 권력을 대중에게 돌려준다고 말한다. 소셜 네트워크에서 서로를 찾고, 정보를 공유하며, 다른 집단 및 네트워크 구성원과 접촉할 수 있음으로 인해 발언권, 발언대가 사람들에게 주어진

---

8 자체 인력·설비·부품 등을 이용해 하던 일을 비용 절감과 효율성 증대를 목적으로 외부 용역이나 부품으로 대체하는 것 — 옮긴이 주.

다. 다수(多數)에는 권력이 존재하며, 디지털 네트워크에도 권력이 존재한다. 맑스가 설명한 것처럼(Marx, 1887), 다른 한편으로 어떤 조직의 소유주는 아주 많은 경제적 권력을 가지고 있어서, 맑스가 제안했듯이, 만약 사람이 소유주에게 저항하지 않고 반발하지 않으며 심지어 소유권이라는 바로 그 개념에 이의를 제기하지 않고 거부하지 않는다면, 그 소유주는 노동자들의 권력을 무색하게 만든다.

많은 집단에서 개인의 에너지를 능가하는 어떤 집단적 에너지가 나타난다(Durkheim, 1912/1965). 이러한 에너지는 긍정적일 수 있으며, 때로 '집단 지성(collective intelligence)'이라 불리는 일종의 집단 지혜(collective wisdom)를 나타낸다. 어떤 집단이 다루기 힘들거나 파괴적인 상태가 될 때, 이러한 에너지는 또한 부정적일 수도 있다. 게오르크 짐멜은 집단, 특히 큰 집단 내에서 사람들이 흔히 어떻게 집단 구성원들의 '최소 공배수'⁹로 되돌아가며 어떻게 덜 사려 깊게 더 거칠게 행동하는지에 대해 기술하면서 후자(즉, 부정적인 에너지)를 '대중에 대한 개인의 우월성'이라 불렀다(Simmel, 1908/1950).

우리는 분명 온라인에서 긍정적인 집단행동과 부정적인 집단행동 모두를 본다. 우리는 온라인에서 일련의 거친 댓글과 위협도 보지만 동시에 크라우드소싱을 통해 얻은 지식과 크라우드펀딩을 통한 자선 노력이 가져다주는 혜택도 누린다. 크라우드소싱은 이러한 극단적인 관점들이 결합된 것으로 가장 잘 이해될 수 있다. 그것은 어떤 집단의 자원을 모아서 걸러내는 아주 좋은 방법이지만, 집단에서 경험할 수 있는 문제, 즉 익명성으로 인해 심해질 수 있는 문제에 여전히 취약한 경향이 있다(Flanagan, Hocevar and Samahito, 2014; Hmiellowski, Huchens and Cicchirillo, 2014; Rowe, 2015).

그러나 어떤 집단의 기여의 총합은 매우 흔히 어떤 한 사람 혹은 몇몇이 기여하는 것을 초월하기 때문에, 크라우드소싱은 정말 놀라운 혁신을 만들어

---

9   돈(money)을 의미한다 — 옮긴이 주.

낼 수 있다. 아마도 크라우드소싱의 궁극적인 예일 것 같은 위키피디아는 완벽하거나 편파적이지 않은 정보의 저장소는 아니지만, 그것은 매우 큰 집단(수천만 명으로, 주로 디지털 리터러시를 갖춘 남성)의 상시적인 정보 수집 활동에 대한 복잡한 기록이다(Hargittai and Shaw, 2015). 계속 업데이트될 수 있는 능력뿐만 아니라 토픽의 수와 양만으로도 위키피디아는 사람들이 백과사전으로 생각하는 것을 아마 영원히 바꾸어놓았을 것이다. 마찬가지로 체인지.오르그(Change.org) 같은 사이트도 사람들이 탄원서라고 생각하는 것을 바꿔놓을 수 있는 잠재력을 가지고 있다. 잠재적으로 커다란 사회 변화를 몰고 올 수 있는 탄원서는 한때는 전적으로 대면 및 가가호호 방문 활동을 통해 배포되었지만, 지금은 온라인에서 시작되고 서명되며 제출될 수 있다.

물품이나 서비스에 관한 그룹 댓글(group comments)과 평가를 특징으로 하는 사이트도 있다. 수많은 개인의 편향성이 다수(crowd) 의견의 전체 '평균' 안에서 무너질 가능성이 좀 더 높기 때문에 이런 종류의 집단적 피드백은 단 하나의 의견보다 예비 구매자들의 결정을 돕는 데 더 유용할 수 있다. 온라인 아이템에 대해 댓글을 달거나 평가하는 것은 매우 인기가 있어서 이러한 특징은 현재 뉴스 기사, 인기 연예물, 판매 물품 등에서 널리 이용 가능하다. 댓글 달기는 온라인 정보 풀(pool) 역할을 하는 집단의 일원임(과 집단 내에서의 지위 획득)을 즐기는 사람에게 만족감과 동기를 부여하는 활동이다(Flanagin et al., 2014).

크라우드소싱에 의해 이루어지는 댓글 달기 요청이 있을 때 항상 토픽에서 벗어나거나, 불쾌감을 주거나, 위협적이거나, 독설적인 글이 올라올 가능성이 있다. 이것은 일반적으로 응답자가 익명이고, 활동이 관리되지 않으며, 다양한 응답 유형이 커뮤니티에 의해 허용되고 받아들여질 수 있는 것으로 지각될 때 발생한다(Hmielowski et al., 2014; Rowe, 2015). 어떤 사람들은 가혹한 댓글을 달거나 사이트의 댓글난을 개인 주장을 내세우는 곳으로 사용하거나 물건을 파는 곳으로 사용한다. 그러나 크라우드소싱은 또한 어떤 이슈나 일에 대해 단 한 사람(혹은 작은 집단)이 제공하는 것보다 더 공정하고 편견 없을 가능성이 있는 대응을 모아서 합치는 한 가지 방법이기도 하다. '트롤(troll)'이라 불리는 일부 개인은 초점을 쓰레드(thread)의 원래 의도에서 벗어나게 하기 위한 시도로 쓰레드를 '강탈할(hijack)' 수도 있고, 무관한 극단적인 대응을 제공할 수도 있지만, 많은 사람은 그 집단에 유용하게 기여하고 그와 같은 일을 진지하게 받아들이게끔 동기화된다(Flanagin et al., 2014).

때때로 크라우드소싱을 통해 돈을 모으기도 한다. 이 글을 쓰고 있는 지금, 킥스타터.콤(Kickstarter.com)을 포함한 몇몇 웹사이트는 프로젝트, 자선단체, 혹은 다른 활동을 위해 돈을 모으고자 하는 사람들이 프로젝트의 성공을 돕는 데 관심이 있는 사람들에게 호소할 수 있는 장소 역할을 하고 있다. 어떤 프로젝트에 착수하고자 하는 사람들은 그것에 대한 설명을 게시하면서 기부자들이 그 프로젝트에 각기 다른 액수의 자금을 제공하는 대가로 받을 수도 있는 가능한 보상을 함께 제시한다. 만약 충분한 수의 사람이 돈을 낸다면, 프로젝트는 '성공'이다. 매우 적은 액수이지만 많은 사람이 기부하면 특히 가진 것이 거의 없는 사람들의 생활에 진정한 변화를 일으킬 수 있다. 예를 들면, 키바.오르그(Kiva.org)는 돈이 절실하게 필요한 사람들에게 배정될 소액 융자금이나 보조금에 필요한 자금을 집단적으로 조성하는 사이트이다. 어떤 사람들은 이 세상의 매우 가난한 외딴 지역에 살고 있음에도 '발견되어', 그들(혹은 그들의 공동체)에게 물이나 위생설비와 같은 필수품을 제공하는 것을 돕거나 작은 가게를 열어 시간이 지나면 스스로 수입을 내도록 돕기 위한 비교적 소액의 자금 투입의 도움을 실질적으로 받을 수 있다. 이러한 과정을 일컬어 '마이크로펀딩(microfunding)'이라고 하며, 이것은 어떤 프로젝트를 크라우드소싱함으로써 할 수 있는 선행의 또 다른 예이다.

때로는 돈 대신 상품, 기술, 혹은 시간이 크라우드소싱된다. 어떤 커뮤니티는 일종의 거대한 교환 모임에서 필요 없는 물품을 교환하거나 재활용하는, 소위 프리사이클링 데이(freecycling day)[10]를 시작했다. 집단들은 한 영역에서의 그들의 전문성과 다른 누군가의 다른 영역에서의 전문성을 교환하는 교환 체계를 마련했다. 그 같은 경우 중앙집중화된 신용거래제도를 통해 누가 무엇을 하는지 계속 파악해서, 예를 들어, 누군가가 한 시간의 배관 작업이나 잔디 깎기 작업(이것은 커뮤니티 내의 다른 구성원에 의해 제공될 수 있음)과 같은 어떤 일의 대가로 그 커뮤니티 내의 다른 누군가에게 한 시간의 기타 레슨을 제공하게 할 수 있다. 자신의 2012년 영화 〈픽싱 더 퓨처(Fixing the Future)〉에서 전국 공영 라디오(NPR: National Public Radio)의 데이비드 브란카치오(David Brancaccio)는 이러한 종류의 제도들(지역 상권 연합, 커뮤니티 뱅킹, 노동 협동조합)이 실제로 어떻게 작동하는지 보기 위해 미국 전역을 여행했다. 그는 그것들이 일종의 크라우드소싱 형태로 전문성과 재능이 교환되는 교환소를 제공하는 것 외에도 그러한 과정의 모든 지점에서 상호작용과 대화를 요청함으로써 커뮤니티가 더 밀접해지게 만들 수 있다고 말했다. 커뮤니티 정원 가꾸기(정원의 크라우드소싱) 아이디어와 비슷하게 사람들이 협업할 때 새로운 연계가 뒤따라 생기고 커뮤니티가 유지될 가능성이 있다.

이와 같은 협업이 그러한 노력들을 조직하고 홍보하기 위해 인터넷과 컴퓨터화된 미디어와 모바일 미디어를 사용하지 않고 광범위한 성공을 거두는 것은 쉽게 상상할 수 없다. 흥미롭게도 크라우드소싱되는 활동이 인터넷을 통해 조직될 때 커뮤니티 내에서 대면 상호작용이 증가하는 것을 흔히 볼 수 있다. 이것은 인터넷 사용이 대면 상호작용과 긍정적인 상관관계에 있다는 연구 결과(7장에서 자세히 논의될 디지털 사회적 연결성에 관한 문헌의 핵심 연구 결과)와 맥을 같이 한다(Chayko, 2014 참조). 그러나 어떠한 사회과학적 연구 결과도 항상 매번 나타나는 것은 아니라는 점을 명심하라. 사회학 연구는 경향과 패턴을 발견하고 보고하지만, 어떤 특정한 개인이 어떻게 그리고 왜 어떤 일반적이고 전반

---

10 '프리사이클'은 공짜를 뜻하는 'free'와 재활용을 의미하는 'recycle'의 합성어로 "내가 버리는 물건이 누군가에게는 꼭 필요한 물건이 될 수 있다"는 모토에서 시작한 지역별 커뮤니티이다 — 옮긴이 주.

적인 패턴과 관련되어 있는지를 그 사람이 고려할 거라고 예상하는 방식으로 그 사람이 행동할 수도 있는 이유를 논할 수는 없다.

크라우드소싱은 인터넷상에서 사물을 공유하고자 하는 욕망의 표현으로서 지식과 자원을 온라인에서 공유하는 점점 더 흔하고 인기 있는 방법이 되었다. 웹과 소셜 미디어는 토론, 댓글, 대인적 응답, 평가를 구하기 때문에 그것들은 집단들에게 행위의 현장(venue), 즉 그들이 드러날 공간을 제공한다. 그 과정에서 이러한 집단들은 힘(즉, 돈을 모금하고 의식을 고취할 수단과 힘이 있는 자들에게 응수할 수 있는 발언권)을 얻을 수 있다(Korthaus and Dai, 2015).

좋아요 누르기와 팔로우하기, 그리고 좋아요 받기와 팔로우 받기

맑스가 예측했던 것처럼, 사람들이 웹에서 콘텐트와 데이터를 무료로 공유할 때, 그들은 착취당하는가? 그들은 서로 소원해지게 되는가? 즉, 그들 자신과 다른 사람에게서 인간성을 덜 느끼게 되는가? 혹은 디지털 기술이 현대 세계의 윤곽을 바꿔놓는 바람에 인터넷과 디지털 미디어 사용의 이로운 결과가 해로움보다 더 큰가?

온라인에 접속해 있을 때, 우리는 다른 유형의 경제, 즉 오직 금융에만 입각해 있지 않은 경제에 참여한다. 경영학 교수인 토머스 대번포트(Thomas Davenport)와 존 벡(John Beck)은 때로 '관심 경제(attention economy)'라 불리는 이러한 경제에서는 "관심이 실질 화폐"라고 설명한다(Davenport and Beck, 2001: 3). 관심을 기울이는 것이 비교적 드물어 그것을 몹시 원하는 환경에서는 관심이 통화 수단(monetary instrument)의 속성을 일부 띨 수 있다. 대번포트와 벡은 계속해서 "관심을 받고 있지 않는 사람은 관심받기를 원한다. 심지어 관심을 받고 있는 사람도 더 많은 관심을 원한다. … 사람들은 그들이 이미 가지고 있는 것을 지키고 확대하기 위해 노력한다"고 말한다(Davenport and Beck, 2001: 3).

온라인 관심(online attention)은 단순히 사진을 흘깃 보는 것이나 좀 더 적극적인 단계, 즉 좋아요를 누르거나 팔로우를 하거나 공유하거나 댓글을 다는 형태를 띨 수 있다. 그러나 관심은 또한 쌍방향적이다. 좋아요와 팔로우의 수가 늘어나는 것에 대한 답례로, 사람들은 좋아요와 팔로우를 되눌러줄 것으로 일반적으로 기대하는데, 물론 그것이 반드시 균등한 일대일 교환일 필요는 없다. 그들에 대한 관심의 대가로 다른 사람에게 관심을 주고 또한 좋아요 누르기, 즐겨찾기 지정하기(favoriting), 리트윗하기(retweeting), 혹은 다른 사람의 계정 팔로우하기를 통해 여러분이 그렇게 했다는 것을 증명하는 것이 소셜 미디어 예절이 되었다. 페이스북에서 다른 사람의 관심을 받고 있음을 보여주는 증거는 게시글에 달리는 좋아요나 댓글의 수, 트위터에서는 리트윗이나 팔로워(follower)의 수로 측정될 수 있다. 소셜 미디어에서 이루어지는 관계가 일방적이거나 호혜성이 결여되어 있는 것으로 확인될 때, 친구 삭제(unfriending)나 팔로우 중지(unfollowing)로 이어질 수 있다(Zevallos, 2011; 또한 Abidin, 2014 참조).

이것은 실제로 일종의 경제이다. 공유되는 무언가가 온라인에서 인정받을 때 관심이 쏠린다. 일종의 보상이 좋아요, 팔로우, 그리고 댓글 형태로 뒤따라온다. 심지어 사회적 연계, 일자리, 돈과 같은 좀 더 실체적인 보상이 뒤따라올 수도 있다. 인정, 신뢰, 행복, 자신이 특별하거나 사랑받고 있다는 감정과 같은 다른 보상은 실체적이지는 않지만, 그 영향은 상당할 수 있다. 반대로 만약 사람들은 자신의 기여가 무시된다면 마음의 상처나 거부감 혹은 소외감을 느낄 수 있다. 또다시 우리는 디지털 환경에서 인간의 욕구와 욕망이 표현되는 것을 깊이 들여다보고 있다.

온라인에서의 관심은 수확 체증의 법칙을 따른다. 즉, 관심을 더 많이 받으면 받을수록, 관심을 더 많이 받는 것이 더 쉬워진다. 가장 널리 알려진 유명인사들은 무엇을 하든 관심을 끈다. 실제로 그들에게는 파파라치(paparazzi)라 불리는 사진기자들이 따라다닌다. 그들에 대한 정보 욕구나 정보 시장이 존재하기 때문에 그 같은 정보가 더욱너 많이, 늘 생성된다. 그들은 무엇을 하든 계속해서 주목(좋아요와 팔로우)을 받는다. 그와 같은 경제에서 성공하기 위해서는 관심을 끄는 콘텐트를 만들어내거나 리믹스한 다음 폭발적인 관심이 발생하자마자 그것을 잽싸게 이용하는 것이 도움이 된다. 바로 이런 이유로 관심을 끄는 똑같은 토픽이 매스 미디어와 디지털 미디어에서 몇 번이고 반복해서 언급되는 것을 볼 수 있다(Davenport and Beck, 2002).

온라인 콘텐트의 소유권

사람들의 아이디어, 즉 때로 '지적 재산(intellectual property)'이라 불리는 것에 관한 한, 누가 무엇을 소유하고 있는지를 파악하는 것은 늘 다소 까다롭다. 어떤 사람이 쓰고 있거나 말하고 있는 것이 실제로 그 사람이 생각해낸 것임을 입증할 수 있을 경우에만 그 사람에게 출처 명시(credit)를 해줄 수 있고 또 어떤 경우 지불이 이루어질 수 있다. 그것은 디지털 미디어 시대에는 훨씬 더 복잡해진 복합적인 이슈이다.

생각, 말, 그리고 길이가 더 긴 창작물은 항상 어느 정도 여러 사람의 기여가 합쳐진 것이다. 우리는 일반적으로 우리를 형성해온 그러한 집단들이 그렇게 하도록 가르쳐준 방식으로 생각한다고 지식 사회학자인 칼 만하임(Karl Mannheim)은 설명한다. 만하임은 "오직 제한적인 의미에서 한 개인은 우리가 그것이 그의 표현 양식이고 생각의 양식이라고 여기는 것을 스스로 만들어낼 뿐이다. 그는 그가 속한 집단의 언어를 말하며, 그가 속한 집단이 생각하는 양식으로 생각한다"고 말했다(Mannheim, 1929/1960: 4).

예를 들면, 사람들은 생각을 구성할 때 자신이 속해 있는 집단의 언어를 사용할 수밖에 없다. 그들은 또한 태어날 때 속해 있는 집단과 이러한 집단이 구성원들에게 부여하는 세상을 바라보는 방식에 관한 한 선택의 여지가 없다. 사람들은 나중에는 더 많은 선택이 가능하지만, 생각과 표현 그리고 심지어 정서는 여전히 대체로 어떤 집단의 상징, 규범, 가치 및 문화의 동화에서 기인하는 무의식적인 과정이다. 사람들이 생각과 아이디어를 정리하는 방식이 그들 자신의 것이라고 말할 수도 있지만, 그것조차도 그들을 둘러싸고 있는 사람들의 영향을 크게 받은 것이다.

그러나 사람들은 다른 사람의 특정한 저작물과 작품을 자신의 것이라고 주장할 수 없다. 이것은 개인적 권한이 도를 넘은 것이다. '저작권(copyright)'법은 사람들이 창작물을 자신의 것으로 인정받고 어떤 경우 그것에 대한 대가를 지불받을 수 있도록 하기 위해 지적 재산권(intellectual property)을 규정한다. 저작권 개념은 실제로 미국 헌법 제1조 8항 8호에 나와 있는데, 이것은 미국인들에게 자신의 글과 발견물(discovery)에 대해 적어도 일정 기간 배타적 권리를 보장한다. 일반적인 개념과 생각(그리고 흥미롭게도 작품의 제목)은 저작권이 없고 따라서 '소유될' 수 없는 반면, 특정한 지적 기여는 법적 보호를 받는다. 그러나 특히 현대 미디어 환경에서 그와 같은 특정한 지적 기여를 따로 떼어내 수량화하기는 매우 어렵다.

공유 경제는 저작권 문제를 복잡하게 만들었다. 인터넷과 디지털 미디어의 많은 정보가 프로슘되고, 크라우드소싱되며, 리믹스되고 있다. 즉, 많은 정보가 때로는 큰 집단 속에서 생산자와 소비자에 의해 똑같이 협업적으로 만들어진다. 디지털 맥락에서 공유되거나 재구성되는 특정 저작자 정보에 대해 출처 인용을 하는 것이 어려울 수 있다. 정보가 디지털 방식으로 잘리고 붙여지며 출처 인용 없이 한 장소에서 다음 장소로 옮겨진다. 그러한 정보는 트윗, 밈, 위키, 블로그 댓글과 같은 수단을 통해 널리 퍼져나갈 수 있다. 어떤 사람들은 이러한 과정을 일상생활의 대화 주고받기와 본질적으로 다르지 않은 것으로 보는 반면, 다른 사람들은 그것을 공식적인 출판물과 공동체의 '이야기' 중간에 있는 어떤 것으로 간주한다. 어느 쪽이든 간에 그러한 정보는 규제하기가 매우 어렵다.

게다가 인터넷과 디지털 미디어 사용과 관련해 '무료 문화(culture of free)'가 생겨나기 시작했다. 18세의 기술 기업가인 숀 패닝(Shawn Fanning)에 의해 1999년에 시작된 무료 음악 공유 프로그램인 냅스터(Napster)는 즉각적이고도 폭발적인 하나의 인터넷 현상이었다. 이 프로그램 이용자들은 2년 동안 자신의 라이브러리(library)[11]에서 음악을 업로드한 다음 P2P(peer-to-peer) 파일 공유를 통해 다른 사람에게 무료로 전해줄 수 있었다. 그러나 음악인들은 이 시스템에서 음악 창작에 대한 대가를 지불받지 못했고, 음악 회사들은 강력히 맞섰다. 그들은 패닝, 냅스터, 그리고 자신의 컴퓨터에 음악 파일을 저장한 일부 냅스터 사용자들을 상대로 소송을 제기했다. 2001년, 법원은 냅스터가 저작권법을 위반했다고 판결했고 냅스터는 문을 닫았다.

그 후 다른 파일 공유 서비스들도 생겼다가 사라졌으며, 아이튠즈(iTunes)와 그 뒤에는 스포티파이(Spotify), 판도라(Pandora), 그리고 기타 음악 스트리밍 서비스들이 (비록 방식은 다르지만) 음악을 공유도 하고 비용도 지불할 수 있는 모델을 제공했다. 기술 작가(tech writer)인 클라이드 하버먼(Clyde Haberman)은 "그러나 한 가지는 분명했다. 무료 문화가 사라지지 않고 있었다"라고 분명히 말했다(Haberman, 2014). 개방형 정보 공유 환경은 미디어 사용자들 사이에서 매우 인기 있다는 것이 입증되었다. 사람들은 무료이거나 저렴한 음악, 정보, 그리고 온갖 종류의 서비스를 인터넷에서 찾을 수 있기를 기대하기 시작했다. 그리고 놀랄 것도 없이 미디어 및 기술 사업주들은 그런 생각에 저항했고 계속해서 저항하고 있다.

기술은 사람들이 인터넷과 소셜 미디어를 통해 콘텐트를 공유하고, 리믹스하고, 기여할 수 있는 온갖 종류의 수단을 제공할 수 있음을 입증했다. 결과적으로 미디어 회사와 음악 회사는 이윤과 존재 자체가 위협을 받았다. 그들은 새로운 환경에 적응하기보다 인터넷과 디지털 미디어에 의해 시작되어 가능해진 이러한 새로운 행위가 등장하기 이전부터 존재했던 저작권법을 들먹이며

---

11   다양한 위치의 콘텐트를 한 곳에 모아놓은 가상의 폴더 — 옮긴이 주.

자신들의 입장을 고수하면서 미디어 제작자들과의 싸움을 선택했고 심지어 그들을 고발하기까지 했다. 아람 신레이크는 그 결과를 두고 개인과 소기업뿐만 아니라 저작권 침해, 표현의 자유, 민주주의 자체에도 해를 초래할 수 있는 '저작권 침해 십자군 전쟁(piracy crusade)'이라 불렀는데, 왜냐하면 광범위한 기술 공유는 민주주의에 필수적이기 때문이다[12](Sinnreich, 2013; Volti, 2014: 17; 또한 Benkler, 2014 참조).

특히 인터넷이 사용될 때, '표절(plagiarism)', 즉 부정확하거나 불완전한 출처 표시나 승인받지 않은 퍼트림을 통해 아이디어를 도둑질하는 행위 또한 증가한다(Birch, 2011). 학생, 선생님, 작가, 미디어 창작자, 전문직 종사자들은 똑같이 어떤 정보의 출처를 정확하게 밝혀야 할지 그리고 밝힌다면 언제 어떻게 밝힐지를 두고 고심한다. 어떤 아이디어가 어디에서 처음 비롯되었는지를 판단하는 것이 불가능하지는 않지만 어려울 때가 가끔 있다. 또 어떤 때는 출처 명시 요구를 따르지 않은 것을 가리기 위한 수단으로 모호성을 사용하기도 한다. 이것은 매우 골치 아프고 뒤엉킨 이슈여서 어떤 사람은 디지털 시대 이전에 만들어진 저작권법이 창의성과 혁신을 억압하지 않도록 저작권법 개정이나 폐지가 필요할 수도 있다고 주장했다(Benkler, 2014; Lessig, 2008; Sinnreich, 2013 참조).

이러한 점을 알리기 위해 법학 교수인 로렌스 레시그(Lawrence Lessig)와 그의 협업자들은 2001년 크리에이티브 커먼즈(Creative Commons)라는 비영리 조직을 만들어 사람과 조직이 저작권법에 대해 통제력을 가지고 싶어 하는 정도라는 측면에서 유연성을 발휘할 수 있게 해주었다(Plotkin, 2002). 창작자들은 크리에이티브 커먼즈 라이선스(license)를 사용해 자신들의 저작권 일부를 포기할 수 있고 또 이 점을 분명하게 말할 수 있다. 그것은 창작물이 자유롭게 생산되고, 소비되고, 배포되며, 또한 마음대로 리믹스되거나 용도 변경(repurpose) 될 수

---

12 정보 기술의 발전과 그에 따른 자유로운 정보 이용은 민주주의 발전에 매우 중요하다 ― 옮긴이 주.

있는 '공적 영역(public domain)'이 확대되는 데 일조한 것으로 인정되어왔다. 그러나 비평가들은 저작권에 대해 이런 식으로 생각하는 것은 그러한 시스템의 남용과 저작권법의 변화를 야기해 예술가들이 창작물에 대해 적절하게 보상받지 못하게 하는 결과를 초래할 수도 있다고 우려한다.

미래에는 저작권법이 제한된 힘을 가지거나 형태를 근본적으로 바꿀 수도 있고, 또 표절의 개념이 극적으로 새롭게 바뀔 수도 있다. 그러나 당분간, 출처가 트윗이건 페이스북 게시글이건 동영상이건 위키이건 블로그 게시글이나 댓글이건 혹은 구어이건, 지적 재산권의 출처를 알려주고 그것을 적절하게 인용하기 위해 노력할 책임은 저작물을 인용을 하거나 다른 말로 바꾸어 표현하는 사람들에게 있다. 이것은 콘텐트 창작자가 콘텐트에 대해 완전한 공적을 인정받도록 보장해주며, 저작물의 출처가 정확하고 합법적으로 제시되고 있고 따라서 그것이 더 믿을 수 있고 더 평판이 좋을 가능성이 있는 저작물임을 독자들이 알 수 있게 해준다.

정보를 배포하고 출판하는 권한

다양한 형태로 공유되면서 프로슘되는 콘텐트의 상시적인 유통은 정보의 배포와 출판에 많은 변화를 불러일으켰다. 한때는 인쇄된 정보를 배포하려면 일반적으로 그것을 손으로 베껴 써야 했다. 21세기 중반에도 신문 지면을 등사하거나 복사해야 할 수도 있을 텐데, 그렇게 하면 비용이 급격히 올라갈 수 있다. 그럼에도 팸플릿, 뉴스레터, 소규모 잡지(흔히 시장이 작은 언더그라운드 잡지와 대안 잡지)는 이런 방식으로 제작되며 사람 손으로 배포되거나 이메일을 통해 배포된다. 좀 더 규모가 큰 제작과 배포는 일반적으로 출판업자, 즉 저작물의 출판 가치를 평가한 다음 그것을 출판하고 때로는 판촉하는 사람을 필요로 한다. 꽤 최근까지 저작물의 대량 출판과 대량 소비에 엄청난 권한을 행사했던 출판업자를 통하지 않고서 저작물을 대규모로 출판하고 이용할 수 있는 방법은 없었다.

마찬가지로 한때 음성 및 영상 제품을 대규모로 제작하고 배포하려면 공식적인 비즈니스 서비스가 필요했다. 음악가와 영화 제작자는 작품을 독자적으로 녹음/녹화하고 제작할 수 있었지만, 그렇게 하는 데 필요한 장비와 기술을 구입하기 위해서는, 특히 고품질의 결과물을 얻고자 할 경우, 꽤 많은 돈이 필요했을 것이다. 그리고 그와 같은 제품을 널리 배포하는 것은 말할 필요도 없고, 그것을 다른 사람이 이용할 수 있게 하는 것은 훨씬 더 어려웠다. 적절한 장비로 음악을 다운로드하거나 스트리밍하는 것 같은 것은 없었다: 음성 스트리밍을 가능하게 해주는 MP3 파일은 1991년이 되어서야 발명되었고, 최초의 MP3 플레이어는 1997년 말이 되어서야 이용 가능했다(McCormick, 2009).

인터넷, 디지털 및 모바일 미디어 기술, 플랫폼, 앱이 널리 보급되면서 이 모든 것이 변했다. 이제 멀티미디어 콘텐트를 제작해서 잠재적으로 많은 수용자에게 배포할 수 있게 됨으로 인해 텍스트, 음성, 영상은 일상의 이용자들 손에 맡겨져 있다. 이러한 많은 플랫폼(소셜 미디어, 블로그, 웹사이트, 음악 제작 및 영상 공유 사이트)은 속성상 자작(do-it-yourself)이며, 제작 수단도 무료이거나 저렴하며 그것을 이해하고 사용하는 것도 비교적 쉽다. 이것을 할 수 있는 사람들의 능력에는 차이가 있어서, 어떤 사람은 다른 사람보다 더 능숙하거나 혹은 더 많은 자원과 자본을 가지고 있다. 그러나 독립 예술가이자 기업가로서 이러한 종류의 창작 활동에 참여하고 그것을 공유할 수 있는 가능성이 이제 풍부하게 존재한다.

심지어 책도 한때 그랬던 것보다 더 쉽게 그리고 훨씬 더 저렴한 가격으로 출판되어 배포될 수 있다. (전자책처럼) 전자적으로 책이 출판되고, 배포되며, 소비되게 해주는 기술이 현재 이용 가능하다. 자기 출판은 상대적으로 저렴하며, 출판물에 빨리 접근할 수 있게 해주는데 심지어 어떤 경우에는 수익성 있는 전통적인 출판 계약으로 이어지기도 한다. 그러나 이것 역시 모든 사람에게 똑같이 쉬운 일은 아니며, 따라서 그것이 모든 사람에게 좀 더 공식화된, 출판 양식에 대한 실현 가능한 대안은 아니다.

저널리즘을 포함해 창작물을 제작하는 것과 관련된 모든 산업이 그랬던 것처럼, 출판 산업과 음악 산업은 이러한 모든 것의 영향을 상당히 많이 받았다. 제작 및 배포를 큰 회사에 의존하는 것이 더 이상 필요치 않기 때문에, 많은 경우 이러한 산업들은 그들의 힘, 이윤, 그리고 존재 자체가 위협받거나 위축되는 것을 지켜보았다. 많은 사람이 이러한 산업들 자체가 더 이상 필요하지 않다고 생각한다. 그럼에도 이러한 산업은 작가, 미술가, 음악인들이 전문성 있고 평판이 좋은 제작물을 만들어내도록 도와주고 또한 심지어 가장 자원이 풍부한 독립 제작자에게도 매우 어려울 수 있는 방식으로 작품을 판촉해주는 등 여러 방식으로 그들을 지원해줄 수 있다.

이러한 인터넷이 야기한 변화로 인해 개방형 소스 출판(open source publishing)이 증가해왔다. 상당수의 제작물이 온라인으로 배포되기 때문에 잡지나 신문을 출판하는 비용이 줄어듦에 따라, 그러한 비용을 더 이상 소비자들에게 전가할 필요가 없어졌다. 부분적으로는 크리에이티브 커먼스 라이선싱과 웹 기반 콘텐트의 쉽고 저렴한 구성과 출판을 가능하게 해주는 기술 향상 때문에 출판이 독립 작가와 기고자들에게 개방되었다.

제작물에 대한 개방형 접근(open access)을 제공하는 개방형 소스 출판을 통해 이제 여러 다른 플랫폼으로 자료를 인터넷상에 무료로 혹은 저렴하게 출판할 수 있다. 많은 사람이 이것을 창작물을 만들어내고, 출판하며, 수용자를 찾을 수 있도록 해주는 긍정적인 조치로 환영한다. 물론 대대적인 교열과 저작권 승인, 사실 확인, 깔끔한 제작, 광범위한 판촉 등과 같이 좀 더 전문적으로 제작물을 보장해줄 수 있는 전통적인 출판회사가 제공하는 많은 서비스를 요구하는 사람들에게 그것은 인기가 높지 않다. 훈련받지 않은 시민이 저널리스트와 뉴스 배포자 역할을 상당 정도 떠맡기 시작했고 '게이트키퍼(gatekeeper)'가 없는 소셜 미디어상에서 정보를 공유하고 출판할 수 있기 때문에 전문적인 저널리즘과 뉴스 배포가 극적으로 변했다(이것에 대해 더 자세한 것은 5장 및 8장 참조). 또한 개방형 소스 출판으로 인해 많은 회사의 이윤이 감소하게 되었으며 바로 그런 이유에서 개방형 소스 출판은 회사들에게도 역시 인기가 없다. 전통적인 출판 모델과 더 새로운 출판 모델 간의 싸움은 분명 당분간 계속될 것이다.

수직적, 혹은 비대칭적 감시

디지털 맥락에서 사람들이 점점 더 서로 접근할 수 있고 또 서로를 볼 수 있게 됨에 따라, 온라인 '감시(surveillance)'는 불변의 현실이 되었다. 온라인 감시는 인터넷을 사용해 누군가의 행동을 추적하거나 모니터할 때 발생한다. 사람, 조직, 그리고 정부는 교묘하게 (그리고 그다지 교묘하지 않게) 온라인상에서 사람들의 존재를 관찰한다(Holtzman, 2006; Lyon, 2007; Marwick, 2012; Nippert-Eng, 2010; Nissenbaum, 2009; O'Harrow, 2006; Raab and Mason, 2004; Solove, 2004). 이러한 과정을 통해 수집되는 개인 정보가 상업적 목적에서 정치적 목적 그리고 법적 목적에 이르기까지 다양하게 일상적으로 채굴되고(mine) 수집되고 공유되며 판매된다.

정부나 기업이 모든 주민의 행동에 영향을 미치거나 그들의 행동을 관리하거나 보호하거나 지시할 때처럼 매우 위계적인 권력 구조가 관여될 때, 감시는 비대칭적이거나 '수직적인(vertical)' 것으로 간주된다(Lyon, 2007: 14; Marwick, 2012: 381; Tokunaga, 2011). 많은 경우, 감시당하는 사람은 그들이 감시당하고 있다는 것을 모르거나 그러한 활동이 만연해 있고 상시적이라는 것을 모를 수도 있다. 권력 구조가 비대칭적이고 그들에게 호의적이지 않기 때문에, 그들은 그러한 감시에 저항할 수단을 가지고 있다고 생각하지 않을 수도 있다.

정부는 흔히 일부 시민이 그들의 자유를 침해당하는 것으로 느낄 정도로 개인의 행동을 살펴보고 조사할 상당한 자유를 가진다. 주민 보호 임무를 띠고 있는 권력자들은 흔히 이러한 책임을 내세워 감시를 정당화한다. 1986년 전자 커뮤니케이션즈 프라이버시법(Electronic Communications Privacy Act of 1986)은 정부의 전화 도청 금지를 확대해 컴퓨터도 포함했고, 9·11 테러로 인해 제정된 2001년 애국자법(PATRIOT Act)은 국가 안전이라는 명목하에 시민을 영장 없는 도청과 전화 기록과 같은 데이터 압수에 내모는 이러한 보호제도를 크게 축소했다. 2008년 해외 정보 감시법(Foreign Intelligence Surveillance Act)은 미국 정부가 외국에서 영장 없이 도청할 수 있도록 권한을 확대해주었다. 이러한 법들은 분명 논란이 될 것이고 시간이 흐르면서 수정되겠지만, 다음과 같은 질문은 반드시 제기되고 또 계속 반복될 것이다: 이러한 종류의 활동이 적절하게 보호되는 활동에서 시민의 권리를 비민주적으로 침해하고 시민의 권리에 위배되는 활동으로 언제 바뀌는가?

디지털 기술은 현대의 감시 행위의 본질을 이루고 있다. 사람들이 온라인에 접속해 있을 때 온라인 행동 및 선호도와 관련 있는 데이터는 집요하게 추적된다. 습관과 행동이 포착되고 개인의 선호도와 라이프스타일의 윤곽이 드러난다. 전화는 도청되거나 심지어 꺼져 있을 때도 마이크 역할을 하며 가까이에서 이루어지는 대화를 전송함으로써 정보를 원격 전달할 수 있다. GPS 시스템은 사람들의 위치 역시 추적할 수 있으며, 어떤 경우 사람들이 알지 못하는 상태에서 심지어 영장 없이 그들의 차 안에 설치되기도 한다(Claburn, 2009).

감시는 긍정적일 수도 있다. 흔히 스마트폰을 통해 위치를 원격 추적할 수 있기 때문에, 감시는 갇혀 있거나 실종된 사람의 구조를 도울 수 있다. 감시는 사람들의 삶에 새로운 정보를 제안하거나 새로운 사람을 소개할 수 있다. 그리고 감시를 통해 추적되고 수집된 정보는 사람들을 침입, 공격, 혹은 범죄로부터 막아줌으로써 사람들을 더 안전하게 해줄 수 있다.

온라인에 접속할 때 사람들은 그들이 정확히 어떤 사이트를 얼마나 오랫동안 방문했는지, 그리고 많은 경우 어떤 목적에서 방문했는지를 보여주는 [쿠키

(cookie)'라고 부르는) 데이터 자국을 남긴다. 사람들은 또한 게시글, 이메일, 문자 메시지를 통해서도 자신에 대한 많은 것을 공개하는데, 그것들 가운데 거의 모든 것이 추적 가능하고 보관 가능하다. 많은 고용주(일부 추청에 따르면 50%)가 고용인의 온라인 행동을 모니터하며 그들의 이메일을 읽는다(Chayko, 2008: 132). 많은 미래의 고용주와 학교가 잠재적인 고용인과 학생에 대한 정보를 검색하거나 공개적으로 이용 가능한 소셜 미디어 계정을 조사함으로써 그들의 평판을 체크한다.

일부 조직은 이러한 정보를 찾아내거나 '채굴'하며 그러한 정보를 사용해 사람들이 사거나 하고 싶어 하는 것을 추론하거나 심지어 사람들이 어떤 사람이 '되고' 싶어 하는지를 추론하는 일을 전문으로 한다. 이것을 일컬어 '데이터 마이닝(data mining)'이라고 하며, 우리가 온라인에 접속해 있을 때 항상 데이터 마이닝이 일어날 수 있으며 일어날 가능성이 있다는 것을 기억하는 것은 중요하다. 데이터 마이닝을 할 때, 어떤 사람이나 조직의 행동에 대한 세부사항이나 패턴을 알아내기 위해 좀 더 많은 양의 정보로부터 정보가 추출된다('채굴된다'). 많은 데이터 마이닝이 사람들의 분명한 허락 없이 혹은 심지어 사람들의 의식적인 자각 없이 이루어지기 때문에 이것은 프라이버시가 곤경에 처하게 되는 결과를 초래할 수 있다. 때때로 허락을 받을 수도 있지만, 이것은 꽤 복잡한 '합의 조건' 속에서 이루어지기 때문에 사람들은 읽지 않거나 이해하지 못할 수도 있고 혹은 합의 조건이 계속해서 변할 수도 있다.

일부 회사는 오직 이러한 종류의 데이터 마이닝, 데이터 집계(aggregation), 데이터 분석을 하기 위해 존재한다. 다른 경우는 페이스북과 구글 같은 미디어 조직이 사람들이 해당 사이트를 이용할 때 데이터를 채굴하고 수집하여 집계한 다음, 이러한 정보를 광고주와 거대한 데이터베이스에 그러한 정보를 수집하는 데이터 마이닝 회사에 판매한다(Marwick, 2012: 1 참조). 때로는 정부와 경찰이 소셜 미디어 회사에게 이러한 정보를 직접 요구할 수도 있다. 최근에는 "특정 대상을 겨냥한 광고를 위해 개인 데이터를 수집하고, 집계하며, 활용하는 것이 허용되는 사회적 규범이 되었다"(Young and Quan-Haase, 2013).

사람들이 인터넷상의 정보의 정확한 위치를 찾아내기 위해 사용하는 '검색 엔진(search engine)'은 데이터 마이닝이 꽤 효율적으로 이루어질 수 있게 해준다. 지금까지는 구글이 가장 인기 있는 검색 엔진으로, 웹 검색의 65% 이상이 구글을 사용해 이루어지고 있다. 사용되는 순위로 본 다른 검색 엔진으로는 중국의 바이두(Baidu), 야후(Yahoo), 러시아의 얀덱스(Yandex), 마이크로소프트(Microsoft)가 있다. 이 글을 쓰고 있는 지금, 이들 검색 엔진 각각을 사용해 검색되는 비율은 10% 미만이다. 검색 엔진은 알고리즘을 활용하여 정보를 자세히 살펴보고 걸러내고 구성한 후, 검색자에게 보여준다. 이러한 알고리즘은 컴퓨터화된 시스템 안에 프로그램되어 있는 디지털화된 명령의 집합들로 구성되며, 패턴을 인식하고 이를 바탕으로 데이터를 채굴하고 수집할 수 있다. 그러한 결과는 온라인 검색이 가져다주는 것, 사용자가 웹을 항해할 때 노출되는 것, 그리고 정보가 소셜 미디어 피드(feed)에 표시되는 것에 영향을 미칠 수 있다.

구글은 웹이 검색되고 있는 동안에 사용자에게 검색 결과를 제공하는 것과 동시에 웹 콘텐트의 상당 부분을 저장하고, 캐시(cache)[13]에 복사되며, 아카이브(archive)에 보관한다. 구글은 회사들이 자사의 검색 결과 순위를 높일 수 있는 능력을 판매한다. 애플, 마이크로소프트, 페이스북, 야후, 그리고 기타 주요 기술 회사들 역시 그들의 플랫폼으로 흘러 들어오는 데이터를 채굴하는 것을 허용하며, 어떤 경우에는 마이닝에 참여하기도 한다. 그 결과, 인터넷에서 이루어지는 거의 모든 것이 추적되고 분석되고 저장된 다음, 다양한 목적에 사용된다(Cobb, 2012; Chen, Pavlov, Berkhin, Seetharaman and Meltzer, 2009; Sengupta, 2012).

일단 채굴되어 발견된 정보는 법 집행기관, 정부, 해커, 고용주, 미래의 고용

---

13   컴퓨터 과학에서 데이터나 값을 미리 복사해놓은 임시 장소를 가리킨다 - 옮긴이 주.

주에 의해 여러 가지 방식으로 사용될 수 있다. 여러분은 무언가를 구입할 수 있을 것 같지 않은 사람으로 프로필이 등록되어 있기 때문에 여러분의 신용거래 요청이 거부될 수 있다. 광고되는 상품을 구매할 가능성이 있는 사람으로 확인되었기 때문에 광고가 여러분을 겨냥할 수 있다. 여러분이 어떤 틈새 집단(niche)〔예를 들어, '사회적으로 진보적인 유기농 식품 섭취자' 혹은 '생활고에 시달리는 미혼 도시 거주자(single city struggler)'〕으로 분류되어 있다면, 여러분에게 어필하기 위해 맞춤화된 광고가 인터넷의 이 페이지 저 페이지에서 여러분을 따라다닌다. 이제 광고주들은 사람들의 인터넷 경험에 영향을 줄 수 있는 엄청난 힘을 지니고 있다(Turow, 2013).

온라인에서 이루어지는 많은 서비스를 이용하기 위해서는 반드시 데이터를 제공해야 한다. 개인 정보는 진정 '새로운 유형의 통화(通貨)'이다(Madden, Cortesi, Gasser, Lenhart and Duggan, 2012). 그러나 사람들은 인터넷을 사용하는 동안 매우 자주 몰입하고 열중하는 상태에 빠지기 때문에 이것을 쉽게 잊는다. 그리고 분명 아주 어린 디지털 기술 사용자들을 포함해 많은 사람이 온라인에 접속해 있을 때 자신이 거의 상시적으로 감시당하고 있다는 사실을 알지 못한다.

사생활을 훨씬 더 많이 침해하는 디지털 감시 기술이 개발되어 빠른 속도로 배치되고 있다. 이러한 기술은 현재 피부 속에 심는 칩 형태로도 가능해져 사람들의 위치를 추적하고 그러한 위치 정보를 다른 사람에게 보낼 수 있다. 쌀알 크기만큼 작은 이러한 칩은 온갖 종류의 데이터를 저장하고 정부나 고용주가 '칩이 심어져 있는' 사람의 소재와 다른 특성을 추적할 수 있게 해주는데, 이것은 긍정적인 효과도 초래하고 부정적인 효과도 초래한다. 피부에 심어 넣을 수 있는 칩은 인명을 구조하는 의료 정보를 저장하고, 납치당하거나 실종된 사람을 찾는 데 도움을 주며, 참사를 당한 시신을 확인할 수 있다.

몇몇 회사는 높은 수준의 기밀 정보 사용 허가를 받은 사람과 같은 일부 고용인에게 칩을 심을 것을 요구하기 시작했다. 스페인 바르셀로나에 있는 한 해변 클럽은 파티 참가자들이 "출입 문지기와 출입선을 거침없이 지나 마술처럼 VIP 라운지로 통하는 문을 열고 현금이나 신용카드 없이 음료수 값을 지불할 수" 있도록 그들에게 칩을 심어주기까지 했다(Lewan, 2007). 이제 제거하기 어려운 칩을 심은 개인들이 스캔될(scan) 수 있다. 그러나 몸에 심은 칩이 고용주, 정부, 혹은 어떤 권력자가 사람들의 소재와 그들이 하고 있는 일을 추적하고 사생활을 침해하고 심지어 불법적인 방식으로 매우 사적인 정보를 수집할 수 있게 할 거라는 것은 현실적인 우려이다(Hilden, 2002).

사람들은 또한 '드론(drone)'이라 불리는 원격 조정 비행체에 의해서도 감시된다. 클 수도 있고 작을 수도 있는 드론은 오락에서부터 영상 녹화와 전투에 이르는 다양한 목적에 사용되며, 점차 감시용으로도 사용되고 있다. 드론에는 카메라와 물리적 장벽 뒤의 물체를 탐지해서 인간 조종사의 관여 없이 조심스럽게 감시 기능을 수행할 수 있는 전자기 센서(electromagnetic sensor)가 장착될 수 있다. 많은 경우, 드론이 닫힌 문 뒤에서 아마도 여러분이나 다른 사람이 하고 있는 것에 관한 정보를 수집하면서 어떤 특정한 시간에 여러분 머리 위에서 날고 있는지를 아는 것은 불가능하다.

알고리즘과 스마트폰 및 GPS 기술의 원격 사용이 그러하듯이, 감시도 눈에 띄지 않게 그리고 예상하지 못할 수도 있는 상황에서 발생할 수 있다. 감시는 그것이 보호해줄 수 있는 만큼이나 쉽고 교묘하게 침입할 수 있으며, 인간의 몸이나 개인 거주지처럼 한때는 사적이고 들어갈 수 없는 곳으로 간주되었던 공간을 더욱더 침범하고 있다.

사람과 사회가 수직적 감시에 어떻게 대응하는지, 즉 그들이 그것을 받아들이는지 아니면 그것에 저항하는지는 미래에 매우 중요한 영향을 미칠 것이다. 몇몇 조직은 디지털 시민권(digital civil right)을 지속적으로 옹호한다. 전자 프런티어 재단(Electronic Frontier Foundation)은 1990년부터 부당하고 비민주적인 것으로 간주되는 방식으로 그들의 기술 사용이 공격당하는 사람들을 지키기 위해 노력하면서 인터넷 시민 자유(Internet civil liberty)를 위해 싸워왔다. 1994년

에는 민주주의와 기술 센터(Center for Democracy and Technology)가 표현의 자유
와 프라이버시 같은 이슈에 관한 국가 정책에 영향을 미칠 목적으로 설립되었
다. 1985년에 설립된 무료 소프트웨어 재단(Free Software Foundation)은 무료 컴
퓨터 소프트웨어 제작·배포·수정을 지원한다. 이러한 목적은 많은 사람의 참
여를 배제하는 비용이나 지나치게 상황을 복잡하게 만드는 요소 없이 무료로
그리고 공개적으로 아이디어와 정보가 공유되고 이용될 수 있는 방법을 권
장하고, 고안해내며, 가능하게 하는 개방형 소스 운동에 참여하는 많은 사람
에 의해 공유되고 있다. 이러한 노력과 이와 유사한 많은 노력의 결과로, 사람
들이 인터넷상의 감시 활동을 알고 또 어떤 경우에는 그것에 이의를 제기하는
것이 가능하거나 심지어 그러한 감시를 하고 있는 사람을 감시하는 것도 가능
하다.

수평적, 혹은 사회적 감시

소셜 미디어 사이트는 사람들이 다른 사람의 동정을 쉽게 살펴볼 수 있도록 설
계된다. 사용자들은 뉴스 피드나 타임라인(timeline)을 팔로우하며 서로에 대해
많은 것을 알게 된다. 그들은 동료 게시자와 많은 공통점을 가지고 있다고 느
낄 수도 있으며 심지어 그들을 꽤 잘 알아가고 있다고 느낄 수도 있다. 바쁜 일
상을 사는 다른 사람을 엿보고 그것에 대해 온라인에 글을 올리는 것은 일상다
반사로, "보기(seeing)와 보이기(being seen)라는 … 기본적인 목적에" 부합한다
고 사회학자이자 소셜 네트워크 전문가인 던컨 와츠(Duncan Watts)는 말한다
(Cassidy, 2006: 54에서 재인용).

　이러한 행동은 때로 응시(凝視; gazing), 잠행(潛行; creeping), 관음증(voyeurism)
으로 묘사되거나 혹은 극단적인 범죄로 이어질 경우 스토킹(stalking)으로 묘사
되지만, 이것은 실제로 또 다른 종류의 감시이다. 이러한 종류의 감시는 좀 더

힘이 센 누군가가 하는 감시가 아닌 좀 더 '수평적인(horizontal)' 감시이다. 사회학자 앨리스 마윅(Alice Marwick)의 말을 빌리면, 이것은 '사회적 감시(social surveillance)'이며 온라인 경험의 일상적이자 예상되는 측면이다. 마윅이 인터뷰한 사람 가운데 한 사람이 말했듯이, 온라인에서 다른 사람이 하고 있는 것을 보는 것은 "더 이상 누군가에게 진정으로 이상한 짓이 아니다"(Marwick, 2012: 378~379).

마윅이 지적하듯이, 온라인 커뮤니티는 타인을 주시하는 것과 자신이 주시당하고 있다는 것에 대한 고도의 인식 모두로 특징지어진다(Marwick, 2012: 379). 사람들은 일반적으로 자신의 콘텐트를 누군가가 볼 수도 있다는 것과 소셜 미디어 사이트에 접속해 있을 때 누군가가 실제로 그들을 주시하고 있다는 것을 안다. 그들은 주시당하는 것을 온라인 경험의 일부로 여긴다. 그들은 게시하는 콘텐트를 그것을 볼 거라고 믿는 특정한 수용자나 특별한 타자에게 맞출 수도 있는데(혹은 맞추지 않을 수도 있음), 그럼으로써 그러한 콘텐트를 사회적 감시가 이루어질 지식으로 구성한다.

어떤 사람은 타인을 주시하는 경험을 감시 행위로 보기보다는 정서적 관여의 지표로 본다. 오랫동안 블로그 활동을 해온 레베카 블러드(Rebecca Blood)는 사람들이 블로그를 할 때 교환되는 것은 값싼 관음증적인 곁눈질이 아니라 진짜 정서라고 말한다. "'주시하기' 위해 블로그를 팔로우하는 사람이 일부 있을 수도 있지만, 다른 많은 사람은 진정으로 블로거의 생활에 관심을 가지게 된다. 독자들은 관심 있는 주제에 대해 읽기 위해 블로그를 여러 차례 방문할 것이며, 수 주 그리고 수개월에 걸쳐 조금씩 서서히 작가의 일상생활에 투자하게 된다"고 그녀는 말한다(Chayko, 2008: 177에서 재인용). 심지어 온라인에서 단지 눈팅(lurking)만 할 때도 사람들은 깊이 그리고 의미 있는 방식으로 다른 사람과 관계를 맺을 수 있다.

(정보를 제시하고 보는 것에 대한) 사회적 감시 경험은 비교적 동등한 수준의 권력을 가진 사람들 간의 정보 교환이기 때문에 수직적 감시와 다소 다르다. 물

론 사회적 감시에서도 불평등이 없는 것은 아니다. 사람들이 관계에서 차지하는 권력은 동등하지 않으며, 이러한 역학은 온라인과 오프라인 상호작용 모두에서 관찰된다. 인종, 젠더, 나이, 성적 지향성, 그리고 다른 종류의 사회적 지위와 관련된 권력 차이 역시, 오프라인에서의 그러한 차이의 역학을 반영하면서, 이러한 관계들 속에서도 나타난다.

아마 수평적 감시와 수직적 감시의 가장 큰 차이는 관계의 호혜성의 크기와 유형 그리고 호혜성에 대한 기대에 있을 것이다. 사람들은 흔히 콘텐츠를 생산할 때 다른 사람이 그것을 보고, 좋아하고, 그것에 호의적인 댓글을 달아주며, 그리고 어쩌면 심지어 다른 사람의 콘텐츠에 영감을 줄 수 있기를 바란다. 따라서 사람들은 관심 경제를 만들어내고 관심 경제 속에서 사는 동안 서로의 콘텐츠를 소비하고 거기에 댓글을 달며 서로에게 지속적인 관심을 기울이면서 서로에 대한 일종의 적극적인 감시를 수행하고 있다. 이러한 모든 활동은 사회적 연계와 네트워크 그리고 커뮤니티의 상시적인 형성으로 이어지는데, 이것은 대인 관계를 유지하고 굳게 다지며 사람들이 서로 더 가까워지게 하는 데 도움이 된다. 동시에 사회적 비대칭성과 불평등 또한 강조된다.

거의 항상 서로에게 시간을 내어줄 수 있을 것으로 기대되는 환경 속에서 사람들은 서로를 더 자주 확인하는 경향을 띠게 될 수 있다. 친구와 파트너(연인 관계이든 아니든)는 기술적으로 서로를 계속 지켜볼 수 있으며, 부모는 자녀를 모니터할 수 있다. 심지어 컴퓨터에 몰래 설치되어 모든 움직임과 키 누름(keystroke)을 설치자에게 알려주는 스파이웨어(spyware) 소프트웨어를 구입하는 것도 가능하다. 이것의 윤리성은 뒤얽혀 있고 복잡하다. 부모는 자녀를 안전하게 지키기 위해 그들을 감시해야 하는가? 감시해야 한다면 어느 정도 감시해야 하는가? 이것은 어른들에게 언제든지 허용될 수 있는가? 허용된다면 언제 허용되는가? 서로를 어느 정도로 확인하면 지나친(즉, 숨 막히게 하거나 부당하거나 불법적인) 것인가? 우리는 사람들이 감시(수평적 감시와 수직적 감시)에 익숙해져서 개인의 프라이버시가 불필요하게 되는 사회를 만들어내고 있는가?

프라이버시는 어느 정도로 보호되고, 어느 정도로 소중히 여겨져야 하는가?

사회적 감시는 또한 서로 매우 다른 수용자들이 온라인에서 서로의 콘텐트를 보고 상호작용할 때 발생하는 복잡성과 오해를 불러일으킬 수 있다. 소셜 미디어 수용자가, 예를 들어 가족과 직장 동료로 구성될 때, 두 맥락 모두에 적절하지 않은 정보가 무심코 공유되어 아마도 갈등이나 문제를 야기할 수도 있다. 어떤 사람은 상사가 볼 수 있다는 사실을 잊거나 깨닫지 못한 채 일에 대해 불평할 수도 있다. 동료에게만 보여주기로 한 부적절한 행동의 증거를 부모나 미래의 고용주가 볼 수도 있다. 같은 소셜 미디어에 있는 두 명 이상의 수용자나 일반인들이 사실상 서로 '뒤섞이거나' '붕괴되어' 그들을 서로 떼어놓는 것이 어려워질 때, 그것을 일컬어 '맥락 붕괴(context collapse)'라고 한다(Marwick and boyd, 2011).

기술은 '공적' 맥락과 '사적' 맥락 간의 경계와 '근무 중'과 '비번' 같이 이전에는 엄격하게 구분되던 범주들 간의 경계와 같은 모든 종류의 맥락들의 경계가 흐릿해지게 만든다(Nippert-Eng, 1996). 이러한 맥락들 내에는 '사회적 역할(social role)'이 존재하는데, 사회적 역할은 '사회적 지위(social status)', 즉 우리가 속해 있는 여러 집단 내에서 우리의 위치에 수반되는 기대되는 행동을 말한다. 예를 들어, 여러분의 사회적 지위 가운데 하나는 학생의 지위일 수도 있다. 학생의 지위는 다음과 같은 역할이나 행동을 수반할 수 있다: 공부하기, 수업듣기, 어쩌면 금요일 밤에 친구와 재미있는 시간 보내기. 학생들은 다른 수용자가 그러한 콘텐트 모두를 볼 수도 있다는 사실을 잊어버린 채 (혹은 정확히 처리하는 방법을 알지 못한 채) 소셜 미디어에 이러한 행동 각각과 관련되어 있는 콘텐트를 게시할 수도 있다. 선생님이 수업을 싫어하는 것과 관련된 게시글을 볼 수도 있다. 부모가 금요일 밤의 파티에 관한 게시글을 볼 수도 있다. 다른 맥락들이 겹치거나 붕괴하면서 다른 수용자가 온라인상의 동일한 콘텐트를 볼 수도 있다.

온라인과 소셜 미디어상의 콘텐트를 공유하는 것은 곧 많은 수용자와 소통하는 것인데, 이들 가운데 일부는 아는 사람이고 또 일부는 모르는 사람이다. 사람들은 아는 사람과 모르는 사람이 서로 다른 물리적 공간으로 깔끔하게 분리될 때는 이러한 서로 다른 수용자에게 서로 다른 어조와 태도를 사용할 수도 있을 것이다. 온라인에서는 이렇게 하기가 더 어렵다. 사람들은 누가 온라인에서 누군가의 콘텐트를 어떤 특정한 시간에 보고 있는지 정확히 모를 수 있다. 개인 정보 보호 설정을 통해 게시된 것을 볼 수 있는 사람을 제한할 수 있다 하더라도 그리고 수용자들이 서로 다른 소셜 서클(social circle), 즉 사회적 원[14]에 분리되어 있는 상태를 신중하게 유지하고 있다 하더라도, 콘텐트는 그럼에도 여전히 재게시되거나, 리트윗되거나, 뜻하지 않게 전달되거나, 혹은 사람들의 어깨 너머에 있는 스크린을 통해 보일 수 있다. 일단 디지털화되고 나면 정확히 누가 정보를 볼 수 있을지 알 수 있는 방법은 없다. 그리고 보이드(danah boyd) 및 히어(Jeffrey Heer)가 말한 대로, 사용자들이 "어떤 특정한 시점에 그들의 수용자를 감지할" 수는 있다고 할지라도, "그 후에 누가 그들의 표현에 접근할지 그들은 전혀 알지 못한다"(boyd and Heer, 2006).

결과적으로 신상 공개로 이어지는 결정을 내릴 때, 온라인에서 공유하는 것은 매우 복잡한 전략적 활동이 될 수 있다. 온라인 공유는 일단 공유되고 나면 그 정보에게 무슨 일이 일어날 것인지 그리고 그것을 보는 사람들이 어떻게 반응할지에 대한 통제권을 어느 정도 박탈당하는 가운데 사람들이 정보를 광범위하고도 효율적으로 공유할 수 있게 해준다. 그러나 마윅이 지적하듯이, 이러한 것들은 "소셜 미디어를 통해 고도로 연결되어 있는 커뮤니티 내에서 이루어지는 일상생활의 정상적인 일부"이다(Marwick, 2012: 391). 수평적 혹은 사회적 감시를 수반할 수 있는 공유와 네트워킹이 이루어질 때 사회적 연결성과 증가된 사회적 자본을 위한 추가적인 기회가 축적될 수 있다. 프라이버시 결여, 위

---

14   사회학자 게오르크 짐멜이 처음 사용한 개념으로, 짐멜은 사회적 인간관계를 여러 개의 원으로 보고 그 원들이 얼마나 겹쳐 있는지를 통해 사회를 분석했다 — 옮긴이 주.

험 노출, 그리고 계속해서 붕괴되는 맥락은 부정적인 결과일 수 있는데, 이것은 좀 더 개방된 사회에 사는 데 따르는 위험 가운데 일부이다.

프라이버시와 은닉

인터넷은 사적인 장소가 아니어서, 숨을 수 있는 구석이 정말 없다. 모든 것에 잠재적으로 접근할 수 있고 모든 것을 잠재적으로 볼 수 있으며, 삶의 많은 맥락이 서로 만나게 되며, 어떤 특정한 시간에 누가 콘텐트를 볼 수 있는지 혹은 볼 수 없는지 확인하기 어렵다. 이러한 이유에서 온라인에 접속해 있을 때는 극도로 조심하는 것이 최선이다. 앞에서 언급했듯이, 많은 미래의 고용주나 대학원은 합격 결정을 내리기에 앞서 적합도 여부를 판단하고 어쩌면 심지어 이의를 제기할 여지가 있는 콘텐트를 찾을 수 있기를 기대하면서 지원자들의 소셜 미디어 프로필을 확인한다. 우리가 알아차리건 알아차리지 못하건, 사람들은 온라인에 접속해 있을 때 그리고 심지어 단순히 문자 메시지를 보낼 때 '디지털 발자국(digital footprint)'을 남긴다. 그리고 이 발자국은 결코 완전하게 지워지지 않는다.

프라이버시의 본질 자체가 상당히, 돌이킬 수 없을 정도로 변한 것 같다. 온라인에 접속해 있을 때 사람들은 완전히 사적이기를 바랄 수 없으며, 온라인 공간은 자연스럽게 공적이다. 나쁜 짓을 포착할 수도 있는 스마트폰과 카메라가 빠르게 확산하고 있다. 수직적 감시와 수평적 감시가 항상 존재한다. 젊은이와 10대들은 프라이버시 개념을 이미 바꾸고 있으며 공적 공간과 사적 공간이 무엇인지를 새롭게 개념화하는 데 앞장설 수도 있다(boyd, 2014; Marwick, 2014).

또한 많은 사람이 자신들의 프라이버시 욕구를 해결하기 위해 특정한 전략을 수립하는 것이 중요함을 인식하고 있다. 그와 같은 전략에는 프로필 옵션

제한하기, 사진에 태그하지 않기 및 사진 제거하기, 낯선 사람으로부터의 친구 요청 거절하기가 포함된다(Young and Quan-Haase, 2013). 그와 같은 전략은 대인 적 상황에서는 데이터를 보호하는 데 도움을 주지만, 기관의 감시, 즉 수직적 감시에 대비하는 데는 덜 유용하다. 데이터를 비공개로 유지하기 위해 노력하는 것은 질 게 뻔한 싸움을 하는 듯한 느낌이 들게 할 수 있다.

때때로 물러나 자신이 하고 있는 일이 공개되지 않는다는 느낌을 느낄 수 있는 장소를 갖는 것은 건강에 좋다. 그것은 사람들이 안전함과 자유로움을 느끼도록 도와준다. 그것은 일정 정도의 자율성을 제공한다. 기술 윤리학자인 우드로우 하초그(Woodrow Hartzog)와 에번 셀링어(Evan Selinger)는 사람들이 데이터를 은닉하기가(obscure), 즉 분리하여 감추기가 더 이상 쉽지 않기 때문에 그와 같은 사적이고 안전한 공간을 찾는 것이 더 어려워질 거라고 말한다(Hartzog and Selinger, 2013). 한 개인의 생활의 측면들을 확인하는 데 사용되는 엄청난 양의 데이터(주소, 고용 정보, 관심사, 신용점수, 구매 패턴 등)를 한 장소에 끌어 모으거나 수집하는 것이 한때는 어려웠다. 어떤 사람이 다른 사람에 대한 꽤 잘 은닉된 (많은 정보는 말할 것도 없고) 한 가지 정보(예를 들어 인종 관계나 전쟁과 같은 뜨거운 사회적 이슈와 관련해서 한때 했던 발언)를 원했다 하더라도, 그것을 찾는 것은 꽤 어려웠을 것이다. 사람들은 만약 누군가가 아마도 그들에게 불리하게 사용될 그와 같은 정보를 찾아서 수집하고 싶어 했다고 하더라도 그렇게 하는 것이 매우 어려웠을 것이라고 합리적으로 확신할 수 있었을 것이다.

현대의 기술 집약적인 사회에서 정보는 더 이상 쉽게 은닉되지 않는다. 데이터 마이닝 과정은 정보와 사람들이 여러 해에 걸쳐 달았을 수 있는 댓글을 조직들이 수집하고 범주화하는 데 도움을 준다. 부수적인 것으로 보일 수도 있었을 댓글, 게시글, 그리고 정보가 기술적으로 검색되어 짜 맞춰질 수 있다(그리고 정기적으로 그렇게 된다). 알려진 특성, 관심사, 습관, 행동 등으로 구성되는 사람들의 자세한 프로필의 모양새가 갖춰진다. 데이터가 수집되고 있지 않는 공간 그리고 자기의 측면들이 은닉되거나, 감추어지거나, 은밀한 상태로 남아 있는 공간을 찾기가 훨씬 더 어려워졌다.

사람들의 데이터를 채굴해서 판매하는 회사들은 정보를 짜 맞추고 집계할 수 있는 극도로 정교한 방법을 개발해냈다. 이러한 정보를 입수해서 완전히 이해하고, 나타나는 패턴을 토대로 한 범주로 사람들을 분류하기 위해 알고리즘이 사용된다. 이러한 종류의 프로파일링(profiling)은 사람들의 생활에 중요한 영향을 미칠 수 있다. 사람들이 과거에 어떻게 행동했는지 혹은 유사한 특성을 지니고 있는 다른 사람들이 과거에 어떻게 행동했는지를 토대로 그들에게 일자리나 신용 혹은 다른 기회가 제공될 수도 있고 거절될 수도 있다. '알고리즘에 의한 프로파일링(algorithmic profiling)', 즉 사람들 자신의 집계된 데이터와 어떤 점에서 그들과 유사한 것으로 지각되는 사람들의 데이터를 토대로 그들의 행동을 예측하는 것이 하나의 큰 사업이 되었다.

우리가 온라인에 접속해 있을 때 이러한 종류의 기관에 의한 수직적 감시가 이루어지고 있다는 사실을 잊기 쉽다(Young and Quan-Haase, 2013). 분명 많은 인터넷 및 디지털 미디어 사용자는 이러한 일이 일어나는 것을 전혀 알지 못한다. 우리의 컴퓨터와 스마트폰은 흔히 그것들이 개인적이고 사적이며 친밀한 환경의 일부인 듯한 느낌을 준다. 이것은 놀라운 일이 아닌데, 왜냐하면 우리는 그것들을 우리 집에서 그리고 가장 친숙한 공간에서 심지어 우리 지갑과 주머니 속에 넣어 다니면서 사용하기 때문이다. 온라인에 접속해 있을 때 지나치게 무심해지고 느긋해진 나머지 우리가 영원히 보존되기를 원하지 않을 수도 있는 것을 쉽게 말하고 행할 수 있다. 또한 자녀나 좀 더 젊은 사람들이 온라인 활동에 참여할 때 그들의 행위가 '미래의 자신'에게 미칠 영향을 고려하지 않는 것도 흔히 볼 수 있다. 그렇게 하기 위해서는 성숙함이 필요한데, 그들은 흔히 그러한 성숙함을 가지고 있지 않다.

만약 자유롭고 공개된 사회에서 권리와 생활을 지키고자 한다면, 이러한 이슈에 대해 반드시 주의를 기울여야 한다. 시민의 권리와 자유가 디지털 공간에서 항상 분명하거나 보호받는 것은 아니다. 그러한 권리와 자유가 디지털 공간과 물리적 공간 모두에서 위협을 받을 때마다 그리고 위협을 받을 경우마다 그러한 권리와 자유는 반드시 분명히 표현되어야 하고 그러한 권리와 자유를 위해 반드시 싸워야 한다. 기술-사회 환경은 늘 변하고 있다. 새로운 기술이 늘 발명되고 있기 때문에, 그러한 기술의 영향 또한 반드시 주의 깊게 고려되어야 한다.

디지털 환경 속에 있건 대면 환경 속에 있건, 기술-사회 생활을 살펴볼 때 (그리고 기술-사회 생활을 할 때) 권력 격차(power differential)를 인식하는 것은 항상 도움이 된다. 기술 관련 불평등과 영향이 전 세계적으로 존재하고 있기 때문에 우리는 다음 장에서 그러한 불평등과 그 영향에 대해 살펴본다. 우리는 전 세계의 사람들과 사회가 인터넷과 디지털 미디어에 어떻게 영향을 받는지 그리고 권력에 어떻게 대응하는지 자세하게 살펴보며, 또한 우리 자신과 매우 다른 일부 생활 방식에 대해서도 알아본다.

제**5**장
전 세계적인 영향과 불평등

세계화와 기술

이 세계는 여러 면에서 상호 연결된 하나의 사회로 볼 수 있다. 이것을 일컬어
'세계화(globalization)'라고 하며, 세계화는 (고속도로, 자동차, 철도, 비행기와 같은)
운송 기술의 혁신과 (인터넷, 디지털 미디어, 소셜 미디어, 모바일 미디어와 같은) 정
보 및 커뮤니케이션 기술의 혁신에 의해 가능해졌다. 커뮤니케이션 및 운송 기
술이 지난 두 세기에 걸쳐 전 세계로 확산하면서, 각 나라의 방방곡곡에까지
미친 것은 분명 아니지만, 2개국 이상을 포함하는 상업적 거래와 사회적 거래
가 점차 더 많이 이루어지고 있다.

그 결과, 에너지, 자동차, 전자제품, 오락물과 같은 제품의 전 세계적인 시장
이 발전되었다. 때때로 이것은 일자리와 기회의 '아웃소싱(outsourcing)'[1]으로 이
어져, 한 나라에서 생겨난 일자리나 일자리의 종류가 다른 나라로 이동해 아마
도 그 나라에서 더 싼 비용으로 그 일이 수행될 가능성이 있다. 전 세계적인 인
터넷 및 모바일 커뮤니케이션 네트워크의 성장으로 고객 서비스와 심지어 판

---

1   기업의 내부 프로젝트나 제품의 생산, 유통, 용역 등을 외부의 제3자에게 위탁·처리하는
     것 — 옮긴이 주.

매와 같은 일부 일이 회사의 본사에서 멀리 떨어진 곳에서, 때로는 다른 나라에서 그리고 때로는 고객이 알지도 못하는 상태에서 수행되는 것이 가능해졌으며 경제적 타당성도 높다. 일자리의 아웃소싱은 매우 논란이 되는 이슈이다. 어떤 사람은 자국에 일자리를 두는 것이 그 나라의 경제를 튼튼하게 하는 가장 좋은 방법이라고 말한다. 또 어떤 사람은 기업의 이윤이 아웃소싱하는 일자리로 인해 향상될 때 회사의 수익성이 더 좋아지고 회사가 국가 경제에 기여할 수 있기 때문에 국가 전체가 튼튼해진다고 말한다.

어떤 기술이 일단 도입되어 확산 과정을 겪을 때 누가 그 기술의 혜택을 누리고 이익을 얻는지를 고려하는 것은 항상 유용하다. 그렇게 하는 것은 그 기술을 사용할 사회의 권력 역학(power dynamics)과 가치, 그 사회의 사람들이 어떻게 살고 서로를 어떻게 여기는지에 대해 많은 것을 드러내 보여준다. 사람 집단은 평등한 정치적 권력이나 사회적 권력을 좀처럼 가지고 있지 않으며, 어떤 사회로의 기술 도입은 이러한 차이를 가속화할 수 있다. 사람들은 기술이 제공할 수 있는 어포던스(affordance)나 기회가 주는 혜택을 평등하게 누리지 못한다. 사람들은 기술에 접근하거나 그것에 대해 배우거나 그것을 사용하거나 심지어 그것을 먼저 발명할 수 있는 동일한 위치에 있지 않다.

누가 기술을 만들어내고 이해하며 사용할 수 있는 힘을 가지고 있는지를 밝히는 것은 기술-사회 생활의 구성요소들을 기본적인 수준에서 살펴보는 데 매우 유익하다. 권력 차이(power difference)는 대인적-관계적 수준에서부터 전 세계적-정치적 수준에 이르는 모든 수준에서 검토될 수 있다. 사람들이 인터넷과 디지털 미디어를 발명하고, 전파하고, 채택하고, 비평하고, 향상하며, 그것들의 사용을 재발명하는(reinvent) 과정에서 권력이 표출되고, 주장되며, 사용된다. 사회적 불평등의 패턴은 강화되고 재생산되며, 그러한 패턴은 또한 바뀔 수도 있다.

계층화와 불평등

집단과 사회적 단위들은 여러 면에서 서로 구별될 수 있다. 사람들과 그들이 소속되어 있다고 할 수 있는 집단과 단위는 나이, 인종, 민족성(공통된 유산이나 조상을 공유하고 있는 사람들), 젠더, 성적 지향성, 사회경제적 지위, 지적 혹은 신체적 능력, 직업이나 직업 유형, 종교적 믿음, 소속 정당이나 소속 국가 등과 같은 많은 특성에서 차이가 있을 수 있다. 모든 사회에는 이러한 사회적 특성을 토대로 야기되는 불평등이 존재한다. 흔히 사회는 비유적으로 위계나 서열을 형성하는 층이나 계단(상류층, 중류층, 노동자 계층, 극빈층)으로 나누어져 있는 것으로 표현된다. 이러한 층들이 집단적으로 결정되고 이러한 분열(과 하부 분열)이 집단적으로 형성되는 과정을 일컬어 '사회적 계층화(social stratification)'라고 하며, 사회는 '계층화되었다고' 한다(이것은 또 다른 비유로, 암석의 단층이나 나무 나이테를 일컫는 'strata'에서 파생됨).

계층화된 사회체계 내에서 같은 서열이나 지위를 차지하고 있는 사람들은 세계에 대한 관점, 태도, 신념과 같은 특정한 것을 공유하는 경향이 있다. 그들은 또한 기술을 추구하는 경향, 기술을 편안해하는 정도, 기술을 사용하는 능력, 그리고 기술에 접근해서 사용하는 방식에서 공통점을 지니고 있을 수도 있다. 기술에 대한 태도와 기술 사용은 부(富), 경력, 관계 및 가족생활, 문화 활동 및 선택을 포함한 생활의 많은 다른 요소에 영향을 미친다. 이 모든 것은 추가적인 사회적 분열이나 계층화로부터 초래될 수도 있고 추가적인 사회적 분열이나 계층화를 초래할 수도 있는데, 왜냐하면 생활의 매우 많은 측면이 사람들의 기술 사용과 관련되어 있기 때문이다.

집단들이 기술에 접근해서 사용하는 방식의 차이나 격차를 일컬어 흔히 '디지털 격차(digital divide)'라고 한다. 넓고도 깊은 격차는 디지털 기술에 접근할 수 있는 (그리고 그것을 구입하고 사용하고 심지어 만들어낼 수 있는) 사람과 이러한 접근과 지식이 결여되어 있는 사람을 분리한다(van Dijk, 2005 참조). 디지털 격차는 디지털 기술을 생산하는 수단(Hargittai and Walejko, 2008), 디지털 활동에 참여하는 수단(DiMaggio, 2014; Schradie, 2011, 2012), 디지털 리터러시가 있는 것으로 간주되는 수단(Napoli and Obar, 2013)을 포함해 많은 차원으로 구성되어 있다. 어떤 기술이 중요한지 그리고 기술 사용에 포함되는 사람은 누구이고 기술 사용에서 배제되는 사람은 누구인지 살펴봄으로써 집단이나 사회에 대해 많은 것을 알 수 있다.

더욱 중요해지고 있는 전 세계적인 경쟁력 제고를 위해 컴퓨터화된 기술을 지렛대로 활용하고 시민의 행복과 번영을 향상할 수 있는 능력은 국가마다 차이가 크다. 세계 경제 포럼(World Economic Forum)의 「세계 정보기술 보고서(Global Information Technology Report)」에 따르면(Dutta, Geiger and Lanvin, 2015), 이러한 점에서 가장 순위가 높은 10개국 중 7개국이 핀란드, 스웨덴, 네덜란드, 스위스, 영국, 룩셈부르크를 포함한 유럽 국가이며, 비유럽 국가로 싱가포르(1위), 미국(7위), 일본(10위)이 있다.[2] 이러한 선진 고소득 경제가 전 세계적으로 네트워크 준비도(networked readiness),[3] 사용 및 성과를 위한 최적의 규제, 최적의 사업, 최적의 사회 환경을 제공하는 방식을 이끌고 있다. 일반적으로 (1인당 국민총생산의 측면에서) 더 부유한 나라가 더 가난한 나라보다 성인 인구 가운데 인터넷 사용자 비율이 더 높다(Dutta et al., 2015).

포르투갈, 이탈리아, 그리스를 포함한 남부 유럽의 많은 국가가, 과거 소비에트 연방에 속해 있었던 세 나라, 즉 에스토니아, 라트비아, 리투아니아가 그런 것처럼, 위에서 언급한 나라들에 비해 네트워크 준비도가 향상되고 있다. 카리브해, 중동, 북아프리카, 아시아 지역의 국가들은 특히 서로 뚜렷하게 대비되는데, 칠레, 바레인, 아랍 에미리트 연합, 말레이시아, 중국은 예를 들면 아이티, 쿠웨이트, 모리타니아, 인도 같은 국가보다 디지털 기술 경쟁력이 더

---

2   이 보고서에서 한국은 12위를 차지했다 ― 옮긴이 주.
3   ICT를 효과적으로 사용하기 위한 국가의 준비 정도 ― 옮긴이 주.

높다. 코스타리카, 엘살바도르, 볼리비아와 같은 나라에서 디지털 하부구조와 네트워크 준비도가 꾸준히 향상되고 있는 것은 고무적이다. 그러나 사하라 사막 남부 지역의 아프리카 국가와 남부 및 동남 아시아 지역의 상황은 정반대로, 디지털 기술 발전의 속도가 느리고 일관성이 없으며 전반적인 생활수준도 놀라울 정도로 낮다(Dutta et al., 2015; Pew Research Center, 2015).

국민소득과 밀접한 연관이 있는 인터넷 접속률(access rates)은 신흥 개발도상국들 간에도 심한 차이를 보인다. 칠레(76%), 러시아(73%), 베네수엘라(67%) 국민의 65% 이상이 인터넷에 접속하고 있는 데 반해, 베트남(43%)과 필리핀(42%) 국민은 절반 미만이 인터넷에 접속한다. 그래서 현재 전 세계 인구의 약 60%(약 44억 명)가 인터넷에 연결되어 있지 않는데, 이들 가운데 5억 명 이상이 방글라데시, 에티오피아, 파키스탄, 탄자니아, 나이지리아에 속해 있다. 앞 네 나라와 미얀마 그리고 콩고 공화국의 경우는 전체 국민의 거의 90% 혹은 그 이상이 인터넷에 접속하지 못하고 있다(McKinsey and Company, 2014; Pew Research Center, 2015).

이것은 이러한 시민과 국가가 세계 경제의 수혜를 누릴 수 있는 능력에 심각한 제약을 초래한다. 그들은 경제적 성취와 생활의 질 향상에서 엄청난 불이익을 받는다. 교육, 고용, 보건 의료, 이 모든 것에 심각한 지장이 초래된다. 이러한 사람들과 (인터넷 접속과 연결성이 제공하는 모든 어포던스를 갖춘) 인터넷에 좀 더 안정적으로 접속하는 사람들 간의 격차를 좁히기가 그 어느 때보다 어려워지고 있다(DiMaggio, 2014; McKinsey and Company, 2014).

신흥국과 개발도상국에서는 휴대폰 소유가 인터넷 서비스보다 훨씬 더 흔하다. 대부분의 신흥국 국민의 45~75%가 휴대폰을 소유하거나 공유하고 있다. 그러나 스마트폰(과 일부 장소에서 가능한 모바일 인터넷 접속)은 재래식 휴대폰만큼 결코 흔하지 않다. 개발도상국 성인의 24%만이 인터넷과 디지털 애플리케이션에 접속할 수 있는 휴대폰을 가지고 있다고 말한다. 이에 비해 이 글을 쓰고 있는 지금 미국에서는 성인의 58%가 인터넷에 접속할 수 있는 스마트폰을 가지고 있다(Pew Research Center, 2015).

인터넷과 디지털 기술의 고르지 않은 확산과 채택은 좀 더 큰 구조적 수준에서만 극복될 수 있다. 위에 나열된 국가와 같은 일부 국가(와 많은 다른 나라의 빈민 지역과 농촌 지역)는 디지털 커뮤니케이션 하부구조가 극도로 저개발된 상태이며 인터넷 네트워크 접속이나 모바일 인터넷 서비스가 거의 되지 않거나 아예 되지 않는다. 모든 종류의 제한된 자원과 더불어 자금 부족을 겪고 있는 이러한 국가들은 이 이슈를 해결하기 위한 ICT 전략조차 가지고 있지 않을 수도 있다. 게다가 이러한 지역에는 전기와 충분한 도로 및 운송 수단도 부족한 경향이 있다.

낮은 소득과 생활수준 또한 디지털 연결성을 막는 장벽이다. 빈민 지역에서는 비록 인터넷 접속이 가능하다 하더라도 사람들이 그것을 이용할 형편이 되지 않을 것이다. 인터넷에 접속하는 데 필요한 장치와 하드웨어 역시 비쌀 것이다. 높은 실업률과 불완전 고용 상태가 유지되어 기본 생필품을 감당하는 데 필요한 돈을 충분히 벌지 못할 때, 사람들은 기본적으로 인터넷 사용을 '차단당하게' 된다.

교육의 부족도 인터넷 및 디지털 접근을 막는 또 하나의 장벽이다. 교육 정도가 낮거나 관련 교육을 받지 못한 사람은 특히 디지털 기술을 사용하는 데 필요한 기술을 초보 수준을 뛰어넘을 수 있을 정도로 갖추지 못할 수도 있다. 낮은 수준의 언어 리터러시, 즉 글을 읽고 쓰는 데 따르는 어려움 또한 많은 사람에게 그러한 접속을 막은 하나의 요인이다.

인터넷과 디지털 미디어에 대한 정치적 통제와 정부의 통제 또한 시민이 그것들에 접속해서 이용하는 능력에 영향을 미친다. 많은 나라가 강압적인 법률(사우디아라비아, 짐바브웨), 공적 소유, 허가 및 규제(중국, 시리아, 모로코), 자경주의[4](러시아), 혹은 개인 미디어 소유주와 정부의 공모(남미)를 통해 미디어에 대

---

4   러시아는 "정보 공간에서 서방 국가들의 공세적 공작 역량이 커질 뿐 아니라 그 역량을 실

해 정치적 통제를 가하고 있다. 중국, 시리아, 러시아는 인터넷 서비스 제공자를 이용해 비판적이거나 반체제적인 웹사이트를 걸러낸다(Curran, 2012). 터키는 온라인 콘텐트를 검열하고 디지털 감시를 확대하는 법을 통과시켰다. 아제르바이잔 정부는 인터넷 사용을 심하게 차단하지는 않지만 엄격한 모니터링을 통해 반체제 인사를 처벌하고 체포하며, 그 결과 소셜 미디어를 꽤 효과적으로 악마화하고 억압하고 있다(Kendzior and Pearce, 2012). 이집트, 이란, 리비아 같은 국가들은 〔2011년 아랍의 봄(Arab Spring) 시위 때처럼〕 흔히 시민이 정부의 인터넷 제한에 항의할 때 소셜 미디어 사용을 중단하기 위한 시도로 공공연하게 인터넷을 '폐쇄'해왔다. 그러나 이 장의 후반부에서 살펴보겠지만, 소셜 미디어는 이러한 일부 통제에 대처할 수 있는 기회를 제공한다. 소셜 미디어 사용자들은 이러한 인터넷 폐쇄를 피하면서 일하고 그와 같은 제한과 불평등에 항의하기 위해 사람들을 조직하는 데 매우 창의적이고 집요하다(Curran, 2012; Tufekci, 2014).

마지막으로 어떤 사람에게는 다른 사람보다 단순히 디지털 연결을 하게끔 하는 유인이 더 적다. 문화적 이유에서건 사회적 이유에서건 아니면 개인적 이유에서건 어떤 사람은 온라인에 접속하고 싶은 충동을 느끼지 않는다. 그들은 인터넷의 어포던스를 인식하지 못하거나, 정보의 보안성에 대해 회의적이거나, 사생활이 없어진다고 느끼거나, 비용이 너무 비싸다고 생각할 수도 있다. 그들은 디지털로 연결되어 있는 다른 많은 사람을 모를 수도 있다(혹은 모르고 싶어 할 수도 있다)! 그들은 온라인을 이해하고 온라인 연결을 하는 데 어려움을 겪는 사이버-비사교적인(cyberasocial) 사람일 수도 있다(Tufekci, 2010). 또 그들은

제로 구사할 태세가 점증하고 있어서 러시아의 안보에 심각한 위협이 되고 있다"는 이유를 들어 독자적인 인터넷망을 구축하겠다고 발표했는데, 실제로는 인터넷 공간에서 국민 감시를 강화하고 자체 인터넷망을 보유함으로써 보복 공격으로 인한 인터넷망의 붕괴 없이 타국의 웹사이트에 대한 해킹 공격을 더 자유롭게 하기 위한 목적이라고 서방 외신들은 풀이했다 — 옮긴이 주.

미디어 연구자인 로라 포트우드-스테이서(Laura Portwood-Stacer)가 말하는 "미디어 소비자 문화의 강력하고 규범적인 세력"에 대해 개인적이거나 정치적인 발언을 하고 있는 것일 수도 있다. 즉, 그들은 저항 행위(로라의 지적에 따르면, 다른 사람들은 그것을 남과 다름으로써 단순히 멋있게 보이려고 하는 시도로 간주할 수 있음)로서, 예를 들면, 페이스북 사용을 거부할 수도 있다. 간단히 말해, 어떤 사람은 단순히 특정한 종류의 디지털 미디어를 사용할 필요성을 느끼지 못하거나 그것이 자신이 사는 방식과 무관하다고 생각할 수도 있다(Annafari, Axelsson and Bohlin, 2013 참조). 게다가 다른 많은 사람들은 이러한 기술을 사용하지만 이와 동일한 이유에서 꽤 제한적으로 그것을 사용한다.

ICT는 한 국가와 국민의 경제적 복지와 사회적 복지에 매우 중요하지만, 사람들이 그것을 채택하고 실제로 사용할 수단과 동기를 가지고 있을 때에만 그것이 실질적이고 안정된 변혁(transformation)에 기여할 수 있다는 점을 명심할 필요가 있다. 국가가 대부분의 국민에게 인터넷 접속 및 장비를 저렴한 가격으로 제공하기 위해 노력할 때, 사회경제적으로 혜택을 받지 못하는 공동체와 그러한 공동체의 구성원들이 큰 혜택을 누릴 수 있다. 예를 들어, 인도 도시 지역의 젊은이들이 이용할 수 있고 지불할 수 있는 휴대폰 및 데이터 요금제가 처음 나옴으로써, 이러한 1세대 디지털 미디어 사용자들이 그 기술을 활용하는 데 따르는 난관이 신속히 해결되었다. 컴퓨터 과학자이자 연구자인 네하 쿠마르(Neha Kumar)는 그들이 어떻게 인터넷(과 특히 페이스북)을 '자기 역량 강화 도구'로 사용해 '지구촌 공동체의 진정한 구성원'이 될 수 있었는지에 대해 언급했다(Kumar, 2014).

인터넷과 디지털 기술의 도달 거리와 범위를 제한하는 요인들은 서로 관련이 있고 서로 영향을 준다. 이것은 전 세계적인 디지털 격차[5]와 지역적인 디지

---

5   저자는 이 부분에서 디지털 격차를 'digital divide'가 아닌 'digital differences'로 표현하고
     있다 ― 옮긴이 주.

털 격차가 개선되기 어렵게 만든다(Dutta et al., 2015; McKinsey and Company, 2014 참조). 두타(Soumitra Dutta), 가이거(Thierry Geiger) 및 랜빈(Bruno Lanvin)은 ICT가 "경제적·사회적 변혁의 동인"임을 상기시켜준다. "ICT는 서비스 접근을 향상 하고, 연결성을 높이고, 사업 및 고용 기회를 창출하며, 사람들이 소통하고 상 호작용하며 그들 자신과 정부에 관여하는 방식을 바꿈으로써 이 세계를 변혁 할 수 있다"(Dutta, Geiger and Lanvin, 2015: xv).

문화적 격차

ICT의 확산과 사용이 의미 있는 변화를 불러일으키는 데 도움을 줄 수 있지만, 한 사회 내의 불평등과 차이는 또한 ICT가 주는 이로움을 제한하고 약화할 수 도 있다. 경제적 격차 외에도 국가와 사회는 흔히 문화적 격차(cultural divide)를 보여주기도 한다. 국가와 사회의 구성원들은 문화를 생산하고, 소비하고, 경험 하는 방식을 토대로 계층화될 수 있다.

문화는 어떤 집단의 물질적(미술, 음악, 책) 산물과 정신적(규범과 가치) 산물로 구성되어 있음을 상기하라. 모든 집단 구성원은 이러한 산물을 좀처럼 비슷하 게 소비하지 않으며 동일한 방식으로 이해하지도 않는다. 그 대신 사물을 이해 하고 즐기는 방식이 서로 다른 사람들 간의 분열이 때로는 사람들의 주목과 관 심을 받기 위해 경쟁하면서 끊임없이 나타난다. 스포츠 경기에서 상대팀을 응 원하는 사람들 사이에 싸움이 벌어지거나 서로 다른 신념을 가지고 있는 사람 들이 충돌할 때처럼, 이러한 분열은 꽤 논란을 불러일으킬 수 있다.

인터넷과 디지털 미디어는 문화의 다른 측면이나 다른 관점을 들여다볼 수 있는 창을 제공함으로써 공통의 이해가 조성되는 데 기여할 수 있다. 사람들은 기술을 사용해 "그들 앞에 놓여 있는 정책 이슈를 더 깊이 파고 들어가고, 그들 의 세계에 대해 더 많이 배우며, 전례 없이 풍부한 심미적 경험을 즐길" 수 있다고 문화 사회학자인 폴 디마지오(Paul DiMaggio)는 말한다. 그러나 그는 "이러한 잠재력이 얼마나 많은 사람에게 도움이 될지는 분명하지 않다"고 경고한다(DiMaggio, 2014: 390~391). 정치와 예술에 이미 종사하고 있는 사람들은 인터넷을 통해 접근하는(internet-accessed) 문화의 혜택을 최대로 누릴 수도 있는 반면, 다른 사람들은 문화 산물을 찾아내거나 접근하는 데 있어 장벽에 직면할 수도 있다.

반면에 인터넷 사용은 공유되는 이해의 조성을 지연시킬 수도 있다. 많은 사람은 이미 익숙해져 있는 이슈에 주목의 초점을 맞추고 자신이 느끼는 것과 똑같은 방식으로 느끼는 사람과 소통하는 것을 선택한다(Hampton et al., 2014). 사람들이 기술을 어떻게 사용하기로 결정하느냐에 따라 기존의 문화적 불평등은 그야말로 깊어질 수 있다(DiMaggio, 2014: 390~391). 이것은 물리적 공간에 존재하는 동일한 종류의 편견과 차별을 반영하고 확대하는 것으로 이어질 수 있다.

'편견(prejudice)'은 하나의 태도로, 즉 개인적인 특성은 고려하지 않고 사람들이 어떤 집단, 어떤 사회적 단위, 혹은 어떤 범주에 속해 있다는 것을 토대로 그들을 예단하는 것이며, 대개 부정적인 의미로 간주된다(즉, 편견을 가지는 것은 나쁜 것이다). 편견은 부정적이거나 해로운 결과로 이어질 수 있지만, 우리가 개별적으로 접촉하게 되는 모든 사람에 대해 알아야 할 모든 것을 다 아는 것이 불가능하기 때문에, 일정 정도의 편견이 발생한다. 따라서 사람들을 유형별로 범주화하거나 집단화한 다음, 이를 토대로 어떤 특성과 특징을 가정하는 것은 흔히 있는 일이다. 이것은 단순히 정돈과 이해에 대한 인간의 욕구를 반영할 뿐이긴 하지만, 그럼에도 그것은 한쪽으로 치우친 부정적인 견해로 이어질 수 있다. 그리고 편견이 차별로 이어질 때, 위태로운 상황이 야기된다.

'차별(discrimination)'은 행동으로, 사람들이 속해 있는 집단, 사회적 단위, 혹은 범주를 토대로 그들을 부당하게 대우하는 것이다. 단지 사람들이 어떤 특정한 집단에 속해 있다는 이유로 돈을 적게 지불하거나 학대하는 것과 같이 흔히 편견을 토대로, 부당하거나 해로운 행동을 취할 때 차별은 발생한다. 특히 권력을 빼앗겼거나 지배력이 없는 집단은 오랫동안 여러 형태의 차별을 겪어왔다. 사회사(社會史)[6]는 집단과 집단 구성원이 온라인과 오프라인에서 계속해서 상호작용하는 방식에 영향을 미친다.

인터넷과 디지털 미디어는 사람들이 서로 자주 접촉할 수 있게 해주기 때문에, 편견과 차별은 대면 상황에서와 마찬가지로 온라인에서도 발생한다. 예를 들어, 여성, 소수 인종, 성 소수자(sexual minority)가 괴롭힘과 학대를 당하는 것(이것에 대해 더 자세한 것은 다음 부분과 6장 및 7장 참조)은 일반적으로 그들이 그러한 범주에 속해 있기 '때문'이다. 괴롭힘은 지배를 주장하고 역사적으로 권력을 빼앗겨온 사람들에게 겁을 주고 이들을 거칠게 다루기 위해, 즉 그들이 '그들의 분수'를 지키게 하기 위해 권력을 행사하는 역할을 한다. 괴롭힘은 또한 인종, 젠더 및 성성(性性)[7]에 대한 엄격한 '규칙'과 경계에 저항하는 사람을 겨냥한다. 예를 들어, 젊은 LGBT[8]들은 이성애자 동료에 비해 온라인 집단따돌림을 세 배 정도 더 많이 경험한다(Chemaly, 2014; Citron, 2014).

이러한 범주와 분열은 우선 '사회적 구성물(social constructions)'이라는 점을 명심할 필요가 있다. 즉, 이러한 범주와 분열은 자연의 질서나 사물이 갖추고 있어야 할 상태를 나타내는 것이 아니라, 문화 속에 살고 있는 사람과 사회가 어떤 특정한 결정을 내리고 특정한 행동을 취함에 따라 나타난 과거의 태도와

---

6   사회사는 사회의 구조와 운영이라는 정적인 면과 구조의 이행과 변동이라는 동적인 면 모두를 포함한다 − 옮긴이 주.

7   성(sex)과 밀접한 관련을 가지나 이보다 더 광범위한 의미로, '성적인 것의 전체'를 가리킨다. 즉, 성적 욕망이나 성 정체성, 이데올로기, 제도나 관습에 의해 규정되는 사회적 요소들까지 포함하며 때로는 여성과 남성으로서의 우리 자신에 대한 의식을 포함하기도 한다. 따라서 성성은 인간의 신체적 행위뿐만 아니라 정신적·사회문화적 영역까지 포괄하는 좀 더 넓은 의미를 지닌다 − 옮긴이 주.

8   lesbian(여성 동성애자), gay(남성 동성애자), bisexual(양성애자), transgender(트랜스젠더)의 머리글자를 딴 것으로 성 소수자를 지칭한다 − 옮긴이 주.

행위가 계속 이어져온 것이다. 그러나 이러한 결정과 행동은 시간이 흐르면서 변하거나 재구성될 수 있다. 우리는 우리가 본 과거 사람들의 생각 및 행동 방식과 같은 방식으로 생각하고 행동할 필요가 없다. 우리는 나이, 젠더, 인종, 성적 지향성, 신체적·지적 능력 등에 대해 새로운 의미와 표상을 만들어낼 수 있으며, 그 결과 서로에 대해 다르게 생각하고 서로를 다르게 대할 수 있다. 만약 우리가 매우 창의적이고 서로 높은 연대감을 가지고 있다면, 우리는 일부 사회적 분열을 없애기 위해 심지어 어느 정도 노력할 수 있다.

꽤 제한적인 이분법적 사고방식을 가리키는 '격차(divide)'라는 측면에서 생각하기보다 사람들이 기술을 사용하고 기술의 영향을 받는 방식의 '스펙트럼(spectrum)'이라는 측면에서 생각하는 것이 도움이 될 수도 있다. 스펙트럼은 어떤 상황의 복잡성을 더 잘 묘사할 수 있다. 예를 들어, 소득 수준과 교육 수준은 흔히 디지털 연결성과 상관이 있어서, 소득과 교육 수준이 더 높을수록 디지털로 연결될 가능성이 더 높다(McKinsey and Company, 2014). 그러나 소득과 교육은 이분법적 변인이 아니어서, 소득이 '있는' 사람이나 '없는' 사람, 교육을 '받은' 사람이나 '받지 않은' 사람으로 단순하게 분류할 수 없다. 그것은 액수나 정도의 문제이다. 어떤 척도나 스펙트럼을 사용해 기술 사용에 대한 모형을 만들거나 그것에 대해 생각해봄으로써 소득, 교육, 기술 사용, 권력이 분배될 수 있는 많은 단계와 점증적 단계들을 살펴볼 수 있다. 그것은 이러한 다면적인 이슈를 이분법이나 격차 모델에 억지로 끼워 맞추려 하는 것보다 그러한 이슈를 살펴보는 더 유연한 방법일 수도 있다.

인터넷과 디지털 기술은 사람들이 서로에 대해 그리고 공통 관심사에 대해, 심지어 그들의 공통된 인간성에 대해 더 많이 알 수 있게 해주는 공간을 제공한다. 그러나 인터넷과 디지털 기술이 항상 그러한 목적에 사용되는 것은 아니다. 디지털 기술은 차이가 그리 두드러지지 않는 세상을 만드는 데 도움을 주기 위해 사용될 수 있는 반면, 권력이 분배되고 행사되는 방식의 불평등은 많은 곤혹스러운 결과를 초래할 수 있다.

해킹, 위험, 범죄, 그리고 전쟁

사람들이 정보를 프로슘하고, 크라우드소싱하며, 전파할 수 있는 더 새롭고 더 개방적인 방법이 늘어나면서 이로움의 디지털 경계와 해로움의 디지털 경계 모두를 넘나들 수 있는 사람들의 능력도 향상되었다. 국가, 조직, 그리고 모든 종류의 실체들은 물리적 경계와 디지털 경계(즉, 그 집단에 속해 있는 사람에게는 기술적 접근을 제공하고 속해 있지 않은 사람은 배제하고자 하는 체계) 모두를 가지고 있다. 사회의 거시적 수준(대규모)에서부터 중시적 수준을 거쳐 미시적 수준(소규모)에 이르기까지 이러한 경계를 유지하고, 외부인의 침입을 막으며, 좀 더 개방적인 체계에서 야기될 수 있는 흔히 꽤 심각한 문제를 예방하는 것이 점점 더 어려워지고 있다.

외부인이 해킹을 통해 컴퓨터화된 체계를 뚫으려고 시도할 수 있다. '해킹(hacking)'은 정확히 무엇을 해야 할지를 컴퓨터에 지시하는 프로그래밍 코드를 조작하는 것으로, 이런 방식으로 획득한 정보를 조작하거나 부적절하게 공개하는 것을 기술(記述)하는 용어로도 흔히 사용된다. 합법적인 해킹도 있고 불법적인 해킹도 있으며, 긍정적인 목적의 해킹도 있고 부정적인 목적의 해킹도 있다. 또한 해킹이란 용어는 때때로 창의적이고, 최근에 나타났고, 대개 독립적이며, 그리고 파괴적인 유형의 컴퓨터 프로그래밍, 콘텐트 생성 및 정보 전파를 일컫기도 한다(Castells, 2000, 2001; Markoff, 2005; Rainie and Wellman, 2012 참조). 이런 의미에서 해킹은 프로그래밍 및 다른 디지털 혁신에 대한 창의적인 접근법과 생산되어 이용할 수 있는 것의 규제받지 않는 공유를 적극적으로 고무하는, 번성하고 있는 문화이다. 일부 이러한 접근방법은 현재의 법 테두리를 벗어나 있으며, 일부는 법 테두리 내에 있어 분명히 범죄가 아니며, 일부는 경계 선상에 존재하고 있어 정보가 어느 정도 개방적이기를 원하는지 사회가 고려해줄 것을 요구하고 있다.

분명 디지털 공간이 해킹을 당해 정보의 경로가 재지정되거나 정보의 용도가 변경될 때 (혹은 컴퓨터 바이러스 같은 것에 의해 파괴되거나 알아볼 수 없게 될 때), 보안 침해(security breach), 심지어 테러가 발생할 수 있다. 이러한 것들은 명백히 범죄이며 최소 규모로 발생할 수도 있고 최대 규모로 발생할 수도 있다. 점차 흔해지고 있는 '피싱(phishing)'은 사람들이 합법적인 실체로 위장한 절도범에게 속아서 사용자명과 비밀번호가 도난당하는 것을 말한다. 그런 다음 이러한 정보는 자금 절도(theft)와 신원 절도를 포함한 많은 파괴적인 목적에 이용될 수 있다. 또한 해커의 침입과 해커가 심어놓은 바이러스에 의해 대규모 정보 체계가 파괴되거나 불능 상태에 빠질 수도 있다. 디지털 보안이 위태로워질 때, 통화(通貨)제도, 전력망, 웹사이트, 개인 정보, 그리고 기본적으로 컴퓨터를 통해 수집되고 구성되며 저장되는 그 어떤 것도 영향을 받을 수 있다. 이것을 일컬어 '컴퓨터 범죄(computer crime)' 혹은 '사이버범죄(cybercrime)'라고 한다.

대규모 사이버 공격은 다음 두 가지 형식을 띨 수 있다: 정보 공격과 하부구조 공격(Volti, 2014: 315). 정보 공격의 경우, 개인 정보가 검색되고 일반에 공개되어 피해를 주거나 난처하게 하거나 공포를 불러일으키는 데 사용될 수 있다. 하부구조 공격의 경우, 매우 중요한 서비스가 사용 불가능해질 수 있다. 다른 조직의 ISP 이름으로 메시지가 발송될 수 있고, 웹사이트의 외관이 훼손될 수 있고, 돈과 정보가 도난당할 수 있고, 사보타지(sabotage)[9]가 발생할 수 있으며, 위협이 가해질 수 있다. 2014년, 8300만 명의 J. P. 모건 체이스(J. P. Morgan Chase) 고객의 개인 정보가 도난당한 것과 같은 대규모 데이터 침해(data breach)가 더 흔해지고 있다. 역시 2014년, 소니 픽처스(Sony Pictures)의 컴퓨터가 해킹을 당해, 수많은 데이터가 유출되었고 영화 〈디 인터뷰(The Interview)〉의 임박한 개봉과 결부된 훨씬 더 큰 규모의 혼란에 대한 위협으로도 이어져, 결국 이 영화는 개봉이 일시 보류되었다. 2015년에는 국제 해커들이 30개국 100개 이

---

9   생산 설비 및 수송 기계의 전복, 장애, 혼란과 파괴를 통해 원수 또는 고용주를 약화시키는 것을 목적으로 하는 의도적인 행동 — 옮긴이 주.

상의 은행에서 무려 10억 달러를 훔쳤다(Davis, 2015 참조). 거의 모든 주요 인터넷 회사가 대규모 해킹을 경험했다. 그와 같은 사건은 더 흔해지고 있을 뿐만 아니라 그 범위와 영향이 흔히 국경 너머로 확대되고 있다. 이러한 공격을 최대한 감시하기 위해 회사는 흔히 비용이 많이 드는 사이버 보안 투자에 진지하게 임해야 한다.

일부 정치적 동기를 가진 공격은 '사이버전쟁(cyberwarfare)' 수준에 이른다. 여기에는 상수도 체계, 보건 의료 통신망, 운송, 전력망, 군사 체계, 금융 네트워크, 주식시장에 대한 사보타지와 같은 모든 주민을 대상으로 한 공격이 포함될 수 있다. 현재 테러리스트들은 작전을 통해 인터넷, 디지털 미디어, 휴대폰으로 조직적인 활동을 일상적으로 조정하며, 심지어 휴대폰을 사용해 폭탄을 폭발시키기도 한다. 사이버 공격을 개시할 수 있는 국가나 집단의 능력은 "화약이 발명된 이래로 계속되어오고 있는 하이테크 군비 경쟁의 연속"으로 볼 수 있다고 사회학자 루디 볼티(Rudi Volti, 2014: 316)는 말한다. 인터넷이나 디지털 기술이 위협을 가하고 사회 내에 광범위한 공포를 조성하는 데 사용하는 것을 '사이버테러(cyberterrorism)'라 부른다.

사이버 방어(cyber defense)는 이제 정부 운용의 매우 중요한 구성요소이다. 미국은 현재 정부, 군대, 정보기관의 활동을 조정하는 사이버 보안 책임자와 사이버 방어 활동을 중앙집중화하는 사이버 사령부를 두고 있다. 소셜 미디어는 사이버 부대의 정보 수집 방법의 핵심 구성요소이다. 어떤 경우 테러리스트나 적의 무리들이 자원을 모으기 위해 사용하는 것과 동일한 디지털 기술이 이들에게 불리한 증거를 수집하는 데 사용된다(Kjuka, 2013).

사람들은 또한 마음에 상처를 주고 적대적인 온라인 행동으로 인해 피해를 입을 수도 있다. 경멸적이거나 모욕적이며 또 피해자에 의해 그렇게 인식되는 댓글은 괴롭힘(harassment)에 해당한다(괴롭힘에 대해 더 자세한 내용은 7장 참조). 그와 같은 활동이 의도적이고, 반복되며, 적대적일 때, 그것은 '사이버집단따돌림(cyberbullying)'으로 간주될 수 있다. 우리는 흔히 사이버집단따돌림을 어린이들 사이에서 발생하는 것으로 생각하지만, 성인도 마찬가지로 사이버집단 따돌림을 당할 수 있다. 신체적 위해에 대한 신빙성 있는 위협(credible threat)[10]은 '사이버스토킹(cyberstalking)'에 해당한다. 미국의 대부분 주에는 경범죄부터 중범죄에 걸쳐 있는 이러한 범죄로부터 시민을 보호하기 위한 법이 제정되어 있다. 오스트리아와 일본을 제외한 다른 대부분의 나라에는 사이버괴롭힘 (cyberharassment)을 금하는 법률이 제정되어 있지 않다(사이버스토킹과 사이버괴롭힘에 대해 더 자세한 내용은 NCSL, 2013 참조).

사람을 상대로 한 다른 범죄로는 신원 사기, 절도, 인터넷 사기 및 스팸, 마약 밀매, 포르노그래피 이미지에 어린이 노출시키기, 성적(性的) 약탈, 납치가 있다. 이러한 범죄들 역시 중대성의 정도에 있어 차이가 있다. 그러나 인터넷 및 디지털 시대의 어린이에 대한 위험은 보이는 것처럼 그리 많지는 않다. 예를 들어, 성범죄와 범죄 피해(criminal victimization)[11]를 포함한 어린이를 상대로 한 범죄는 인터넷 도입 이후 실제로 줄었다. 온라인에서 만나는 비면식자들 간의 공격 및 성적 약탈(sexual predation)[12]은 전반적인 비면식자 범죄(stranger crime) 가운데 적은 부분에 지나지 않는다(Baym, 2010: 42~43; Cassell and Cramer, 2007; Clark, 2013). 기술 사용을 수반하는 범죄와 피해는 분명히 말하면 기술에 의해 야기되는 것이 아니다(기술결정론의 오류를 기억하라). 위험스럽거나 범죄적인 행위가 분명 컴퓨터화와 인터넷으로 인해 더 눈에 띌 수 있지만, 우리가 본 것처럼 이러한 행위를 기술 그 자체의 탓으로 돌릴 필요는 없다(Baym, 2010; boyd, 2006, 2007; Clark, 2014). 여기서 논의된 많은 범죄가 인터넷 시대 이전에도

---

10   전개형 게임이론에서 합리적인 경기자가 위험을 실행에 옮겨야 할 상황에서 실제로 그렇게 행하는 것이 불리한 경우를 '신빙성 없는 위협(incredible threat)'이라고 하고, 위협을 실행에 옮기는 것이 유리한 경우를 '신빙성 있는 위협'이라고 한다 — 옮긴이 주.

11   범죄 사건으로부터 파생되는 곤경과 어려움을 말한다. 신체적 부상과 재물의 손실 외에도 직장에서의 근무시간의 손실과 정상적인 일상생활의 손상 등을 들 수 있다 — 옮긴이 주.

12   자신의 성적 만족을 위해 타인을 이용하는 행위 — 옮긴이 주.

여전히 존재했다는 것은 주목할 만한 가치가 있다.

컴퓨터 시스템이 정확히 얼마나 접근 가능해야 하고 얼마나 개방적이어야 하는지, 즉 얼마나 다양한 종류의 정보에 접근할 수 있어야 하고 누가 접근할 수 있어야 하는지에 대해 신중하게 생각해보는 것은 중요하다. 그와 같은 대화는 사회와 국가가 소중히 여기는 것에 대해 많은 것을 보여줄 것이다. 조직과 정부는 안전과 보안 목적에서 특정 정보가 일반 국민의 손에 들어가지 않도록 할 합당한 이유를 가지고 있다. 반면에 만약 사람들을 도울 수 있거나 당연히 그들에게 속해 있어야 할 유용한 정보가 그들의 손이 닿지 않는 상태로 유지되고 있다면, 어떤 사람은 해킹을 통해 그러한 정보를 손에 넣으려 할 수도 있다는 사실에 놀라서는 안 된다.

다음은 기술 혁신가이자 행동주의자이며 소셜 미디어 플랫폼인 레딧(Reddit)의 공동 개발자인 애런 스와츠(Aaron Swartz)가 실제로 보여준 매우 가슴 아픈 행동 계획이다. 2010년 말과 2011년 초, 그는 MIT의 컴퓨터를 사용해 온라인 저장소인 JSTOR에서 수많은 논문을 다운로드하기로 했다. 그 저장소는 논문을 '페이월(paywall)'[13] 뒤에 숨겨두었는데, 이것은 비용을 지불해야만 논문을 널리 공유할 수 있음을 의미한다. 스와츠는 이러한 정보를 '자유롭게' 해주고 싶었고 이러한 정보를 무엇보다 페이월 뒤에 숨겨 놓아서는 안 된다고 말하고 싶었다. 연방정부는 여러 컴퓨터 범죄 혐의로 스와츠를 기소했다. 그는 비방당하고 박해받는다고 느꼈다. 징역형을 받을 것이 거의 확실하자, 2013년 1월 그는 스스로 목숨을 끊었다(Associated Press, 2013; Schwartz, 2013 참조).

스와츠의 여자 친구와 가족은 "협박과 검찰의 과도함으로 가득 찬 형사사법제도"가 그의 죽음의 큰 원인임을 확신했다(Associated Press, 2013). "매사추세츠 미국 연방 검찰청 관리들과 MIT 직원이 내린 결정이 그의 죽음의 원인"이라는

---

13 인터넷에서 일정액의 돈을 지불해야 내용을 볼 수 있도록 한 것으로, 영국 옥스퍼드 영어 사전은 2009년 이 단어를 올해의 단어로 선정한 바 있다 ― 옮긴이 주.

그들의 확신에는 변함이 없었다(Associated Press, 2013). 국제 비영리 디지털 권리 조직인 전자 프런티어 재단(Electronic Frontier Foundation)이 말한 대로, 스워츠는 "인터넷을 번성하는 개방된 지식의 생태계로 만들고 인터넷을 그런 상태로 유지하기 위해 그 누구보다 더 많은 일"을 한 영웅으로 많은 사람에게 남아 있다(Associated Press, 2013). 온갖 유형의 해킹이 계속해서 발생하고 있기 때문에, 정보의 공개성과 소유권 간의 긴장은 계속해서 시험받게 될 것이다. 스워츠의 슬픈 결말이 반복되지 않길 바라지만, 목전에 있는 이러한 긴장을 풀 수 있는 쉬운 해결책은 존재하지 않는다.

해결책 찾기, 격차 메우기

사회 문제는 쉬운 해결책에 늘 저항한다. 사회 문제는 일반적으로 그 발생과 복잡성에 기여하며 그것의 해결책을 복잡하게 만드는 요인들이 복잡하게 뒤엉킴으로 인해 생긴다. 인터넷과 디지털 기술은, 이것들의 광범위한 사용과 국제적인 범위를 고려하면, 기아, 범죄, 전쟁, 폭력, 파괴, 인종 차별, 성 차별, 노인 차별, 장애인 차별, 동성애 혐오증과 같은 전 세계와 사회가 안고 있는 모든 문제와 결합되어 있고 모든 문제에 연루되어 있다.

인터넷과 디지털 미디어를 더 많이 사용하거나 더 정교하게 사용하는 것만으로는 이러한 분열을 메우는 데 충분하지 않을 것이지만, 전 세계적인 ICT 개발을 위한 장기적인 투자와 전략은 더 나은 생활 조건을 가져다주고 번영을 촉진하는 데 도움을 줄 것이다. 국가의 정책과 법률은 이러한 투자의 필요성을 반드시 인식해야 하지만, 이것은 전 세계적인 관심사이며 국제적인 계획으로 반드시 이해되어야 한다. 각각의 단위를 강화하는 것은 전체를 강화하는 데 필수적이며, 이 경우 전체는 지구, 즉 전 세계이다.

게다가 부유한 나라와 가난한 나라 가릴 것 없이 모든 나라의 사람들이 인터넷과 디지털 기술에 안정적으로 연결될 수 있는 수단을 가지는 것은 매우 중요하다. 이것은 지역적인 수준과 전 세계적인 수준에서 하부구조, 고용, 교육, 보건 의료와 같은 이슈의 해결을 필요로 한다. 이것은 또한 성과를 충족시키기 위해 디지털 네트워크를 어떻게 사용하고 또 어떻게 지렛대로 활용할 수 있는지에 대한 거시적 수준과 미시적 수준에서의 리터러시도 필요로 한다. 이는 경제적인 투자를 훨씬 넘어서는 투자가 필요함을 보여준다.

「세계 정보 기술 보고서」는 각 나라의 특정한 상황을 토대로 조율된 조치를 요구하면서, 각 나라의 상황을 상세히 설명하고 있다. 이 보고서는 국제적인 네트워크와 연결성이 단지 성장의 핵심이 아니라 어떻게 "공평하고 포용적인" 성장의 핵심인지에 대해 논의하고 있다(Dutta et al., 2015: xvii). 정부는 지역과 기술을 가로질러 일관되게 적용되는 탄탄하고 현대적인 규제 환경을 확립함으로써 이러한 네트워크를 지원할 책임이 있다고 이 보고서는 지적한다(Dutta et al., 2015: xvii). 현재, 그와 같은 여러 문화가 혼재된 국제적 환경 조성은 기술 발전 속도를 따라가지 못하고 있다.

이 보고서는 또한 보건 의료와 교육 분야에서 차지하는 ICT의 전 세계적인 중요성을 지지하고 있다. 흥미롭게도 이 보고서는 교육 기술(educational technology)[14]을 가장 효과적으로 사용하기 위해서는 기술을 학습자의 손이 아닌 그들의 선생님의 손에 쥐어주라고 권고한다. 이 보고서는 교사의 발전을 촉진하는 프로젝트에 자원이 집중되어야 한다고 제안하면서, 이러한 자원의 집중은 모든 어린이 교육에 더 장기적이고 더 지속 가능한 영향을 미칠 거라고 주장한다.

격차를 성공적으로 메우고 전 세계 시민의 역량을 강화하기 위해서는 기술의 성장과 발전이 반드시 포용적이어야 한다. 포용적 성장(inclusive growth)의 세 가지 핵심 구성요소는 교육, 일자리, 복지이다. 디지털 기술은 "세 가지 모

---

14 정보산업 등에서 개발 이용되는 기술들 중 교육에 적용 가능한 기술을 말한다 ― 옮긴이 주.

두를 가능하게 해주는 것, 세 가지 모두의 촉매제, 그리고 세 가지 모두의 추진력"이 될 수 있다고 두타, 가이거 및 랜빈은 설명한다(Dutta, Geiger and Lanvin, 2015: xviii).

우리는 엄청난 양의 데이터를 처리할 수 있기 때문에 그리고 우리는 저렴한 가격으로 구입할 수 있는 충분한 처리 용량을 가지고 있기 때문에 전에는 상상할 수 없었던 질문을 할 수 있게 해주는 전체론적인 모델을 만들 수 있으며 또한 전에는 대답할 수 없었던 것들에 대답할 수 있다. 이러한 발전은 진정으로 포용적인 성장을 역사상 처음으로 정말 가능하게 해준다(Dutta, Geiger and Lanvin, 2015: xviii).

그러나 그와 같은 계획을 지원하고 ICT의 안전하고 광범위한 성장을 돕기 위한 국가적·국제적 정책과 법은 초보 단계에 머물러 있다. 그리고 사람들의 안전 확보, 복지, 현대 세계로의 완전한 통합이 관심사항일 때, 정책과 법은 더욱더 중요하다. 이 글을 쓰고 있는 지금, 프라이버시와 적법 절차(due process)[15]에 대한 우려로 인해 포괄적인 사이버 보안 법안이 미국 의회를 통과하지 못했다(Davis, 2015). 2005년에 UN의 후원을 받아 마련된 법적 구속력이 없는 토론 공간인 인터넷 거버넌스 포럼(IGF: Internet Governance Forum) 같은 좀 더 비공식적인 의정서가 만들어졌다. 그러나 강력하고 조율된 국가적·국제적 리더십이 아직 하나로 합쳐지지 않고 있다. 그래서 흥미롭게도 사람들과 집단은 해결책과 변화를 가져오고 차이와 격차를 메우기 위한 역량을 스스로 강화하기 위해 디지털 네트워크를 사용하고 있다.

---

[15] 개인의 권리 보호를 위해 정해진 일련의 법적 절차를 말한다 — 옮긴이 주.

권력에 응수하기: 사회 조직화, 운동, 그리고 행동주의

사회 문제, 불평등, 권력 역학은 사람들과 그들의 사회적 세계에 영향을 미치기 때문에, 사람들은 이러한 역학의 균형을 바꾸는 무언가를 하고 싶어 할 수도 있다. 여러분은 이것이 여러분 자신에게도 적용된다는 것을 알 수도 있다. 즉, 여러분이 어떤 이슈에 대해 더 많이 알수록, 여러분은 더 관심을 가지게 된다. 더 개방적이고 더 공정하며 더 자유로운 세상을 만드는 것을 돕고 싶을 수도 있다. 여러분은 기술-사회 생활에 대한 찬반 공개 토론에 기여하고, 데이터 마이닝과 감시에 대한 반대 의사를 분명히 밝히며, 어떤 정치적 대화에서 더 큰 발언권을 가지고 싶을 수도 있다. 혹은 만약 이것이 여러분의 스타일이 아니라면, 적어도 다른 사람이 그와 같은 발언권을 가지길 바라면서 아마 여러분 자신의 방식대로 그들을 지지하고 싶을 수도 있을 것이다. 현대 세계에는 이렇게 할 수 있는, 즉 사람들이 기술을 사용해 권력에 응수할 수 있는 방법이 많이 있다.

권력의 균형을 실제로 바꾸는 것이 어렵거나 불가능해 보일 수도 있으며, 틀림없이 바로 이런 이유에서 일부 사람들은 시도조차하지 않는다. 그러나 인터넷과 디지털 미디어는 이것을 가능하게 할 뿐만 아니라 매우 실행 가능하게 해주는 새로운 유형의 사회 조직화를 촉진할 수 있다. 예를 들어, 트위터 계정이나 블로그를 통해 정치인, 기업주, 혹은 모든 종류의 조직 지도자에게 직접 말하는 것이 이제 가능해졌다. 물론 그들이 그러한 메시지를 수신할 수도 수신하지 못할 수도 있고, 여러분이 요청하는 변화를 이룰 수도 있고 이루지 못할 수도 있으며, 혹은 답신을 줄 수도 주지 못할 수도 있다. 그러나 적어도 소셜 네트워크는 권력을 쥐고 있는 사람에게 메시지를 좀 더 쉽게 보낼 수 있는 통로를 열어준다. 비록 수신자들이 개별적으로 답신을 하지 않거나 심지어 각각의 메시지 모두를 보지 않는다 하더라도, 수십 혹은 수백 혹은 수천 건의 그와 같은 메시지는 집단적 영향을 미칠 수도 있다.

인터넷과 디지털 미디어는 또한 사람들이 하나의 집단으로서 더 큰 영향을 미칠 수 있도록 서로 연락을 취해 그들의 행동을 조직할 수 있게 해준다. 소셜 네트워크 사이트에서 정보를 찾는 사람은 온라인과 오프라인 모두에서 정치적으로 적극적일 가능성이 더 높다(Gil de Zúñiga, Jung and Valenzuela, 2012). 그리고 흥미롭게도 소셜 미디어를 통한 동원 활동에 가담하고 있는 사람은 만약 그렇지 않았더라면 적극적이지 않았을 사람이기 쉽다(Vissers and Stolle, 2014). 그것만큼 중요한 것으로, 소셜 미디어는 사람들이 자신을 하나의 집단이나 계급, 즉 많은 공통점을 가지고 있고 그들의 조건을 향상하기 위해 서로를 필요로 하는 일단의 사람으로 보도록 도와준다. 미디어는 "조각화된 노동자 계급을 가로지르는 사회적 관계를 봉합해준다"고 매개된 사회 운동 연구자인 토드 울프슨(Todd Wolfson)과 피터 펑크(Peter Funke)는 보고하고 있는데, 이들은 미디어 모빌라이징 프로젝트(Media Mobilizing Project)라 불리는 필라델피아 조직들의 네트워크가 지역 빈민과 노동자의 역량을 강화하기 위해 어떻게 라디오, 비디오, 인터넷을 활용하고 있는지에 대해 연구했다. 그들은 미디어가 "계급 정체성을 결합하고 두텁게 한다는 것"을 확인했다(Wolfson and Funke, 2013).

미디어의 영향을 받는 가장 성공적인 사회 운동은 온라인과 오프라인 상호작용을 결합한다. 잠재적인 행동주의자들은 온라인에서 서로를 발견하고, 공동 목적에 대해 논의하고, 관심이 있는 다른 사람을 모집하며, 직접 만날 계획을 세울 수 있다. 사람들이 그들의 입장을 확고히 하고, 단체와 집회를 조직하며, 그들의 노력을 널리 알릴 때, 변화를 불러일으키기 위한 노력은 온라인에서 매우 광범위한 기운과 홍보 효과를 얻을 수 있다. 정치적으로 적극적인 학생들은 대부분 온라인과 오프라인 모두에서 적극적이다(Vissers and Stolle, 2014).

소셜 미디어는 많은 운동을 고무하고, 활성화하고, 운동에 대한 말을 퍼뜨리며, 뒷받침하는 데 주된 역할을 해왔다. 소득 불평등과 사회적 불평등에 항의한 2011년의 '월가를 점령하자(Occupy the Wall Street)' 운동['우리는 99%이다!(We are the 99%!)'는 그 운동의 슬로건 가운데 가장 널리 알려진 것이었음]과 뒤이은 다른 점령 운동은 대부분 소셜 미디어상에서 조직되고 홍보되었다. 2011년 1월, 이집트 시위자들은 호스니 무바라크(Hosni Mubarak)의 사임을 요구하며 11일 동안 가두시위를 벌였으며, 그가 권력을 내려놓을 때까지 중단하지 않았다. 2011년, 중동과 북아프리카에서 벌어진 아랍의 봄 시위 역시 페이스북 혹은 트위터 혁명으로 불리는데, 왜냐하면 이 두 플랫폼이 그 시위에서 큰 역할을 했기 때문이다. 2011년, 튀니지와 스페인에서 벌어진 시위 역시 소셜 미디어를 매우 효과적으로 사용해 정치체계와 사회적·경제적 불평등의 변화를 요구했다. 2014년, 미주리(Missouri)주, 퍼거슨(Ferguson)시 경찰에 의한 마이클 브라운(Michael Brown)의 죽음과 뉴욕(New York)시 경찰에 의한 에릭 가너(Eric Garner)의 죽음은 페이스북과 전 세계의 다른 소셜 미디어를 통해 조직되고 상세히 기록된 수많은 대규모 시위로 이어졌다. #BlackLivesMatter와 #ICantBreathe와 같은 해시태그(hashtag)가 트위터에 갑자기 생겨났다. 2015년, 프랑스의 풍자 신문 《샤를리 에브도(Charlie Hebbo)》에서 일했던 12명의 저널리스트가 살해되자 언론의 자유를 지지하는 수많은 집회가 열렸으며, #JeSuisCharlie라는 해시태그는 가장 많이 트윗된 해시태그 기록을 경신했다. 심지어 자금이 부족하고, 상황이 좋지 않으며, 사람들이 두려워하는 조건에서도 소셜 미디어는 이러한 모든 운동이 일어날 수 있도록 도움을 주었다.

소셜 미디어 플랫폼은 흔히 억압적인 정권하에서 고통받는 사람들의 일종의 생명줄로 여겨진다. 그러한 권위주의적인 정부는 흔히 인터넷과 소셜 미디어의 힘이 두려워 그것을 걸러 내거나, 모니터하거나, 사용을 억제하거나, 심지어 폐쇄하려는 시도를 할 수도 있다. 그러나 서로에 대한 접근과 자원 및 사회적 자본에 대한 접근의 증가로 인해 사람들의 생활에서 소셜 미디어가 차지하는 중요성이 커졌으며 최소한의 권리와 자유가 있는 곳에서 소셜 미디어가 특히 필수적임이 입증되었다. 터키 정부가 2014년 초 중요한 선거 직전에 트위터 접속을 차단했을 때, 사용자들은 매우 창의적인 제2의 해결책을 만들어 내 트위터에 접속하는 방법을 찾았고, 그 결과 차단하기 전날보다 차단한 다음

날 더 많은 트윗이 교환되었다. 심지어 어려운 조건하에서도 (아마 '특히' 그러한 조건하에서) 사람들이 권리를 위해 모이고 싸우는 것을 돕는 소셜 미디어의 힘은 분명해졌으며 소셜 미디어의 1차적인 어포던스가 되었다(Guilién and Suárez, 2005: 687; Tufekci, 2014).

디지털 기술에 영향을 받는 사회 운동은 지역 수준과 전 세계적인 수준 모두[이를 일컬어 '세역화(glocalization)'[16]라고 함]에서 벌어질 때 지속적인 성공으로 이어질 가능성이 가장 높다. 다수의 네트워크가 지역 공동체 수준에서 활성화되고 메시지가 가능한 한 광범위하게 (흔히 사진 및 동영상과 함께) 확산될 때, 사회 운동은 전 세계로 뻗어나갈 수 있는 충분한 정당성과 권위를 획득할 최상의 기회를 갖게 된다. 많은 디지털 운동이 지도자가 없고 탈중앙집중화되어 있는 것에 자부심을 갖지만, 강력한 지도자를 개발하는 것은 일반적으로 장기간에 걸쳐 변화를 지속하는 데 매우 유리하다(Polk, 2014).

현대 생활에서 정치 참여와 시민 참여가 죽었거나 죽어가고 있다는 두려움과는 대조적으로 그러한 참여는 여전히 매우 활발하게 살아 있다(Chayko, 2014 참조). 우리가 보아왔듯이, 소셜 미디어는 일상적으로 그리고 광범위하게 대면 상호작용을 촉진하며 정치 참여를 북돋운다. 그러나 논란이 있는 정치적 이슈와 사회적 이슈에 대한 온라인 숙의(online deliberation)는 덜 광범위하게 이루어지고 있다. 많은 사람은 온라인에서 특히 다른 신념을 가진 사람들과 뜨거운 쟁점을 논의하는 것을 피한다(Hampton et al., 2014). 물론 온라인과 오프라인 모두에서 정치적 행동주의를 피하는 사람도 있다. 소셜 미디어상에서 다른 사람과 연락을 취하는 것은 대면 상황에서 그렇게 하는 것과 같지 않으며, 그것은 '슬랙티비즘(slacktivism)'[17] 혹은 '해시태그 행동주의(hashtag activism)'라 불리는

---

16 혹자는 'local'을 '지방'으로 해석해 'glocalization'을 '세방화'라고 번역하기도 하나, 역자는 'local'을 중앙에 대한 변방의 의미인 '지방'이 아닌 '지역'이라는 수평적인 개념으로 해석해 'glocalization'을 '지역화'와 '세계화'가 합성된 '세역화'라 번역하기로 한다 — 옮긴이 주.

것을 유도할 수 있는데, 슬랙티비즘 혹은 해시태그 행동주의란 대면 상황에서 실제로 무언가를 하는 것을 (특히 소셜 미디어에서) 무언가를 하는 것에 대해 '이 야기하는 것'으로 대신하는 것을 말한다. 그러나 우리가 보았듯이, 어떤 노력 을 조직하기 위해 소셜 미디어를 사용하는 것은 꽤 생산적일 수 있으며, 가장 효과적인 운동은 온라인 노력과 오프라인 노력 모두를 혼합하는 것이다.

인터넷과 특히 소셜 미디어는 사람들에게 온갖 종류의 견해를 표현할 수 있 는 플랫폼과 아웃렛(outlet), 즉 발산 수단을 제공한다. 놀랄 것도 없이 가장 강 한 정치적 견해나 이념적 견해를 가지고 있는 사람들(예를 들어, 가장 진보적인 정 당의 당원 혹은 가장 보수적인 정당의 당원)이 그러한 견해를 공유하고 있을 가능성 이 매우 높다. 추청에 따르면, 미국의 소셜 미디어 이용자 가운데 약 3분의 2가 다음과 같은 시민 활동이나 정치 활동 가운데 적어도 하나를 하기 위해 소셜 미디어 플랫폼을 사용했다고 한다: 사람들에게 투표 권장하기, 정치적 관심사 에 대한 동감을 게시하거나 재게시하거나 촉진하거나 보여주기, 정치적 행동 이나 사회적 행동을 취하거나 정치 집단에 가입하기, 혹은 선출된 공무원이나 후보 팔로우하기(Rainie and Wellman, 2012).

인터넷과 디지털 미디어는 문자 그대로 정치에 관심(혹은 호기심!)이 많은 사 람이 중요한 대의(大義)에 적극적이 될 수 있는 무수히 많은 기회를 제공한다. 디지털 행동주의(digital activism)는 디지털 기술로 인해 가능해진 정치 운동과 사회 운동에 참여하거나 심지어 자신의 사회 운동 혹은 정치 운동을 시작할 수 있는 엄청난 기회를 열어주면서 정치, 통치, 그리고 시민 관여(civic involvement) 와 사회 관여(social involvement)에 엄청난 영향을 주고 있다. 인터넷과 디지털 미디어는 '여러분'이 여러분을 둘러싸고 있는 세상에 자국을 남기고 그리고 아 마도 권력의 균형과 사용을 바꿀 수 있도록 어떻게 도와줄 것인가?

---

17   최소한의 노력만 요하는 프로젝트나 명분을 위한 운동(소심하고 게으른 저항 방식) ─ 옮 긴이 주.

시민 저널리즘의 부상

많은 사람은 이제 뉴스를 퍼뜨리고 뉴스에 댓글을 달며 과거에는 전문 저널리스트가 수행했던 일을 떠맡기 위해 소셜 미디어와 블로그를 사용함으로써 세상에 그들의 자국을 내기를 원한다. 뉴스 가치가 있는 정보를 수집해서 많은 사람에게 선파하는 것은 자은 조직(지역 신문)과 큰 조직(AP, UPI 같은 뉴스 통신사)에서 훈련받은 전문가들의 통합된 노력을 필요로 했다. 이러한 조직들은 뉴스 생산 과정에 엄청난 통제력을 행사했다. 그들은 심지어 시간이 흐르면서 변해온 뉴스 가치에 대한 기준도 정했다(예를 들어, 1930년대와 1940년대에 대규모 뉴스 조직은 어느 정도 묵시적으로 프랭클린 D. 루즈벨트 대통령의 소아마비를 국민에게 밝히지 않기로 합의했는데, 이것은 오늘날은 사실상 생각할 수도 없는 담합행위임).

오늘날 인터넷과 디지털 미디어를 가지고 있는 사람은 거의 누구나 소셜 미디어 사이트나 개인 블로그에 '그날의 뉴스'가 될 콘텐츠를 게시할 수 있다. 이러한 '시민 저널리스트(citizen journalist)'는 기본적으로 정확성을 감독하는 '게이트키퍼(gatekeeper)' 없이 이러한 정보를 생산해서 전파한다. 이와 동시에 많은 뉴스 조직도 시민 저널리스트의 작업을 그들 자신의 전문적인 뉴스 제작물에 통합시키기 시작했다. 그 결과, '정통' 뉴스 아이템 및 아웃렛과 '아마추어' 뉴스 아이템 및 아웃렛 간의 차이가 희미해지는 또 하나의 디지털 경계 침투현상이 일어나게 되었다.

시민 저널리스트와 다른 콘텐츠 생산자들은 흔히 이용 가능한 정보를 리믹스하고 용도 변경해(repurpose) 새롭게 재구성한다. 최소한의 비용으로 다수의 자료원으로부터 웹 페이지와 파일의 복사본이 만들어지고, 검색되고, 리믹스될 수 있기 때문에, 인터넷 기반 기술과 소셜 미디어는 이러한 행위에 완벽하게 잘 들어맞는다(Lessig, 2008; Martin, 2014). 미디어 애그리게이션(media aggregation)과 재사용(reuse) 벤처들이 인터넷상에 급증하여 큰 사업이 되었다. 애그리게이터는 다양한 뉴스 자료원을 쉽게 이해할 수 있는 요약 형태로 모아서 정리한다(martin, 2014). 그들은 이러한 자료원을 신중하게 선택·정리·구성함으로써 이러한 자료원의 '큐레이터(curator) 역할'을 한다. 일부 애그리케이터는 그들의 관점을 제시하기도 한다. 많은 사람은 이제 뉴스 사건에 관한 최신 정보나 심지어 뉴스 속보도 신문, 텔레비전, 라디오, 뉴스 통신사와 같은 전통적인 미디어 아웃렛보다 트위터나 페이스북에 더 의존한다.

시민 저널리즘은 매스 미디어가 국가로부터 독립적이지 않거나 언론의 자유가 제한되어 있는 사회의 사람을 대변하는 목소리를 제공할 수 있다. 그와 같은 지역의 시민은 뉴스를 공유하고 뉴스를 따라잡기 위해 소셜 미디어를 사용하고자 하는 특별한 동기를 가지고 있다. 예를 들면, 국가가 미디어를 통제하는 중국에서는 휴대폰이 가장 덜 규제받는 미디어 공간이다. 따라서 문자 보내기와 소셜 미디어는 시민이 시사 사건에 대한 정보를 제공하고 제공받을 수 있는 기회를 제공한다(Wei, Lo, Xu, Chen and Zhang, 2014).

물론 시민 저널리스트들은 전문적인 저널리즘 기법에 대한 훈련이 되어 있지 않을 가능성이 매우 높다. 예를 들어, 어떤 기사를 출판하기 전에 그 기사의 정확성을 검증해주는 다수의 신뢰할 만한 정보원을 확보할 필요도 없으며, 표절의 위험을 염려하지 않을 수도 있다. 그들은 사실이라고 주장하는 정보의 진실성을 검증하지 않을 수도 있다. 전문적인 뉴스 조직은 그와 같은 기준을 가지고 있지만 그들 역시 때때로 부정확하다. 빨리 (혹은 맨 먼저) 기사를 입수하기 위해 서두르고 잘못되거나 존재하지 않는 정보원에 의존하거나 사실보다는 기사의 주목을 끄는 (그리고 재정적으로 실익이 있는) 측면에 더 관심이 있을 수도 있기 때문이다. 그래서 전문 저널리스트와 뉴스 조직이 제공하는 정보는 일반적으로 시민 저널리스트나 블로거가 제공하는 정보보다 정확성과 신뢰성에서 단지 조금 더 나을 뿐인 것으로 여겨지고 있다. 그러나 이것이 항상 그런 것은 아니다. 뉴스 생산자들의 수용자 확보 경쟁은 대부분 사실, 즉 진실로 이루어지는 뉴스 생산물 자체를 폄하하지는 않지만 때때로 그 가치를 떨어뜨리는 결정적인 실수로 이어지기도 한다. 그 과정에서 뉴스 아웃렛의 평판이 심각하게 위태로워질 수 있다. 공정성과 정확성에 대한 뉴스 조직의 평판 하락은 독립 저널리스트나 시민 저널리스트들에게는 도움이 될 수 있어서, 그들이 일반 시민에게 뉴스 조직보다 더 신뢰할 정도는 아니지만 뉴스 조직만큼 신뢰할 만한 것으로 보일 수 있다. 독립 저널리스트와 시민 저널리스트들 역시 실수를 하지만, 어떤 기사의 전반적인 보도에 대한 독특하고 중요한 기여는 어떤 사건에 대한 그들의 보도를 통해 드러날 수 있다. 전통적인 뉴스 조직이 제공한 뉴스와 함께 좀 더 완벽한 기사가 전해질 수 있다.

수용자를 확보하기 위한 욕망은 또한 더 많은 시청자나 독자를 끌어들이기 위한 시도로 전문적인 저널리스트와 시민 저널리스트 모두와 뉴스 조직이 뉴스를 가능하면 흥미롭게 보이게 만드는 행위로 이어지기도 한다. 이것은 전반적으로 꽤 높은 수준의 선정주의로 이어져 뉴스 기사가 수용자의 눈을 잡아둘 수 있게끔 작성되고 생산된다. 때때로 있는 그대로 정보를 전달하는 데 있어 스타일이 본질보다 선호될 때, 사실적 정확성이 피해를 볼 수 있다. 전문적인 조직이 이것의 포로가 될 때, 새롭게 등장한 저널리스트들이 정보를 뉴스 가치가 있게끔 전달한다는 측면에서 그들보다 더 성공적이지는 않다 하더라도 꽤 경쟁력을 갖출 수 있는 기회는 주어지는 셈이다.

독립 저널리즘과 시민 저널리즘은 '사람들'을 대변하는 목소리, 즉 그들의 목소리가 들릴 수 있고, 모일 수 있으며, 상황을 변화시킬 수 있는 기회를 상징한다. 그것은 전통적으로 정부와 뉴스 조직이 쥐고 있던 권력의 일부가 일반 시민에 의해 표출되는 것을 볼 수 있게 해준다. 그것은 전 세계적인 권력 균형의 진정한 변화를 잠재적으로 보여주고 또한 그러한 변화로 이어질 수 있다.

누가 권력을 쥐고 있고 그 권력이 어떻게 행사되는지를 파악하는 것은 어떠한 집단이나 사회의 역학을 이해하는 데 매우 유익하다. 한 걸음 더 나아가 여러분 주위의 조건을 향상하기 위해 노력하는 것, 즉 현상 유지에 도전하는 것은 훨씬 더 유익하고 역량을 강화해줄 수 있으며 진정한 사회 변화에 기여할 수 있다. 직면한 도전의 수에 압도당하는 느낌을 갖지 않는 비결은 여러분에게 어떤 이슈가 가장 의미 있으며 어떤 것에 여러분의 첫 걸음을 내딛기에 충분할 만큼의 열정을 느끼는지 결정하는 것이다. 그런 다음, 비슷하게 느끼는 다른 사람을 찾아라. 인터넷과 디지털 미디어, 특히 소셜 미디어는 이러한 노력을 하는 데 필수적일 수 있다.

그 과정에서 만약 여러분 자신 역시 변하게 되더라도 놀라지 마라. 다음 장에서 우리는 디지털 공간에서의 자기(self) 및 정체성 구성 이슈를 살펴본다. 우리는 전 생애를 거치면서 자기가 어떻게 형성되는지 그리고 인터넷과 디지털 미디어가 대단히 흥미로운 기술-사회화 과정에 어떻게 영향을 미치는지 알게 될 것이다.

제6장

기술-사회화와 자기

사회화, 자기, 그리고 정체성

우리는 살아가면서 사회의 방식들과 사회에 참여하는 법을 배운다. 동시에 우리의 여러 개인적 자질과 특성이 나타나게 된다. 사회학자들은 개발되는 개인의 '자기(self)'를 한 개인이 사회의 구성원이 되는 것과 동일한 과정의 일부로 간주한다. 이러한 과정을 일컬어 '사회화(socialization)'라고 하며, 그것은 동전의 양면으로 간주될 수 있다. 즉, 유아기의 원물질(原物質)로부터 우리의 개인적 특질(자기)을 형성해가기 시작하면서 우리는 사회의 방식을 배우고(사회화) 또 사회에 참여하게 된다.

인터넷과 디지털 미디어는 사회화와 자기 개발(self development)에 중요한 역할을 할 수 있는데, 왜냐하면 이러한 과정은 우리가 다른 사람과 상호작용하면서 발생하기 때문이다. 기술이 풍부한 공동체와 사회에 사는 사람의 경우, 많은 상호작용이 온라인에서 발생한다. 사람들이 온라인에서, 대면 상황에서, 그리고 이 두 맥락 모두에서 알게 되는 사람과 관계를 맺으면서 '기술-사회화 (techno-socialization)'가 일어난다.

자기와 '정체성(identity)' 간에는 차이가 있다. 여러분의 자기는 여러분의 개인적 특질(personhood), 즉 문자 그대로 신체적·심리적·사회적인 여러분이다.

자기는 '실제 자기(actual self)' 혹은 '경험적 자기(empirical self)'(한 개인의 가장 오래 지속되는 성격적 특성(trait)—James, 1890/1983 참조)와 '당위적 자기(ought self)' 혹은 '가능한 자기들(possible selves)'(언젠가 가지게 될지도 모르는 속성 유형들—Higgins, 1987; Markus and Nurius, 1986 참조)의 측면에서 추가적으로 고려될 수 있다. 여러분의 정체성은 여러분의 개인적 자질과 특성, 즉 여러분 '같은' 것으로 구성된다. 여기에는 여러분의 내적 자기 정의, 즉 선호, 가치, 신념, 관심이 포함된다. 자기와 정체성은 명확히 구분되지만, 목적상 우리는 그것들을 비슷히고 대략 서로 바꾸어 사용할 수 있는 것으로 간주한다.

자기와 정체성은 다른 사람과의 상호작용 속에서 형성되고 바뀐다. 우리가 세상과 세상 속의 다른 사람이 어떻게 기능하는지에 대해 알게 될 때, 이러한 지식의 상당 부분이 우리의 정체성 속으로 통합된다. 우리의 자질과 특성(신체적·심리적·정서적)은 점진적으로 개발되고 변화된다. 이것은 상시적인 과정으로 우리가 죽는 날까지 계속된다.

우리는 사회화 과정을 거치면서 사회의 규범, 가치, 그리고 문화 산물과 과정에 대해서도 배운다. 디지털 기술에 의해 서로 연결되어 있는 사람들에게 이러한 과정은 매우 흥미로운 차원을 띤다. 인터넷과 디지털 미디어는 사람들이 다른 사람들을 관찰하고 그들에 대해 알게 되는 무수히 많은 기회를 제공하며, 그들 가운데 많은 이는 사람들의 사회화에 서로 다른 방식으로 영향을 미치게 될 것이다. 인터넷상에서 사람들은 우연히 마주치고 만나고 친구가 되며, 자기와 정체성의 일련의 잠재적인 측면들을 탐색한다. 사람들은 자신을 다른 사람과 비교하고, 새로운 규범과 가치를 배우며, 개인으로서 그리고 사회의 구성원으로서 성장한다.

게다가 매우 자주 휴대하거나 신체 가까이에 두는 휴대폰은 우리 몸과 자기의 일부로 보일 수 있다. 경영 및 마케팅학 교수인 러셀 벨크(Russel Belk)의 확장된 자기 이론(Extended Self Theory, 1998)에 따르면, 사람들이 팔이나 다리가 하는 행동을 통제하는 것과 거의 똑같이 물건과 소유물에 대해 힘과 통제를 행사할 수 있을 때, 그것들은 자기의 일부로 여겨질 수 있다고 한다. 모바일 기술은 점차 "우리의 육체적 자기의 확장물, 즉 정보사회의 디지털 하부구조를 우리의 몸 자체에 단단히 묶어주는 탯줄" 역할을 하고 있다(Harkin, 2003: 16; 또한 Clayton, Leshner and Almond, 2015 참조). 인터넷과 디지털 기술은 아주 흥미로운 새로운 방식으로 정체성 개발, 자기성(selfhood) 및 사회화 실험이 끊임없이 일어날 수 있게 해준다(Palfrey and Gasser, 2008).

자기 개발과 자기 수행

자기와 정체성은 다른 사람과의 협력 속에서 개발된다. 고전 사회학자인 조지 허버트 미드(George Herbert Mead)가 이론화했듯이, 자기와 정체성은 부분적으로 '타자의 역할 취하기(taking the role of the other)'를 통해 만들어진다(Mead, 1934/2009). 사람들은 다른 사람의 태도와 행동을 취해보려 '시도'하기도 하고, 심지어 (옷과 같은) 다른 사람의 물건도 사용해보려 '시도'한다. 사람들은 '특별한 타자(specific others)'(자신을 돌봐주는 사람, 형제자매, 친구, 심지어 직접 알지 못하는 어떤 사람과 같은 역할 모델로 여겨지는 특별한 사람들)와 '일반화된 타자(generalized others)'(아주 가까이에서도 그리고 어느 정도 거리를 두고서도 관찰되는 선생님, 음악가, 혹은 축구선수 집단과 같이 어떤 유형의 사람이나 어떤 생활의 방식을 대표하는 사람들의 집단) 모두에 대해서 그렇게 한다.

사람들을 관찰하고 어떤 경우 그들과 상호작용함에 따라, 그들의 입장에서, 그들의 현실에서 생활이 어떠할지를 고려하는 것은 흔히 있는 일이다. 이러한 타자들이 어떤 성격적 특성이나 자질을 가지고 있는지 우리는 궁금할 수도 있을 것이다. 이러한 자질들은 어떻게 표현되는가? 그러한 자질들 가운데 어떤 것이 우리 정체성, 우리 생활의 일부로 '딱 맞을까'? 이러한 아주 흥미로운 일련의 고려는 마치 자신이 다른 사람(때로는 특별한 타자, 때로는 일반화된 타자, 혹은 사람의 유형들) 흉내를 내는 게임을 하는 어린 시절에 시작된다. 성격적 특성, 태도, 관심사가 기존의 성격적 특성과 잠재적으로 '딱 맞을' 가능성의 측면에서 관찰되고 고려되고 테스트되면서, 이 과정은 성인 시절까지 계속된다. 이 과정 은 자주 반복되어서 이러한 성격적 특성 가운데 일부는 사람들의 성격, 정체 성, 그리고 자기 속으로 영구적으로 통합된다. 사람들은 조금씩 서서히 늘 성 장하고 변하며, 자기의 정체성은 늘 공사 중이다.

사람들은 특별한 타자와 일반화된 타자를 집, 학교, 직장, 놀이터에서 내면 접촉하지만 또한 인터넷과 미디어를 통해서도 늘 접촉한다. 사람들은 매스 미 디어와 디지털 미디어 모두를 통해 정말 많은 사람에게 노출되며, 그러한 다 른 사람이 어떤 사람인지에 대한 감을 갖게 된다. 정체성 개발 과정에 큰 영향 을 미치는 것으로 밝혀지는 사람들의 집단을 일컬어 '사회화 대리인(agent of socialization)'이라 한다. 사회화 대리인으로는 사람들의 정서 생활과 표현 생활 (expressive life)[1]을 더 흔히 공유하는 가족 및 친구 집단〔이들을 일컬어 '1차 집단 (primary group)'이라고도 함〕과 학교나 직장과 같은 중요한 역할을 하는 좀 더 전 문화된 집단〔2차 집단(secondary group)이라 불림〕이 있다.

기술이 풍부한 사회에서는 사람들이 등장하는 거의 모든 곳에서 그들의 상 상력을 불어넣는 어떤 사람이나 어떤 생활 방식을 접할 수 있다. 텔레비전과 라디오 같은 매스 미디어 사용을 통해 진정한 1차 집단이 만들어지는데, 왜냐 하면 이러한 미디어는 우리가 근본적이고도 개인적인 방식으로 서로를 알게 해주기 때문이라고 필자는 다른 곳에서 주장한 바 있다(Cerulo et al., 1992). 디지 털 미디어와 인터넷 사용의 경우에는 훨씬 더 그러하다. 인터넷과 디지털 미디 어에서 만나게 되는 타자들은 개인적으로 더 중요하기 때문에, 타모츠 시부타 니(Tamotus Shibutani)의 말을 빌리면, 그들은 사람들이 자신과 비교하고 많은 것

---

1   살아가면서 자신이 가지고 있는 생각, 사상, 감정, 아이디어와 같은 것들을 적합한 표현 수 단을 통해 효과적으로 전달하는 것 - 옮긴이 주.

을 배울 수 있는 '준거 집단(reference group)'이 될 수 있다.

사람들은 또한 그들의 친밀한 주변을 일종의 자기를 비춰주는 거울로 사용함으로써 자기와 정체성을 개발하기도 한다. 그들은 새로운 행동이나 특성 혹은 새롭게 선호하는 것을 '시도해볼' 때 사람들의 반응(reaction)과 대응(response)[2]을 세심하게 살펴본다. 만약 무언가가 긍정적인 대응을 이끌어낸다면, 그것은 자신감을 생기게 할 가능성이 더 높으며, 그와 같은 특성은 지속할 가능성이 더 높다. 만약 타자의 대응이 부정적이면, 자기 존중감에 상처를 입어 자기(self)가 힘겨워할 수도 있다. 타자는 사람들이 자기 자신을 살펴보고 검토하며 그에 상응하여 자기 이미지의 측면들을 개발할 수 있도록 도와주는 거울이 되기 때문에, 찰스 호튼 쿨리(Charles Horton Colley)는 이러한 과정을 '거울 자기(looking-glass self)'라 불렀다(Colley, 1922/1964). 그것은 타자의 역할을 맡아보는 것과 같이 사회화가 일상생활에서 어떻게 작동하는지에 대해 많은 것을 설명해준다.

거울 자기에는 디지털 구성요소도 마찬가지로 존재한다. 사람들은 디지털 영역에서 자신에 대한 타인의 대응을 알아차리고 그것에 대한 지각을 발달시킬 수 있다. 점점 더 어린 나이에 발생하는 타인과의 온라인 상호작용을 통해 사람들은 타인이 그들을 어떻게 지각하는지 배우기 시작한다. 사회학자 산양 자오(Shanyang Zhao)는 "인터넷상의 타자는 '디지털 자기(digital self)'를 만들어주는 독특한 '거울 자기'"라고 설명한다. 자오는 특히 활발하게 정체성을 형성해가고 있는 10대의 경우 디지털 자기는 오프라인에서 보여주는 정체성과 다르다는 사실을 확인했다. 그러나 우리 모두의 경우 정체성은 시간이 흐르면서 개발되고 바뀌고 변화한다.

---

2 '반응'은 제한되고 표준적이며 이미 확립되어 있는 특징들에 초점을 맞추는 반면(본능적이고 동물적이며 즉각적), 대응 혹은 응답은 현재 상황에 정형화되어 있지 않은 폭넓은 행위 중 하나를 선택하는 데 초점이 맞추어져 있다(이성적) ― 옮긴이 주.

사회학자 어빙 고프먼(Erving Goffman)에 따르면, 우리 모두는 생활의 많은 측면을 '연출한다(act out)'(Goffman, 1959). 이것이 의미하는 바는 여러 면에서 우리는 어디를 가든 일종의 '쇼'를 보여주는 연기자라는 것이다. 우리는 그 역할, 그 배역을 맡고 있는 사람이 연기해야 한다고 믿는 방식대로 연기한다. 예를 들면, 사람들이 부모가 될 때, 그들은 부모가 연기해야 한다고 믿는 대로 연기하는데, 이는 그들이 앞으로 그런 유형의 부모로 발전할 수 있도록 도와준다. 우리가 수행하는 모든 역할에도 똑같은 생각이 적용된다. 자기(self)는 이러한 배역을 수행하면서 발전하며, 이는 자기가 '수행되게' 해준다.

사회 생활을 쇼로 생각하는 것이 이상하게 보일 수도 있지만, 정말이지 여러분 행동을 봐줄 사람이 아무도 없다면, 즉 철저히 혼자 살면서 매일 다른 사람을 만나지 않는다면 여러분이 어떻게 행동할 것 같은지 생각해보라. 여러분은 평소에 하는 것처럼 씻고 단정하게 가다듬으며 옷을 입을 것인가? 여러분은 자주 웃을 것인가? 육체적으로나 정신적으로 건강할 것인가? 무언가를 배울 것인가? 여러분의 성격 가운데 어떤 측면이 개발될 것인가? 사람들은 거의 끊임없이 고프먼이 말한 '인상 관리(impression management)'에 신경 쓴다(Goffman, 1959). 사람들은 자신이 바라는 대로 타자가 자신을 봐주기를 바라면서 자신에 대한 특정한 지각이나 인상을 전하고자 한다. 이것은 사람들이 그들의 자기(self)를 개발하도록 도와주는 사회화 과정의 매우 중요한 부분이다.

때로 사람들은 온라인에 접속해 있을 때 다른 사람을 위해 연기하고 있다는 느낌, 즉 자신이 진짜가 아니라는 느낌을 갖는다고 한다. 어떤 사람들은 분명 온라인에서 그들의 정체성을 꽤 자유롭게 가지고 논다. 그러나 미드의 이론, 쿨리의 이론, 시부타니의 이론, 고프먼의 이론(및 분명히 다른 이론들)이 주장하는 것처럼, 이것은 어쨌든 정체성이 어떻게 개발되는지에 대한 중요한 부분이다. 사람들은 상상하고, 놀고, 수행한다. 사람들은 무언가를 시도하고 다른 사람이 어떻게 반응하는지 본다. 사람들은 다른 상황에서는 다소 다르게 행동한다. 자기의 측면들은 시간이 흐르면서 서서히 그리고 때로는 모르는 사이에 변한다. 온라인에 머무는 동안 자기를 바꿀 수 있는 기회는 거의 무한할 정도로 존재한다(Chayko, 2008).

자기의 측면들은 디지털 공간에서 꽤 쉽게 실험될 수 있다. 문자로 상호작용할 때, 많은 사회적 표지자(social marker)가 눈에 보이지 않아서, 젠더, 인종, 국적, 나이 등을 감추거나 바꿀 수 있다. 사람들은 자기의 다른 (혹은 잠재적인) 측면을 탐색하면서 오프라인에서는 불가능한 방식으로 온라인에서 놀 수 있다. 그러나 이것은 우리가 생각할 수 있는 것만큼 그렇게 자주 발생하지 않는다. 깊이 배어 있는 사회적 특성은 특히 오랜 기간 감추는 것이 쉽지 않다. 그리고 일반적으로 사람들은 자기 본연의 모습으로 다른 사람과 연결하길 원한다. 사람들은 일반적으로 온라인에서나 오프라인에서 완전히 다른 별개의 정체성으로 분리되지 않는다(Chayko, 2008: 169; Huffaker and Calvert, 2005; Kendall, 2002).

그러나 사람들은 온라인상의 말, 사진, 상호작용을 더 긍정적이게, 더 돋보이게, 더 독특하게 만들기 위해 그것들을 '수리하고' 편집한다. (사람들은 오프라인 대면 상황에서도 똑같은 일을 한다.) 그러나 대부분의 사람은 여전히 온라인과 오프라인 모두에서 그들의 진짜 자기가 확실하게 표현되기를 원한다. 니콜 엘리슨(Nicole Ellison)과 공동 저자들이 설명하고 있듯이, "사람들은 특히 중요한 관계에서 자신의 진짜 자기를 타인에게 보여주고자 하는 욕구와 함께 자신의 긍정적인 속성을 돋보이게 해야 한다는 압박감을 경험한다"(Ellison, 2006: 417). 사람들은 온라인에서 자기표현(self-presentation) 행동을 통제할 수 있기 때문에 그들의 인상을 전략적으로 관리하고 무엇을 자기 공개해야 할지 결정하며, 면식이 있는 수용자와 비면식자 모두에게 이렇게 한다(Ellison, Heino and Gibbs, 2006). 디지털 도구는 자기 자신을 편집하고 표현하고 탐색할 수 있는 비교적 통제되는 공간을 제공한다. 한 인터넷 사용자는 다음과 같이 말한다: "온라인에서 내 친구에게 말하는 것은 내가 한 인간으로 마음을 터놓을 수 있게 해줍니다. 나는 때로 부끄럼을 많이 타기 때문에 때로는 온라인에서 이야기하는 것이 직접 이야기하는 것보다 더 쉽습니다"(Chayko, 2008: 172). 온라인에서 '마음을 터놓는' 과정에서 자기의 진정한 측면이 발견될 수 있다(Bargh, 2002; Bargh , McKenna and Fitzsimons, 2002).

인터넷과 디지털 미디어를 사용하는 과정에서 사람들은 자기 개발에 영향을 주는 결정을 자주 내린다. 사람들은 공유하려는 콘텐트와 공유 대상을 선택하며, 소셜 미니어, 워드 프로세싱, 혹은 앱과 같은 표현 양식을 선택한다. 맥락 붕괴 역시 문제를 복잡하게 만드는데(4장 참조), 왜냐하면 선택은 이러한 표현을 수용하는 사람과 관련해서 내려져야 하기 때문이다. 사람들의 생활의 어떤 요소를 근거로, 누구를 친구로 삼고, 누구를 팔로우해야 하는지? 누구를 어떤 소셜 서클(social circle) 속에 들여놓을지? 어떤 정보를 그들에게 공개할지? 다른 사람들이 그들을 대상으로 쓰지 않은 게시글을 볼 때 어떤 일이 일어날지? 자신의 자기가 다른 사람에게 정확히 어떻게 드러나게 될지에 대해 생각하는 것은 자기 및 정체성 개발을 흥미로운 방식으로 촉진한다.

일부 학자는 온라인의 서로 다른 소셜 서클에서 탐색되는 정체성의 서로 다른 측면들은 하나의 통합된 자기로 결코 합쳐지지 않는다고 추측한다. 오히려 사람들은 온라인에서 서로 다른 여러 조각난 자기들 사이를 순환한다고 주장한다(Higgins, 1987; Kennedy, 2006; Markus and Kunda, 1986; Turkle, 1995). 페미니스트 기술(技術) 학자인 도나 해러웨이(Donna Haraway)는 자기는 부분이나 조각들로 구성되어 있어 늘 부분적이며 또한 우리가 서로 다른 관점을 이해하기 위해서는 이것이 필수적이라고 주장한다(Kennedy, 2006에서 재인용; 또한 Haraway, 1998 참조). 문화 사회학자 스튜어트 홀(Stuart Hall)은 이러한 입장을 다음과 같이 요약하고 있다: 현대의 자기는 "결코 하나가 아니라, 서로 다른, 흔히 서로 교차하고 적대적인 담론들, 관행들, 입장들에 걸쳐 복합적으로 구성된다"(Hall, 1996: 4).

그러나 로리 켄달(Lori Kendall)과 데이비드 허페이커(David Huffaker) 및 샌드라 캘버트(Sandra Calvert) 같은 다른 학자들은 정체성이 하나인 쪽에 더 가깝다고 본다(Kendall, 2002; Huffaker and Calvert, 2005). 그들은 사람들이 하나의 몸에 정착해 있으며 온라인에서 거의 지속적으로 하나의 목소리로 말하는 경향이 있기 때문에, 단 하나의 정체성을 드러낸다고 지적한다. 게임에서처럼 번갈아 나오는 정체성을 띨 때는 대개 실험적이거나 장난스러운 활동을 할 때이며, 이런 맥락에서 서로 다른 아바타와 정체성은 일반적으로 서로 상당히 다른 자기를 대표하지 않는다.

그렇다면 자기를 독특하고 서로 다른 정체성들로 구성되는 것으로 생각하기보다, 우리가 다른 사람과 상호작용할 때 탐색되고 개발될 수 있는 각각의 측면들로 구성되는 것으로 생각하는 것이 매우 도움이 될 수도 있다. 온라인과 오프라인을 구분하는 실재의 선은 존재하지 않으며 또한 온라인 영역과 오프라인 영역은 서로 뒤엉켜 있다고 생각하는 것이 가장 알맞기 때문에(3장 참조), 온라인에서 만들어지고, 수행되며, 전시되는 자기를 오프라인에서도 마찬가지로 존재하는 자기의 발현으로 생각하는 것이 가장 일리 있다. 대부분의 건강한 사람에게 그러한 자기는 유동적이지만 통합되어 있으며, 따라서 분리되며 뚜렷이 구분되는 다수의 자기가 아닌 여러 측면, 여러 가지 기분, 여러 가지 색깔을 가진 하나의 자기가 존재한다(자기의 연속성에 관해서는 James, 1890/1983 참조).

게오르크 짐멜은 사람들이 다양한 집단에 가입함으로써 이루어지는 복잡한 '망(web)' 내에서 각자 어떻게 자리하고 있는지에 대해 기술하고 있다(Simmel, 1908/1962). 현대인은 많은 역할을 떠맡고 적어도 부분적으로 여러 집단과 자신을 동일시함에 따라 중압감과 갈등을 경험할 수도 있지만, 동시에 자기 구성(self-construction)과 표현에서 엄청난 유연성을 경험할 수도 있다. 그 과정에서 사람들은 인류 역사의 그 어떤 시기보다 더 고도로 차별화되고, 더 달라지고, 더 전문화될 수 있다. 현대의 개인은 각 집단 내에서 이러한 다양한 역할을 조정하고 우리 자신의 다른 측면들을 표현하면서 매우 복잡하고 아주 독특해질 수 있다. 이것은 흥미롭고, 심지어 제약된 생각에서 벗어나게 해주는 제안이긴 하지만 동시에 다음과 같은 과제도 안겨준다: 다면적인 자기를 만들 때 우리는 이러한 면들을 묶는 방법을 반드시 찾아야 한다(Chayko, 2015 참조).

기술화된 현대에는 자기 구성의 기회도 많고 도전도 많다. 심리학자인 케네쓰 거건(Kenneth Gergen)에 따르면, 사람들이 관계에 몰입하고 의존하게 됨에 따라 그리고 존재 방식(태도, 가치, 의견, 도덕성, 관계 맺는 방식)이 더 복잡해짐에 따라, 자기가 더욱더 '포화되게(saturated)' 된다고 한다. 그로 인한 '디지털 자기' 혹은 '네트워크화된 자기(networked self)'는 자기표현 및 정체성 협상이라는 문제에 거의 계속해서 빠져들게 된다(Papacharissi, 2010; Zhao, 2005). 기술이 풍부한 환경에서 자기의 측면들은 자주 평가되고, 업데이트되고, 전달되며, 표현된다.

자기표현

인간은 강한 자기표현 욕구를 가지고 있다. 사람들이 더 넓은 세상과 소통할 때, 디지털 기술과 특히 소셜 미디어는 온갖 종류의 개인 표현을 만들어내고 이러한 인상을 편집하고 관리하기 위해 자주 사용된다. 그 과정에서 자기를 개발하고 표현하는 것은 일종의 프로젝트가 될 수 있다.

디지털 미디어는 사람들에게 온갖 종류의 아이디어와 충동을 표현하는 데 사용될 수 있는 플랫폼과 도구를 제공한다. 트위터, 페이스북, 핀터레스트, 인스타그램, 레딧, 스냅챗(Snapchat), 텀블러 같은 블로그와 소셜 미디어 사이트는 문자, 사진, 동영상 등을 통한 개인 표현과 콘텐츠 제작을 부추긴다. 그것들은 또한 다른 사람이 공유하는 것에 사람들이 댓글과 답글을 달 수 있는 플랫폼도 제공한다. 이것은 매일, 하루 종일, 여러 차례 되풀이해서 일어난다. 그 과정에서 개인적 자기(individual self)가 개발될 수 있고, 집단과 공동체가 개발될 수 있으며, 공통의 이해와 공통의 기반이 조성될 수 있는 기회를 부여받는다.

개인 표현(과 그와 같은 표현의 공유)을 지원하고 고무하는 애플리케이션은 점차 무료이거나 가격이 싸지고 있으며 사용하기도 비교적 쉽다. 디지털 제품과 공간을 개인화할 수 있는 능력은 인터넷 사용자들에게 점점 더 중요해지고 있다(Tapscott, 2011). 휴대성과 익명성(혹은 부분적인 익명성)은 자기표현의 자유와 우리가 보았듯이 어떤 경우에는 대담함과 탈억제를 부추긴다. (일부는 디지털 접근을 제한하는 물리적·지각적 어려움을 경험하기도 하지만) 대부분의 사람은 오프라인에 비해 온라인에서 물리적 제약을 덜 받는다. 이러한 조건하에서는 많은 사람이 장난기와 자유로움을 더 많이 느끼는데, 이것은 자기를 표현할 때 해방감으로 바뀔 수 있다.

사람들은 자신의 온라인 정체성을 꽤 전략적으로 만들어내고 관리하며 타인의 정체성 또한 그만큼 전략적으로 평가하는 경향이 있다(Rui and Stefanone, 2013 참조). 계산적인 것에서부터 부주의한 것에 이르기까지 사람들은 온라인에 있을 때 거의 끊임없이 자신에 대한 정보를 공개한다(Baym, 2010: 119; Ellison et al., 2006 참조). 사람들은 콘텐트, 행동, 언어 및 글 스타일, 메시지의 유형 및 시기 선택, 아바타 및 이름 선택, 심지어 사용하는 색깔 등등 거의 무한할 정도로 많은 것에 대한 단서를 제공한다. 이러한 모든 정보를 종합하면 온라인에서 만나는 사람들의 프로필이 만들어진다. 동시에 자신의 정체성의 표상도 형성된다.

온라인상에서의 자기표현과 표상은 문서 형식을 띨 수도 있고 시각적 형식을 띨 수도 있다. 이메일, 게시글, 상태 업데이트(status update), 블로그, 문자 메시지를 통해 우리는 생각과 감정을 기록해두었다가 나중에 그것을 기억해내거나 되돌아볼 수 있다. 계속해서 인기를 끌고 있는 커뮤니케이션 양식인 문자 메시지 교환에서 두 사람 간의 대화(dialogue)는 여러 방향으로 확장될 수 있는 상시적인 대화(conversation)[3]와 비슷할 수 있다. 이메일은 공유되는 정보를 좀

---

3   'dialogue'는 '토론(discussion)'에 방점이 있으면서 두 사람 간에만 사용되고, 'conversation' 는 사람들 간의 '아이디어의 교환(exchange of ideas)'에 방점이 있으면서 두 사람 혹은 그 이상에도 사용될 수 있다. 따라서 'dialogue'는 '두 사람 간 대화'로 번역하고 'conversation' 은 그냥 '대화'로 번역하기로 한다(http://www.differencebetween.com/difference-between-

더 쉽게 얻을 수 있게 해주고 더 오래 지속되며 전문적인 사용에 더 적절한 것으로 여겨진다. 소셜 미디어와 온갖 종류의 블로그 게시물은 매우 사적인 것에서부터 엄격히 전문적인 것에 이르는 공적인 표현 플랫폼을 제공한다. 이러한 미디어들은 모두 매우 상호작용적이기 때문에 사용자들이 "글을 통해 스스로의 존재를 나타내게" 해주는데, 왜냐하면 "(그들) 자신의 존재를 어떤 의미 있는 방식으로 인식하려면 (그들은) 답신을 받아야만 하기 때문이다"(boyd and Heer, 2006: 1; 또한 Bilton, 2013; Rettberg, 2014: 13 참조).

1990년대 말과 2000년대 초에 웹캠과 비디오 공유 기술이 인기를 끌면서, 사람들이 글 외에도 시각자료를 통해 점차 소통하게 되는 변화가 시작되었다(Senft, 2008). 그때 이후, 특히 2010년 이후, 동영상 및 사진 이미지 공유는 자기를 표상하고 표현하며 기록하는 양식으로 매우 인기가 있었다. 시각자료에는 언어 장벽이 없고, 엄청난 양의 정보를 효율적이고 구체적인 방식으로 전달하며, 필름을 현상하는 비용이 들지 않기 때문에 비교적 저렴하게 집단으로 공유할 수 있다. 유튜브 같은 일부 플랫폼과 앱의 등장으로 동영상을 쉽게 업로드하고 공유할 수 있게 되었다. (스냅챗이 동영상을 저장 보관할 수 있는 능력을 가지고 있고 디지털 저장보관소는 항상 잠재적으로 해킹당할 수 있는 것으로 반드시 간주되어야 하긴 하지만) 스냅챗과 같은 다른 플랫폼은 사진과 문자가 일단 전송되고 나면 재빨리 사라지게 한다.

사람들의 이미지를 보고 저장할 수 있는 기술이 휴대폰과 스마트폰을 통해 빠르게 확산하면서 '셀카(selfie)'[4]를 찍고 공유하는 것이 엄청난 인기를 끌게 되었다. 셀카는 사람들이 자기 자신을 찍은 사진으로, 자신의 감정을 전달하며 흔히 피드백과 관심을 요청하는 메시지를 보내는 사진이다. 셀카는 상당한 문화적·개인적 중요성을 지닌다. 셀카는 무엇보다도 사람들이 어떤 사건을 직

---

dialogue-and-vs-conversation/) — 옮긴이 주.

4   셀카의 정확한 영어 표현은 셀피(selfie)이다 — 옮긴이 주.

접 목격했거나, 안전하게 소재가 확인되거나, 생활을 어떤 방식으로 기록하기를 바라거나, 어떤 중요한 이슈에 대해 어떤 입장을 취하거나, 혹은 단순히 어떤 관점을 가지고 있음을 나타낼 수 있다(Hess, 2015; Koliska and Roberts, 2015; Lobinger and Branter, 2015; Nemer and Freeman, 2015; Senft and Baym, 2015; Shaw, 2010; Tiidenberg, 2014). 셀카는 또한 신빙성을 부여한다. 셀카는 내가 출석해 있다는 증거, 내가 '거기에' 있다는 증거를 제공한다. 디지털 기술을 통해 공유되고 전파될 수 있는 모든 상징, 사진, 동영상처럼 셀카도 개인이나 집단을 표상하는 역할을 할 수 있으며 사람들을 화합하게 해 관계나 공동체를 견고하게 만들 수 있다(Chayko, 2008; Senft and Baym, 2015).

인터넷상에서 자신을 표상하고 표현하고 공유하고 기록하는 것을 통해서 사람들의 정체성은 지속적으로 개발되며 사회화도 계속해서 이루어진다. 이러한 표상이 시간이 흐르면서 축적됨에 따라, 스토리(경험, 관점, 생활에 대한 본격적인 내러티브)가 탄생한다. 소셜 미디어는 스토리텔링(storytelling) 행위, 즉 사람들과 사람들이 영위해가는 생활에 대한 내러티브를 구성하는 행위에 적합하다. 사회학자 앤써니 기든스(Anthony Giddens)에 따르면, 사람들은 그들의 삶에 대한 이야기를 만들어내며 늘 "스토리가 계속 이어져 나가게 할 수 있는 능력"을 가지고 있다. 기든스는 이것을 "자기에 대한 계속 진행 중인 스토리"라고 부른다(Giddens, 1991: 56). 사람들이 사건을 더 큰 스토리 속의 에피소드로 볼 때, 그들은 생활에 의미와 일관성을 부여하는 내러티브들을 구성한다. 따라서 사람들의 생활과 자기는 더 잘 이해될 수 있다.

스토리를 되풀이해서 들려주는 것은 집단의 확립에도 마찬가지로 매우 중요하다. 그것은 집단에 대한 정의와 응집력을 제공해주며 구성원들 사이에 연대감을 생기게 해준다. 그것은 또한 공동체 구성원들 사이에 사회적 존재감을 높여주며 그 집단이 거주하는 공간을 채우고 형성하는 세부사항과 이미지를 제공한다. 스토리가 더 상세하고 더 큰 공명을 울리면 울릴수록, 이러한 공간은 더 사적이 되고 그 공간 속에 있는 사람들은 더 활기차게 살아 움직일 수 있다(온라인상에서의 자기표현 및 스토리텔링에 대해 더 알아보고자 한다면 Chayko, 2008: 159~182 참조).

디지털 기술 사용자들에게 "소셜 미디어의는 '어떤 자기'가 되는 것이 비교적 쉽도록 판이 짜져 있는 셈"이라고 미디어 연구자인 위트니 에린 보설(Whitney Erin Boesel)은 주장한다(Boesel, 2012). 실제로 그것은 "친구가 되는 것보나 더 쉽고 보상 또한 크다"고 그녀는 설명한다. 현대의 친구관계는 흔히 홍수처럼 밀려드는 엄청난 양의 매개되는 콘텐트(mediated content)를 읽고 보고 그것에 응답할 것을 요구하는 한편, 완전하게 실현된 자기가 되는 과정에서 온라인상의 많은 자기표현 기회를 이용함으로써 큰 이득을 본다. 반면에 기술 비평가인 니컬러스 카(Nicholas Carr, 2011)는 자기는 더 길고 더 깊이 있는 상호작용이 아닌 잦은 짧은 교환 속에서 개발되기 때문에 지나치게 빠르고 피상적인 온라인상의 표현은 '바람이 빠져 납작해진' 덜 흥미로운 자기 구성에 적합하다고 응수한다. 인터넷 및 디지털 미디어 사용이 자기와 정체성에 어떻게 영향을 주는지에 관한 대화는 당분간 계속될 가능성이 있는데, 왜냐하면 자기표현은 틀림없이 기술적으로 매개되고 모든 사람이 볼 수 있는 상태로 남아 있을 것이기 때문이다.

정체성이 소외될 때

그러나 괴롭힘이나 위험에 대한 두려움 없이 온라인에서 자신 자신의 측면들을 표현할 수 있는 사람들의 역량은 동등하지 않다. 어떤 사람이나 어떤 집단이 어떤 식으로 소외되거나 위협받을 때, 정체성 및 자기 개발은 새로운 차원을 띠게 된다. 인종, 민족성, 젠더, 사회경제적 계층, 성적 지향성, 나이, 육체적·지적 능력, 그리고 기타 수많은 요인을 토대로 차별이 일어나는 것을 보는 것은 너무 흔한 일이다. 이것은 온라인과 오프라인 모두에서 일어나며 어떤 개인의 자기표현에 큰 영향을 미칠 수 있다.

심리학자인 존 바그(John Bargh)와 동료들은 만약 인터넷이 "자기표현의 독특한 기회"를 제공한다면, "우리는 사람들이 무엇보다도 표현하고자 하는 가장 강한 욕구를 가지고 있는 자기의 측면들을 표현하는 데 그것을 맨 먼저 사용할 것으로 예상한다"고 주장한다(Bargh, 2002: 34). 사람들은 사회의 주류에 속하지 않는 특징을 토대로 온라인에서 사회적 연계를 형성할 수도 있다. 지배적 배경과 라이프스타일을 가지고 있지 않는 사람들은 온라인에서 자기표현과 연결을 위한 독특한 접근 수단과 공간을 발견할 수 있다. 필자와 인터뷰한 한 사람이 말한 것처럼, 그들은 그들에게 안전감을 주는 친구와 공동체를 발견하거나 심지어 기술을 사용하여 만약 그렇지 않으면 공유하고자 하는 마음이 내키지 않을 수도 있는 정보를 공유할 수도 있다(Baker, 2005; Gajjala, 2004; Lin, 2006; Mehra, Merkel and Bishop, 2004; Mitra, 2004, 2005):

> 많은 비밀과 거짓말 끝에 나의 부모는 이메일을 통해 마침내 나의 성성(sexuality)에 대해 나와 정면으로 부딪혔어요. 나는 여성 동성애자이고 학대 관계를 유지해 왔었습니다. 나는 부모님에게 뭐라고 말해야 할지를 몰랐을 뿐입니다. 마침내 나는 요컨대 "우리는 네가 동성애자라는 걸 알아. 괜찮아"라는 내용의 이메일을 받았습니다. 나는 내 아파트에서 눈물을 흘리면서 즉시 답메일을 보냈지만, 마침내 그런 사실을 공개하게 되어서 정말 안도했어요. 결국은 부모님에게 말했겠지만, 그것이 그렇게 빨리 그리고 솔직하게 이루어지진 않았을 거예요(Chayko, 2008: 52).

주류에 속하지 않는 정체성을 가지고 있거나 다수에 속하지 않는 공동체와 동일시하는 사람들은 특정 형식의 커뮤니케이션에 편안함을 느끼지 않을 수도 있다. 온라인에 있건 오프라인에 있건, 메시지를 교환하고 연결할 때 다른 사람의 개인적·사회적·문화적 상황을 고려하는 것은 중요하다.

인터넷과 디지털 미디어를 통해 정보를 공유하고 소통하는 것이 항상 안전하지는 않으며, 사람들이 한결같이 위험을 경험하는 것도 아니다. 소득이 낮고 영향력이 작은 사람들, 특히 젊은이들은 온라인과 오프라인의 공적·사적 공간에서 피해와 괴롭힘을 경험할 위험이 더 높다. 그들은 성인, 동료, 제도의 감시를 자주 받는다. 그들은 표현의 자유, 관심사를 기반으로 하는 커뮤니티, 그리고 프라이버시를 제공하는 공간을 찾는다. 온라인에 있을 때 그들은 모바일 및 소셜 미디어가 의도한 대로 사용되고 구성되는 것에 저항하면서 자신만의 규범을 만들어내며 편안함을 느낄 수 있는 공간, 그들 자신만의 공간으로 여겨질 수 있는 공간을 개척할 수도 있다(Vickery, 2015). 물론 공간적으로 분리되어 있는 위험하거나 파괴적인 집단의 구성원들 역시 디지털 기술을 사용해 서로를 찾고, 디지털 및 물리적 공간에서 모이며, 해를 끼칠 수 있다(Carmichael, 2003; Glaser, Dixit and Green, 2002: 22; Kjuka, 2013).

정체성의 일부 측면이 사회적으로 소외받음으로 인해 표적이 되거나 피해를 입은 적이 있는 사람들 역시 동일한 디지털 기술을 사용해 서로를 찾고, 결집하며, 서로를 지지할 수 있다. 그 과정에서 그들의 집단 정체성이 강화되며 그들의 개인 정체성도 더욱 탄탄해지고 새로운 방향으로 확장될 수 있다. 그와 같은 힘든 일을 경험해본 적이 있는 사람들에게 이것은 생명을 구해주는 것만큼이나 도움이 될 수 있다. 사회학자 더글러스 슈록(Douglas Schrock)과 동료들은 트랜스젠더와 복장 도착자[5]의 온라인 지지 집단에 관한 연구에서 친구관계, 기쁨, 들뜬 행복감을 확인했다. 구성원들은 그들이 서로 연락하고, 편안함과 안전함을 느끼며, 이야기를 서로 공유할 수 있는 장소를 발견했다. 한 참여자는 그렇게 하는 것은 "정화되는 느낌을 주었어요. 그것은 마치 내가 껍질을 깨고 나오는 것 같았어요. ⋯ 그것은 마치 내가 집에 돌아온 것 같았어요"라고

---

5   '복장 도착(cross-dressing)'이란 특히 성적 쾌감을 위해 이성의 옷을 입는 것을 말한다 ― 옮긴이 주.

말했다(Schrock, Holden and Reid, 2004: 66).

신체적으로나 지각적으로 온라인 콘텐트에 접속하는 데 어려움을 겪는 사람에게 인터넷 및 디지털 미디어는 입장하기 어려운 폐쇄된 클럽 같은 느낌을 줄 수 있다. 기술적 진보로 인해 시각과 청각에 장애가 있는 사람들이 이러한 기술을 더 쉽게 이용할 수 있게 되었지만, 많은 사람에게 그것은 여전히 어려운 일일 수 있다. 그와 같은 장벽이 극복될 때, 그러한 기술을 통해 얻는 이득은 실재적일 수 있으며, 독립성도 향상될 수 있다(Akamatsu, Mayer and Farrelly, 2006). 장애가 알려져 있지 않거나, 장애가 아무런 관련이 없거나, 다른 사람의 지지를 받는 환경에서는 장애가 있는 사람들이 그들의 신원을 제시하고 표현할 수 있다. 장애가 있는 사람은 유사한 상황에 있는 다른 사람을 찾고 연결하며, 필요로 하는 정보와 자원을 수집하며, 자신을 좀 더 완전하고 즉각적으로 표현할 수 있다. 중국에 있는 한 장애인 인터넷 사용자 집단의 경우, 온라인 접속은 사회적 상호작용의 빈도와 질을 상당히 향상해주었으며 물리적 환경과 사회적 환경 모두의 장벽을 낮추어주었다(Guo, Bricout and Huang, 2005).

영향력이 낮은 집단에 속해 있는 사람들의 경우, 편견과 차별은 계속 진행 중인 관심사이다. 오프라인에서 약해진 사회적 권력이 온라인에서도 그대로 이어진다. 그러나 서로 연락을 취할 수 있고 안전한 공간이 될 수도 있는 커뮤니티를 만들 수 있는 가능성으로 인해 연대감을 구축할 수 있는 기회가 생길 수 있고 또한 만들어질 수 있다. 어떤 경우, 상호작용을 막는 장벽이 사라지고, 자기표현이 향상되며, 지위와 상황을 향상할 수 있는 집단적 조직화가 가능할 수 있다.

온라인과 오프라인에서 성장하기

어떤 자기가 되고 사회의 구성원이 되는 과정은 일생의 과정이다. 사회화는 실제로 태어나기 오래전부터 시작된다. 아기의 탄생을 준비하는 사람들은 아마도 그 아이가 어떻게 양육되어야 하는가에 대한 문화적으로 영향을 받은 생각을 가지고 있을 것이다. 그 아기는 사회적 특성과 관련된 기존의 규범과 가치를 가지고 세상에 나온다. 따라서 어떤 아기가 태어나는 사회적 분위기는 그 아기의 정체성과 '삶의 기회(life chances)'[사람들의 '상향 이동성(upward mobility)', 즉 사회적 지위, 건강, 자원, 교육 성취 수준 향상의 기회]에 영향을 주며 실제로 그 아기의 정체성과 기회를 상당히 결정할 수도 있다.

사람들은 또한 특정한 유전적·생물학적·심리적 선유성향(predisposition)을 가지고 태어난다. 상당한 유전적 구성요소를 가지고 있는 것으로 보이는 일부 특성으로는 외향성(혹은 그 반대인 내향성), 신경성(neuroticism), 위험 감수(risk taking), 중독 취약성이 있다(Kreek, Nielsen, Butelman and LaForge, 2005; Viken, Rose, Kaprio and Koskenvuo, 1994). 어떤 사람은 상당히 힘든 신체적 및/혹은 정신적 조건을 가지고 태어난다. 그러나 심지어 생물학적 구성요소를 가지고 있는 그러한 특성들도 사회화 과정에서 환경적 상황과 생활 상황에 크게 영향을 받는다. 심지어 대개 분명한 생물학적 구성요소(유전자, 2차 성징, 호르몬)를 가지고 있는 사람들의 젠더도 매우 유동적이고 유연해서 어떤 사람들은 그것이 진정한 자기를 표현하지 않는다고 느끼며 또한 시간이 흐르면서 자신의 젠더를 사회적으로 바꾸거나 수술을 통해 바꾼다. 성장하고 자기와 정체성을 개발하는 것은 사회적인 것, 생물학적인 것, 심리적인 것을 아우르는 복잡한 과정이다.

매스 미디어와 디지털 미디어는 모두 선진국 어린이들 대부분의 일상생활에서 중요한 부분이며, 앞에서 보았듯이 휴대폰은 심지어 개발도상국에서도 더 많이 눈에 띄고 더 많이 사용되고 있다. 어머니 뱃속에서 녹음된 음악과 메시지를 듣고, 아기 때 TV와 비디오를 보고, 어린 시절 아이패드(iPad)에서 게임을 하는 것과 같은 활동을 통해 인터넷과 매스 미디어 및 디지털 미디어는 초기 사회화 대리인 역할을 한다. 이 대리인은 어린이들에게 여러 문화가 어떠한지 그리고 사회에서 그들의 자리가 어떨 것 같은지를 보여준다. 따라서 미디어는 가족 및 친구와 더불어 사람들에게 1차 집단(primary group), 즉 강하고 친밀한 개인적 유대관계이자 사회화 환경 역할을 한다(Cerulo et al., 1992).

선진국에서는 부모들이 아주 어린 아이들에게 휴대폰을 주는 것을 흔히 볼 수 있다. 이러한 부모들은 흔히 잠재적인 위급 상황을 염려해 자녀가 당장 그들에게 연락을 할 수 있기를 바랄 수도 있다. 어떤 경우 그들은 자신이나 자녀가 디지털 격차의 정보 빈자 쪽에 속해 있는 것처럼 보이는 것을 원하지 않을 수도 있다(Castells, Fernandez-Ardevol, Qiu and Sey, 2004 참조). 몇몇 추정치에 따르면, 기술이 발달된 국가의 어린이들이 부모로부터 처음 휴대폰을 받는 평균 나이는 대략 9세이며 현재 더 줄어들고 있다. 일부 휴대폰은 인터넷에 연결되어 있지 않지만, 어린이들이 점점 더 어린 나이에 (심지어 초등학생 때) 휴대폰을 받는 것이 하나의 규범이 되어가고 있으며 이러한 휴대폰의 상당수가 스마트폰이다(Mascheroni and Olafsson, 2013).

인터넷 및 디지털 기술과 함께 성장하는 어린이들은 그것을 사용하는 것을 아주 편해하는 경향이 있다. 때때로 '디지털 원주민(digital natives)'이라 불리는 그들은 인터넷과 디지털 미디어가 생활의 일상적인 부분인 환경 속에서 성인이 된다. 기술로 채워진 세상이 그들이 아는 유일한 세상일 수도 있다(Palfrey and Gasser, 2008; Prensky, 2001). 일부 사람들이 믿는 바와는 반대로, 이것이 자동적으로 이러한 어린이들을 기기 사용 결과는 말할 것도 없고 기기 사용의 전문가로 만들어주는 것은 아니다. 스크린 앞에서 그토록 많은 시간을 보내는 것이 장기적으로 어린이들에게 어떤 영향을 미칠지에 대한 명확한 사항 또한 알려진 것이 없다. 그러나 그들은 디지털 기술에 대해 어느 정도 편안해하고 그것을 민첩하게 사용하는 경향이 있다. 모든 사람에게 그러하듯이, 정체성, 자기, 그리고 사회적 연계가 만들어지고 사회화 과정의 초기 단계가 뒤따르면서, 젊은이들의 기술 사용은 그들에게 이로운 효과는 물론 잠재적으로 해로운 효과를 포함해 다양한 영향을 미칠 수 있다.

어린이들은 더 나이가 많은 사람의 패턴과 유사한 패턴으로 그들의 휴대폰과 컴퓨터의 사회적 사용(social use)[6]에 자연스레 끌리는 경향이 있다. 그들은 친구와 소통하고 '많은 시간을 보내고', 흔히 멀티플레이어(multiplayer) 게임을 즐기고, 웹 여기저기를 둘러보며, 음악을 듣기 위해 휴대폰과 컴퓨터를 사용한다. 그들은 단체 문자와 채팅을 자주 확인함으로써 친구들과 상시적 연결성(constant connectedness) 상태를 유지하거나 주변 공존을 유지하면서 친구관계를 강화하기 위해 휴대폰과 컴퓨터를 사용한다. 물론 그들은 어떤 사람은 그들이 형성하는 집단에 포함시켜 그들과 서로 연결하는 동시에 또 어떤 사람은 그러한 집단에서 배제하여 그들을 소외시킬 수 있다. 이 모든 것을 온라인에서 하는 동안, 그들은 어떤 집단이나 사회의 방식으로 사회화되고 정체성 개발에 매우 중요한 역할과 관습을 취한다.

그들은 또한 자신을 표현하기 위해 기술을 사용하며, 그렇게 하면서 그들의 정체성을 개발한다(Livingstone, 2009). 이들은 휴대폰, 컴퓨터, 태블릿의 케이스뿐만 아니라 실제 휴대폰, 컴퓨터, 태블릿을 개인 맞춤화할 수도 있다. 그들은 많은 시간과 에너지를 소셜 미디어 프로필과 아바타를 만들고 편집하며 그들을 표상한다고 느끼는 특정 아이콘, 링톤(ringtone), 폰트(font) 등을 사용하는 데 소비한다. 그들은 사진을 바꾸고 불쾌한 댓글을 지우며 친구와 팔로워 목록을 바꾸면서 프로필과 웹 페이지를 꽤 자주 업데이트한다. 그들은 자유로이 셀카를 찍고, 올리고, 공유한다. 간단히 말해, 그들은 그들이 하고 보는 것의 상당 부분이 편집되고 때로는 장난기 어린 형태의 자기라는 것을 인식하는 것 같다. 그럼에도 게시물을 올리고 다른 사람의 게시물에 댓글을 다는 데 많은 시간과 에너지와 주의를 쏟는다. 그렇게 하는 것은 불확실하고 변하기 쉬운 정서, 동일시(identification)[7] 및 요구에 직면해 통합된 자기를 만들어내고 유지하고자 하

---

6   단순한 개인적 목적 달성을 위한 도구라는 개념을 넘어, 사회생태학적 관점에서 사회적 관계와 구조, 가치관, 규범 형성에 사용되는 것을 말한다 ― 옮긴이 주.

7   상대방과 나를 동일화하려는 욕구로, 차별화(differentiation)와 더불어 정체성을 만드는 두 가지 요소이다 ― 옮긴이 주.

는 청소년들의 몸부림을 보여주고 지지할 수도 있다(Livingstone, 2009: 103).

젊은 인터넷 및 디지털 미디어 사용자들은 또한 그들을 성인과 차별화하고 그들의 커뮤니티를 그들의 체계를 공유하지 않는 커뮤니티와 다르게 만드는 약어, 약칭, 상징체계를 만들어내면서 언어를 맞춤화하고 개인화하는 것을 좋아한다(Chayko, 2008: 163~164). 그들은 자신을 표현하기 위해 기기를 통해 '이모티콘(emoticon)'(문자를 이용해 미소와 찡그림 같은 감정 상태를 나타내는 기호)과 '이모지(emoji)'(모든 종류의 사물을 나타내는 작은 아이콘과 일러스트레이션)를 메시지에 삽입할 수도 있다. 어떤 사람들은 어린이들이 온라인 약칭 언어를 남용하거나 오용함에 따라 공식적인 글쓰기 기술과 소통 기술을 잃게 될까 봐 우려하지만, 적어도 한 연구는 문자를 더 자주 보내는 어린이들이 읽기, 쓰기, 철자법 시험에서 흔히 더 높은 점수를 받는다는 사실을 확인했다. 이것은 어떠한 글쓰기이건 쓰는 것이 전혀 쓰지 않는 것보다 더 나을 수도 있다는 점과 문자 보내기가 이용하기 쉽고 즐거운 방식으로 언어 기술을 연마하도록 도와줄 수 있다는 점을 보여준다(Chayko, 2008; Psychology Today, 2007).

이것은 커뮤니티와 커뮤니티에 있는 사람들이 독특한 정체성을 개발하는 방식이다. 그러한 집단을 만들고 외집단(out-group, 잘 알지 못하는 사람들)과 내집단(in-group, 상징들을 이해하고 '잘 아는' 사람들)을 분리하는 일종의 경계를 형성하기 위해 특별한 단어, 별명, 말하는 방식, 상징, 옷, 색깔, 로고 등이 사용된다. 의미 있는 집단의 일원으로서 생활하는 것은 매우 규범적이며, 사람들이 이러한 집단을 만들고 유지하며 젊은 나이에 그렇게 하는 것을 배우기 위해 그들 곁에 있는 기술을 매우 자주 사용할 거라는 것은 일리가 있다. 우리는 7장에서 친구 추가하기와 대인관계 맺기에 대해 더 자세히 논의한다.

어린이, 청소년, 그리고 10대는 점점 인터넷과 디지털 미디어를 사용해 창작 콘텐트를 만들어낸다. '모든' 미국 10대의 적어도 3분의 1이 블로그나 웹페이지를 만들었거나, 아트워크(artwork),[8] 스토리, 혹은 동영상 형태로 창작 콘텐트를 만들었거나, 온라인에서 음악이나 동영상을 리믹스했다(Lenhart and

Madden, 2006; Lenhart, Purcell, Smith and Zickuhr, 2010). 90% 이상이 정기적으로 사진을 공유하고 게시한다(Madden et al., 2013). 또한 그들은 인터넷을 사용해 건강 정보와 교육 자료에 접근하며 노골적으로 성적인 콘텐트를 보는 빈도도 점차 늘어나고 있다. 휴대폰을 사용하는 아이들은 어른이 알지 못하게 그와 같은 콘텐트에 흔히 접근할 수 있는데, 물론 그와 같은 노력을 차단하기 위해 (그리고 심지어 어린이를 감시하기 위해) 만들어진 소프트웨어와 스파이웨어(spyware)가 사용될 수는 있다.

어린이들이 10대가 될 때, 그들의 정체성 형성은 새로운 목적과 긴급성을 띤다. "젊은 사람들은 정체성 형성이라는 전쟁을 치른다"라고 교육학 교수인 앤절라 토머스(Angela Thomas)는 말한다. "그들은 힘과 인기를 얻기 위해 애쓰고, 자신이 누구인지 정의하고 그들의 성성을 이해하기 위해 애쓴다. … 이것은 그들의 온라인 세계에 반영된다"(Thomas, 2006: 40). 매스 미디어와 디지털 미디어 모두 계속해서 이러한 어린이들의 핵심 사회화 대리인이다. 젊은이들이 소셜 네트워킹 사이트에서 광범위하게 상호작용하는 방식을 연구한 대나 보이드(danah boyd)는 다음과 같이 기술하고 있다:

> 어린이들은 10대가 되면서 그들이 어떻게 더 큰 세상에 잘 들어맞는지 이해하려 노력한다. 그들은 공적인 공간에서 살기를 원하지만, 또한 어른이 된다는 것이 의미하는 바를 이해하기 위해 공인(公人)을 포함해 어른들에게 기대를 걸기도 한다. 그들은 성인의 본보기를 찾기 위해 부모와 그들 공동체에 있는 다른 성인을 주시한다. 그러나 그들은 또한 자신들이 유명해질 경우 누리게 될 자유를 상상해보기 위해 카니에 웨스트(Kanye West)[9]와 킴 카다시안(Kim Kardashian)[10] 같은

---

8   아트워크는 시각 예술에서의 작품 등을 말한다. 아트워크의 기반은 일러스트 이미지에 두고 있다 — 옮긴이 주.

9   미국계 래퍼, 가수, 작곡가, 녹음 프로듀서, 패션 디자이너, 사업가 — 옮긴이 주.

10   미국의 패션 디자이너, 방송인, 모델, 배우, 사업가 — 옮긴이 주.

유명 인사를 추적한다. 좋건 나쁘건 미디어 내러티브 또한 공적 생활이 작동하는 방식에 대한 더 광범위한 내러티브를 구성하는 데 도움을 준다(boyd, 2014: 18~19).

성장하는 것은 쉽지 않으며, 정체성과 자기를 찾고 형성하는 것은 어려운 일일 수 있다. 인터넷과 디지털 미디어는 어린이와 10대가 그들 자신을 젊은 성인으로 마음속에 그려보고 여러 가지 자유를 실험해볼 수 있게 하는 공간과 수단을 제공한다(boyd, 2014: 19). 그들은 자신이 누구인지 그리고 어떤 사람이 되고자 하는지를 시험해볼 수 있다. 또한 그들은 피드백(긍정적인 것과 부정적인 것 모두)을 받아볼 수도 있으며, 이러한 과정에서 매우 중요한 사회적 연계가 형성되고 유지된다.

청소년과 10대는 디지털 기술을 사용하는 데 아주 많은 시간을 소비하는데, 왜냐하면 거기에 그들의 친구가 있기 때문이다. "어린이와 젊은이들이 자기표현과 관계 구축을 위한 온라인 기회를 즉각적이고도 열정적으로 사용하는 것은 기술 주도적(technology driven)이지 않다"고 미디어 연구자인 소니아 리빙스턴(Sonia Livingstone)은 말한다. "오히려 온라인 및 모바일 커뮤니케이션을 이끌고 가는 것은 어느 곳에서든 언제든 동료와 연결하고자 하는 젊은이들의 강한 욕구이다"(Livingstone, 2009: 92; 또한 boyd, 2014 참조).

청소년과 10대가 어른의 감독에서 벗어나 그저 함께 많은 시간을 보내고 재미있게 놀 수 있는 장소를 찾는 것은 어려울 수 있다. 권위로부터의 어느 정도의 자유는 성숙함과 정체성, 특히 성적 정체성 발달에 중요하다. 그러나 그와 같은 공간이 오프라인에 항상 많이 있거나 이용 가능한 것은 아니며, 그러한 공간에는 무수히 많은 규칙이 딸려 있다. 많은 10대는 자유 시간 또한 그리 많지 않다. 사회적 공간은 온라인에서 흔히 좀 더 쉽게 만들어지고 좀 더 쉽게 접근할 수 있다. 이것은 휴대폰을 가지고 있고 소셜 미디어 공간에서 많은 시간을 함께 보내는 젊은 사람들에게 주어지는 진정한 혜택 가운데 하나이다. 그들은 더 많은 장소에 갈 수도 있고 좀 더 자유롭게 돌아다닐 수도 있다(boyd, 2006, 2014). 소셜 미디어 공간은 "그들 마음대로 할 수 있는 장소"일 수 있다(boyd, 2014: 19).

모든 사람처럼 어린이, 청소년, 10대도 디지털 공간에서 그들의 욕구, 그들이 선호하는 것, 그리고 그들의 라이프스타일에 맞는 방식으로 행동한다. 많은 젊은 컴퓨터 사용자는 친구 및 소셜 네트워크와의 빠르고 꽤 지속적인 접촉의 진가를 알기 때문에 소셜 미디어와 문자 메시지가 그들의 욕구를 채워줄 것으로 생각한다. 그들은 디지털 맥락과 대면 맥락을 뒤섞는 것, 즉 기술을 일상생활에 통합하는 것, 어떤 친구와 함께 시간을 보내는 동안 다른 친구에게 문자를 보내는 것, 물리적으로 친구와 함께 보내면서 사진을 찍어 소셜 미디어에 업데이트를 게시하는 것을 흔히 편안하게 느끼고 그렇게 하는 것에 능하다. 보이드(boyd, 2006)에 따르면, 많은 성인과 마찬가지로 젊은 사람도 "친구가 거기에 있고 그러한 친구와 그곳에서 많은 시간을 함께하기 위해" 온라인에서 시간을 보낸다(또한 Lenhart and Madden, 2006; Madden et al., 2013).

기술이 풍부한 환경에서 성장한 사람들은 일반적으로 기술을 꽤 편안하게 느끼며 온라인과 오프라인을 분리된 맥락으로 여길 가능성이 더 적다. "기술에 몹시 곤란을 겪는 성인들이 외부 세계와의 상호작용을 줄이려 할 수도 있을 때" 좀 더 젊은 사람들은 온라인과 오프라인 모두에서 편하게 상호작용의 양을 늘린다고 리치 링(Rich Ling)은 말한다(Ling, 2004: 111). 그들은 심지어 온라인에서 배우는 것을 오프라인에서 친구관계를 향상하는 데 사용할 수도 있다. 폭넓고 활동이 많은 친구 및 팔로워 네트워크를 갖고 있다는 것은 다른 사람(과 그들 자신)에게 그들이 인기 있고, 찾는 사람이 많으며, 그리고 초연결되어 (superconnected) 있다고 할 만큼 실제로 매우 잘 연결되어 있음을 보여줄 수 있다(boyd, 2006, 2014; Ling, 2004; Miyata, Boase, Wellman and Ikeda, 2005).

결코 끝나지 않는 사회화: 성인기 내내 지속되는 사회화

정체성은 평생에 걸쳐 (때로는 극적으로, 때로는 미묘하게) 계속해서 개발된다. 성인도 어린이들과 여러 가지 같은 이유로, 즉 친구와 다른 흥미를 끄는 사람들이 거기에 있고 또 이러한 연결이 계속 진행 중인 자기 개발에 매우 중요하기 때문에, 디지털 환경에서 시간을 보낸다. 게다가 많은 사람이 온라인에서 일을 하고 쇼핑을 하며/하거나 디지털 정보를 찾아내고 만들어내고 공유하며, 또한 이러한 맥락에서 배우고 관찰하는 많은 것이 그들의 생활과 정체성 속에 통합된다.

기술 집약적인 사회에서 사람들은 '자기 브랜드화(self-branding)', 즉 인터넷과 디지털 미디어를 사용하여 정체성을 만들어내고 널리 퍼뜨리는 데 관심을 가질 수 있다. 개인의 브랜드는 자신의 직업 정체성과 개인 정체성의 요소들을 결합할 수도 있다. 온라인에서 유명해지는 것은 기회를 향상할 수 있고 유용한 네트워크를 구축하고 강화할 수 있다. 어린이와 10대가 그러는 것처럼, 성인도 소셜 미디어 플랫폼과 프로필을 사용하여 그들의 정체성을 계속해서 만들어내고 다듬으며 그들의 사회적 세계와 그들이 거쳐 갈 수도 있는 변화를 이해한다. 그리고 젊은 사람과 마찬가지로 성인들도 공유하는 콘텐트를 수용자에 따라 조정하면서 선택적이고도 전략적으로 자기를 편집하고 보여준다(Marwick, 2014; Schwammlein and Wodzicki, 2012).

사람들이 일생을 통해 겪게 되는 변화는 집을 처음으로 떠나거나 직업이 바뀔 때처럼 환경이 급격히 바뀔 때 가장 두드러질 수 있다. 사람들은 새로운 도전을 받아들일 때 새로운 행동과 규범을 시도해보는 경향이 있는데, 왜냐하면 과거의 정체성을 지지했을 수도 있는 구조들이 더 이상 거기에 존재하지 않기 때문이다. 성인기에도 정체성 구성과 사회화 기회는 계속되며(Hormuth, 1990; Iyer, Jetten, and Tsivrikos, 2008; McCall and Simmons, 1978), 필자의 다음 인터뷰 대상자가 그랬던 것처럼, 디지털 기술은 이러한 변화를 조정할 수 있는 수단을 제

공할 수 있다:

나는 최근 집에서 700마일 떨어진 곳으로 이사했는데, (디지털 기술은) 친구와 가족과의 접촉을 유지할 수 있는 아주 좋은 수단이었습니다(Chayko, 2008: 90).

그리고 필자와 인터뷰한 또 다른 사람은 다음과 같이 말했다:

이메일을 갖는 것은 내가 살고 있는 곳에서 내가 더 모험적인 사람인 것처럼 느끼게 해주었어요. 몇 년 간격으로 수천 마일을 이사하는 것이 그다지 두렵지 않아요. 왜냐하면 정기적으로 알고 지내는 모든 사람과 가까이 있을 수 있다는 걸 알기 때문이죠(Chayko, 2008: 90).

이전의 친구 및 동료와 접촉을 유지하는 것은 사람들이 늙어감에 따라 더 중요해진다. 각기 다른 작업에 가장 적합한 디지털 애플리케이션을 사용함으로써 연결을 유지할 수 있고 정체성의 새로운 측면을 추구할 수 있다.

더 나이 들어가면서 사람들은 삶의 새로운 국면에 접어든다. 새로운 역할이 생겨나고 기존의 역할(파트너, 배우자, 부모, 동료)이 바뀌거나 사라진다. 여러 기술과 능력이 습득되기도 하고 사라지기도 한다. 그리고 때로 사람들은 변할, 즉 단순히 그렇게 할 준비가 되어 있다고 느끼거나 그렇게 해야 한다는 내면의 명령을 느끼기 때문에 새로운 기술이나 특성을 개발할, 때가 되었다고 느낄 수도 있다. 이러한 변화가 일어날 때, 자기 역시 변화를 겪을 수 있다.

따라서 사회화와 정체성 개발은 결코 끝나지 않는 일생의 과정이다. 인터넷과 모바일 미디어는 사람들에게 다른 사람이 어떤 주어진 시간에 무엇을 하고 있는지 보고, 다른 사람이 하는 역할을 관찰하고, 이러한 다른 사람을 자신의 자기(self)를 위한 거울로 사용할 수 있는 무한한 기회를 제공한다. 성인은 어린 시절에 했던 것처럼 계속해서 새로운 역할을 시도한다. 그들은 일생 동안 계속해서 자기의 새로운 측면을 개발하고 '발굴한다'.

온라인에서는 자기표현과 표상을 위한 수많은 기회와 선택이 생기며 이러한 기회와 선택은 정체성 형성으로 이어질 수 있다. 더 나이가 많은 성인은 새로운 관심사나 취미를 갖는 과정에서 자주 디지털 기술을 배운다—혹은 독학한다(Riley, 2013). 관심사를 좀 더 완전하게 추구하기 위해 그들은 인터넷에서 정보를 획득할 수도 있고 인터넷을 기반으로 하는 집단 및 관련된 소셜 미디어에 참여할 수도 있다. 은퇴자들은 은퇴 전에는 시도해볼 시간을 갖지 못했을 수도 있는 이전의 관심사를 재발견하기 위해 인터넷에 의지할 수도 있다(Riley, 2013).

평생에 걸쳐, 심지어 노년에도, 사람들의 창의적인 노력, 재능, 혹은 관점을 공유하는 것은 매우 큰 만족감을 주고, 개인의 성장으로 이어지며, 자신의 신체적·심리적 건강도 향상할 수 있게 해준다(Sass, 2014 참조). 오랫동안 블로그를 운영해온 레베카 블러드가 관찰한 바에 따르면, 블로깅은 사람들의 내적 생활(inner life)에 대한 인식을 고양하는데, 이것은 자기 자신의 관점에 대한 믿음과 확신 그리고 지속적인 자기 개발로 이어질 수 있다. 블러드는 그것은 "자기 발견(self-discovery)과 지적(知的) 자기 신뢰(self-reliance)의 여정"이라고 말한다(Blood, 2002: 15). 특히 여성은 블로깅이 역량을 강화해준다고 여기는 것 같은데, 왜냐하면 그것은 그들의 힘을 행사하고 커뮤니티를 확대할 수 있는 기회를 제공할 수 있기 때문이다(Stavrositu & Sundar, 2012).

멀티미디어 공적 공간에서 자기를 개발하는 것은 복잡한 기도(企圖)이다. 맥락 붕괴의 복잡성으로 인해 성인들은 각기 다른 환경에서 다양한 수용자에게 자기 자신의 여러 측면을 내보이는 것의 결과를 반드시 이해해야 한다. 개인적 평판과 직업적 평판이 쌓여 견고해짐에 따라, 디지털 공간에서 평판을 관리하고 통제하는 것은 많은 시간을 요하는 우선사항이 될 수 있다. 여러 해에 걸쳐 갈고 닦아 쌓은 평판이 인터넷과 디지털 미디어를 통해 알려지는 실수나 모순된 언행으로 손상될 수 있기 때문에 직업 정체성은 신중하게 돌봐야 한다. 한 차례의 잘못되거나 경솔한 게시글, 트윗, 이메일, 혹은 문자로 인해 평판과 경력이 돌이킬 수 없게 손상되거나 망가진 사례가 많이 있다.

사람들이 오랜 시간에 걸쳐 만들어내고 갈고 닦는 자기는 자기 자신과 타인 모두에 의해 거의 지속적으로 평가되고 검토될 수 있다. 이제 기술과 여러 앱 덕분에 여러 가지 방식으로 일상생활을 기록하는 것이 가능해져서 자기의 이러한 측면들을 수량화하거나 숫자화해서 추적할 수 있게 되었다. 이러한 일은 건강과 신체 단련 분야에서 점차 일어나고 있는데, 사람들은 체중을 정기적으로 (때로는 매일) 기록하고, 소비되거나 소모된 칼로리를 추적하며, 운동한 시간과 달린 거리를 계산할 수도 있다. 그렇게 하기 위해 기술, 흔히 디지털 기술을 사용하는 것은 사람들이 그 과정을 통제할 수 있게 도와줄 수 있다. 노력과 결과를 수량화하면 목표가 달성될 가능성이 더 높아진다. 사람들의 건강을 기록하는 것은 더 큰 '생의료화(biomedicalization)' 추이의 일부인데, 생의료화에서는 (알코올 중독이나 스트레스와 같이) 이전에는 의학 분야 밖에 있던 생활의 측면들이 건강 이슈로 여겨지고 사람들은 흔히 디지털 기술을 사용함으로써 그러한 이슈에 대해 더 큰 책임을 질 것으로 기대된다(Clarke et al., 2010).

'수량화된 자기(quantified self)' 운동은 사람들이 이러한 행위를 생활의 모든 종류의 측면에 적용하는 것이다. 생활과 정체성의 측면들을 기록하고 수량화하는 것에 관심이 있는 사람들은 그들이 매우 중요하다고 여기는 자신에 대한 데이터를 추적하고 기록한다. 이것은 문자, 사진, 혹은 컴퓨터 프로그램을 통해 이루어질 수도 있으며, 어떤 특성(기분, 스트레스 수준, 운동 시간, 공부 시간, 수많은 활동 가운데 어떤 것에 소비한 시간)에 관해서도 이루어질 수 있다. 그런 다음 그러한 결과가 자기 개발에 의미하는 바에 관해 데이터가 해석된다.

사람들은 이제 생활의 거의 모든 것을 포착해서 기록 보관할 수 있다. 리레이니와 배리 웰먼은 이것을 "라이프로깅(lifelogging)"[11]이라 부른다(Rainie and

---

11 개인의 생활이나 일상을 디지털 공간에 저장하는 일 – 옮긴이 주.

Wellman, 2012: 285~287). 인터넷과 디지털 미디어는 현대 생활의 많은 부분을 잠재적으로 검색 가능한 것으로 만들었다. 벨 및 게멀(Bell and Gemmell, 2009)에 따르면, 수량화와 라이프로깅으로부터 나올 수 있는 자기 지식(self-knowledge)은 매우 유용하며, 심지어 모르던 것을 알게 하고 생활을 바꿀 수 있다. 어떤 사람들은 자기 개발의 여정을 공유하고, 같은 일을 하는 다른 사람들로 구성된 집단에 합류하며, 자기의 수량화에 깊이 참여한다. 이것은 심리적 이점과 사회적 지지를 제공할 수 있으며 자기가 어떻게 최적으로 개발될 수 있는지에 대한 전반적인 이해에 기여할 수 있다. 반면에 우리가 보았듯이, 데이터가 공개적으로 이용 가능하거나 해킹당할 수 있게 될 때, 여러 문제가 뒤따라올 수 있다. 이러한 문제들은 당혹감과 일상의 수평적 감시에서부터 괴롭힘과 사이버테러에 이르기까지 다양할 수 있다. 사람들의 생활을 거의 모든 순간 기록하는 것의 장기적인 효과는 (비록 자기 스스로 기록하는 것이라 할지라도) 예측하기 어렵다.

그러나 많은 사람에게 자기 구성은 의도적이고 계속 진행 중인 프로젝트임은 분명하다. 인터넷과 디지털 미디어는 이러한 프로젝트를 무수히 많은 매력적인 방식으로 가능하게 한다. 사람들이 계속해서 이러한 기술을 전적으로 개인적이고 창의적인 목적에 사용할 때, 자기(self)는 더 복잡하고 다면적이 될 (그럼에도 전반적으로 통합될) 잠재력을 가진다. 자기의 여러 측면들 사이를 부드럽게 그리고 성공적으로 옮겨 다닌다는 것은 민활하고 유연한 마음을 필요로 한다.

사람들이 그들의 자기를 만들어내고 기술 사회화를 겪음에 따라, 그들은 연계와 결속 그리고 공동체를 개발한다. 크고 작은 집단에 통합되는 것은 사회화되는 과정의 큰 부분이다. 다음 장에서 우리는 인터넷과 디지털 미디어를 사용하는 과정에서 형성되는 관계와 집단화의 속성에 대해 살펴본다. 그러한 속성에 대해 살펴보는 동안 우리는 우리의 현대 생활이 어떻게 초연결되는지 정확하게 보게 될 것이다.

제 **7** 장
친구 추가하기, 데이트하기,
그리고 관계 맺기

상호작용성

인간은 사회적 연결성과 상호작용에 대한 강한 욕구를 가지고 있다. 그것은 우리의 가장 깊고도 강한 욕구 가운데 하나이다. 고도 기술 사회에서 대부분의 사람은 다양한 강도(약한 것에서부터 강한 것까지)와 목적(도구적인 것에서부터 표현적인 것까지)를 대표하는, 모두 합해, 수백 개의 사회적 유대관계를 포함하는 사회적 네트워크에 속해 있다(Chayko, 2002 참조).

인터넷 및 디지털 미디어의 주된 용도는 사회화, 즉 새로운 친구를 사귀고, 옛 친구를 다시 연결하며, 물리적으로 가까이 있는 가족과 멀리 떨어져 있는 가족 모두와 함께 시간을 보내는 것이다. 사람들은 물리적 장소에서와 마찬가지로 디지털 공간에서도 가족, 친구, 직장 동료, 지인이 함께하도록 초대하고 싶어 한다. 온라인에서는 쉽게 다른 사람의 존재감을 느낄 수 있기 때문에, 온라인에서 그들과 함께 사회적 상호작용을 하는 데 시간을 보내는 것은 흔히 있는 일이다.

따라서 인터넷과 디지털 미디어는 사회적 연결성을 촉진하고 북돋운다. 일부 소셜 네트워킹 사이트는 사람들이 서로를 찾고 서로 어울릴 수 있도록 분명하게 도와주며, 많은 사이트가 이것을 전문으로 하며 이것에 뛰어나다. 이메일, 문자 보내기, 전화로 말하기처럼, 이러한 사이트들은 사람들이 서로 알게 되고 잠재적으로 서로의 생활에 관여하게 되는 공간을 만들어낸다. 이러한 사이트들은 또한 오프라인에서 서로 아는 친구들이 연락하고 친구관계를 유지할 수 있게 해준다.

사람들은 온라인에서 상호작용하고 연결하는 방법을 찾는 데 의외의 창의성을 보여준다. 그들은 페이스북과 구글 그룹에서부터 인터넷 토론방과 게시판에 이르기까지 온갖 종류의 집단을 개발하고 그러한 집단에 가입한다. 그들은 해시태그와 같이 온라인에서 서로를 확인하고 집단을 형성할 수 있는 방법을 고안해내며, 사람들이 상호작용할 수 있는 방법을 끊임없이 재구상하는 플랫폼과 앱을 만들어낸다.

이동성으로 인해 이러한 종류의 연결은 거의 상시적으로 발생할 수 있다. 휴대폰, 태블릿, 그리고 다른 모바일/휴대용 미디어는 언제 어디서나 다른 사람과 쉽게 연락을 취할 수 있게 해준다. 9장에서 보겠지만, 이것은 그냥 이것만 하려는 충동을 어느 정도 불러일으킨다. 사람들의 곁에 휴대폰이 (거기에 항상 켜진 채) 있기 때문에 사회적 상호작용이 거의 언제나 가능할 수 있다. 메시지, 업데이트, 그리고 뉴스를 확인하고 싶은 유혹에 저항하는 것은 어려울 수 있다.

어떤 사람은 미디어로 인해 가능해진 커뮤니케이션과 관계가 대면 관계를 어느 정도 대신하거나 대체할 것이라고 우려한다. 그러나 연구 결과는 그것과 정확히 정반대임을 보여준다. 일반적으로 인터넷 사용은 대면 상호작용을 (대체하는 것이 아니라) 촉발하는 경향이 있다. 다른 사람과 만날 약속을 하기 위해 인터넷, 휴대폰, 모바일 미디어를 사용하는 것을 매우 흔히 볼 수 있다. 휴대폰은 심지어 사람들이 이동 중에도 계획을 세울 수 있게 해주며 흔히 그렇게 하기 위해 사용된다. 그리고 휴대폰은 소셜 미디어와 함께 멀리 떨어져 있는 다른 사람과의 관계를 지원하고 유지하는 데, 즉 물리적 모임들 중간에 강한 결속력을 유지하고 그러한 모임이 훨씬 더 자주 이루어질 수 있게 하는 데 사용된다(Chayko, 2014). 인터넷과 디지털 미디어는 사회적 상호작용을 잘 지원한다.

디지털 연계 만들기

인터넷과 디지털 미디어 사용으로 사람들은 쉽게 다른 사람을 더 잘 알게 되고 유사성과 공통 관심사, 목표 및 가치를 찾아낼 수 있다. 그와 같은 유사성과 공통성은 사회적 연결성 개발에 매우 중요하다. 사람들이 유사하지 않은 점을 찾아낼 때도 연계가 이루어지지만, 온라인에서 공통 관심사를 찾아내는 것은 특히 쉽다.

온라인과 오프라인 모두에서 사람들은 흔히 서로의 '공통 기반'을 형성하게 해주는 방식으로 행동한다. 사람들은 서로를 이해하고 또한 이해되어지기를 원하며, 그들 자신의 어떤 구석을 서로에게서 보기를 원한다. 그 과정에서 그들은 이해의 공집합, 즉 공통의 지식 저장고를 개발하며 심지어 그들이 '같은 생각'을 가지고 있다고 느낄 수도 있다. 이로 인해 그들은 의미 있게 상호작용하고 사회적 세계를 함께 구축할 수 있다(Clark and Brennan, 1993). 일반적으로 사람들은 자신이 다른 사람과 비슷하다고 생각하면 할수록, 그 사람을 더 좋아하며 자신에 대해 더 많이 공개한다. 이로 인해 사회적 연계가 만들어질 가능성이 더욱더 높아진다. 물론 정반대되는 사람들도 서로 끌리지만, 대개 거기에는 어느 정도 근본적인 공통점이 존재한다(Chayko, 2002).

비록 그들이 결코 서로 직접 만나지는 않는다 하더라도, 온라인에서 만나는 사람들은 그들이 서로를 진정으로 잘 알고 있다고 느끼게 될 수 있다. 그들은 어떤 이슈나 아이디어에 그들이 공통으로 관련됨으로써 통합되어 있다는 느낌을 느낄 수 있으며, 그들이 발전시켜왔다고 지각할 수도 있는 그들의 의합(意合, like-mindedness)으로 인해 서로를 진정으로 이해한다고 믿을 수 있다. 디지털 사회적 연결성은 물리적 (그리고 아마도 좀 더 피상적인) 특성보다는 공유 관심사와 성격 특성에 의존하기 때문에, 온라인 관계를 맺고 있는 사람들은 대면 관계를 맺고 있는 사람들보다 흔히 더 행복하며, 그들의 관계도 더 오래 간다 (McKenna, Green and Gleason, 2002).

어떤 사람은 디지털 연계를 만드는 것이 관계를 시작하거나 유지하는 특이한 방법이라 생각하지만, 그것은 실제로 대면 관계를 발전시켜 나가는 과정과 많은 공통점이 있다. 직접 얼굴을 마주하든 온라인에서 만나든, 사람들은 다른 사람이 어떤 점에서 그들과 비슷하다고 가정할 때 연계를 형성할 가능성이 가장 높다. 친구와 지인이 기본적인, 관련된 면에서 우리와 비슷하다고 믿는 것은 위로가 되는 느낌을 준다. 이러한 종류의 통합을 추구하는 과정에서 우리는 디지털 연계를 만들어내며, 이것은 실제로 관계가 시작되도록 도와준다.

이것은 기술에 의해 가능한 정신적 과정이기 때문에 관련된 사람들 가운데 한 사람이 살아 있지 않을 때도 일어날 수 있다. 우리 가슴속에서뿐만 아니라 디지털 공간에서도 고인이 된 친척이나 친구를 무한정 애도할 수 있다. 디지털 기기를 통해 스토리나 사진 혹은 동영상으로만 다른 사람을 접하더라도 우리는 그들과 아주 가깝다고 느끼게 될 수 있다. 심지어 책과 영화(그리고 어떤 다른 매개된 문화 제공물(cultural offering)[1])에 등장하는 사랑스러운 허구적 인물도 매우 실재적으로 느껴질 수 있으며, 우리는 그들과 매우 연결되어 있다고 느낄 수 있다(Chayko, 2002). 부재하는 타자들이 정말 진짜인 것처럼 우리 세상에 살 수 있으며 우리는 그들과 연결되어 있다고 느낄 수 있다.

더 깊은 연계가 형성됨에 따라, 사람들이 가지고 있기를 우리가 바라거나 그들이 가지고 있어야 한다고 우리가 믿는 특성을 그들에게 투사하는 것은 흔히 있는 일이다. 이것은 대면 관계와 디지털 관계 모두에서 볼 수 있다. 알려진

---

1 'offering'에 해당하는 적절한 우리말이 없어 원어의 의미를 살려 '제공물'이라 번역하기로 한다 — 옮긴이 주.

대로 시각적 단서의 부재는 이러한 투사 과정을 강화함으로써 관계가 진전되도록 촉진할 수 있다. 물론 이 장의 후반부에서 보게 되겠지만, 때때로 사람들은 디지털 공간에서 시작된 관계를 물리적 공간으로 이동시켜 대면 관계로 계속 이어가고 싶어 한다.

관계 초기에 사람들은 흔히 새롭고 위험으로 가득 차 있는 어떤 것에 관여하는 데에 내재되어 있는 불확실성은 줄이고 그러한 경험의 예측 가능성은 높이고 싶어 한다. 그렇게 하는 한 가지 방법은 인터넷과 디지털 미디어를 사용해 다른 사람을 추적하는 것이다. 구글이나 소셜 미디어를 통해 다른 사람이 올린 콘텐트와 다른 사람에 대한 콘텐트를 찾아보는 것은 공공연하게 거슬리게 하거나 깨지기 쉬운 새로운 관계를 위태롭게 하지 않으면서 다른 사람을 추적할 수 있게 한다(Yang, Brown and Braun, 2013). 물론 만약 발각된다면, 이러한 종류의 추적('스파이 행위')은 관계에 치명적일 수 있다. 극단적으로 그것은 '잠행(creeping)'으로 간주될 수 있다.

관계가 진전됨에 따라, 사람들은 서로 직접적으로 정보를 공유하는 것을 더 편안하게 느낄 수도 있다. 좀 더 젊은 사람들은 특히 그와 같은 목적을 위해 언제 어떻게 디지털 미디어가 사용되어야 하는지에 대한 꽤 엄격하게 명시되어 있는 기대를 반드시 따라야 한다고 생각할 수도 있다. 그들은 어느 정도 거리를 유지하지만 여전히 친하게 지낼 수 있게 해주는 페이스북이나 다른 소셜 네트워크 사이트를 통해 좀 더 새로운 지인과 처음 접촉하는 것을 매우 편안해할 수도 있다(Choi, Kim, Sung and Sohn, 2011; Ellison et al., 2007). 그런 다음 커뮤니케이션은 다이렉트 메시징(direct messaging)이나 인스턴트 메시징(instant messaging)을 통해 일어나면서 좀 더 사적이 될 수 있으며, 시간이 흐르면서 문자 보내기나 전화하기로 옮겨갈 수 있다. 이러한 순서를 위반하는 것은 관계 발전을 약화할 수 있다(Yang, Brown and Braun, 2013).

대부분의 관계를 교섭하는 과정에서 그와 같은 패턴(사실은 흔히 그것과 매우 유사한 패턴)이 구성되고 그 패턴을 따르게 된다. 관계 유지 시에는 문자 보내기, 전화하기, 영상 채팅, 소셜 미디어에서 메시지 교환하기와 같은 여러 미디어를 서로 조합해 사용한다. 대인 커뮤니케이션의 '폴리미디어(polymedia)'[2] 이론은 사람들은 무엇을 전하기 위해 어떤 미디어를 사용할 건지에 큰 의미를 두며, 관계를 유지하는 미디어를 어떻게 사용할 것인지 판단한다고 주장한다 (Madianou and Miller, 2011 참조). 예를 들면, 특히 어떤 관계가 더 오랫동안 유지되어왔을수록 누군가와 전자 기기를 통하는 것보다 직접 얼굴을 보고 결별을 통보하는 것이 일반적으로 더 적합한 것으로 여겨진다. 미디어 사용은 현대 관계에서 실용적일 뿐만 아니라 상징적이기도 하다.

그러니까 디지털 기술은 사람들이 서로를 알게 되고 그런 다음 서로 연결되고 연결을 유지하는 과정을 가능하게 해주었다. 이러한 연계는 속성상 친밀하고, 격한 감정을 불러일으키고, 의미 있으며, 호혜적이다. 3장에서 이미 언급했듯이, 커뮤니케이션 기술 학자인 조셉 월써는 심지어 대면 상호작용 없이도 사람들이 매우 가까워질 수 있다는 것을 알았다. 실제로 그는 엄밀한 의미에서의 온라인 관계는 하이퍼퍼스널(hyperpersonal), 즉 초사적(超私的)이며, 대면 상황에서 발전하게 되는 관계보다 훨씬 더 마음을 사로잡는다고, 즉 친밀감, 정서성(emotionality), 대인적 끌림으로 가득 차 있다고, 주장한다(Walther, 1997).

'케미'와 동조성

때때로 두 사람은 특별한 끌림과 서로 간의 불꽃, 즉 '케미'(chemistry)[3]를 느낀다. 그들은 둘이 함께할 때나 서로에 대해 생각할 때 서두름에 들떠 있는 느낌

---

2   'polymedia'의 'poly' 역시 'multimedia'의 'multi'와 같이 '많은'이라는 뜻이다 — 옮긴이 주.
3   화학을 뜻하는 '케미스트리(chemistry)'를 우리식으로 줄인 것으로, 두 사람 간의 어울림이나 팀 내 단결력을 뜻하는 신조어이다 — 옮긴이 주.

을 가질 수도 있다. 그들은 그들이 같은 '주파수'를 가지고 있다는, 즉 서로의 생각과 감정에 어느 정도 동조되어 있는 듯한, 느낌을 가질 수도 있다. 사회학 이론가인 알프레드 슈츠(Alfred Schutz)는 이것을 '주파수 맞추기 과정(tuning-in process)'이라고 불렀으며, 서로 친밀한 사회적 결속을 형성하는 감정을 '우리 감정(we feeling)'이라 부른다(Schutz, 1951).

인터넷과 디지털 미디어에서만 만난 적이 있는 다른 사람에게 이런 식의 느낌을 갖는 것은 매우 가능한 일이다. 실제로 그것은 항상 일어난다. 인터넷 및 디지털 미디어 사용은 이러한 종류의 감정을 전문적으로 촉진하는 것 같다. 온라인에서 데이트 및 연애 상대를 찾은 한 여성은 "[그가] [온라인] 채널에 들어온 순간 그가 남다른 특별한 사람이라는 걸 알았어요. 여기에는 더 이상 설명이 필요 없어요"라고 말했다(Baker, 2005: 45). 사회학자 안드레아 베이커(Andrea Baker)는 온라인에서 만난 89쌍의 커플을 연구한 결과, 그들에게서 디지털 끌림(digital attraction)의 증거를 상당 정도 찾아냈다. 그녀는 디지털 상황에서 '케미'는 초기에 발생하며 오프라인에서처럼 온라인에서도 케미가 관계 발전에 중요하다는 사실을 확인했다.

휴대 가능한 기술을 사용하는 것은 디지털 끌림과 온라인 케미의 기반을 다지는 데 도움이 된다. 휴대폰, 태블릿, 노트북, 그리고 다른 휴대용 기기는 밤낮 가릴 것 없이 뜻밖의 시간에 뜻밖의 장소에서 사용될 수 있다. 술집에서 새벽 2시에 사적인 대화를 하는 것이 거리에서 한낮에 담소를 나누는 것과 다른 경험이듯이, 어떤 파티에서 새벽 2시에 문자를 보내거나 '스냅채팅(snapchatting)'을 하는 것은 한낮에 사무실에서 그렇게 하는 것과는 다른 경험이다. 기술이 풍부한 사회에 살고 있는 사람들은 이제 일상적으로 휴대용 기기를 외진 곳에 가져가 때를 가리지 않고 사용함에 따라, 그러한 저항할 수 없는 '인간 참여의 흥분'을 일으키기 시작하면서 장난기나 추파가 담긴 상호작용이 흔히 일어난다.

사람들이 특히 즐겁게 온라인에서 상호작용할 때 느낄 수 있는 '흥분'은 대면 끌림에서 나타날 수 있는 종류의 감정과 반드시 다르지는 않으며, 흔히 그들의 참여 강도에 따른 부산물이다. 필자와 인터뷰한 사람들 가운데 한 사람은 그것을 다음과 같이 기술했다:

한번은 온라인에서 스코틀랜드 출신의 한 남성을 만났습니다. … 우리는 일본 만화영화와 만화 그리고 하늘 아래 있는 모든 것에 대해 이야기했습니다. 그것은 정말 말도 안 돼요. … 그것은 만약 그렇지 않았더라면 우리가 결코 가져보지 못했을 연계감을 가져다주었어요. 나는 데이트 같은 것을 하러갈 때처럼 현기증을 느꼈어요. 그것은 초현실적이었습니다(Chayko, 2008: 43).

온라인에서건 오프라인에서건 다른 누군가에게 강하게 끌리는 것은 들뜨게 하는 경험일 수 있다. 그리고 베이커는 이러한 종류의 케미가 온라인 관계를 "시작할 때부터 존재할" 수 있음을 확인해주고 있다(Baker, 2005: 45).

사람들이 이러한 종류의 케미를 경험할 때, 도파민(dopamine)과 노르에피네프린(norepinephrine)[4]과 같은 신경화학물질이 뇌의 쾌락 중추를 가득 채운다. 이것은 마약, 도박, 혹은 슈거 하이(sugar high)[5]와 유사하고 사람들이 들뜨고 살아 있음을 느끼게 해줄 수 있는 황홀감을 야기한다. 그러한 경험이 새롭고 신기할 때, 기쁨은 훨씬 더 배가될 수 있다. 이성적으로 그리고 논리적으로 생각하는 것이 어렵게 되며, 사람들은 그러한 경험을 몇 번이고 되풀이하고 싶어한다.

보상 체계의 일부로 뇌에서 분비되는 신경화학물질이자 신경전달물질인 '도

---

4   자율신경계에서 발견되는 신경전달물질로 노르아드레날린(noradrenalin)이라고 부르기도 한다. 활동하는 동안 의식을 명료하게 해주고, 몸을 적당히 긴장시켜 외계의 스트레스에 대항하여 일을 효율적으로 수행케 해주며, 외부의 자극에 대한 감정적인 대응을 적절하게 조절하게 해주는 일을 한다 — 옮긴이 주.
5   과도한 당 소비에 의해 야기되는 활동항진 상태 — 옮긴이 주.

파민'은 새로운 아이디어와 사람을 찾고자 하는 욕망을 포함해 많은 인간의 욕망에 불을 지핀다. 디지털 및 소셜 미디어 상황에서 일어날 수 있는 것처럼 빨리 그리고 쉽게 이러한 욕망이 충족될 때, 사람들은 손쉽게 보상이 생성되는 도파민 유도 루프(dopamine-induced loop)에 휘말리게 될 수 있다. 그러면 뇌는 즉각 (아마 재빨리 되돌아오는 문자나 트윗에 의해 혹은 게임할 때의 빠르고 즉각적인 대응에 의해) 재자극되며 그러한 행동은 추진력을 갖게 된다. 그것은 멈추기 어렵게 된다. 게다가 문자나 응답이 언제 도착할지 예측할 수 없다는 것은 뇌를 훨씬 더 자극할 것이다. 이것을 '변동 강화(variable reinforcement)'〔혹은 '간헐 강화(intermittent reinforcement)'〕라고 하며, 도파민 생성을 높은 수준으로 유지하게끔 도와준다. 도파민 체계에는 포만 기제(satiety mechanism)가 내장되어 있지 않아서, 우리의 뇌는 이러한 행동을 중단하라고 권고하지 않는다. 더욱더 많은 디지털 자극을 갈망하기 쉬워진다(Berridge and Robinson, 1998; Weinschank, 2012).

강력하게 보상되는 행동이 인터넷이나 다른 디지털 미디어를 통해 연결되어 있는 사람들의 뇌에서 유사하게 반복되고, 그에 따라 사회적 결속이 형성될 때, 관련된 두 사람 모두의 뇌에서 실제로 변화가 일어날 수 있다. 그들의 뇌는 상호 연결되어 '동조화(synchronized)'된다. 그들은 서로 '맞춰가며' 생각하기 때문에 서로의 생각과 감정을 직감적으로 알게 된다. 바꾸어 말하면,

뇌 간의(inter-brain) 신경 연결은 모든 종류의 대인 상호작용에서, 심지어 짧은 순간에 일어나지만 사람들이 매우 친해지게 될 때 특히 두드러지는 상호작용에서 발생한다. 이것이 발생할 때, 사람들의 생각과 행동은 동조화될 수 있다. 이것은 무의식적으로 다른 사람의 얼굴 표정과 움직임을 흉내 내거나 우리의 스피치 패턴을 그들의 것에 동조하는 형태를 띨 수 있다. 온라인에서는 일종의 텍스트 동조성(textual synchronicity)이 나타나 사람들은 비슷한 구문에 끌리게 된다. 많은 다른 사회 현상과 자연 현상에서와 마찬가지로 인간 연결성에서도 우리는 비록 무의식적이지만 흔히 묵시적으로 끊임없이 서로의 리듬과 패턴에 맞추고 동조시

킨다. 이것은 우리가 비록 물리적으로는 아니지만 경험적으로 '함께'할 수 있고, 비록 드물게 물리적으로 서로 공존하거나 결코 물리적으로 공존하지는 않지만, 확고하게 '연계되게끔' 도와준다(Chayko, 2008: 28).

온라인에서건 오프라인에서건 우리가 친밀한 연계를 형성할 때, 우리의 뇌, 우리의 행동, 그리고 심지어 불가피하게 우리의 몸도 문자 그대로 재형성될 수 있다. 그리고 이 모든 것은 두 사람 사이에서뿐만 아니라 사람 집단 내에서도 발생할 수 있다.

시간적 대칭(temporal symmetry) 현상은 심지어 사람들이 물리적 접촉을 하지 않을 때도 이것이 어떻게 발생할 수 있는지를 설명하는 데 도움을 준다. 사회학자 에비아타 제루바벨(Eviatar Zerubavel)의 설명에 따르면, 공간적으로 분리되어 있는 사람들이 동시에 동일한 사물에 초점을 맞출 때 그들의 행동과 생각은 조율된다. 이것은 결속과 일체의 순간을 만들어낸다. 아마 이것을 보여주는 전형적인 사례는 텔레비전을 통해서건 현장에서건 볼 드롭(ball drop)[6]을 지켜봄으로써 새해가 온 것을 축하하고자 하는 충동이다. 이 일이 일어날 때, 사람들은 다른 많은 사람이 같은 순간에 같은 것을 하고 있다는 것을 아는 데서 일체감을 느끼며, 또한 그들은 흔히 매우 강한 사회적 연결성을 느낀다. 시간적 대칭은 텔레비전이나 인터넷 라이브스트림(livestream)을 통해 현재 일어나고 있는 사건을 보고, 라디오 프로그램이나 콘서트를 듣고, 같은 날 거의 같은 방식으로 공휴일을 기념하고, 온라인에서 서로에게 동시에 게시물을 올리고 응답하며, 라이브블로깅(liveblogging), 라이브 트위터 채팅, 그룹 문자 메시지 보내기에 참여하는 것을 통해 일어날 수 있다[또한 모바일 기술로 인해 가능해진 공

---

6 뉴욕 타임 스퀘어 광장을 매운 수많은 인파가 새해를 맞이하는 카운트다운을 시작하면 1월 1일 0시가 되기 직전에 봉 끝에 달린 타임 스퀘어 볼(Times Square Ball, 공같이 생긴 조형물)이 43미터를 60초 안에 내려오는 행사를 말한다 ― 옮긴이 주.

시성(synchrony)에 관해서는 Park and Sundar, 2015 참조].

혼히 인터넷과 디지털 미디어에 의해 촉진되는 그와 같은 행동은 사람들의 내적 리듬을 동조시키는 역할을 한다. 그와 같은 행동은 자극이 유사하게 경험되도록 해주며 물리적으로 분리되어 있는 사람들에게 어떤 경험을 함께 겪어볼 수 있게 해주는 수단을 제공한다. 그와 같은 행동은 또한 서로 유사하다는 느낌과 더 강한 사회적 결속을 만들어낸다(Kaptein, Castaneda, Fernandez and Nass, 2014). 시간적으로 조율된 활동은 사람들이 대면적으로 연결되어 있지 않을 때 그들이 함께했거나 만난 적이 있다는 느낌을 가질 수 있게 해준다. 이것은 "인지적 응집력(cognitive cohesion)"을 만들어준다(Cerulo, 1995: 13).

가장 가깝고 가장 친밀한 관계는 온라인과 오프라인 모두에서 이런 방식으로 만들어진다. 매우 가까워서 사람들의 행동과 뇌가 실제로 동조되는 과정은 그것이 디지털 기술을 통해 시작되든 아니면 대면 상황에서 시작되든 동일하다. 온라인에서 가까워지는 많은 사람은 어느 시점이 되면 대면 상황에서 관계를 계속 이어나가기 위해 오프라인에서 만나고 싶어 한다. 그렇지 않은 사람도 있지만, 그들 역시 그들이 연결되었을 뿐만 아니라 초연결되었음을 느낀다.

친구관계-온라인 및 오프라인

사람들이 중요한 공통점을 가지고 있다는 것을 발견할 때 친구관계는 발전하고 유지된다. 관계는 화려한 몸짓과 경험 속에서 만들어지는 것만큼이나 짧은, 일상의 연결 순간들의 누적 속에서도 만들어진다. 사람들이 생각과 감정을 드러내고 교환함으로써 서로에 대해 알게 되듯이, 커뮤니케이션은 관계의 성장에 큰 부분을 차지한다. 인터넷과 디지털 미디어는 대인적인 상호작용과 커뮤니케이션을 정기적으로 그리고 자주 가능하게 해줌으로써 친구관계를 매우 쉽게 촉진하는 경향이 있다.

문자를 보내고 소셜 미디어를 사용하는 사람들이 온라인에서 간단한 업데이트를 제공하고 다른 사람의 업데이트를 보는 것은 흔히 있는 일이다. 이것은 서로에 대한 연계감을 강화하고 더 깊게 해준다. 앞에서 보았듯이, 익명성과 비가시성은 연계감은 물론 친밀감도 향상할 수 있다. 사람들은 이제 심지어 많은 다른 사람과 거의 매 순간 감정을 공유하고 정보를 교환할 수 있게 되었다. 그들은 멀리 떨어져 있는 친구 및 가족과 접촉을 유지하고 과거의 친구와도 좀 더 쉽게 다시 연결할 수 있다.

온라인과 오프라인 친구관계가 질적으로 같지 않고 또 '친구'라는 용어가 두 영역에서 반드시 동일한 것을 의미하지는 않지만, 거기에는 분명 유사성이 존재한다. 일반적으로 친구관계의 결속력을 유지하는 데 매우 중요한 것으로 여겨지는 행동과 태도〔자기 공개, 지지성(supportiveness), 긍정적인 사회적 상호작용〕는 온라인과 오프라인 모두에서 발생하며 온라인과 오프라인 모두에서 중요하다. 많은 사람이 온라인과 모바일 커뮤니티에서 친하게 된 사람을 친구라고 부르는 것을 주저하지 않으며, 실제로 '친구(friend)'라는 용어는 온라인에서 관계를 맺는 행위를 나타내는 동사로 바뀌어 사용되어오고 있다.

친구관계가 형성되고 이행되는 방식에서는 온라인 친구관계와 대면적으로 발전되는 친구관계에 서로 차이가 있지만, 친구관계의 형성과 이행이 꽤 전략적으로 이루어진다는 점에서는 둘 간에 차이가 없다. 대나 보이드는 사람들은 서로의 콘텐트에 접근할 수 있어서, 상호성(reciprocation)을 먼저 주도하기 위해, 인기 있어 보이는 것 같아서, 자신의 정체성과 관심사를 보여주기 위해서와 같은 여러 이유에서 그리고 때로는 단순히 친구로 받아달라는 요청을 받을 때 거절하기보다는 받아들이는 것이 더 쉽다는 이유로 온라인에서 다른 사람과 친구가 된다고 말했다(boyd 2006; 또한 Boesel, 2012 참조). 어떤 사람은 네트워크를 만들기 위해 친구 지위를 부여한다. 이런 식으로 친구가 되는 것은 더 친밀한 유대와 친구관계로 이어질 수도 있고 이어지지 않을 수도 있다. 온라인과 오프라인에서 친구관계를 만드는 정확한 공식은 존재하지 않는다.

온라인에서만 존재하는 관계는 앤써니 기든스가 말한 '순수한 관계(pure rela-tionships)', 즉 전통적인 유형의 헌신보다는 개인적인 만족 추구로 특징지어지는 결속의 예이다. 순수한 관계는 매우 친밀하고 "무엇보다도 정서적 커뮤니케이션의 문제"일 수 있다고 그는 말한다(Giddens, 1992: 130). 온라인에서 발전되는 친구관계는 강하고, 양방향적이며, 다차원적일 수 있다. 그리고 온라인 친구관계는 일반적으로 대면 친구관계를 대체하기보다는 강화한다.

사람들이 인터넷과 디지털 미디어를 더 많이 쓸수록, 그들은 기존의 친구들과 사회적 접촉을 더 많이 갖는다는 것을 많은 연구는 보여주고 있다(Boase, Horrigan, Wellman and Rainie, 2006; Hampton et al., 2011; Rainie and Wellman, 2012; Shklovski, Kraut and Rainie, 2004; Wang and Wellman, 2010). 이메일, 소셜 미디어, 휴대폰은 사람들이 접촉을 유지하고 물리적으로 만날 날짜를 잡기 위한 쉽고 편리하며 비용 효율적인 수단을 제공한다(Boase et al., 2006; Boase and Wellman, 2006; Rainie and Wellman, 2012). 인터넷 사용자의 소셜 네트워크는 인터넷을 사용하지 않는 사람의 소셜 네트워크보다 더 다양한 경향이 있어서 인터넷 사용자가 다수의 소셜 서클과 접촉을 유지할 수 있게 해준다. 소셜 미디어 사이트 사용자는 비사용자보다 더 친밀한 관계를 가지는 경향이 있는데, 특히 페이스북 사용자(그리고 페이스북을 특별히 자주 사용하는 사람)은 페이스북을 사용하지 않는 사람보다 친밀한 연계와 흉금을 터놓는 중요한 친구를 가지고 있을 가능성이 더 높다(Boase and Wellman, 2006; Hampton et al., 2011; Hampton et al., 2012; Rainie and Wellman, 2012; Wang and Wellman, 2010). 그와 같은 관계는 일반적으로 서로 보완하고 심지어 동시에 발생할 수 있는 온라인 및 오프라인 상호작용의 조합을 통해 유지된다(Hampton and Wellman, 2003; Polson, 2013; Rainie and Wellman, 2012).

사람들은 매우 흔히 그들의 대면 소셜 서클에서 온라인 친구를 선택한다(boyd, 2014 참조). 인터넷 사용자는 인터넷을 사용하지 않는 사람보다 이웃과 접촉을 더 잘 유지하며 더 많은 지역 유대관계를 형성하는 경향이 있다(Boase et al., 2006; Hampton, 2007; Hampton et al., 2011; Hampton and Wellman, 2003; Lee and Lee, 2010; Wang and Wellman, 2010). 오프라인에서 알고 있는 사람에 대해 더 많이 알기 위해 소셜 네트워크 사이트를 사용하는 사람은 흔히 그들이 오프라인 공동체의 일부라는 느낌을 더 많이 느끼며(Ellison et al., 2009), 대면적으로 알고 지내는 사람을 그들의 온라인 소셜 네트워킹 사이트로 데려올 가능성이 더 높다(Ellison et al., 2007; Ofcom, 2008).

장거리 친구 및 가족 역시 연락을 유지하기 위해 소셜 미디어와 문사 메시지를 사용한다. 이것은 그들이 오랜 기간에 걸쳐 사회적 유대를 유지하고 미래에 직접 만날 가능성을 더 높여준다(Baym, Zhang and Lin, 2004; Boase et al., 2006; Hampton et al., 2011; Rainie and Wellman, 2012). 게다가 온라인으로 연결하는 것은 공동체 구성원들이 더 이상 물리적 공간에서 만날 수 없거나 공동체가 물리적으로 더 이상 존재하지 않을 때도 공동체가 지속되게 해준다(Burke, Kiesler and Kraut, 2010; Haythornwaite and Kendall, 2010; Lev-On, 2010; Shklovski, 2010).

어떤 관계는 온라인에만 머물러 있다. 그들의 상황이 대면 만남을 허락하지 않거나 참여자들이 관계에서 거리를 유지하는 것을 선호하는 경우이다. 로맨틱한 관계나 문화적 연계와 같이 그렇게 할 확실한 이유가 있을 때, 사람들은 온라인 관계를 물리적 공간으로 가져오는 경향이 있다. 화 왕(Hua Wang)과 배리 웰먼(Barry Wellman)은 그것을 "이주하는 친구관계(migratory friendship)"라 부르는데, 이러한 이주하는 친구관계는 온라인에서 시작되어 온라인에 머무르는 관계보다 덜 흔하긴 하지만, 친구관계는 일단 "이주하고" 나면 일반적으로 꽤 강하며 살아남을 가능성이 있다. 왜냐하면 아마도 온라인에서 친밀감과 사회적 지지를 공유하는 것이 하나의 규범으로 이미 자리 잡혀 있기 때문인 것 같다(Wang and Wellman, 2010: 1157).[7]

이제 네트워크화된 사람들은 쉽게 한 친구나 친구관계 서클에서 다른 친구

---

7   이 부분은 Chayko(2014)에서 발췌한 것이다.

나 친구관계 서클로 이동할 수 있다. 그들은 "그들의 커뮤니케이션 미디어를 사용해 매 순간 필요로 하는 소셜 네트워크에 접속함으로써 네트워크에서 네트워크로 유연하게 이동할 수 있다"(Rheingold, 2002: 195). 온라인에서 다수의 사회적 유대와 네트워크를 구축해 있는 사람은 한꺼번에 여러 사회적 연계를 만들고 잘 조절한다. 사람들이 사회적 유대라는 단어를 어떻게 정의하느냐에 따라 이러한 유대의 일부는 분명 친구관계로 간주된다.

현대인들이 서로 연결될 수 있는 거의 무한한 기회로 인해 이러한 네트워크를 관리하고 조정해야 할 책임은 이러한 모든 연결의 '포털(portal)', 즉 입구인 사람이 져야 한다. 여기에는 게시물 업데이트, 친구의 게시글 읽기, 혹은 기분 상하지 않도록 하기 위해 여러분이 그들의 기여를 좋아하거나 마음에 들어 한다는 것 보여주기와 같은 상당한 노력이 포함될 수 있다(Boesel, 2012 참조). 온라인이건 오프라인이건 친구관계에는 실제로 책임이 뒤따르며 노력과 수고가 필요하다(Boesel, 2012; Rainie and Wellman 참조).

현대인은 매우 많은 사회적 유대와 공동체(대면 및 디지털 모두)를 반드시 관리해야 한다. 강한 관계와 약한 관계 모두 계속해서 온라인에서 만들어지고 유지되기 때문에, 디지털 소셜 네트워크의 트래픽(traffic)은 증가할 따름이다. 이것은 친구 되기 및 친구 유지하기 과정에 새로운 복잡성을 초래하는 동시에 로맨스와 사랑을 찾을 수 있는 새로운 기회도 제공한다.

작업 걸기, 데이트하기, 로맨스, 그리고 섹스

디지털 공간에서 관계는 흔히 작업 걸기의 특성, 심지어 로맨틱한 특성을 띤다. 앞에서 보았듯이, 사람들은 그들이 정확히 원하는 대로 비쳐지기 위해 자기의 측면들을 편집할 수 있는 온라인에서 조금 더 느긋하고, 개방적이며, 아무 제약을 받지 않는다고 느낄 수도 있다. 문자 사용 그리고 심지어 사진 및 동영상 사용에는 모호함이 존재하고, 따라서 그것들은 해석을 요청하고 요구하기 때문에, 사람들은 그것들의 의미를 찾기 위해 몰입해야 할 필요가 있다. 온라인에서 맺어지는 연계는 신체적 외모나 수행 능력에 관한 것이 아니기 때문에, 그것은 흥분과 장난기와 그리고 아마도 작업 걸기를 쉬 유발할 수 있으며, 로맨틱한 만남이나 성적인 만남에 꽤 적합할 수 있다.

온라인 참여에 흔히 동반되는 '흥분' 또한 섹스와 로맨스에 적합하다. 사람들은 휴대폰과 기술을 사용해 낮과 밤의 어떤 시간에도 그리고 어떤 장소에서도 연결하면서, 외딴 곳에서 예상치 못한 시간에 만나거나 어떤 종류의 친밀한, 사적인 방식으로 서로를 알게 될 때 느낄 수 있는 아찔한 감정을 느끼기 시작한다. 앞에서 보았듯이. 익명성과 '불명료함(darkness)' 역시 이러한 흥분을 부추길 수 있다. 어떤 상황에서건 로맨틱한 행동과 성적 행동의 초기 단계에는 늘 그러하듯이, 이러한 신기함, 이러한 불확실성은 흔히 로맨틱한 관계 및/혹은 성적 관계의 발전을 방해하기보다는 촉진한다.

데이트, 섹스, 혹은 다른 종류의 로맨틱한 관계를 기대하면서 사람들을 묶어주려는 명확한 의도를 가지고 만들어진 사이트들이 온라인에 넘쳐난다. 독신이고 적극적으로 연애 상대를 찾고 있는 인터넷 사용자 네 명 가운데 최소 세 명은 미래의 데이트 상대와 지역의 독신자 세계에 대한 정보 검색, 이메일, 문자, 인스턴트 메시지 보내기를 통한 작업 걸기, 혹은 데이팅 사이트 방문과 같은 로맨스와 관련된 적어도 한 가지 활동에는 참여한 것으로 나타났다. 사람들이 성공적으로 짝을 찾도록 도와주는 데 있어 이러한 데이팅 사이트가 대면 만남보다 더 혹은 덜 성공적인지 여부는 아직 확실하지 않다(Madden and Lenhart, 2006; Smith and Duggan, 2013).

전체 인터넷 사용자의 약 11%와 '독신이면서 짝을 찾고 있는' 사람들의 38%가 데이팅 웹사이트를 방문한 적이 있다고 말한다. 그들 가운데 대다수가 그러한 경험이 긍정적이었다고 말한다. 데이팅 웹사이트에 방문하는 사람들 가운데 약 3분의 2가 거기서 만난 사람과 데이트를 했으며, 무려 4분의 1이 온라인에서 만난 사람과 장기적인 관계에 접어들었거나 결혼을 했다. 사람들은 또한 공통적으로 페이스북과 같은 소셜 네트워크 사이트를 사용해 로맨틱한 관계에 있는 사람과 메시지를 주고받고 사진을 게시하면서 만날 약속을 잡고 로맨틱한 순간을 기록한다. 또한 많은 사람이 인터넷을 사용해 작업을 걸고, 미래의 파트너를 조사하며, 옛 애인을 확인한다. 인터넷 사용자의 약 4분의 1이 그와 같은 활동에 참여하고 있다고 말한다(Smith and Duggan, 2013).

디지털 기술을 통해 로맨틱한 교제를 시작하는 많은 사람은 온라인에서 서로를 살펴보고 아마도 어느 정도 직접적인 접촉을 한 후, 그들의 관계를 오프라인으로 이동한다(Baker, 2005; ScienceDaily.com, 2005). 필자는 다른 책에서 다음과 같이 적은 바 있다:

> 이러한 관계는 두 사람이 좀 더 전통적인 방식으로 처음 만나는 것보다 좋은 결과를 낼 가능성이 '더 높을' 수도 있는 것으로 드러났다. 이는 그동안 온라인에서 두 사람이 공유해온 흔히 꽤 사적인 신상 공개(revelation)와 두 사람이 쌓아온 이해로 인해 둘의 관계가 '유리한 출발'을 할 수 있기 때문이다. 두 사람은 외적 주의 분산(external distraction)[8] 없이 정보를 공유하고 좀 더 느긋하고 아마도 좀 더 신중하게 그들의 융화 가능성을 평가할 수 있다. 게다가 대면 만남을 갖기 전에 온라인에서 서로를 알아가는 시간을 가지는 사람은 그렇지 않은 사람보다 더 성공적인 관계에 이르는 경향이 있다. 인터넷으로 처음 시작된 관계가 일단 오프라인으로 이동하게 되면, 그러한 관계는 대면적으로 처음 시작된 관계보다 존속할 가능성이 더 높다(Chayko, 2008: 99).

---

[8] '외적 주의 분산'이란 거짓말쟁이들이 주제에 대해 말하지 않는 변명을 제공하거나 거짓말의 징후로부터 멀리 질문자의 주의를 분산하는 것을 말한다〔출처: 유순근, 『속임수와 기만 탐지 전략』(좋은 땅, 2014), 170쪽〕 ─ 옮긴이 주.

사회학자 안드레아 베이커는 그녀가 조사한 온라인 커플들이 인터넷에서 로맨스를 시작한 후 오프라인에서도 관계를 지속하기로 한다는 사실을 확인했다. 그녀는 직접 만나기 전에 좀 더 오랫동안 소통을 해온 그만큼 커플이 오랫동안 소통을 하지 않은 커플보다 전반적으로 더 깊고 더 영구적인 결속을 형성한다는 사실도 확인했다. 대면 로맨스에서처럼 온라인 관계로 서서히 이동하고 초기 단계를 길게 가져가는 것이 관계의 성공 가능성을 높여준다(Chayko, 2008: 99).

  인터넷과 디지털 미디어가 연루된 성적 활동(sexual activity)이 계속 증가하고 있다(Baker, 2005; Cooper, McLoughlin and Campbell, 2000; Thurlow, Lengel and Tomic, 2004; Whitty, 2005). 포르노그래피(pornography)는 그 어느 때보다 온라인에서 더 광범위하게 이용 가능하며, 어떤 추정치에 의하면 미국인 남성의 75%와 여성의 40%가 포르노그래피를 내려받아 본다고 한다(Albright, 2008). 온라인에서의 성적 행동(sexual behavior)은 성 지향적인 대화, 전화 섹스(phone sex), 혹은 사이버섹스(cybersex, 컴퓨터화된 기기를 사용하는 동안 성적 메시지나 성적 공상을 교환하는 것) 형태를 띨 수 있다.

  특히 성 지향적인 상황에서는 사람들이 다양한 방식으로 서로에 대해 완벽하게 정직할 수 없다는 점과 온라인과 오프라인에서 부정이 다양한 방식으로 개념화될 수 있다는 점을 감안한다면, 파트너와 배우자의 사이버 부정(cyber infidelity) 또한 증가할 것이다(Boon, Watkins and Sciban, 2014 참조). 디지털 공간에서 관계에 충실하지 못한 행동을 하는 것은 유사한 오프라인 행동과 동일한 감정을 동일한 강도로 불러일으킬 수 있다(Gabriels, Poels and Braeckman, 2013). 몇몇 연구는 오프라인 관계에 덜 만족하는 사람은 사이버공간에서의 성적 활동으로 성적 보상을 받을 가능성이 매우 높음을 보여주고 있다(Aviram and Amichai-Hamburger, 2005; Ben-Ze'ev, 2004; Whitty, 2005). 이것은 온라인 경험이 속성상 친밀하고, 정서적이고, 몰입적이며, 때때로 익명적이고 도피적이기 때문일 수 있다.

게다가 어떤 사람은 디지털 기술을 사용해 성인 영화나 다른 성 지향적 업종의 모델, 댄서, 배우, 참여자로 일하면서 '성 노동(sex work)'을 한다. 비교적 저렴한 비용으로 미디어와 기술에 접근할 수 있게 됨에 따라 사람들이 이런 식으로 돈을 벌 수 있는 능력도 향상되었다. 점차 성 노동자 가운데는 상대적으로 계급 특권을 가진 사람들도 포함되는데, 그들은 일을 필요로 할 수도 있지만 동시에 형성될 수 있는 대인적 연계에 끌릴 수도 있고 이러한 연계를 진정성 있고 의미 있는 것으로 여길 수도 있다(Bernstein, 2007).[9] 그럼에도 성 노동에는 사회적 낙인(social stigma)이 붙어 다니며, 사회적 지위, 건강, 괴롭힘 및 폭력의 측면에서 대가를 지불할 수도 있다(Ditmore, Levy and Willman, 2010).

온라인에서 일어나는 것은 실재적이며 그것의 결과 또한 실재적이기 때문에 작업 걸기, 로맨스, 그리고 성 지향적인 온라인 행동은 그것들이 대면 상황에서 지니는 의미와 영향 못지않은 의미와 영향을 지닐 수 있다. 그리고 온라인상의 그러한 행동이 오프라인상의 그러한 행동보다 더 모호하고 더 혼란스럽지는 않다 하더라도 그것만큼이나 매우 모호하고 매우 혼란스러울 수 있다. 온라인이건 오프라인이건 어떤 메시지가 작업을 거는 것인지, 로맨틱한 것인지, 성적인 것인지, 아니면 그 어느 것도 아닌지는 늘 분명하지가 않다. 우리는 로맨스에 대한 규범과 성에 대한 규범을 포함해 규범이 빠르게 변하는 시대에 살고 있다. 우리가 이러한 변하는 상황과 동행하기 위해 사회에 관한 더 유연한 견해와 이해를 계발할 것인지 아니면 집단과 사회의 구성원으로서 기존의 규범과 맞지 않는 행동을 계속해서 처벌하고 창피를 줄 것인지는 아직 더 두고 볼 일이다(Ben-Ze'ev, 2004; Boon et al., 2014; Whitty, 2005 참조).

---

9   번스타인은 이 논문에서 중산층 여성 섹스 노동자와 중산층 남성과의 관계와 온라인 미디어로 인해 가능해진 개인화된 상업적 성 거래를 중심으로 살펴보고 있다 — 옮긴이 주.

신뢰와 사회적 지지

사람들이 온라인에 있을 때 서로를 지지하고 신뢰하는 것은 때때로 놀라운 것으로 여겨진다. 그러나 일정 기간에 걸쳐 접촉을 해온 사람들 사이에서도 그렇고 심지어 막 '만난' 비교적 낯선 사람들 사이에서도 그렇고 디지털 공간에서 사회적 지지가 잘 확립되어 있는 것을 꽤 흔히 볼 수 있다(Ellison et al., 2007, 2011; McCosker and Darcy, 2013; Parks, 2011; Sproull et al., 2005). 그러한 온라인 경험은 공유하기, 상호작용하기, 그리고 심지어 사람들이 진정으로 필요한 것(정보, 대인 접촉, 심지어 돈!)을 공유하고 여러 가지 방식으로 친해지면서 스스로 발견할 수 있는 심리적 정화에 매우 적합하다.

어떤 사람은 사람들이 왜 시간, 노력, 그들 자신의 개인 자금을 결코 직접 만난 적이 없는 사람을 돕는 데 사용하는지 궁금해한다. 첫째, 온라인에서 만난 사람들은 '정말 만난' 사람이라는 사실을 기억해야 한다. 즉, 우리의 뇌는 다른 사람을 '알게 되는' 서로 다른 유형을 구분하지 않으며, 우리는 어떠한 맥락에서건 우리가 만나는 사람에게 관심을 가질 수 있다. 둘째, 자신이 뭘 좀 알며 타인을 돕는 어떤 사람으로 보이고 또 그렇게 알려지는 것은 충족감을 줄 수 있다. 그것은 집단이나 공동체에서 지위를 높여줄 수 있다. 그것은 도움을 주는 사람이 언젠가 그것에 대한 보답으로 도움을 받을 수 있는 가능성을 더 높여줄 수 있다. 그러나 마지막이자 가장 근본적인 것으로, 사람들은 흔히 단순히 돕고 싶어서 서로 돕는다. 타인에게 관심을 보이고 타인을 돕는 것은, 즉 이타적인 것은 매우 인간적인 충동이며, 인터넷과 디지털 미디어는 이러한 충동이 표현될 수 있는 많은 기회를 제공한다.

도움을 주고받는 문화 그리고 실제로 이타주의 문화는 특히 의료 이슈나 다른 중대한 이슈와 관련된 문제 해결 지향적인 웹사이트, 블로그, 게시판, 전자 메일링 리스트상에서 흔히 볼 수 있다. 그와 같은 집단은 인터넷에서 급증하고 있다. 새로운 상황이나 대단히 심각한 상황에서 도움이나 대답을 필요로 하는 사람들은 흔히 인터넷에 의지해 정보나 자원을 얻는다. 다양한 집단이 갑자기 생겨나 지원, 동료애, 정보, 자원을 제공하면서 이러한 요구에 귀 기울이기 시작했다. 필자가 인터뷰한 사람들 가운데 한 사람이 설명했듯이, 그들은 진정으로 사람들이 생존하도록 도움을 줄 수 있다:

특히 내가 처음 진단을 받고 내 병이 무엇이고 내가 무엇을 기대할 수 있는지를 가르쳐준 의사와 함께한 몇 분 동안 내가 의지할 데가 없었을 때, 이 리스트서브 (listserv)[10]는 나에게 생명줄이었습니다. … 새로운 언어를 배우고 나서야 비로소 어떤 질병에 직면해서 효과적으로 커뮤니케이션하는 법을 안다는 것은 당혹스러운 일입니다. 그것은 마치 여러분이 어떤 새로운 나라에 덜렁 남겨지게 되었는데 그곳에서 그 나라의 새로운 언어로 커뮤니케이션하는 법을 얼마나 빨리 배우는지에 여러분의 생명이 달려 있다는 말을 듣는 것과 같습니다. 그것은 인생을 바꾸는 경험입니다(Chayko, 2008: 53).

이러한 종류의 목적을 가진 집단에서 (그러나 실제로는 모든 종류의 온라인 커뮤니티에서) 사람들은 특별히 역량이 강화되고, 지지를 받으며, 포용되는 것을 느낀다고 말한다(McCosker and Darcy, 2013).

낮이나 밤의 그 어떤 시간에도 이야기를 하고 이야기를 들을 수 있는 시간과 공간이 있다는 것은 물론 가치 있는 일일 수 있다. 그러나 넘쳐나는 그와 같은 공유는 스트레스를 불러일으킬 수 있다. 역경과 고통에 관한 이야기를 반복적으로 듣는 것은 힘들고 정서적으로 압도될 수 있다. 다른 사람을 돌봐야 할 책임이 있는 사람이 되고 디지털 및 소셜 미디어에서 그와 같은 곤경의 증거를 보는 것은 스트레스의 근원이 될 수 있다. 때때로 이러한 모든 것에서 한 걸음 물러나는 것이 가장 좋다. 그러나 그와 같은 집단에 참여하는 것은 또한 특히

---

10   특정 그룹 전원에게 메시지를 전자 우편으로 자동 전송하는 시스템 ─ 옮긴이 주.

누군가를 돌보는 일을 하는 여성의 경우 스트레스를 경감하는 데 도움이 될 수 있다(Hampton, Rainie, Lu, Shin and Purcell, 2015).

많은 것이 공유되는 환경에서 그와 같은 집단의 구성원들은 엄청나게 친해질 수 있다. 그들은 서로를 엄청나게 신뢰하게 될 수 있다. (그와 같은 집단이 직접 만남을 주선하기 시작하고 구성원들이 오프라인 친구관계를 형성하는 것이 흔치 않는 일은 아니지만) 그들이 직접 만난 적이 없을 수도 있다는 점을 감안할 때 이것 역시 때때로 이상하게 보일 수 있다. 그리고 분명 서로 친해지지 않거나 신뢰하지 않게 되는 참여자도 있다. 그러나 현대의 기술 세계에서 직접적으로 알지 못하는 사람들(예를 들어, 금융기관, 정부기관, 의료기관 및 군사기관의 구성원, 혹은 우리가 사용하는 제품의 생산자들) 사이에서 신뢰를 쌓는 것은 꽤 흔한 일이다.

그로스(N. Gross) 및 시먼스(S. Simmons)는 기든스의 표현을 바꾸어 "만약 사람들이 그들이 의존하고 있는 물리적으로 부재하는 수많은 다른 사람을 기꺼이 신뢰하지 않는다면" 사회는 "위태로워질 것"이라고 말한다(Gross and Simmons, 2002: 533; Giddens, 1994: 89~90). 우리는 당연히 병원, 학교, 은행과 같은 기관을 신뢰하는 경향이 있다. 물론 온라인이나 오프라인에서 모든 사람을 신뢰해서는 안 된다. 그러나 온라인 공간을 포함한 현대사회에서 신뢰와 사회적 지지는 흔히 그리고 꽤 자유롭게 주어지고 교환되며, 그 결과 사적인 관계와 친구관계는 더 깊어질 수 있다(Castells et al., 2004; Chayko, 2008; Geser, 2004; Sproull et al., 2005; Suler, 2004; Turow and Hennessy, 2007 참조).

대인 갈등과 괴롭힘

강한 공통 관심사를 중심으로 하는 온라인 커뮤니티 구성원들은 집단의 활기참과 응집력을 유지하기 위해 꽤 공을 들이는 경향이 있다. 강한 공동체 의식과 정체성을 키워온 집단 구성원들은 갈등과 문제가 야기될 때 일반적으로 그들의 공동체를 보호하고 싶어 한다. 응집력이 강하지 않은 집단은 훨씬 더 쉽게 갈라지거나 와해할 수 있다.

온라인 커뮤니티와 온라인 커뮤니티에 의해 만들어지는 관계는 여러 가지 방식으로 위협받을 수 있다. 사려 깊지 못한 단어 선택으로 인해 혹은 기대된 응답이 늦거나 없음으로 인해 단순한 의견 차이가 악화할 수 있다. 부정적이고 가혹한 댓글['플레임(flames)'11]은 예의 바르고, 즐겁고, 생산적인 상호작용을 방해할 수 있다. 대개 어떤 집단에 속해 있지 않은 사람들인 트롤(trolls)'12은 끈질기게 주제를 바꾸고, 그 집단이 주제에서 벗어나게 하며, 불쾌하게 만드는 화제를 꺼냄으로써 대화를 좌절시키고 참여자들을 속상하게 만들 수 있다. 괴롭힘, 스토킹, 해킹, 스팸, 바이러스 등은 좀 더 심각한 유형의 디지털 파괴(digital disruption)이다.

트롤링(trolling)과 매도하기(name-calling)부터 스토킹과 위협에 이르는 괴롭힘(harassment)이 온라인상에 정말 너무 만연해 있다. 디지털 공간에서는 대면 책임이 결여되어 있다는 것이 부분적인 원인이다. 또한 우리는 흔히 익명성과 결부되어 탈억제가 온라인에서 어떻게 발생하는지 보았다. 괴롭힘은 어떠한 온라인 환경에서도 일어날 수 있지만 소셜 미디어, 댓글 섹션, 온라인 게시글, 그리고 게임 공간에서 점점 더 눈에 띈다. 일반적으로 생활이 인터넷과 좀 더 완전하게 뒤엉켜 있거나, 그들에 대한 많은 정보가 온라인에서 이용 가능하거나, 자신을 온라인에서 홍보하거나, 디지털 기술 산업에서 일하는 사람은 온라인에 비교적 덜 참여하는 사람보다 디지털 괴롭힘을 경험하는 비율이 더 높다.

디지털 기술, 특히 문자 보내기와 이메일 또한 압도적인 다수의 가정 내 폭력 사건[한 추정치(Chemaly, 2014)에 따르면, 89%]에서 괴롭힘과 위협의 수단으로

---

11 모욕적이고 감정이 섞이거나 신랄한 비판이 담긴 이메일 메시지나 토론방의 글을 의미하는 신조어 ― 옮긴이 주.
12 부정적이거나 선동적인 글 및 댓글을 인터넷에 개재하는 사람을 나타내는 신조어 ― 옮긴이 주.

사용된다. 필자가 인터뷰한 사람들 가운데 한 사람은 그녀와 전 남자친구가 온라인에서 서로에게 좀 더 잔인하게 행동했던 것 같다고 말했는데, 물론 그녀는 이러한 행위를 괴롭힘이라고 묘사하지는 않았다. 또 다른 인터뷰 대상자는 "온라인상에 글을 쓰는 것은 … 소녀들이 얼굴을 마주 보며 말하지 않고도 서로에게 비열할 수 있는 새로운 손쉬운 방법"이라고 말했다(Chayko, 2008: 187). 무려 미국인의 73%기 누군기기 온리인에서 괴롭힘을 당히는 것을 보았으며, 40%는 그것이 자신에게 일어났다고 말했다(Duggan, 2014).

온라인에서 괴롭힘을 당해본 사람 가운데 45%는 스토킹, 성적 괴롭힘, 그리고 장기간 지속된 괴롭힘으로 구성되는 이러한 괴롭힘이 아주 힘들었다고 말했다. 남성은 매도(name-calling)당할 가능성이 더 높은 반면, 젊은 여성은 성적 괴롭힘과 스토킹에 더 취약한데, 이것은 심각한 정서적 피해와 신체적 피해를 가져다줄 수 있다. 젊은 사람은 일반적으로 전체 인구에 비해 신체적 위협과 지속된 괴롭힘을 경험하는 비율이 더 높다.

온라인에서 괴롭힘을 당하는 사람 가운데 약 절반은 그것을 거의 혹은 전혀 성가셔 하지 않는다. 그러나 좀 더 심각한 괴롭힘을 경험하는 사람은 그것을 기분 나쁘게 생각할 가능성이 더 높다. 소수이지만 상당 정도의 사람들(27%, 이들은 여성일 가능성이 더 높음)은 온라인에서 괴롭힘을 당하는 것을 극도로 혹은 매우 기분 나쁘게 여긴다. 인터넷 사용자는 온라인 게임 사이트가 여성보다는 남성을 훨씬 더 환대하는 것으로 여기는 반면, 데이팅 사이트는 여성을 훨씬 더 환대하는 것으로 보인다(Duggan, 2014).

온라인 환경은 사람들에게 서로를 지지해줄 수 있는 공간을 제공하는 동시에 서로를 비판하거나 모욕하게도 해준다. 온라인 집단 및 커뮤니티 구성원들이 서로 강하게 연결되어 있고 그들의 경계를 보호하고자 하는 동기가 강할 때 그들은 서로에 대해 매우 지지적인 것으로 보인다. 이러한 사람들은 예를 들면 댓글을 세심하게 조정할 수도 있다. 그들은 플레이밍(flaming)을 하거나 트롤링을 하는 사람들을 소환하여 참여하지 못하도록 차단할 수도 있다. 갈등을 처리하고 관리하는 것은 디지털 집단 구성의 중요한 요소이다(Baym, 2010; Chayko, 2008). 그러나 이것의 이면에는 집단의 경계를 보호할 때 신참자나 외부자들이 괴롭힘을 당할 수 있다는 점이 존재한다. 어떤 경우 긍정적인 행동을 하겠다는 집단의 기존 구성원들의 확고한 약속을 통해 부정적인 행동을 중화할 수 있다(Baym, 2000, 2010; Lee, 2005; Sproull et al., 2005).

그러나 때때로 괴롭힘은 어떠한 수단으로도 내적으로 중화될 수 없다. 안전에 대한 심각하고 지속적인 위협이 온라인에서 발생할 때, 그와 같은 범죄를 보고하고 적절한 해결책을 찾거나 고발하기 위한 분명한 경로가 존재하지 않을 수도 있다. 보호를 제공해줄 수도 있는 법(法)은 불분명하고 시대에 뒤진 경향이 있는데, 트위터와 페이스북은 사이트에서 이루어지는 부적절한 행동에 대한 보고가 있을 때 그것을 조사하고 다루기 시작했지만, 1996년 텔레커뮤니케이션스법(Telecommunications Act of 1996)은 사용자들이 올리는 콘텐트에 대해 웹사이트 관리자에게 책임을 묻지 않는다(Duggan, 2014). 2013년에 개정된 여성폭력방지법(Violence Against Women Act of 1994)은 새로운 기술에 적용될 예정이며, 24개 주(州)는 사이버스토킹법을 제정했다. 그럼에도 법 집행기관은 흔히 그와 같은 사건을 처리할 준비가 제대로 되어 있지 않다.

지역 수준에서 과중한 업무에 시달리는 경찰은 온라인 위협을 조사할 자원을 가지고 있지 않을 수도 있으며 그러한 위협을 지역의 혹은 '실재적인' 위협으로 보지 않을 수도 있다. 국가, 주, 혹은 연방기관은 대개 좀 더 많은 지원을 제공할 수 있지만, 제한된 자원과 인터넷 게시물의 단명성(ephemerality) 및 인터넷 신원의 익명성으로 인해 그들이 제공하는 도움은 아무리 좋게 봐도 여전히 일관성이 없다. 괴롭히는 자(harasser)와 남용하는 자(abuser)는 익명 혹은 가명을 사용하는 경향이 있는 반면, 피해자(흔히 여성)는 직장 생활과 개인 생활의 맥락에서 자신의 이름으로 온라인에 접속한다. 위협은 표적이 되거나 소송을 당할 수 있는 단 하나의 기관이 아닌 여러 다른 소스(source)에서 비롯될 수도 있다. 따라서 이러한 행동을 관리 규제하는 것은 매우 어렵고 복잡할 수 있다.

게다가 (개인, 법 집행기관, 그리고 사회가 치러야 할) 재정적·정서적 비용도 상당하다(Chemaly, 2014; Duggan, 2014; Hess, 2014).

다른 사람과 상호작용하는 것은 복잡한 문제이다. 사람들이 친밀하고 의미 있고 지지적인 친구 관계와 기타 관계를 형성할 수 있는 것처럼, 그들은 동시에 개인적으로나 집단적으로 파괴적일 수 있는 대인 갈등과 괴롭힘도 경험할 수 있다. 사람들이 상호작용하고 공동체를 이루는 것에 따르는 모든 위험이 온라인에서도 마찬가지로 존재하며, 게다가 그것의 디지털적이고 익명적인 속성에 의해 야기되는 몇 가지 위험이 더 존재한다. 사람들은 직접 얼굴을 보고 말하지 않을 때 얼굴을 보면서 말할 때와 같은 책임을 서로에게 지지 않는다. 그들은 온라인에 숨을 수 있고, 어리석고 위험한 짓을 할 수 있고, 좌절과 분노로 이어질 수도 있으며, 주목을 받으려 하고 위해를 가할 수도 있다.

그러나 기술 자체가 이러한 갈등에 대한 비난을 받을 필요는 없다. 앞에서 언급했듯이, 괴롭힘이나 학대와 같이 사람들이 온라인에서 직면하는 많은 동일한 문제가 오프라인 공간에서도 마찬가지로 존재한다. 그러나 이러한 문제들이 공개적으로 논의될 때, 기술이 비난을 받는 가운데 그것들이 때로 더 부풀려진다. 이것은 기술 결정론의 또 다른 예이며, 그것은 온라인 갈등 이슈에 접근하는 유일한 방법도 아니고 아마 가장 현명한 방법도 아닐 것이다.

모든 관계가 그렇듯이 디지털 공간에서 맺어지는 관계도 반드시 특정한 문제에 직면할 거라는 점을 명심하는 것이 더 유용할 수 있다. 그뿐 아니라 디지털 영역에서는 특별한 도전과 기회도 존재한다. 디지털 관계에는 몸짓 언어, 미묘한 몸짓과 눈짓, 촉감, 냄새와 같은 대면 상호작용에서 공유되고 전달될 수 있는 폭넓은 정보가 결여되어 있다. 줄어든 책임감과 감각 정보는 문제를 악화시킬 수 있는 것이 사실이지만, (부끄럼이 많은 사람이 좀 더 자신감을 갖고 온라인에서 말하고 연락을 취할 때처럼) 그것은 동시에 문제를 경감시킬 수도 있다. 전반적으로 사람들은 인터넷과 디지털 미디어를 부정적으로 사용하기보다는 긍정적으로 사용한다고 말한다(Chayko, 2008). 그러나 두 가지 경우 모두 항상 많이 있을 거라는 점을 명심하는 것은 중요하다.

디지털 관계의 수명

관계에 온라인 구성요소가 포함되어 있을 때, 그러한 관계는 물리적 세계에 내재해 있는 일부 제한점에 반드시 얽매이지는 않는다. 앞에서 보았듯이, 사람들이 만난 적이 없을 수도 있고 또한 결코 대면한 적이 없을 수도 있는 사람에 대해 알게 되고, 그런 다음 그들과 친해질 수 있는 수단을 가지고 있을 때 공간은 쉽게 초월될 수 있다. 거리가 더 이상 관계가 형성되는 것을 방해하지 않은 것처럼, 디지털 공간에서는 시간 또한 마찬가지로 초월될 수 있다.

사회적 연계와 관계는 흔히 물리적 세계보다 더 오래 가고 더 오래 지속한다. (조상이나 역사적 인물 같이) 우리 앞에 살았던 사람들의 이야기를 들을 때, 우리는 그들과 연결되어 있는 듯한 느낌을 가질 수 있다. 사진과 동영상은 어떤 경우 그와 같은 결속이 깊어지게 하는 데 도움을 줄 수 있다. 필자가 인터뷰한 사람들 가운데 많은 사람이 정확하게 이런 식으로 확립된 오래전에 고인이 된 가족들과의 연계감에 대해 말했다. 한 사람은 다음과 같이 말했다:

나의 할아버지. 나는 할아버지를 알지 못하지만 할아버지와 연계감을 느껴요. 그리고 할아버지를 만나서 할아버지와 손녀 간의 일을 공유하고 싶었어요. 나는 할아버지에 대한 이야기를 들었어요. 그렇지만 할아버지는 내가 태어나기도 전에 돌아가셨습니다(Chayko, 2002: 11).

그리고 또 다른 인터뷰 대상자는 다음과 같이 말했다:

나의 할머니 — 어머니 방에는 커다란 할머니 사진이 있습니다. 모든 사람은 항상 우리가 닮았고 내가 할머니의 성격적 특성을 일부 가지고 있다고 말합니다. … 나는 할머니에 대한 이야기를 많이 들었습니다. 그래 맞아요. 나는 할머니와 연계감을 느껴요(Chayko, 2002: 85).

블로그와 소셜 미디어상의 스토리텔링(storytelling)은 이러한 종류의 공간적 연계감과 시간적 연계감의 촉진을 확장하고 강화할 수 있다.

만약 사람들이 비디오, 오디오 및 사진으로 묘사된다면, 그들은 심지어 물리적으로 사라진 후에도 여전히 시각적으로 그리고 인지적으로 존재할 수 있다. 디지털 기술은 독특한 방식으로 이러한 존재감을 높일 수 있다. 홀로그램(hologram)은 공간을 통해 움직이는 듯한 착각을 일으키게 해준다. 디지털 편집을 통해 고인이 된 사람과 듀엣으로 노래를 부르는 듯한 효과를 낼 수도 있다. 사람들이 오랫동안 물리적으로 떨어져 있었을 때 함께 있는 것처럼 보이게 하기 위해 기존의 사진, 동영상, 혹은 영화에 이미지를 붙여 넣을 수도 있다. 디지털 방식으로 묘사된 사람이 더 이상 살아 있지 않다는 것이 지적으로는 이해될 수도 있지만, 그러한 경험은 진짜 같고 공명을 불러일으키며 결속을 깊게 하고 향상할 수 있다. 따라서 멀리 떨어져 살고 있는 사람과 연계감을 느낄 수 있도록 도와주는 것과 동일한 과정이 고인과도 연계감을 느낄 수 있도록 도와줄 수 있다.

컴퓨팅 및 정보 시스템학 교수인 마틴 깁스(Martin Gibbs)와 동료들이 주장하는 것처럼, 고인은 또한 "소셜 네트워킹 사이트의 플랫폼과 프로토콜을 통해 사회적 행위자로서 계속해서 꾸준히 참여할 수 있다"(Gibbs, Meese, Arnold, Nansen and Carter, 2015: 255; 또한 Marwick and Ellison, 2012; Stokes, 2012 참조). 한때는 사람이 죽으면 장례식장과 묘지로 밀려났지만, 소셜 미디어와 디지털 기술 덕분에 죽음은 이제 좀 더 가시적인, 심지어 사회적인 사건으로 재조정되었다. 인터넷과 소셜 미디어 플랫폼은 사용자의 프로필이 다시 만들어져 지속적인 추모행사를 꾸미고 추모행사에 일반 시민이 추모객으로 함께 참여할 수 있게 해준다(Berlant, 2008). 블로그와 웹사이트는 사진과 추모글의 저장소가 된다. 온라인 장례식장은 기억을 공유하는 공간이 된다.

고인의 프로필과 고인의 자기(self)의 측면들이 고정되어 있지 않듯이, 어떤 의미에서 자기는 죽은 것이 아니라 오히려 계속해서 "기억, 사별, 회상의 참여적 구성을 통해 진화한다. … 추모 웹페이지는 지속하며 연결된 네트워크를 통해 고인에 대한 분산적 표상(distributed representation)[13]과 집합적 표상(collective representation)[14]이 구성되게 함으로써 점점 커져, 큐레이션(curation)[15]을 필요로 하게 된다"(Gibbs et al., 2015; 또한 Marwick and Ellison, 2012; Lingel, 2013). 여전히 고인에 대해 비통해하는 사람은 갈수록 더 "죽음, 죽어가는 것, 애도, 비통, 그리고 심지어 피할 수 없는 죽음 그 자체를 물리적 세계와 디지털 세계의 혼합물"로 본다(Moreman and Lewis, 2014: 2). 사회적으로 그리고 정신적으로, 즉 사회정신적으로(sociomentally) 고인은 여러 면에서 여전히 살아 있다.

죽은 사람은 기억되고 그 사람에 '대해' 이야기되는 대상일 뿐만 아니라 흔히 소셜 미디어에서 누군가가 그 사람'에게' 이야기를 거는 대상이 되는데, 이것은 고인에 대한 기억을 살려두려는 욕구와 심지어 고인과 어떤 종류의 접촉을 유지하려는 욕구를 보여준다. 소셜 미디어는 때때로 고인이 시간과 공간을

---

13   신경망 이론은 정신과정이 상징적 표상에 의한 상징적 처리로 이루어지기보다는 분산적 표상에 의한 분산적 처리로 이루어진다고 전제하는데, 분산적 표상은 심상이나 명제와 같은 상징적 실체에 의하지 않고 정보를 표상하는 것을 말한다 — 옮긴이 주.

14   프랑스 사회학자 뒤르껭(Durkheim) 학파의 중심 개념으로, 이 학파에 의하면 사회 생활의 내용은 개인의식의 상태로 환원할 수 없는 것이고, 모든 사회적인 것은 많은 사람의 정신 활동의 융합에 따라서 성립하는 집단적 표상이라 하였다. 다시 말하면, 언어와 같이 일정한 사회 집단 전원이 공통적으로 지니고 있고 동시에 세대에서 세대로 전해지게 되어, 개인의 생사를 초월하여 존속하고, 개인의 의식에 대해서는 외재적으로 구속력을 가진 것이다 — 옮긴이 주.

15   디지털 큐레이션은 디지털 자산을 선택, 보존, 유지, 수집 그리고 아카이빙(archiving)하는 것을 말한다. 디지털 큐레이션은 현재와 미래에 사용하기 위한 디지털 데이터 저장소라는 가치를 만들고, 유지하고, 더한다(출처: 위키백과) — 옮긴이 주.

통해 어떻게든 연락이 닿을 수 있다는 느낌을 부추길 수도 있는 '공중에 떠 있는(airborne)' 듯한 성질을 가지고 있는 것처럼 보인다. 이것은 분명 순수하게 정서적인 대응이지만, 그럼에도 그것은 매우 힘들고 과도적인 시기에 위안을 제공할 수 있다. 필자가 인터뷰한 사람 가운데 한 사람은 다음과 같은 이야기를 들려주었다:

나는 처음으로 전자 추도식을 목격했고 그 추도식에 참여했습니다. 이 사랑스러운 여성이 그들이 어려운 시기에 그들을 어떻게 도와주었는지, 그녀가 어떻게 그들의 생활을 움직였는지, 그들이 얼마나 그녀를 그리워하며 … 결코 그녀를 만날 수 없다는 사실에도 불구하고 그녀의 고통이 끝난 것에 대해 그들이 얼마나 기뻐했는지를 표현하는 사람들의 애정 어린 추모의 글이 이어졌습니다! 나는 이 추도식이 나에게 준 충격을 결코 잊지 못할 것입니다. 나는 스크린에 나타난 메시지를 읽고 정말 울었습니다(Chayko, 2008: 34~35).

이와 같은 추모의 글이 보여주듯이, 심지어 결코 직접 만난 적이 없는 사람도 비통해할 수 있으며, 이러한 큰 슬픔이 디지털 기술을 통해 표현될 수 있다.

고인은 사람들이 '상호작용할' 수 있는 수용자로서 디지털 방식으로 재이미지화(reimagine) 될 수 있다. 때때로 오랫동안, 심지어 무한히 지속하는 추모 사이트에서 고인이 된 사람에게 메시지를 보낼 수도 있다. 고인의 사진과 동영상이 널리 공유되고 확산될 수도 있다. 환영받지 못할 수도 있는 사람들이 공개된 온라인 추모 사이트를 방해할 있으며, 또한 다른 수용자나 다른 맥락이 연결되어 심지어 사후에 맥락 붕괴가 시작될 수 있다(Marwick and Ellison, 2012). 따라서 소셜 미디어는 고인이 물리적 공간에 남아 있을 수 있고 우리가 고인과 조우하고 있고 고인과 일종의 상호작용을 경험하고 있는 것 같은 느낌을 느낄 수 있는 채널을 제공할 수 있다.

이러한 모든 방식을 통해 그리고 앞으로는 더욱더 많은 방식을 통해 서로에게 존재하고 서로 상호작용하는 것이 의미하는 바가 변하고 있고 변할 것이다. 정말 인간의 수명이 디지털 방식에 의해 사실상 늘어났다. 사회 생활의 여러 측면이 디지털 방식에 의해 향상되고 증강됨에 따라, 그러한 측면이 유연성과 융통성을 갖게 되는 것을 볼 수 있다. 이러한 변화와 이 변화가 우리의 생활에 미치는 영향을 이해하기 위해서는 정신적으로 유연성을 유지하는, 즉 새로운 아이디어와 그것이 현재의 이해를 어떻게 향상하는지에 대해 열린 자세를 취하는 것이 가장 좋다.

동시에 가족, 직장, 미디어와 같은 대규모 사회 제도가 디지털 시대에 변하고 있는 방식을 살펴볼 때, 우리는 '개념적으로도' 반드시 유연성을 유지해야한다. 다음 장에서 우리는 거시적 수준에서 사회가 어떻게 변하고 있는지 그리고 사회 구성원의 변화를 어떻게 고무하고 있는지 알아보기 위해 필자가 '기술-사회 제도'라고 부르는 것에 대해 살펴본다.

제8장

기술-사회 제도

제도의 '심장': 가족

무언가가 근본적이고, 기능적이고, 오래 지속되고, 규모가 크며, 체계 전체에 영향을 줄 때, 즉 그것이 오랜 세월 존재해왔고 늘 존재할 수도 있을 것처럼 보일 때, 우리는 그것을 제도라고 말한다. '사회 제도(social institution)'는 사회에 체계와 질서를 제공하며 사회 구성원에게는 사회적 연계와 공동체를 형성할 수 있는 틀을 제공한다. 사회 제도는 사회(와 사회의 구성원)의 기능을 돕는 데 매우 중요해서 모든 사회는 일부 사회 제도를 수용하고 있는데, 이것들은 우리가 이 장에서 살펴보는 제도들과 대체로 똑같다.

아주 오랜 세월 동안 가족, 사업 및 직장, 보건 의료, 종교, 교육, 정치와 통치, 형사사법체계, 그리고 미디어는 가장 중요한 사회 제도들이었다. 시간이 흐름에 따른 기술 발전은 이들 각각의 제도에 큰 영향을 미쳐왔는데, 특히 인터넷과 디지털 미디어는 큰 영향을 미치고 있다. 이러한 좀 더 새로운 기술은 반드시 각 제도 속에 통합되어야 하는 한편, 좀 더 오래된 전략들도 목적 달성에 여전히 중요하다(Zickuhr, Purcell and Rainie, 2014). 이 책은 이런 이유에서 이러한 대단히 중요한 제도들을 '기술-사회 제도(techno-social institution)'라 부른다.

사회 제도들을 서로 분리하여 연구하는 것은 거의 의미가 없다. 예를 들어,

우리의 가족 제도가 어떻게 작동하는지 이해하기 위해 우리는 가족 구성원이 어떻게 일하고, 교육받고, 신앙생활을 실천하고, 정치 행위를 하는지 등등을 반드시 이해해야 한다. 우리는 어떤 사회의 형사사법, 보건 의료, 미디어, 정부 체계가 사회 구성원에게 미치는 영향을 반드시 고려해야 하며, 또한 각 사회 제도 내에서의 활동들이 서로에게 미치는 영향도 반드시 고려해야 한다. 이러한 모든 체계, 모든 사회 제도를 혼연일체된 하나의 전체로 보고 연구하는 것이 가장 타당하다(Durkheim, 1893/1964).

사회 구성원이 사회 제도를 어떻게 구성하고 사회 제도에 어떻게 의미를 부여하는지 그리고, 우리의 목적상, 그렇게 하기 위해 기술이 어떻게 사용되는지 살펴보는 것 또한 중요하다. 어떻게 행동할 것인지에 대한 결정을 내리고 그들의 행위주체성(agency)을 행사하는〔따라서 이런 맥락에서 사람들은 때때로 '사회적 행위자(social actor)'라 불림〕 사람들의 일상적 행동을 통해서 더 큰 체계가 점진적으로 확립되고, 다시 이러한 체계는 그 체계 내에서 사람들이 미래의 행동을 형성하는 데 도움을 줄 수 있다. 사람들은 실제로 수도 없이 많은 크고 작은 일상적 행위를 통해 사회 제도를 만들어내고 확립한다. (우리는 제도에게 그들 스스로 행동할 수 있는 힘을 부여할 수 없다는 점을 강조하는 것은 중요하다. 행동하는 것은 바로 '사람'이다.) 동시에 제도는 그러한 제도 내에 존재하는 사람들과 그들이 하는 대로 행동하기 위해 내리는 결정에 큰 영향을 미친다. 그것은 구조와 행위주체성의 끝없는 순환, 즉 고리로, 사회의 거시적 수준과 미시적 수준이 서로에게 영향을 주고 실제로 서로를 만들어내는 방식을 보여준다(구조와 행위주체성 간의 관계에 대한 생생한 기술을 보려면, Erdmans, 2004 참조).

필자는 사회 제도를 분석할 때 가족으로 시작하라고 늘 권고하는데, 왜냐하면 가족은 강하고 제대로 기능하는 사회의 중심이자 심장이기 때문이다. 가족은 대부분의 사람이 사랑과 생활에 대해 배우는 첫 번째 장소이기 때문에 가장 친숙한 제도이다. 가족은 실제로 사회의 축소판이다. 앞에서 보았듯이, 가족은 1차 집단, 일생에 걸쳐 자기와 정체성 개발을 자극하고 고무하는 사회화 대리인이다. 그리고 우리는 다른 어떤 제도 이상으로 가족을 통해서 개인의 미시적 수준의 생활과 사회 체계의 거시적 수준의 생활이 서로에게 어떻게 영향을 주고 실제로 서로를 구성하는지 볼 수 있다.

기술이 발전된 사회에서 인터넷과 디지털 미디어는 가족의 일상생활의 일부이다. 인터넷과 디지털 미디어는 개인과 공동체가 연결을 유지하도록 도와주는 것과 매우 흡사한 방식으로 가족이 연결을 유지하도록 도와주는데, 왜냐하면 가족은 실제로 작은 (그리고 어떤 경우에는 큰) 공동체이기 때문이다. 동시에 기술은 가족생활의 역학과 차원을 바꾸어놓았다. 교육과 소득 수준이 높은 가족일수록 집에서 인터넷을 사용하고 인터넷이 가족생활의 중심이 될 가능성이 더 높다(Rainie and Wellman, 2012; Wellman, Smith, Wells and Kennedy, 2008).

기술이 풍부한 사회에서 많은 가족은 다수의 ICT에 투자해 집의 거의 모든 방에서 ICT가 발견된다. 컴퓨터(데스크톱과 노트북), 태블릿, 그리고 휴대폰 혹은 스마트폰 외에도 가정에는 복수의 텔레비전, 디지털 케이블 박스, 게임용 콘솔(console), VCR, 그리고 DVD 혹은 블루-레이(Blue-Ray) 플레이어가 있다. 오늘날 텔레비전 시청은 심지어 2000년대 초와도 매우 다른 경험이다. 사람들은 이제 시청하는 동안 다른 시청자와 상호작용할 수 있도록 소셜 미디어를 대기시켜놓은 상태에서 자신의 스케줄에 따라 각기 다른 방식〔전통적인 TV, 넷플릭스(Netflix)나 유튜브를 통한 스트리밍된 비디오, 티보(TiVo) 혹은 DVR을 통한 '주문형' 케이블 혹은 위성 프로그램〕으로 시청할 수 있는 좀 더 주제가 좁은 다양한 프로그램들 가운데서 선택할 수 있다. 가족 구성원들이 이러한 기술을 사용해 서로 연결된 상태를 유지할 때, 이것은 또다시 네트워크화된 개인주의(networked individualism)가 작동하는 것이다(Rainie and Wellman, 2012: 159).

그러나 심지어 기술 사용이 일반화되어 있는 사회에서도 가족들이 동등하게 '연결되어(wired)' 있지는 않다. 어떤 가족은 제한된 인터넷 연결과 모바일 데이터 요금제라는 제약하에서 기기를 사용한다. 이러한 가족의 구성원들은 서로 인터넷 사용 시간을 타협할 수도 있다. 고도로 연결되어 있는(highly wired)

가정의 젊은이는 개인화된 인터넷 시간(net time)을 즐기는 반면, 부분적으로 연결되어 있는 가족은 가구 인터넷 시간(household internet time)을 세심하게 나누어서 사용한다. 자녀들이 숙제는 물론 소셜 네트워크를 형성하고 입학할 대학교를 조사하고 대학에 지원하는 것과 같은 사회적 자본 형성 활동에 인터넷을 사용할 것으로 점차 기대되기 때문에, 가족은 자녀가 인터넷에 접속할 수 있도록 하기 위해 희생할 것으로 기대된다. 따라서 가정에 인터넷이 있고 없음은 사람들이 사회에서 발전해갈 수 있는 능력과 연결되고 네트워크화된 상태를 유지할 수 있는 능력에 지대한 영향을 미칠 수 있다(Robinson and Schulz, 2013).

가족 구성원들은 또한 인터넷과 디지털 미디어를 사용해 서로 간의 접촉과 확대 가족과의 접촉을 유지한다. 사람들, 일반적으로 여성은 흔히 이러한 친족 유지 기능을 수행하기 위해 소셜 미디어, 대개 페이스북을 사용한다. 채팅, 사진 공유, 게임하기를 통해 확대 가족 구성원들이 접촉을 유지하면서 서로 함께 있음을 즐길 수 있는, 일종의 목적이 분명한 여가활동이 생겨났다(Boudreau and Consalvo, 2014 참조). 이러한 종류의 친족 유지 활동은 전통적으로 여성 보호자의 책임이었던 반면, 디지털 기술을 사용해서 그와 같은 일을 하는 미국 가정의 약 3분의 2에서는 (가정의 가장이 둘일 때) 가정의 가장들이 (반드시 똑같지는 않지만) 그 일을 공유한다. 그들은 서로 나눠서 연락하고 문자나 전화로 그러한 연락을 유지한다. 마찬가지로 그들은 전화를 통해 자녀와 연락을 유지하는 일을 일반적으로 공유하며 자녀가 자주 확인해줄 것을 기대한다(Rainie and Wellman, 2012).

소셜 미디어와 문자 보내기는 가까이나 멀리 있는 가족 구성원 간의 커뮤니케이션과 연결성을 유지하는 데 중요한 역할을 하며, 웹캠(webcam)과 이메일은 공간적으로 서로 떨어져 있는 가족 구성원에게 공존감(sense of copresence)을 제공하는 데 특히 도움이 된다. 자녀가 나이가 듦에 따라, 부모는 ICT를 사용해 자녀와 커뮤니케이션을 할 가능성이 더 높아지고, 자녀가 학교에 갈 나이가 될 때는 서로 문자를 보낼 가능성이 매우 높아진다(Rudi, Dworken, Walker and

Doty, 2015). 가족은 또한 디지털 기술도 함께 사용한다. TV를 함께 시청하는 것처럼 그들은 인터넷에 함께 접속하거나 디지털 방식으로 만들어진 오락물이나 다른 콘텐트에 대해 이야기하면서 시간을 보낸다(Madianou and Miller, 2011; Rainie and Wellman, 2012; Wellman et al., 2008).

자녀들은 전에 없이 어린 나이에 컴퓨터와 휴대폰을 사용하면서 흔히 부모와 보호자에게 그것의 사용법을 가르쳐준다. 이것이 반드시 그들의 기술 사용이 정교하거나 사려 깊음을 의미하는 것은 아니다(boyd, 2014 참조). 그러나 디지털 기술과 더불어 성장해온 자녀들은 기술이 생활 안으로 들어오고 가족 상황에서 사용되는 것에 특히 편안해할 수도 있다. 다른 생활 방식을 기억할 수 있는 나이가 더 많은 가족 구성원은 디지털 기술이 널리, 거의 상시적으로 사용되는 것과 그것의 효과에 좀 더 힘든 시간을 보낼 수도 있다.

자녀들은 흔히 위기 사건이 발생할 때 그들을 안전하게 지켜주고자 하는 보호자로부터 그들의 첫 번째 휴대폰을 받는다. 2001년 9월 11일, 테러가 발생하자 많은 사람이 또 다른 테러 공격이나 긴급한 상황에서 어쩔 수 없이 자녀와 헤어지는 것을 두려워한 (혹은 여전히 두려워하는) 나머지 자녀에게 지급한 휴대폰의 수가 미국에서 급증했다. 비상 상황에 더 잘 준비하는 것이 자녀에게 첫 번째 휴대폰을 제공하는 이유(그리고 마찬가지로 많은 성인이 휴대폰을 구입하는 이유)로 흔히 꼽힌다. (어쨌든 자녀들에게) 조금은 슬픈 역설은 부모가 부재할 때 자녀들이 좀 더 자유롭게 돌아다닐 수 있는 수단을 휴대폰이 제공할 수도 있지만 동시에 휴대폰은 부모들이 그들을 확인하는 수단이기도 하다는 점이다. 이러한 의무감에서 이루어지는 확인은 디지털 이전 시대보다 더 자주 이루어지는 경향이 있어서, 필연적으로 많은 자녀가 그 어느 때보다 부모에게 더 얽매이게 되었다(Turkle, 2012a).

많은 보호자는 또한 자녀가 지각된 디지털 격차의 정보 빈자 쪽에 속하는 것을 원하지 않는다. 휴대폰을 소유하는 것은 지위, 부(富), 혹은 권력의 척도가 될 수 있다. 자녀들은 단체 문자는 물론 전화로 조정되고 진행되는 활동에서 제외되는 것을 염려할 수도 있다. 그들은 친구가 하는 게임과 친구가 노출되는 콘텐트 선택사항에 포함되기를 원한다. 부모는 집단의 일부가 되어 어울리고자 하는 그들의 충동을 때로 오해하는데, 왜냐하면 부모는 휴대폰이 아동기 사회성에 미치는 긍정적인 역할보다 잠재적으로 부정적인 역할에 집중하고 있기 때문이다.

그럼에도 많은 부모는 자녀가 비교적 어린 나이에 온라인에 접속하도록 도와준다. 압도적인 다수의 부모가 스스로 할 수 있는 나이가 되기 전에 자녀가 페이스북과 같은 소셜 미디어 사이트에 접속하거나 등록하는 것을 도와준다 (boyd, Hargittai, Schultz and Palfrey, 2011). 그러나 많은 부모는 페이스북과 같은 소셜 미디어 사이트에서 자녀와 함께 시간을 보낸다. 2011년, 소셜 미디어 사용자이면서 소셜 미디어 사용자인 자녀를 두고 있는 부모의 80%가 적어도 하나의 사이트에서 자녀와 친구를 맺고 있었으며, 이러한 부모 가운데 약 절반이 그 사이트에 댓글을 달거나 그 사이트에서 자녀와 직접 상호작용했다. 이것은 부모가 문제가 있다고 생각하는 행동을 포함해 인터넷과 그 사이트에서 일어나는 일들에 대한 논의를 촉발할 수 있는 한편, 동시에 확대 가족 내부와 외부의 사회적 연계감 개발을 촉진하기도 한다.

많은 부모는 온라인에서의 자녀 안전에 대해 염려한다. 그들은 또한 그러한 기술의 과용과 의존에 대해서도 염려한다. 그들은 (컴퓨터를 침실 밖에 두거나 필터링 소프트웨어를 사용하는 것과 같이) 기술 사용을 통제하는 것에 대해 전문가의 조언을 구할 수도 있으며 심지어 이러한 전략들 가운데 일부를 수행할 수도 있다. 부모는 휴대폰이 과용되고 있다고 인식하는 그 순간에도 자녀가 집 밖에 있을 때 휴대폰을 소지하고 있다면 흔히 더 편안하게 느낀다.

물론 스마트폰은 자녀들이 어디를 가든 그들의 개인 공간에 인터넷을 가져다주는 소형 컴퓨터이다. 인터넷과 디지털 미디어는 자녀가 하는 것을 부모가 볼 수 있는 창을 제공하는 반면, 자녀들 역시 그들의 활동이 잘 알려지지 않게 하는 전략을 사용한다. 어린이와 10대가 부모가 모르는 소셜 미디어 사이트를 방문해서 서로 커뮤니케이션하는 것을 흔히 볼 수 있다. 그들은 완전히 새롭거나 부모가 모르는 앱을 선택할 수도 있는데, 스냅챗이 인기 있는 이유 가운데 하나는 활동의 증거가 부모의 눈에 띄지 않기 때문이다. 6장에서 논의한 것처럼, 이것은 보호자의 감시의 눈에서 벗어나 그들 자신의 정체성을 개척하려는 아이들의 노력의 일부이다. 그룹 채팅을 통해서 지속적으로 친구 집단과 연락을 유지할 수 있듯이, 사용되고 있을 때 흔히 은밀한 느낌을 주는 문자 보내기 역시 매우 비슷한 이유로 어린이와 10대 사이에 인기가 있다.

현대의 '헬리콥터' 부모(helicopter parent)[1]가 자녀의 생활에 얼마나 깊숙이 관여하는가에(어떤 사람은 과도하게 관여한다고 말함) 대해서도 많은 논의가 있었다. 자녀들이 좀 더 나이가 들어 젊은 성인이 되는 (그런 다음 더 나이가 많은 성인이 되는) 그 순간에도 부모는 디지털 기술을 사용하여 그들을 감시하고, 모든 움직임을 추적하며, 매우 자주 연락하고자 하는 강한 유혹을 느낀다(Hofer and Moore, 2011; Nelson). 그러나 사회학자 린 스코필드 클라크(Lynn Schofield Clark)가 디지털 시대의 육아에 관한 연구를 위해 인터뷰한 부모들 가운데 많은 이가 매우 적극적으로 그리고 의도적으로 이러한 유혹을 참고 자녀가 성장할 수 있는 적절한 공간을 제공하기 위해 노력한다고 밝혔다(Clark, 2013).

서로 다른 배경과 소득 수준을 가진 가족들이 디지털 기술을 그들의 생활에 사용하는 것에 대응함에 따라 적어도 뚜렷이 구분되는 두 가지 패턴이 나타난 것 같다〔물론 이러한 규범들에서 벗어난 것도 있을 뿐만 아니라, 두 패턴 간에는 서로 중첩되는 부분도 분명 있음(Clark, 2013 참조)〕. 고소득 가정에는 클라크가 말하는 '표현 역량 강화의 윤리(ethic of expressive empowerment)'가 존재하는 경향이 있는데, 이러한 가정에는 인터넷과 디지털 미디어가 교육, 성취, 자기 개발에 사용되어야 한다는 강한 윤리와 기대가 존재한다. 클라크는 저소득 가정에 '공손한

1　자녀 주위를 헬리콥터처럼 맴돌며 모든 일에 간섭하려 하는 부모를 일컫는 용어 ― 옮긴이 주.

연결성의 윤리(ethic of respectful connectedness)'가 존재하는 것에 주목했는데, 이러한 가정은 자녀가 무엇보다 가족 구성원에게 순응하고 연계감을 유지하는 데 디지털 미디어를 사용하도록 지도한다. 만약 여러분이 두 윤리(둘은 모두 훌륭하지만 매우 다름)에 깔려 있는 전제를 자세히 살펴보면, 여러분은 이러한 서로 다른 규범과 기대가 미국 사회에 현재 존재하는 경제적 격차와 사회적 격차를 강화하는 데 어떤 역할을 할 수 있는지 알 수 있다(Clark, 2013).

가족이 기술을 가족생활에 통합하려고 시도할 때에는 많은 도전이 존재한다(Madden, Cortesi, Gasser, Lenhart and Duggan, 2012). 부모와 보호자는 자녀들이 지나치게 오래 온라인에 접속해 있다고 우려하며 남아 있을 수도 있는 디지털 발자국(digital footprint)[2]을 포함해서 그들이 하고 있는 것에 대해 걱정한다. 보호자, 특히 10대 초반 자녀의 보호자와 고소득 가구의 보호자 역시 자녀들이 온라인에서 서로를 어떻게 대하는지 그리고 그들이 온라인이나 대면 상황에서 낯선 사람과 접촉하고 있지는 않는지 걱정한다. 많은 보호자가 디지털 기술 사용을 통제하거나 줄이는 것을 목표로 하는 전략을 수행하고자 시도하지만, 이러한 노력은 모바일 미디어의 휴대 가능성과 이것이 사용자에게 제공하는 자유에 의해 어느 정도 제한을 받는다. 적절한 사용을 위한 전략을 제공하고 필터링 기제나 스파이웨어를 사용하는 것은 이러한 힘의 일부를 부모에게 되돌려줄 수 있지만, 그렇게 하기 위해서는 가족 구성원의 프라이버시와 아마도 심지어 자녀가 부모에게 그리고 부모가 자녀에게 부여하는 신뢰를 잃게 되는 비용을 치러야 할 것이다(Newell, Moore and Metoyer, 2015). 이상적으로 말하자면, 디지털 기술 사용을 위한 관계 전략(relational strategy)을 개발할 때 가족은 안전과 신뢰 사이에 어떻게 균형을 잡아야 할지 고려해야 한다.

대체로 기술로 연결된 대부분의 가족은 심지어 그들이 바쁘게 그리고 독립적으로 한 장소에서 다른 장소로 움직일 때에도 디지털 기술을 사용해 연락을

---

2   특정인이 인터넷을 사용하면서 남긴 활동 정보 ― 옮긴이 주.

유지한다. 휴대폰은 특히 가족 구성원이 "각자의 길을 가는 동안에도 좀 더 연계감을 유지할 수 있도록" 도와준다(Rainie and Wellman, 2012: 170). 가족은 과거보다 "대면 시간(face time)"을 덜 가질 수도 있지만 "연계된 시간(connected time)"은 더 많이 가진다(Rainie and Wellman, 2012: 170).

보건 의료

인터넷과 디지털 미디어는 사람들의 보건 의료에 지대한 영향을 미치게 되었고, 따라서 신체적 건강과 정신적 건강 모두에도 지대한 영향을 미치게 되었다. 건강 관련 데이터의 저장, 관리, 전송이 이제 점차 디지털 방식으로 이루어지고 있다. 기술 또한 임상적 의사 결정을 지원하고 그러한 결정에 영향을 미치며 흔히 원거리에서 이루어지는 환자 치료를 용이하게 한다. 보건 의료가 하이-테크 디지털 사회에서 변하고 있는 것은 분명하지만, 이러한 '이-헬쓰(e-health)'의 영향은 아직 분명하지 않다. 지금까지는 건강 관련 디지털 기술을 특히 사회적 규모로 구현하는 것의 우수성, 안전상의 위험, 그리고 비용 효율성에 관한 결정적인 증거가 부족하다(Black et al., 2011).

보건 의료는 디지털 시대에 생의학화(biomedicalize) 되었다. (약물 남용, 출산, 우울증처럼) 한때는 의학 영역 밖에 있는 것으로 여겨졌던 이슈와 문제가 지금은 의학적 이슈로 간주되어 의료보험으로 커버될 거라는 기대가 커지고 있다. 관리 의료 체계, 기업 보험[3] 체계, 컴퓨터화된 환자 데이터 은행이 독립 의사들(independent physicians)[4]로 이루어진 개별화된 체계를 밀어내고 돌봄 제공자(caregiver) 자리를 대신하고 있다. 과학과 기술은 최고의 의료 행위와 치료를

---

3   기업을 피보험인으로 하는 보험 — 옮긴이 주.
4   대형 의료기관에 소속되어 있지 않고 독립적으로 개업해 활동하는 개별 의사 — 옮긴이 주.

설명해주고 그것에 기여할 것으로 기대되며, 과학과 기술로 인해 많은 생의학 조직, 하부구조, 임상치료법이 생겨났다. 게다가 건강과 병에 관한 정보가 인터넷을 포함한 모든 종류의 미디어를 통해 빠르게 확산되고 있으며, 소비자 직접 판매(direct-to-consumer) 처방약, 일반 의약품(over-the-counter drug) 광고, 건강 이슈, 그리고 윤리가 디지털 미디어에서 끊임없이 논의되고 있다(Clarke, Shim, Mamo, Fosket and Fishman, 2010). 생의학은 대중문화와 대중 미디어의 기본적인 요소로 간주되어왔다(Bauer, 1998).

대부분의 사람은 이제 의사, 친구, 가족에 의지하는 것 외에 온라인에서 건강 정보를 찾는다(Fox, 2011a; Hesse et al., 2005). '개인 간(peer-to-peer)' 보건 의료가 번창하고 있는데, 이것은 현대 의학을 이용할 수 없었던 (혹은 현대 의학이 아직 존재하지 않았던) 부족 공동체에서 사람들이 서로를 도왔던 방식을 연상시킨다. 일반적으로 온라인이든 오프라인이든 사람들의 네트워크가 클수록 건강상의 이점 또한 더 크다. 온라인에서 사람들은 신체적 건강과 정신적 건강을 향상할 수 있는 정보, 상품, 서비스를 찾을 수 있도록 서로 돕는다(Bessiere, Pressman, Kiesler and Kraut, 2010). 오프라인에서 더 많은 사람에게 노출되는 것은 흔한 감기 바이러스와 같은 더 다양한 감염에 사람들을 노출시킴으로써 감염병에 대한 더 큰 면역력을 제공한다(Rainie and Wellman, 2012: 132; Song, Son and Lin, 2011).

그러나 심지어 웹사이트가 번드르르하고 전문적인 것처럼 보여도 온라인에서 이용할 수 있는 의학 정보가 항상 정확한 것은 아니다. 그와 같은 사이트는 특정한 병을 진단하는 데 도움을 줄 수는 있지만 일반적으로 회복 계획을 제공하기에는 부족하다(Volti, 2014: 193). 보건 의료 제공자(health care provider)는 환자가 흔히 디지털 정보원일 공산이 큰 많은 다른 정보원에서 찾은 지식과 반드시 대적해야 한다. 손쉽게 의학 정보를 얻을 수 있게 된 사람들은 그들의 건강과 관련된 결정에 좀 더 스스럼없이 관여한다. 그들은 점점 더 자신의 건강에 대해 더 큰 책임을 느낀다(Cotten and Gupta, 2004; Hesse et al., 2005). 대부분의 환자는 인터넷을 사용해 자가 치료를 하지 않고 있으며, 약 처방을 포함해 최종적인 진단을 내려주는 의료 전문가를 찾는다(Cotten and Gupta, 2004; Fox, 2011b).

매일의 건강과 신체 단련을 개인이 책임지는 것이 좀 더 흔한 일이 되고 있다. 디지털 기술과 모바일 기술은 이런 노력에 소중한 도구가 되었다. 휴대폰 소지자 세 명 가운데 한 명은 휴대폰을 사용하여 건강 정보에 접근하며, 스마트폰 소지자 다섯 명 가운데 한 명은 대개 다이어트, 운동, 혹은 둘 다와 관련되어 있는 건강 앱을 폰에 깔아놓았다. 좀 더 젊은 성인, 소수자, 그리고 특히 건강 정보를 필요로 하는 사람이 이러한 앱을 깔고 사용할 가능성이 가장 높다(Fox and Duggan, 2012).

중요한 것은 인터넷이 환자들이 서로를 찾아내고 돕는 새로운 통로를 만들어냈다는 것이다(Bessiere et al., 2010 참조). 사람들은 건강 및 의료 정보를 공유하고, 질병 및 중독과 싸우고, 체중을 줄이며, 더 건강한 라이프스타일로 살아가는 집단을 찾고 또 형성한다. 그들은 건강 및 보건 의료와 관련된 정보를 공유하며 서로를 지지한다(Hajli, 2014). 이것은 사람들이 건강에 중요한 변화가 있었거나 다소 희귀한 질병에 직면할 때 특히 중요하다.

건강 지향적 커뮤니티는 구성원들에게 중요하고 실제로 그들의 생활을 바꿀 수 있다. 게다가 구성원들이 교환하는 메시지는 흔히 검색이 가능하며 나중에 건강에 문제가 생기는 사람들이 그것을 볼 수 있다. 이것은 사람들에게 건강에 대한 더 높아진 통제력(혹은 더 잘 통제하고 있다는 느낌)을 제공하며 결정을 내리고 문제와 싸울 수 있는 수단을 제공한다(Fox, 2011a). 물론 디지털화된 정보는 해킹당하고 감시당할 수 있어서, 사람들은 그것이 완전히 안전한 것이라고 가정할 수 없다. 간단히 말해, 디지털 건강 플랫폼, 커뮤니티, 그리고 앱은 사람들이 더 생산적이고 건강한 생활을 하도록 도와줄 수 있지만, 디지털화된 의료 정보의 질과 안전성을 보장할 수 없기 때문에 주의가 필요하다.

종교

기술적으로 발전된 사회에 살고 있는 많은 사람의 경우, 생활 어디에나 존재하는 인터넷과 소셜 미디어로 인해 그들의 신앙생활이 바뀌었다. 일찍이 종교 의식은 오직 혹은 주로 신도들이 지어 봉헌한 신성한 장소에서 이루어졌다. 아마도 교회, 유대교 회당, 혹은 회교 사원과 같은 특별한 물리적 공간에 가서 종교 의식을 치르는 것이 하나의 의례였다. 지금은 많은 예배가 온라인에서 이루어지며 원격 참석도 가능하다. '사이버교회(cyberchurch)'는 웹 토론방에서 시작하여 구성원들이 온라인 예배를 보고 참여하거나 심지어 가상현실 '세계'인 세컨드 라이프(Second Life)에 아바타로 참여할 수 있는 완전히 상호작용적인 사이트로 진화했다(Campbell, 2012).

종파, 예배 장소, 종교 자체에 대한 정보가 전자 채널과 소셜 미디어 채널을 통해 널리 확산하고 있다. 종교 지도자는 블로그에 글을 올리고 팟캐스트(podcast)에 녹음을 하며, 따라서 사이버교회 웹사이트를 통해 설교와 음악을 들을 수 있다. 사람들이 동료 예배자 및 종교 지도자와 좀 더 쉽게 상호작용할 수 있게 해주는 앱도 개발되어 있으며, 심지어 천주교 신자들이 디지털 방식으로 고해성사 의식을 비슷하게 할 수 있게 해주는 고해성사 앱도 있다(물론 천주교회는 그것을 실제의 고해성사로 인정하지 않음; Cheong and Ess, 2012 참조). 경전도 온라인에서 이용 가능하며 심지어 기도 요청도 할 수 있다(Campbell, 2012). 신앙생활을 하는 사람 다섯 명 가운데 한 명은 온라인에서 종교에 대해 이야기하며, 약 절반은 다른 사람이 그렇게 하는 것을 본 적이 있다. 다섯 명 가운데 한 명은 또한 종교 토크 라디오 프로그램, TV 프로그램, 혹은 음악과 같은 매스 미디어 플랫폼을 사용해 자신의 신앙을 지켜오고 있다(Pew Research Center, 2014).

미디어 사용은 사람들의 종교에 대한 접근을 높여줄 뿐만 아니라 종교에 대한 이해를 보충해줄 수도 있다. 웹사이트, 토론방, 소셜 미디어는 사람들이 종교적 이슈를 공유하고, 논의하며, 토론할 수 있게 해준다. 상대적으로 잘 알려져 있지 않은 종교와 종교적 견해가 발견되어 그들의 교리가 알려질 수 있으며, 새로운 종교가 나타나 추종자를 찾을 수도 있다. 영성적 이슈에 전념하는 웹사이트와 영성을 개척할 장소를 찾기 위한 인터넷 사용을 통해 전반적으로 영성(靈性)이 북돋워져 왔다. 교회나 종교의 사명을 홍보하고 신도가 되어줄 것과 충실한 신앙심을 권장함으로써 '신앙 브랜드(Faith brand)'[5]가 성공적으로 개발될 수 있다(Cheong and Ess, 2012).

그러나 종교적 이슈를 주시하고 논의하기 위해 소셜 미디어를 사용하는 것이 반드시 오프라인 예배 장소 참여로 이어지는 것은 아니다. 많은 사람에게 있어 참여는 좋아요 버튼이나 팔로우 클릭으로 끝이 난다. 커뮤니케이션 학자인 마크 D. 존스(Mark D. Jones)는 종교 단체용 페이스북 그룹에 가입하는 사람들은 대개 그들의 종교적 참여를 온라인 그룹으로 제한한다는 사실을 확인했다. 그들은 예배 장소에 물리적으로 참여하는 그다음 단계를 반드시 고려하지는 않는다. 오히려 그러한 행위는 자신의 신앙에 대해 물리적으로 좀 더 적극적인 역할을 하겠다는 약속이라기보다는 상징적 의미를 갖거나 정체성의 지표 역할을 한다(Johns, 2012).

종교에 대한 공개된 논의와 종교 참여는 이전에 신성한 것으로 간주되었던 것에 문제를 제기할 수 있다. 사회학자인 에밀 뒤르켕의 신성한 것과 세속적인 것에 대한 분석에 따르면(Durkheim, 1912/1965), 신성한 것은 어느 정도 감추어져 있고 사적인 공간에서 반드시 음미되어야 하기 때문에 특별한 의미를 가진다. 종교 의식을 치르는 것은 이제 좀 더 공개된 활동이다. 종교 예배가 방송되거나 인터넷 추종자에게 스트리밍될 때, 그것은 어떤 사람에게 덜 특별하고 덜 신성한 것처럼 보일 수도 있다. 반면에 이것은 종교를 홍보하고 또한 그렇지

---

5 종교 혹은 신앙들 간의 경쟁이 치열한 사회에서 종교나 신앙이 효과적으로 경쟁하기 위해서는 이제 '브랜드'가 되어야 한다는 의미이다 — 옮긴이 주.

않으면 참석하지 못할 수도 있는 사람에게 접근할 수 있는 기회를 제공할 수 있다.

그러나 그와 같은 활동을 비밀로 유지하고 싶어 하는 사람에게는 이것이 문제가 될 수 있다. 어떤 사회에서는 사람들이 보복이나 처벌의 두려움 없이 자유롭게 종교 의식을 치른다(혹은 치르지 않는다). 그러나 많은 곳에서 사람들은 종교적 견해로 인해 프로파일링 되어(profiled)[6] 박해를 받으며 표적이 되고, 해침을 당하고, 심지어 죽을 수 있다. 디지털 기술은 특징힌 견해를 가지고 있는 사람을 찾는 것을 도와줄 수 있고 따라서 반대 견해를 가지고 있는 사람들이 그러한 견해에 맞서 조직화하도록 도와줄 수 있다(Kjuka, 2013 참조). 그러나 앞에서 보았듯이 디지털 기술은 또한 똑같은 견해를 공유하는 사람들이 서로를 찾고, 커뮤니티를 형성하며, 사회적 지지를 주고받을 수 있도록 도와줄 수도 있다.

신앙생활을 실천하는 것이 현대 세계에서 변하고 있다. 이러한 상황 전개가 종교의 사명과 어울리지 않는 '상업화'에 해당하는지 여부가 점차 논란이 되고 있다. 전 세계적으로 '종교성(religiosity)', 즉 종교에 대한 믿음 혹은 신앙생활을 하는 것은 특히 40세 이하의 사람들 사이에서 쇠퇴하고 있는 반면, 무신론은 증가하고 있다. 그러나 스스로를 신앙심이 깊은 사람으로 여기지 않는 많은 사람이 신앙을 버리지는 않는다. 그들은 계속해서 나름대로의 방식으로 종교 의식을 치르지만 자신을 '신앙심이 깊은 사람'으로 정의하거나 밝히지 않는다. 일반적으로 여성과 소득이 적은 사람은 남성과 소득이 많은 사람보다 스스로를 신앙심이 깊은 사람이라고 여길 가능성이 더 높은데, 이것은 전 세계 문화 전반에 걸쳐 그러하다. 그리고 전 세계 인구의 약 60%는 여전히 스스로를 신앙심이 깊은 사람으로 여기고 있다(WIN-Gallup, 2012). ICT가 종교, 신앙, 영성에

---

6   '프로파일링(profiling)'이란 특정 인물(사항)의 관련 정보 자료를 수집·분석하여 평가(예측)하는 것을 말한다 — 옮긴이 주.

통합되는 것이 이러한 추이에 어떤 영향을 미치는지를 살펴보는 것은 흥미로울 것이다.

일과 상거래

인터넷과 디지털 미디어가 모든 종류의 사무를 조직하고 처리하는 데 매우 중요한 부분이 됨에 따라, 일은 디지털 시대에 엄청난 변화를 겪고 있다. 컴퓨터와 모바일 미디어가 수많은 조직 상황에서 데이터 수집부터 데이터 구성, 일을 위한 공유된 공간 제공에 이르기까지 다양한 방식으로 사용된다. 많은 회사와 조직이 모두 컴퓨터로 조정되는 공간적으로 많이 분산된 상황에서 일을 처리하고 사무를 취급한다. 미국 노동자의 60% 이상이 인터넷을 사용해 일을 한다 (Madden and Jones, 2008).

'전자 상거래(e-commerce)', 즉 온라인에서 제품, 서비스, 정보를 사고파는 것은 인터넷 작업의 큰 부분이다. 대부분의 경우, 가게 공간을 임대하는 것보다 (대개 돈을 수납할 수 있는 능력을 갖춘 웹사이트 형태로) 온라인 '점포(storefront)'를 만드는 것이 훨씬 더 저렴하다. 정보 전송 비용 또한 인터넷을 통하면 비교적 저렴하다. 심지어 물리적 장소를 가지고 있는 회사도 흔히 인터넷을 통해 거래하며, 주로 인터넷을 통해 거래를 하는 회사도 여전히 하나 혹은 그 이상의 물리적 장소를 가지고 있을 수도 있다.

많은 사람이 온라인 상거래의 편리함과 가치를 인정한다. 온라인 쇼핑 산업은 매년 성장하고 있는데, 이러한 추세는 계속될 것으로 전망된다. 미국의 온라인 수입(收入)에서 가장 큰 비중을 차지하는 것은 소매 쇼핑으로, 아마존 (Amazon)이 최대 판매자이며, 다음으로 여행 예약 웹사이트가 전자 상거래 수입의 3분의 1을 차지한다(Statista, 2014). 다른 사업들뿐만 아니라 어떤 사업들도 전자 상거래로 바꾸지 않았지만, 큰 이익을 올릴 수 있기 때문에 그러한 사업들의 혁신이 모색되고 있다. 예를 들어, 2014년 현재 온라인에서 큰 성공을 거두지 못한 식료품 쇼핑의 전자 상거래 분야에서의 미래는 지금까지보다는 더 밝을 것으로 보인다. 아마존은 비싼 배달 하부구조 비용에 용감하게 맞서고 있는데, 그러한 하부구조가 없다면 사업을 시작할 수 없을 것이며, 고객들도 온라인에서 신선 식품을 구입한다는 생각에 익숙해지고 있다. 어떤 사업이 성공하기 위해서는 기술적 변화와 심리적 변화 모두가 필요하다.

전 세계의 인터넷 사용자 가운데 40%(10억 온라인 구매자)가 데스크톱 컴퓨터나 모바일 기기를 통해 제품이나 상품을 온라인에서 구입한 적이 있으며, 이 수치는 계속해서 증가할 것으로 전망된다. 그러나 온라인 구매자가 전 세계적으로 고르게 분포해 있지는 않다. 미국, 영국, 노르웨이, 한국, 일본, 덴마크 사람들은 헝가리, 이탈리아, 그리스, 멕시코, 터키 사람들에 비해 온라인 구매를 네 배 이상 많이 한다(Curran, 2012). 이러한 차이의 가장 큰 원인 가운데 하나는 인터넷 접속일 가능성이 있으며, 또한 창고 비용과 유통 비용이 낮아야만 전자 소매(e-retail)에 경제적 이점이 생긴다.

온라인 상거래는 또한 의도적으로 공동체적 차원을 가지고 있다. 매매 거래에 관한 옵션 및 정보를 평가하고 그것에 관해 댓글을 달며 그것을 공유할 때, 사업에 진정한 영향을 주는 사회적 연계감이 형성될 수 있다. 예를 들면, 온라인 경매 사이트에서 사람들은 다른 사람이 관심을 표명하는 물건에 기꺼이 더 많은 돈을 지불하는 경향이 있다(Kauffman and Wood, 2006). 따라서 온라인 공유 및 연결의 역동성은 그와 같은 활동에 종사하는 온라인 조직의 성공에 매우 중요할 수 있다. 동시에 데이터 마이닝과 감시도 명심해야 한다. 소비자와 회사는 공히 광범위한 공유가 사람들의 프라이버시와 안전에 미치는 영향과 온라인 공간에서의 데이터의 (비)보안성을 인식하고 있어야 한다.

근무 중 인터넷 사용은 일의 분야에 따라 편차가 큰 편이다. 거의 네 명 가운데 세 명의 전문직 종사자, 매니저, 혹은 임원이 상시적으로 혹은 하루 중 몇 차례 근무 중에 인터넷을 사용한다. 약 절반의 사무 및 행정직 그리고 판매직 종사자 역시 하루에 적어도 몇 차례 근무 중에 인터넷을 사용한다. 서비스 노동자와 숙련을 요하는 직업(skilled trade)[7] 종사자는 작업 중에 인터넷을 사용할 가능성이 훨씬 낮다(Madden and Jones, 2008). 근무 중에 인터넷과 디지털 미디어를 사용하는 것은 일반적으로 더 많은 일하는 시간과 전반적으로 더 높은 생산성으로 이어진다〔물론 분명 이메일과 페이스북을 확인하는 것과 같은 행동이 더 생산적인 활동에 집중하지 못하게 할 수 있는데, 이것을 일컬어 '사이버로핑(cyberloafing)'이라고 함; Andreassen, Torsheim and Pallesen, 2014 참조〕.

때로 '분산된 작업 집단(distributed work group)', '가상팀(virtual team)', 혹은 '지식 네트워크(knowledge network)'라고 불리는 가상 조직이 현재 널리 퍼져 있다. 이러한 온라인 작업 집단과 모바일 작업 집단은 공간적으로 분리되어 있는 사람들이 일을 함께 완수할 수 있도록 꽤 성공적으로 도와줄 수 있다. 사람들은 온라인으로 복수의 팀과 복수의 프로젝트를 수행할 수 있다. 스카이프(Skype) 같은 디지털 기술과 소셜 미디어는 사람들이 네트워크로 연결해 효율적이고 효과적으로 일할 수 있게 해준다. 그와 같은 기술이 도입됨으로써 많은 사업의 생산성이 크게 신장되었다(Volti, 2014: 194).

그러나 어떤 일자리는 현대 디지털 경제에서 쓸모없어지고 있다. 자동화된 소프트웨어와 기계가 사무 업무와 공장 작업장 노동자를 대체했다(Brynjolfsson and McAfee, 2014). ATM 기계는 일부 은행 창구직원을 대체했고, 블로거는 일부 저널리스트를 밀어냈고, 온라인 여행 사이트는 일부 여행사를 대신했으며, 이미 제조업에 사용되고 있는 로봇은 언젠가 어떤 종류의 개인 비서와 심지어 도우미를 대체할 수도 있다. 어떤 일자리는 일단 디지털화되고 나면 어느 곳에서건 수행될 수 있기 때문에, 그러한 일자리는 다른 국가를 포함해 더 낮은 임금으로 수행될 수 있는 다른 지역에 아웃소싱될(outsourced) 수 있다.

더 많은 사람이 더 적은 덜 숙련된 일자리를 차지하기 위해 경쟁하게 됨에

---

7   예를 들면, 용접 기술자, 전기 기술자, 기계 기술자 등을 말한다 — 옮긴이 주.

따라 이러한 추이는 임금과 경제 전반의 앞날을 어둡게 하며 또한 전반적인 소득 불균형을 가중시킨다(Brynjolfsson and McAfee, 2014). 그것은 또한 경제적 위험이 회사와 조직에서 개인으로 이동하게 만드는데, 개인들은 이제 새로운 경제적 현실에 맞게 상시적으로 조정해서 적응할 것으로 기대된다. 회사는 유연성을 얻는 반면, 고용인은 고용 안정을 잃게 된다(Neff, 2012 참조). 이것은 정말 사람들의 생활을 파괴할 수 있는데, 왜냐하면 일은 임금과 노동뿐만 아니라 존엄성과 이루고자 하는 목적과도 관련이 있기 때문이다.

그러나 덜 숙련된 노동에 대한 수요는 어떤 맥락에서 줄어들 수도 있는 반면, 고도로 숙련된 디지털 노동에 대한 수요는 일반적으로 증가하고 있다. 많은 분야에서 디지털 설계 경험, 분석 및 엔지니어링 기술, 혁신적인 기술을 상상하고 수행하는 창의력을 가진 사람을 찾고 있다. 많은 이러한 종류의 하이-테크 일자리는 학사 학위와 심지어 석사 학위를 요구한다(Brynjolfsson and McAfee, 2014). 교육, 새로운 기술 배우기, 새로운 일자리 창출은 현대 기술 시대에 결정적으로 중요하다.

일부 작은 회사도 전반적으로 인터넷을 통해 사업을 하는 데 큰 성공을 거두었지만, 자동차 생산부터 수퍼마켓에 이르기까지 대기업이 모든 주요 시장 분야를 계속해서 지배하고 있다. 이것은 부분적으로 좀 더 작은 회사가 언어 및 하부구조 문제로 해외 시장을 뚫는 데 어려움을 겪기 때문이기도 하고 또 부분적으로 크기와 힘에 의해 주어지는 내재된 이점(더 많은 예산, 자본에 대한 더 큰 접근 권한, 더 적은 생산 비용)과 지속적으로 혁신하고 성장하기 위한 전문성과 자원 때문이기도 하다. 작은 인터넷 회사가 소셜 미디어와 네트워크의 힘을 지렛대로 활용해 인터넷 이전 시대에는 불가능했던 방식으로 성장하고 크기를 키워갈 수 있으며 또 (페이스북과 트위터 같은) 일부 회사는 대단한 성공을 거둘 수도 있지만, 대부분은 짓이겨지거나 때로는 대기업 및 거대 복합기업(conglomerate)에 인수된다. 인터넷 시대에 경쟁은 불공평하다(Curran, 2012; Curran, Fenton and Freedman, 2012). 많은 회사는 새로운 기술에 반드시 적응해야 하며, 그렇지 않으면 죽는다(Brynjolfsson and McAfee, 2014).

젊은 사람들이 현대의 직장에 들어올 때 그들의 디지털 기술은 그 직업의 일부 베테랑이 가지고 있는 디지털 기술과 흔히 다르다는 점에 주목하는 것은 흥미롭다. 그들은 (정보의 공신력을 평가하는 데 반드시 탁월한 것은 아니지만) 이러한 정보를 빠르게 수집하고, 별개의 업무들을 완수하며, 새롭게 등장하는 기술에 적응하고 새로운 기술을 익히는 데 탁월한 경향이 있다(Rainie, 2006). 동시에 구직 시장에 들어와 있는 모든 젊은 성인이 기술적으로 숙련되어 있다거나 설사 기술적으로 숙련되어 있다고 하더라도 그러한 기술이 조직에 제일 도움이 될 것이라고 가정해서는 안 된다. 정교한 분석과 판단은 흔히 경험을 필요로 한다.

온라인에서 발전되는 연줄은 사람들이 새로운 일자리와 숙련된 기술을 필요로 하는 새로운 영역을 찾는 데 도움을 줄 수 있지만, 그러한 것을 어디서 그리고 어떻게 찾아야 하는지 알기 위해서는 일정 수준의 접근과 디지털 리터러시가 필요하다. 온라인 소셜 미디어는 가장 효과적으로 일하는 방법을 포함해 일에 관한 정보를 교환하는 데 주로 사용된다. 그러나 이러한 정보가 모든 사람에게 동등하게 이용 가능하지 않기 때문에 이것은 공평한 경쟁의 장이 아니라는 점을 반드시 명심해야 한다. 그럼에도 많은 종류의 일자리, 특히 반드시 좀 더 '아날로그'(즉, 전통적인) 방식으로 얻을 수밖에 없는 육체노동을 수반하는 일자리는 여전히 존재한다. 인터넷이 일자리를 찾고 구하는 유일한 수단은 결코 아니다(Fountain, 2005 참조).

디지털 시대에는 직장에서 인터넷이나 이메일을 사용하는 사람에 의한 일/가정 전이(work/home spillover)가 상당히 심하게 그리고 매우 흔히 일어난다(Berkowsky, 2013; Madden and Jones, 2008). 디지털 기술로 연결된 상태로 일을 해야 하는 사람의 56%가 집에서 약간의 회사 일을 하고 있다고 말하고 있고, 20%는 이러한 상황이 매일 혹은 거의 매일 일어나고 있다고 말한다(Madden and Jones, 2008). 인터넷 사용자 다섯 명 가운데 한 명은 인터넷 사용으로 인해 집에서 하는 회사 일의 양이 늘었다고 말하며, 열 명 가운데 한 명은 인터넷 때문에 더 많은 회사 일을 한다고 말한다(Rainie and Wellman, 2012). ICT를 사용하는 노동자는 "더 생산적이고, 유연하고, 협업적이며, 더 잘 연계되어" 있으나 "동시에 더 오랜 시간 일을 하며 주의력 분산과 스트레스도 더 심하다"고 레이니 및 웰먼은 결론 내린다(Rainie and Wellman, 2012: 177). 이러한 종류의 스트레스는 일을 하면서 인터넷을 사용하는 사람이 마무리해야 한다고 느낄 수도 있는 시간 외 업무에서 올 수도 있고 혹은 일과 가정생활을 만족스럽게 병행해야 한다는 압박감의 결과일 수도 있다.

어쨌든 일과 가정의 경계가 재정의되었다(Nippert-Eng, 1996). 고용주, 가족, 친구가 언제나 (혹은 대부분의 시간에) 많은 노동자에게 쉽게 접근할 수 있다. 한 역할의 측면들이 다른 역할에 영향을 미치거나 다른 역할을 방해할 수 있는데, 예를 들어 부모는 자녀의 욕구를 보살펴야 할지 아니면 일 마감시간을 지켜야 할지로 어쩔 줄 몰라 할 수도 있다. 일을 하면서 이메일을 확인하거나 페이스북 및 다른 ICT를 사용하는 빈도는 일과 가정 양쪽 모두의 부정적인 전이(negative spillover)와 연관이 있는 것으로 밝혀졌다. 바꾸어 말하면, 노동자가 근무 중에 인터넷과 디지털 기술을 더 많이 사용하면 할수록, 필요할 때 그것에서 빠져나와 집안 이슈를 돌보기가 더 어려울 수도 있다(Berkowsky, 2013).

그러나 일과 연관된 ICT 사용은 그렇지 않을 경우보다 자신이 속해 있는 (지식) 분야의 동료 직원, 고객, 사람들과의 접촉을 훨씬 더 쉽게 유지할 수 있음을 의미한다. 가까이 혹은 멀리 있는 동료들과 이메일이나 소셜 미디어를 통해 편리하고 꽤 쉽게 접촉할 수 있는데, 이로 인해 심지어 동료 직원들이 서로 더 잘 알게 될 수도 있고 아마 친구가 될 수도 있다. 디지털 소셜 네트워크가 개발되어 있는 곳에서의 일은 즉석에서 조언이나 도움을 줄 수 있는 사람들로 가득 차 있어서 따뜻하고, 창의적이고, 느긋하며, 매우 사교적이게 될 수 있는 잠재력을 가지고 있다. 이것은 일의 좀 더 지루한 일부 측면을 피할 수 있도록 도와줄 수 있다(Rainie and Wellman, 2012).

디지털 기술에 의해 가능해진 새로운 양식의 일과 그것을 둘러싸고 지속적으로 나타나는 새로운 규범과 가치는 직장과 노동자 모두에게 하나의 도전이다. 우리는 변화와 불확실성의 시대를 살아가고 있다. 점점 더 많은 사람이 어디에서나 일할 수 있고 언제나 사업을 수행할 수 있다. 일해야 하는 주어진 공간이 없는 이러한 사람들은 집에 돌아와 '로그-오프하는' 데 특히 어려움을 겪을 수도 있다. 그들은 항상 일을 하고 있어야 한다고 느끼거나 생활을 일과 가정 사이의 확실한 경계가 없이 이 둘이 계속해서 혼합되어 있는 것으로 볼 수도 있다. 따라서 사람들은 직장에서 개인적 용무를 보고 집에서 회사 일을 하며 이러한 시간 사용 유형들에 큰 차이가 없다고 느낄 수도 있을 것이다. 일과 여가를 구분하지 '않는' 것이 경쟁우위를 제공할 수도 있다. 집에 일거리를 가져오는 것이 가족이나 개인의 시간을 침해할 수 있지만, 그것은 동시에 필요한 일이 마무리 되게 하고 그들의 경력을 향상하거나 돈을 더 많이 벌 수 있게 해주는데, 이것은 가족에게도 도움이 될 수 있다. 서로 다른 공간에서 그리고 서로 다른 시간에 일할 수 있는 유연성은 다소 비전통적인 방식으로 일할 수 있고 또 그렇게 일하기를 원하는 사람들에게 매우 소중하다.

교육과 도서관

지식은 기하급수적인 속도로 늘어나고 있다. 미래학자이자 발명가인 벅민스터 풀러(Buckminster Fuller)의 지식 배가 곡선(knowledge doubling curve)에 따르면, 1900년 이전에는 대략 매 세기마다 지식이 두 배로 증가했다. 제2차 세계대전이 끝날 무렵에는 지식이 매 25년마다 두 배로 증가하고 있었다. 오늘날은 지식의 유형이 다르면 증가 속도도 다르지만, 평균적으로 인간의 지식은 매 13개월마다 두 배로 증가하고 있으며 언젠가는 매 12시간마다 두 배로 증가할 수도 있다.

이러한 모든 지식과 데이터(상당수의 지식과 데이터는 전문화되어 있음)를 자세히 살펴보기 위해서는 정규 교육을 받는 과정에서 획득할 수 있는 더 높은 수준의 이해와 기술이 필요하다. 현대 기술 사회에서 일자리를 얻기 위해서는 더 높은 교육기관의 교육과정을 수료하는 것이 도움이 된다. 디지털 시대에는 기계화로 인해 한때 임금은 괜찮았지만 기술적 기량(technological skill)을 거의 요구하지 않았던 많은 일자리가 없어졌기 때문에, 고등학교 교육 이하의 교육을 받은 노동자의 임금이 줄어들었다(Volti, 2014: 194).

인터넷과 디지털 미디어는 여러 면에서 교육을 변화시켰다. 컴퓨터와 디지털 기술은 모든 수준의 교실에서 사용되고 있다. 정보 자료, 수업, 그리고 전체 교육과정이 온라인 'e-러닝(e-learning)'〔혹은 '원격 학습(distance learning)'〕 환경을 통해 전달될 수 있으며, 이것은 인기 있는 교육 자료 전달 옵션이 되었다. 게다가 온라인 학습과 대면 학습이 섞여 있는 '하이브리드(hybrid)' 혹은 '블렌디드(blended)' 교육 환경이 더욱 일반화되고 있다. 풍성한 교육 기회와 강좌가 온라인에서 제공되고 있다.

현대 사회에서 대학은 지식 생산 및 수집의 주요 허브(hub)로 간주된다(Anderson, Boyles and Rainie, 2012). 디지털 기술을 통한 원격 학습은 또한 약 70%의 미국 고등 교육기관을 포함한 교육기관의 장기 전략에도 매우 중요하다. 대학생의 약 3분의 1이 주로 온라인으로 전달되는 수업을 들었으며, 학교 지도자와 직원의 4분의 3은 온라인 수업의 성과가 대면 수업과 같거나 더 우수하다고 평가한다. 그러나 온라인 학습이 모든 학생에게 다 쉽지는 않다. 온라인 학습은 시설과 디지털 기술을 다루는 솜씨 그리고 규율과 자기 동기화(self-motivation)를 요구한다(Allen and Seaman, 2013; Ellis, Goodyear, Prosser and O'Hara, 2006).

디지털 미디어와 모바일 미디어로 인해 학습자들은 이동 중에도 콘텐츠를 검색하고 찾아내고 생성하며 소비할 수 있다(Alexander, 2004). 학습 공동체의 구성원들이 스스로를 지식 생산자인 동시에 소비자로 생각하기 때문에, 정보를 공유하고 전파하는 문화는 교육 분야의 프로섬션에 도움이 된다. 이것은 학습자들이 수동적 수신자인 모델보다 훨씬 더 적극적이고 참여적인 교육 모델이다. 수많은 자원을 손쉽게 이용할 수 있기 때문에 학습자들은 더 깊이 있고 더 초점이 맞추어진 학습 접근방법을 개발할 수 있다. 다른 한편으로 사람들은 기술 옵션과 소셜 미디어에 의해 집중력이 흩어져 과제에 대한 초점을 잃을 수 있다.

가르칠 때 기술을 사용하거나 온라인으로 가르치는 많은 사람은 특히 강의자가 그러한 경험에 적극적으로 참여하게 되어 학생들과 신뢰하는 관계를 수립할 때 이것이 유익하다고 말한다. 잘 설계된 디지털 강의실 환경은 구조화되어 있지만 유연한 것으로 판명되었다(Cuthbert, Clark and Linn, 2002; Haythornwaite, 2002; Renninger and Shumar, 2002; Young, 2006 참조). 토론 게시판, 온라인 저널, 강의실에서의 소셜 미디어 사용은 학생, 강의자, 심지어 강좌 저자 사이의 상호작용과 네트워킹의 기회를 제공할 수 있다. 한 연구에서는 강의실에서 트위터를 사용해 정보를 공유하고 계획되고 구조화된 방식으로 상호작용한 학생이 강의실에서 트위터를 활용하지 않고 동일한 수업 자료를 다룬 학생보다 월등하게 더 높은 성적을 올린 것으로 나타났다(Junco, Heiberger and Loken, 2011). 전반적으로 소셜 미디어와 블로그 같은 참여적인 기술 도구의 사용은 학생들의 학습과 참여를 강화하는 것으로 밝혀졌다(Allen and Seaman, 2013; Ellis et al., 2006).

이제 '플립드 러닝(flipped learning)'도 가능해져서, 강의자는 학생들이 집에서 과제를 하는 시간에 볼 수 있도록 통상 강의실에서 대면적으로 제공되는 강의 내용의 일부를 (동영상 강의를 통해 이루어지는 것처럼) 디지털 공간에 제공할 수 있다. 이것은 강의 시간을 해방시켜 그 시간을 상호작용적인 랩 활동 및 다른 창의적인 응용에 할애할 수 있게 해준다. 그것은 또한 학생들이 그러한 디지털화된 정보를 집에서 필요한 만큼 여러 차례 다시 듣거나 볼 수 있게도 해준다. 따라서 디지털 기술에 의해 가능해진 교육 활동은 강의자와 학생의 필요에 맞게 조정될 수 있으며 더 높은 성적과 학생들(어린이와 성인 모두)의 더 큰 만족 및 동기화와 관련되어 있다(Bennett and Fessenden, 2006; Cramer, Collins, Snider and Fawcett, 2006; Guldberg and Pilkington, 2006; MacKinnon and Williams, 2006; van't Hooft and Kelly, 2004). 그러나 온라인 교육 행위와 혜택을 최대한 누리는 방법에 대해서는 여전히 배워야 할 것이 많이 남아 있다.

　디지털 시대에는 학교란 무엇인가에 대한 개념 자체가 변하고 있고 확대되고 있다. 오프라인상에서만 존재하는 기관은 이제 디지털 경쟁자에 직면해 있고, 경쟁자 가운데 일부는 학교는 어때야 하고 무엇을 해야 하는지(그리고 교육을 제공하는 대가로 재정적인 이윤을 올려야 하는지)에 대한 의문을 제기한다. 자원과 전달(delivery)[8]의 불평등으로 인해 교육 성과에서 차이가 크기는 하지만, 미국에서 공교육은 오랜 전통을 지니고 있다. 그러나 최근 들어 영리를 추구하는 대학교와 차터 스쿨(charter school),[9] 강좌 및 온라인 교육 콘텐츠의 상업적 제공자, 아이튠즈와 같은 온라인 서비스, 칸 아카데미(Khan Academy) 같은 비영리 학습기관 등의 도전자들이 교육제도를 뒤흔들어놓았다. 많은 전문 훈련 센터가 기술 및 전문 직업을 위한 교육과 자격증을 제공하고 있다(Anderson et al., 2012). 대학과 다른 기관들이 개발한 대규모 온라인 공개 강좌(MOOC: massive open online course)는 교육 및 정보 전달 규모를 기하급수적으로 늘리는 매력적이면서도 논란이 되는 실험이다. MOOC는 심지어 강좌가 무료일 때도 주로 이미 많은 교육을 받았거나 소득이 많은 사람 사이에서 관심을 끄는 것 같다(Ferenstein, 2015). 간단히 말해, 학교, 학교 교육, 고등 교육기관은 더 이상 2000년대 초, 심지어 2010년와 닮지 않았다. 이것은 이러한 디지털 기술의 영향을 받은 일부 변화가 얼마나 빠르게 일어나는지 보여준다.

8　학습자에게 수업 정보가 제시되도록 수업 자료가 사람이나 매체를 통해 전해지는 것 ― 옮긴이 주.

9　공적 자금을 받아 교사·부모·지역 단체 등이 설립한 학교 ― 옮긴이 주.

도서관 역시 기술 시대에 많이 변했다. 도서관은 정보가 분해된 형태와 축적된 형태로 체계화되고 관리되는 시스템이다. 도서관은 한 사회의 지식과 그러한 지식에 접근하고 기여할 수 있는 사람들의 능력을 대표한다. 따라서 도서관은 민주주의를 보호하고 향상하는 주요 제도이다. 2014년, 16세 이상의 미국인 약 절반이 어떤 형태로든 공공 도서관을 이용했다(Zickuhr et al., 2014).

정보가 디지털화되고 풍부해지며 매우 폭넓게 그리고 흔히 무료로 흐르기 때문에 도서관과 다른 지식 관리 시스템들은 현대 기술 세계에서 많은 도전에 직면해 있다. 도서관은 자료, 기술, 지식 관리에 대한 사람들의 요구에 반드시 대응해야 하며 이러한 이슈와 관련한 기술 확산 곡선[10]보다 한발 앞서 나갈 전략을 반드시 가지고 있어야 한다. 도서관은 또한 인터넷 연결을 위한 중요한 공공 접근(public access) 장소이다. 그러나 한 연구에서 공공 접근 이용자들은 도서관을 인터넷을 사용하기에 꽤 바람직하지 않은 장소로 보았다. 여성은 도서관을 책과 가족에 대한 향수와 연관 짓는 경향이 있었으며, 남성은 도서관을 기술과 연관 지었다(Dixon et al., 2014).

많은 도서관이 심각한 재정적 도전에 직면해 있다. 도서관은 지식의 획득과 공유에 매우 중요한 서비스를 유지해줄 것으로 기대되는 것과 동시에 도서관에 제공되는 자금은 곧잘 줄어들고 있다. 도서관은 인터넷 접속과 디지털 서비스를 제공해줄 것으로 기대되고 있다. 이러한 서비스 제공은 온라인 '사서에게 물어보세요(Ask a Librarian)'와 개인화된 독서 추천에서부터 미디어 키오스크(kiosk)와 모바일 앱에 이르기까지 다양할 수 있다. 사서들은 데이터 관리 기술과 디지털 정보 리터러시(information literacy)[11]를 정기적으로 업데이트하고 변화무쌍한 전자적 교육 행위를 지원할 필요가 있다. 그들은 또한 고객이 여러

---

10   에버릿 로저스(Everett Rogers)의 혁신의 확산 곡선인 'S 곡선'을 말한다 — 옮긴이 주.
11   원하는 정보를 찾아서, 그 정보에 접근하고, 필요한 정보인지 아닌지 판단한 후, 적절하게 활용하는 능력을 말한다 — 옮긴이 주.

모바일 기기에서 다양한 포맷으로 이용 가능한 디지털 콘텐트(도서관 자체의 자원을 포함해서)에 어떻게 접근하고 사용하는지 이해할 필요가 있다. 그리고 수많은 플랫폼을 통해 접근할 수 있는 디지털화된 소장 도서들은 반드시 상시적으로 업데이트되어야 한다(Clegg, 2015; Zickuhr et al., 2014).

디지털 기술이 어느 정도 침투해 들어와 수업, 도서관, 독서를 바꾸는 데 도움을 주긴 했지만, 이러한 경험의 중심에는 여전히 종이책이 있다. 전에 없이 많은 미국인(2014년 현재, 18세 이상 미국 성인의 28%)이 전자책을 읽고 있지만, 종이책을 읽는 것을 완전히 그만둔 사람은 거의 없다. 오직 전자책만 읽는 미국 독자는 고작 4%에 지나지 않는다. 그러나 전자책과 인터넷을 통해 책과 다른 온라인 자료를 읽는 것이 정보, 특히 최신 정보에 접근하는 주된 방식이 되었다(Zickuhr et al., 2014). 흥미롭게도 종이가 아닌 전자적으로 소비되는 자료는 흡수해서 기억하기가 더 어려울 수도 있다. 연구에 따르면, 텍스트가 종이에 프린트되어 있는 것과 프린트되어 있는 내용을 읽을 때의 촉각적 경험이 사람들이 읽은 것을 더 잘 이해하도록 도와준다고 한다(Flood, 2008; Mangen, Walgermo and Brønnick, 2013).

교육 집단 및 학습 집단의 구성원들이 소속감을 얻고 목적을 달성하고 지식을 공유하며 그들 스스로가 한 팀이라는 이미지를 개발할 때, 그러한 집단들은 완전한 공동체로서 기능할 수 있다. 그러면 이러한 공동체는 구성원이 정보와 조언, 사회적 지지를 교환하면서 협업적으로 일하는 소셜 네트워크로 작동한다(Cuthbert et al., 2002; Guldberg and Pilkington, 2006; Renninger and Shumar, 2002 참조). 그러나 양질의 교육에 대한 접근은 전 세계적으로 보편화되어 있지 않으며 (디지털 기술이 교육에 사용될 수 있는 방법에 대한 완전한 이해와 더불어) 지금까지는 디지털 접근이 일관성 없이 이루어지고 있기 때문에 학교, 도서관, 학습 공동체 앞에는 여전히 많은 도전이 기다리고 있다.

정치와 통치

우리는 정부가 국민에게 봉사하는 것을 인터넷과 디지털 기술이 도와줄 것이라고 오랫동안 바라왔다. 정부는 시민을 위한 기회를 중앙집중화되고 체계화된 방식으로 유지하고 향상해야 할 과제를 안고 있다. 적절하게 구현될 경우, 디지털 기술은 정부 기관들의 조정을 돕고, 효율성을 향상하며, 경제 성장 촉진을 돕는다. 이러한 것들은 재정적 압박과 부담 그리고 흔히 정치적 불안이 가중되는 시기에 매우 필요하다. 불행하게도 흔히 정부는 여전히 비효율적인 방식으로 운영되며 이용 가능한 디지털 도구와 전략을 최대한 활용하지 못하고 있다. 따라서 디지털화를 통해서 충분히 이득을 보고 있는 정부는 거의 없다.

정부 기관들(재무, 국방, 교육, 사회복지)은 일반적으로 별개의 커뮤니케이션 시스템과 하부구조를 가지고 있다. 그들은 ICT를 사용할 수도 있지만 그들의 시스템은 자주 서로 분리되고 조정되지 않는데, 이러한 것의 부분적인 이유로는 여러 부서가 자율성을 잃는 것을 원치 않는다는 점을 들 수 있다. 그 결과, "정부는 흔히 서로 다른 영역에 있는 수많은 다양한 역량들 전체에 분산되거나 그러한 역량들 내에 중복됨으로써 과도한 투자를 하게 되고 또 지원 시스템은 정치적 압력과 정책 변화에 따라 왔다 갔다 하게 된다"고 기술 전문가인 데이비드 호벤던(David Hovenden)과 크리스 바틀릿(Chris Bartlett)은 말한다. "전략이 성공에 필요한 역량에 맞춰 잘 조정되어 있지 않은 회사에서와 같이 이것은 정부나 기관의 진정한 임무에 대한 초점 결여와 그것을 성공적으로 수행할 수 있는 능력 부재로 이어진다"(Hovenden and Bartlett, 2013).

디지털 기술의 세심한 통합과 사용은 정부가 이러한 종류의 도전에 맞서는 데 도움을 줄 수 있다. 강력한 디지털 하부구조는 정부가 역량을 결집하고, 기관들을 하나로 연결하며, 문제에 대해 비용 효율적인 해결책을 개발할 수 있게 해준다. 정부는 공유된 디지털 기술을 사용하여 기관들을 하나로 연결하고 서로 대화하게 하는 등 국민 편에 선 일종의 중개인일 수 있다. 보안 이슈가 여전히 남아 있긴 하지만, 유연성은 더 커지고 비용은 더 줄어들 가능성이 있다. 그러나 지금까지는 정치적 제약과 현상 유지를 변화시키는 (그리고 거기에 필요한 자금을 지원하는) 어려움으로 인해 이러한 기회가 대체로 무시되고 있다.

제한된 자원을 가진 더 작고 더 가난한 나라들은 디지털 하부구조 수립 계획을 수행하는 데 있어 훨씬 더 큰 도전에 직면해 있다. 그러한 국가들은 지구촌 경제와 지구촌 사회 내에서 운영되어야 하지만, 그들 국가의 기술은 흔히 그 일을 할 수가 없다. 예를 들면, 디지털 기술을 통해 현재 정부 기관들과 서비스의 조정을 시도하고 있는 사하라 사막 이남의 아프리카 국가들은 대응하기 힘든 문제를 경험하고 있다. 디지털 구성요소와 디지털 존재감을 가지고 있는 모든 기관의 관심사인 기술 노후화는 자원이 매우 제한되어 있을 때 훨씬 더 큰 걱정거리이다. 그리고 안전하고 일관되게 전자 기록(electronic record)을 캡처해서(capture) 유지하고 보존하는 문제는 모든 정부, 산업, 그리고 조직들이 느끼고 있다(Ngulube, 2012).

정부의 커뮤니케이션 및 정보 하부구조에 대한 훨씬 더 종합적인 재고(再考)와 재설계, 즉 '전자 정부(e-government)'가 점차 가능해지고 있다. 한 국가의 디지털 하부구조는 시민 신원 확인, 기록 보존, 세금 부과, 사회복지 서비스, 보건과 같은 긴요한 시스템들을 조정하면서 근본적으로 재건될 수 있다. 전체 시스템을 디지털 상호 연결이 가능하도록 설계함으로써 개인들에게 데이터에 대한 프라이버시 및 통제 수단을 제공할 수 있다. 에스토니아(Estonia)라는 작은 나라는 그와 같은 종합적인 ICT 하부구조 재구축을 단행함으로써, 비록 많은 국가에서 운용될 수 있는 규모보다 훨씬 더 작은 규모이긴 하나 그것이 가능함을 입증했다(Tamkivi, 2014). 그리고 항상 그렇듯이 상당량의 상호 연결된 디지털화된 정보의 보안은 보장될 수 없다는 점에 주의해야 한다.

또한 선거 주기로 인해 문제에 대한 장기적 해결책이 아닌 단기적 해결책이 제시되기 쉽다. 통치를 하는 사람들은 흔히 비교적 임기 초기에 재선거 전략을 고려하지 않을 수 없으며 더 간단하고 더 쉬운 해결책을 가진 이슈를 우선적으로 고려할 수도 있다. 기술 이슈는 항상 눈에 띄는 이슈가 아니며 좀처럼 묘책이 없다. 게다가 일부 시민은 기술 접근 결여로 인해 말 그대로 이러한 대화에서 배제되어 있다.

일부 정부는 디지털 기술을 사용해 다른 정부, 정치 집단, 심지어 그들 자신의 시민을 감시한다. 미국 정부를 포함해 시민의 안전을 보장해야 하는 정부들은 사람들의 인터넷 활동, 문자 메시지 및/혹은 전화 통화에 접근하여 모니터를 함으로써 사람들이 무엇을 하고 있는지를 보고 듣는다. 미국에서는 이로 인해 어떤 구체적인 위협이 없을 때 그와 같이 감시하는 것이 합법적인지에 대한 헌법적인 이슈가 제기된다. 2001년 9월 11일, 테러 공격을 받은 후 신속하게 통과된 2001년 애국법(PATRIOT Act)으로 미국 시민에 관한 데이터를 대량 수집하는 것을 정당화하는 것처럼, 미국 정부는 일반적으로 위험을 막고 괴멸하기 위해 어느 정도의 모니터링은 필요하다는 주장으로 맞선다. 사람들이 이러한 유형의 감시에 대한 자신의 견해를 알리는 것은 중요한데, 왜냐하면 더 큰 이슈, 즉 시민의 생명에 정부가 관여할 수 있는 적정한 범위는 우리 모두에게 영향을 미치기 때문이다.

기술은 또한 사회를 통치하는 지도자가 선택되는 방식에도 영향을 미친다. 철도가 장거리 여행의 주된 수단이던 1800년대에 정치인은 유권자를 만나기 위해 '여러 곳을 잠깐씩 들르는(whistle-stop)' 기차 순방을 시골 지역으로 떠나곤 했다. 텔레비전이 주목을 받았을 때는 〔존 F. 케네디(John F. Kennedy)부터 시작하여〕 TV 카메라를 가장 잘 받는 후보가 확실하게 유리했다. 이제 인터넷과 디지털 미디어가 일상생활에서 매우 주목을 받게 되었기 때문에, 온라인과 소셜 미디어로 유권자와 연결하는 방법을 더 잘 파악하고 있는 후보가 선출될 가능성이 더 높다. 소셜 미디어 전문가는 이제 정치 캠페인 참모진의 핵심 요소이다.

버락 오바마(Barack Obama) 대통령의 2008년 미국 대통령 출마는 이러한 점을 보여준 첫 번째 사례이자 아마 지금까지는 가장 우수한 사례로 남아 있다.

그는 2007년 비교적 알려지지 않은 상태로 경쟁에 뛰어들었지만, 캠페인에서 소셜 미디어를 기민하게 사용한 덕분에 많은 유권자에게 생생하고 현대적인 방식으로 알려지게 되었고 이들 가운데 많은 사람은 정치에 처음으로 관심을 가지게 된 사람이었다. 아마도 훨씬 더 중요한 것은 소셜 미디어가 재정적 장벽을 허물고 (예를 들어, 유권자에게 그를 소개하기 위해 더 비용이 많이 드는 텔레비전 광고 내신 유튜브를 사용하고 그의 캠페인에 소액의 후원금을 기부할 수 있는 방법을 제공하는) 혁신적인 방식으로 오바마에 대한 관심을 강화하는 데 사용되었다는 점이다(Discovery, 2012; Katz, Barris and Jain, 2013).

그와 같은 노력의 성공은 덜 유명한 후보에게 기회의 문을 열어주고 자금 모금과 사회 운동을 활성화함으로써 미국과 전 세계의 정치를 바꿔놓았다. 소셜 미디어는 정치적 견해를 표현하고 정치적으로 함께 참여할 생각이 비슷한 사람을 찾는 데 자주 사용된다(사회 운동에서의 소셜 미디어의 역할에 대해 더 자세한 것은 5장 참조). 어떤 사람은 분명 온라인 정치 정보를 심사숙고한 후 그들의 정치적 견해를 바꾸지만, 온라인에서 시간을 보낸 후 대부분의 사람의 기존 정치적 견해는 단지 강화될 뿐임을 연구 결과는 보여준다. 사람들은 일반적으로 견해를 같이하는 사람과 정치 이야기를 나눈다. 청중이 정치 혹은 정책 이슈에 대한 자신의 견해에 동의하지 않을 수도 있을 것으로 지각될 때 그러한 이슈에 대해 말하지 '않기로' 하는 경향을 일컬어 "침묵의 나선(spiral of silence)" 효과라고 하며, 그것은 온라인에서 오프라인 맥락으로 번져 사람들이 논란이 되거나 분열을 초래할 수도 있는 것에 대해 논의할 가능성을 낮춘다(Hampton et al., 2014). 이것은 또한 '확증 편향(confirmation bias)', 즉 사람들이 심지어 그들의 입장과 상반되는 증거가 존재함에도 어떤 토픽에 관한 그들의 최초의 입장을 보호하려는 경향의 한 예이기도 하다(Leeper, 2014; Maximino, 2014).

정치 및 통치와 관련된 정보는 흔히 감정을 고조시킬 수 있으며 정치적으로 편향되어 있다. 그렇기 때문에 더욱더 다양한 이슈와 관점에 대해 스스로 공부해야 한다. 인터넷과 디지털 미디어는 정치 체계와 정부를 중요하고도 중대한 방식으로 새로 만들 수 있는 잠재력을 가지고 있다. 그리고 시민의 역할 가운데 하나는 이러한 변화를 요구하는 것이다.

미디어

신문, 잡지, 책과 같은 인쇄 미디어와 텔레비전, 라디오, 영화 같은 전자 미디어를 포함한 매스 미디어 모두 점차 하나의 사회 제도를 구성하는 것으로 여겨지고 있다. 하나의 사회 제도로서 미디어의 역할을 적용할 때, 인터넷과 디지털 미디어도 최근 매스 미디어에 포함되기 시작했다. 이러한 커뮤니케이션 수단들은 세계에 혁명적이라고 할 수밖에 없는 영향을 함께 미쳐왔다.

전 세계의 많은 정부는 매스 미디어와 디지털 미디어에 대해 상당한 통제력을 행사하는 반면, 민주 사회에서는 미디어가 통치 제도와 분리되어 있는 것으로 간주된다. 미디어는 국가 체계가 아닌 시장 체계로 구성되어 있으며 정확하고 공정하며 정보를 제공하고자 하는 전문가들에 의해 통제되고 운영되는 것으로 기대된다. 다른 사회에서는 정치권력과 미디어가 다른 방식으로 만나지만, 미국의 미디어와 뉴스 보도는 흔히 자유롭고 독립적인 언론의 본보기로 여겨진다. 그러나 이러한 독립성은 소수의 거대 복합기업에 의한 미디어 지배로 인해 위태로워졌다.

거대 복합기업은 반드시 서로 비슷하지 않을 수도 있는 일단의 회사들을 소유하고 있는 더 큰 회사를 말한다. 이런 일이 전 세계에 있는 매스 미디어 및 디지털 미디어 회사들에게 일어나, 매스 미디어 회사와 디지털 미디어 회사들 가운데 대부분을 특정 모기업들이 소유하게 되었다. 연방 커뮤니케이션 위원회(FCC: Federal Communications Commission)가 발의한 1996년 텔레커뮤니케이션법이 통과됨으로써 동일한 회사가 다른 권역에 있는 라디오 및 텔레비전 방송국을 소유할 수 있게 되었고 비교적 작은 수의 회사가 더욱더 많은 미디어 조직을 소유할 수 있게 해주는 지속적인 탈규제의 길이 열렸다.

이 글을 쓰고 있는 지금, 미국의 6개[디즈니(Disney),[12] 바이어컴(Viacom), 뉴스 코프/21세기 폭스(News Corp/21st Century Fox),[13] 타임 워너(Time Warner), 컴캐스트(Comcast), CBS] 거대 복합기업이 미디어를 통해 읽거나 보거나 듣는 것의 90%를 통제하고 있다. 1983년만 해도 50개 회사가 90%의 텔레비전 및 라디오 방송국, 잡지, 신문, 영화 스튜디오 등을 소유하고 있었다. 오늘날의 서대 미디어 복합기업은 심지어 일부 스포츠 팀과 테마 파크도 소유하고 있다. 미디어 기업 임원 232명이 2억 7700만 미국인의 정보 식단(information diet)을, 다시 말해 한 명의 미디어 기업 임원이 각각 가입자 85만 명의 정보 식단을 통제하는 것으로 추정된다(Lutz, 2012). 다른 나라에도 소수의 기업이나 어떤 경우 정당에 의한 유사한 미디어 집중이 존재하고 있다.

이러한 집중화된 미디어 소유권 통합은 흔히 민주주의에 매우 중요한 자유롭고 공개적인 정보 교환에 해로운 것으로 비판받고 있다. 지배적인 기업이 논조와 내용의 기준을 설정하기 때문에, 더 적은 수의 관점이 표현될 가능성이 존재한다. 많은 미디어 조직이 영리 조직이어서 그들의 주목적은 교육을 하거나 공익에 봉사하는 것이 아닌 수익을 올리는 것이라는 점 또한 명심할 필요가 있다. 지배적인 관점들이 서로 경쟁할 수도 있으며, 이러한 기업들은 뉴스 가치가 아닌 특정한 관심사 및 이윤을 선호하기 때문에 검열이 이루어질 수 있다. 공유되는 정보의 질과 다양성이 세계화된 문화에서 흔히 가해지는 비난인 표준화에 희생될 수 있다.

저널리즘과 뉴스 전파는 인터넷과 디지털 기술, 특히 소셜 미디어의 출현으로 극적으로 변했다. 오늘날 저널리스트와 뉴스 조직은 24/7 뉴스 주기로 일

---

12   2017년 2월, 디즈니는 21세기 폭스의 영화·TV 주요 부문을 인수했다 ─ 옮긴이 주.
13   2013년, 뉴스코프가 21세기 폭스로 이름을 바꾸었고, 기존 신문·인쇄 부문은 뉴스코프가
     맡고 있다 ─ 옮긴이 주.

하고 있다. 즉, 그들은 뉴스 가치가 있는 정보를 일반 시민에게 24시간 내내 제공해줄 것으로 기대된다. 24시간 케이블 뉴스 네트워크와 온라인 뉴스 사이트가 바로 그러한 예이다. 뉴스 전용 라디오 방송국이 수십 년 동안 존재해왔지만, 텔레비전 분야에서 일어난 이러한 비교적 최근의 혁신(최초의 뉴스 전용 케이블 네트워크인 CNN은 1980년에 등장했음)으로 인해 늘어난 24시간을 채우기 위해서는 훨씬 더 많은 뉴스 생산물이 필요했기 때문에 뉴스 취재 및 전파 과정이 완전히 바뀌었다. 많은 미디어 아웃렛(media outlet)은 생존을 위해 수용자가 필요한 영리 조직이기 때문에, 뉴스 생산물에 시청자와 독자를 끌어들이는 것 또한 중요하다.

저널리스트에 의한 온라인 뉴스 콘텐트 제공은 몇 가지 형태가 존재한다(Pavlik, 1997). 콘텐트가 인쇄 형태로 존재하는 것과 거의 같은 방식으로 인터넷에서 재생산될 수도 있고, 또 독자들이 추가적인 정보에 접근할 수 있도록 콘텐트에 하이퍼링크(hyperlink)가 포함될 수도 있다. 온라인 뉴스 기사는 또한 특별히 인터넷을 위해 설계된 오리지널 콘텐트를 포함할 수도 있고, 멀티미디어 콘텐트를 포함할 수도 있으며, 독자들이 자신의 의견, 비평, 혹은 관련 정보원(情報源)에 대한 링크를 게시함으로써 기사에 기여하게 할 수도 있다(Bruns, 2005; Chung, Nam and Stefanone, 2012). 2000년대 초, 이러한 혁신은 뉴스 블로그의 출현으로 절정에 달했는데, 뉴스 블로그는 더 빠른 뉴스 생산 주기, 통합된 하이퍼링크, 그리고 다른 블로그 및 사용자 생성 콘텐트 사이트와 제휴하게 해주는 사용자 생성 콘텐트를 가지고 있다(Weber, 2012). 디지털 저널리즘은 인쇄 형태와 초기의 온라인 노력에서 상당히 진화했을 뿐만 아니라 좀 더 공동체적인 사업(communal enterprise)이 되었다.

많은 뉴스 조직이 현재 소셜 미디어를 사용하고 있으며 소셜 미디어를 작업에 통합하고 있다. 뉴스 조직의 힘과 장기적 성공을 향상해줄 공생 관계가 형성되었다(Weber, 2012). 저널리스트는 반드시 시민과 교감해야 하는데, 기자가 소셜 미디어상에서 하고 있는 것을 사람들이 읽고 팔로우하는 것은 그러한 교감이 일어나게 하는 주된 수단이다. 저널리스트는 또한 트위터 같은 소셜 미디어를 사용하여 뉴스 기사를 홍보하고 시민과 직접 상호작용한다. 수용자들이 기여하는 동영상, 사진, 게시글과 트윗 역시 뉴스원이 되었으며 뉴스 기사에 등장한다(Kim, Kim, Lee, Oh and Lee, 2015). 게다가 한때는 오로지 저널리스트만의 일이었던 뉴스 전파가 이제는 점차 일상의 시민들을 통해 이루어짐에 따라 미디어 애그리게이션 사이트와 훨씬 덜 형식적인 정보 지향 블로그도 증가하게 되었다(5장 참조). 이러한 다채로운 디지털 공간에서는 정보의 출처와 공신력을 확인하는 것이 매우 어려울 수 있으나, 2012년만까지만 해도 미국에서는 전통적인 뉴스 아웃렛의 뉴스를 팔로우하는 소비자들(36%)만큼이나 많은 소비자(29%)가 그와 같은 사이트의 뉴스를 팔로우했다(Martin, 2014; Mitchell, Rosenstel and Christian, 2012). 그러나 소셜 미디어를 주된 혹은 전적인 뉴스원으로 의존하는 미국인은 전체 미국인의 약 10%에 지나지 않는다(Mitchell et al., 2012).

뉴스 애그리케이션 사이트를 이용하는 많은 소비자는 다양한 정보원을 한 장소에서 확보할 수 있는 용이성과 편리함을 평가하지만, 그러한 행위는 타인의 원저작물을 이용하는 것(exploitation)[14], 심지어는 도둑질하는 것이다. 또한 그것은 전통적인 저널리즘 조직과 산업 전반을 약화했다. 2011년, 뉴스 애그리게이터가 증가하고 있던 그 순간에도 수백 종의 미국 신문이 발행을 중단했다. 미디어 다양성이 줄어들었으며, 오보도 쉽게 늘어날 수 있다. 정보의 광범위한 재사용은 "단조로움의 나선(spiral of sameness)"을 야기할 수 있다(Boczkowski, 2010: 174; Martin, 2014: 88).

저널리즘이 재발명과 재정의에 직면함에 따라, 디지털 미디어와 매스 미디어는 전통적으로 다른 제도가 수행해왔던 기능의 일부를 떠맡기 시작했다. 사람들은 전자 미디어를 통해 교육받고, 신앙생활을 실천하고, 건강 및 신체 단

---

14 여기서 '이용'이라 함은 다른 사람이나 대상을 자신의 이익을 위한 방편으로 쓴다는 의미이다 ― 옮긴이 주.

련 정보를 모으고, 후보자를 선출하고, 정치인과 정부의 행위를 팔로우하고 그러한 행위에 영향을 미치며(또한 영향을 받으며), 가족이 단합한다. 따라서 이러한 미디어는 사람들이 소셜 미디어가 어떻게 작동하는지에 대해 배우고 이해하게 해주는 주된 수단이다. 그리고 앞에서 보았듯이, 미디어는 사람들이 서로에 대해 알게 되고 사회적 단위로서 작용할 수 있는 무수한 기회를 제공한다(Silverblatt, 2004).

그러나 인터넷이 현재 중앙집중화되어 있지 않고(이것이 언젠가는 인터넷이 중앙집중화'될' 수 있음을 의미함) 보통사람과 시민 저널리스트가 인터넷 채널과 네트워크의 정보를 광범위하게 공유할 수 있기 때문에, 대안적인 뉴스원과 정보원이 열려 있다. 이러한 채널들은 거대 미디어 복합기업이 가지고 있는 권력을 가지고 있지는 않지만, 잠재적이면서도 실질적인 자유로운 정보 교환의 수단이다. 5장에서 보았듯이, 모든 국가와 사회가 이러한 개념에 동의하지는 않으며, 일부 국가는 특히 내부적으로 혼란스러운 시기에 인터넷을 검열하고 폐쇄하려 애쓴다. 인터넷은 '중립적'이지 않다: 비록 '망 중립성(net neutrality)' 원칙에 따라 인터넷상의 정보는 지불할 능력에 관계없이 반드시 모든 사람에게 이용 가능해야 한다고 하기는 하지만, 많은 경우 강력한 이익집단이 이용 가능하고 접근 가능한 것에 영향을 미친다. 소셜 미디어와 토론 및 공유를 위한 다양한 다른 탈중앙집중화된 인터넷 포럼은 거대 미디어 복합기업에 대한 중요한 대안 정보 흐름(information flow)을 제공한다.

인터넷과 디지털 미디어는 '융합 문화(convergence culture)'[15]라 불릴 수 있는 것을 가능하게 해주었다(Jenkins, 2006). 정보와 미디어는 다수의 플랫폼(텔레비전, 책, 소셜 미디어, 온라인 포럼) 전체에 걸쳐 대략 동시에 흐른다. 즉, 다수의 플

---

15   다양한 미디어 콘텐츠는 다양한 미디어 플랫폼 사이를 흘러 다니면서 조금씩 변형되는데, 이 과정은 미디어 수용자 혹은 소비자의 적극적인 참여에 크게 의존한다. 소비자들은 자신들이 원하는 방식으로 콘텐츠를 변형, 가공하고 새로운 방식으로 소비한다. 이처럼 융합 문화는 미디어 융합과 이로 인한 참여 문화, 집단 지성에 기반을 둔다 ― 옮긴이 주.

랫폼에 '융합된다'. 다수의 미디어 산업이 다른 버전의 스토리와 다른 측면의 스토리를 제시하기 때문에 수용자들은 팔로우할 때 이 장소에서 저 장소로 옮겨 다니거나 미디어 제공물에 참여할 수 있다. 배트맨(Batman), 〈스타 워즈(Star Wars)〉, 〈매트릭스(Matrix)〉 시리즈 영화, 혹은 해리 포터(Harry Potter) 같은 단일 문화 프랜차이즈[16]가 이제 다양한 미디어 전달 방식을 통해 배급될 수 있다. 수용자들은 원히는 오락 경험의 형식을 적극적으로 모색할 수 있다. 이제 더 많은 스토리가 더 많은 플랫폼을 통해 전해지면서 더 많은 사람에게 도달될 수 있다(Jenkins, 2006).

미디어 융합으로 인해 대중문화 상품은 이전에 가능했던 것보다 훨씬 더 강한 수용자 참여를 끌어내고 고무한다. 사회학자 하워드 베커(Howard Becker)는 문화 산물을 예술가, 수용자, 관련 산업, 심지어 배급자의 공동 창작물로 보는 것이 더 분별력 있는 판단일 수도 있다고 주장했다(이런 주장을 한 시기가 비록 디지털 시대 이전이긴 하지만). 이들 모두가 '예술 세계'의 요소들이며, 이들 모두가 예술의 형식이 어떻든 그것을 창작하고 즐기는 과정의 필수적인 부분이라고 그는 말한다(Becker, 1984).

모든 기술-사회 제도는 다양하지만 중요한 방식으로 융합을 경험하고 있다. 가정과 직장, 정부와 재계, 미디어와 상거래, 정치와 종교 간의 경계가 혼합되고 희미해지고 있어서 이를 구분하기가 어렵다. 이것은 변화와 융합에 직면한 무기력감으로 이어지거나 혹은 아마도 인터넷과 디지털 미디어를 사용하여 이러한 분야들에 변화를 불러일으켜 영향을 미치고자 하는 욕망으로 이어질 수 있다.

분명 우리는 우리 사회 제도에 뚜렷한 변화가 일어나고 있는 것을 보고 있

---

16 '미디어 프랜차이즈(media franchise)'란 영화, 문학 작품, TV 프로그램, 혹은 비디오 게임과 같은 하나의 오리지널 창작물로부터 몇 개의 파생 작품이 제작되어 구성되는 관련된 미디어 컬렉션을 말한다 ─ 옮긴이 주.

다. 기술에 영향을 받긴 하지만, 이러한 변화는 관련된 기술의 변화가 아니라 기술이 한 부분으로 포함되어 있는 문화의 변화이다. 현대 생활의 많은 측면이 변하고 있고 융합되고 있으며, 사람들과 사회는 이러한 변화에 대처하고 이러한 변화를 이해하려 애쓰고 있다. 다음 장에서는 지속적인 초연결성이라는 기술 포화적인 환경 속에서 사는 것에 대한 찬반양론(이로운 점과 해로운 점)을 좀 더 살펴보기로 한다.

제 9 장

24/7 초연결성의
더 많은 이로운 점과 해로운 점

상시적 가용성

산업화 이전에 사람들은 소규모 타자 집단과 꽤 자주 접촉하곤 했다. 그들은 현대인이 할 수 있는 것처럼 그렇게 멀리 집과 서로에게서 떨어질 수 없었고 따라서 그렇게 하지 않았다. 그 대신 사람들은 친구, 가족, 이웃과 같은 동일한 타자 집단과 함께 시간을 보냈다. 지난 150년 남짓 동안, 운송 수단(철도, 자동차, 비행기)의 발전으로 인해 사람들은 먼 거리를 여행하고 통근할 수 있게 됨으로써 가정생활과 직장생활을 분리할 수 있게 되었다. 동시에 커뮤니케이션 기술의 발전으로 사람들은 가까이 있건 멀리 있건 타자와 더 나은 접촉을 유지할 수 있게 되었다.

이러한 기술과 다른 기술의 발전으로 인해 사람들 서로 간의 가용성(availability)이 시간이 지나면서 증가해왔다. 이러한 발전 가운데 가장 최근에 이루어진 발전인 인터넷과 디지털 미디어는 산업 시대에 서로 분리되어 있을 수도 있었던 사람들을 물리적으로는 아니지만 정신적으로 그리고 정서적으로 다시 결합하고 있다. 인류학자인 케이트 폭스(Kate Fox)는 다음과 같이 언급했다:

현대 도시생활의 외로움, 고립, 소외에 대해 쓴 글은 많지만, 이러한 악의 해독제로서 모바일의 중요한 역할에 대해 언급한 평론가는 거의 없다. 여러분은 붐비는 도시 거리에서 무신경한 이방인들에 둘러싸여 있거나 우호적이지 않은 경쟁적인 사무실에서 일을 하고 있을 수도 있지만, 여러분의 모바일은 여러분 자신의 사회적 세계, 여러분의 마을 공유지, 여러분의 정원 울타리로 여러분을 생명줄처럼 연결해준다. 주머니 속에 여러분의 사회적 지지 네트워크를 넣어 다니기 때문에 여러분은 결코 혼자 걷는 것이 아니다(Fox, 2001).

이런 의미에서 한때 화덕 앞이나 마을 공유지에서 만났을 수도 있는 '부족 (tribe)'[1]을 또다시 자주 만날 수 있게 되었다. 그러나 이제 모임 장소는 인터넷이나 소셜 미디어 사이트이다.

디지털 기술과 모바일 기술은 소셜 네트워크가 구축되고 구성원들에게 거의 항상 이용 가능해지게 해주는 수단을 제공한다. 디지털 및 모바일 기술은 사람들의 온라인 '및' 오프라인 공간과 생활을 가득 채우고 있다. 사람들은 주어진 커뮤니티에 있는 특정한 다른 사람을 마음대로 접촉하지 못할 수도 있지만, 만약 소셜 네트워크가 충분히 크고 다양하다면 대개 적어도 그러한 커뮤니티 가운데 하나에 있는 '누군가'와 낮이나 밤 거의 어떤 시간에도 접촉할 수 있다(Chayko, 2008). 이것은 위안을 줄 뿐만 아니라 역량도 강화해준다. 필자가 인터뷰했던 한 여성은 "나는 내가 즉시 필요로 하는 누구와도 연락할 수 있다는, 역량이 강화된 느낌을 받아요"라고 말했다(Chayko, 2008: 118). 또 다른 사람은 다음과 같이 설명했다: "설사 내가 하고 있는 일로 인해 내 휴대폰이 강제로 차단당하게 된다 하더라도 나의 관계는 내가 하고 있는 그 어떤 일보다 더 중요해요"(Chayko, 2008: 뒤표지). 많은 휴대폰 사용자가 심지어 베개 밑이나 침대 옆

---

1   세쓰 고딘(Seth Godin)은 저서 『우리가 이끄는 부족들(Tribes: We Need You to Lead Us)』에서 인터넷이 매스마케팅을 종식시키고 먼 옛날의 사회 단위인 부족을 되살렸다고 주장한다 ─ 옮긴이 주.

탁자 위에 휴대폰을 둔 채 잠을 자는데, 이것은 그들에게 세계와 상시로 연결 되어 있어서 덜 외롭다는 느낌을 준다(Clayton et al., 2015; Srivastava, 2005).

　지속적인 초연결성(continuous superconnectedness)은 긍정적인 결과와 부정적 인 결과 모두를 초래할 수 있다. 휴대폰을 항상 가까이에 두는 것은 변함없는 동반자라는 느낌을 제공할 수 있다. 사람들은 필요로 할 때 필요로 하는 곳에 서 정보, 자원, 그리고 타인에 접근할 수 있다. 그러나 그들은 또한 디지털 기 술에 의해 연결되는 것이 주는 안락함과 편리함에 너무 익숙해진 나머지 연결 이 끊어졌을 때 불안감, 상실감, 붕 뜬 느낌을 받을 수 있다.

편리함과 미세 조정

인터넷과 디지털 미디어는 사람들이 즉시 서로 연락할 수 있게 해주기 때문에 사람들은 흔히 언제든 서로에게 연락이 닿을 수 있고 계획을 세울 수 있을 거 라고 기대한다. 이러한 합리적인 기대는 더 많은 관심을 원하거나 필요로 할 때 고조될 수 있다. 사람들은 (병에 걸렸을 때처럼) 관심을 필요로 하는 상태에 있을 수도 있고, 가족이나 친구에게서 멀리 떠날 수도 있고, 혹은 단순히 더 큰 연계 필요성을 느낄 수도 있다. 이러한 경우, 그들은 어쨌든 사랑하는 사람과 자주 접촉하기를 바라는 동안 그러한 욕망이 고조될 수 있다.

　기술 집약적인 사회에 사는 사람들은 디지털 기술뿐만 아니라 그러한 기술 이 제공하는 편리함에 진정으로 의존하게 될 수 있다. 인터넷과 디지털 미디어 는 한때는 훨씬 더 많은 시간을 필요로 했고 더 큰 어려움이 뒤따랐던 일을 해 낼 수 있게 해준다. 사람들은 이제 다른 사람과 훨씬 더 빨리, 더 자주, 그리고 더 쉽게 커뮤니케이션할 수 있다(Chayko, 2008; Sakkopoulos, Lytras and Tsakalidis, 2006). 사람들이 다른 사람의 중요한 활동을 방해한다는 두려움 없이 이치에 맞다고 판단될 때 메시지를 보내고 받을 수 있기 때문에, 비동시적인 커뮤니케이션은 또 다른 추가적인 편리함을 제공할 수 있다. 사람들은 거의 어디서든 언제든 일을 하거나, 즐기거나, 휴식을 취할 수 있다. 이 모든 것은 편리함일 수도 있고 불편함이 될 수도 있다: 인터뷰 대상자 가운데 한 사람은 "좋은 점은 내가 이용 가능하다는 것인데, 이것은 동시에 나쁜 점이기도 해요"라고 말했다 (Chayko, 2008: 114).

디지털 기술, 특히 휴대폰은 일상의 활동들을 조정하는 데 매우 중요해지고 있다. 디지털 기술은 심지어 활동이 이루어지는 방식도 바꾸고 있다. 사람들은 이제 자주 마지막 순간에 혹은 이동 중에 계획을 짜거나 계획을 재구성한다: 사람들은 휴대폰이 존재하기 전에는 반드시 필요했던 사전 계획을 짜지 않는다. 사회학자 리치 링(Rich Ling)은 일을 진행하다가 마지막 순간에 활동을 조정하는 것을 '미세 조정(microcoordination)'이라 부른다(Ling, 2004; 더 많은 사례를 보려면 Castells et al., 2004; Eldridge and Grinter, 2001 참조).

미세 조정에는 좋은 점도 있고 별로 좋지 않은 점도 있다. 그렇지 않았더라면 이루어지지 않았을 수도 있는 모임이 마지막 순간에 이루어질 수 있고, 이벤트가 벌어지고 있는 그 순간에도 이벤트가 재구성될 수 있으며, 사람들이 언제라도 초대 손님 명단에 추가될 수 있다. 그러나 그것은 또한 계획과 스케줄이 일반적으로 모호하고, 분명하게 규정되지 않으며, 영원히 미완성인 것처럼 보이는 분위기를 만들어낼 수 있다. "시간을 둘러싼 암묵적 계약(implicit contracts around time)"이 느슨해진다(Ling, 2004: 74). 이것은 사람들이 필요한 계획을 사전에 수립하거나 계획을 진지하게 받아들이는 것을 단념하게 만들 수도 있다. 일정을 변경할 시간이 주어짐에 따라 이벤트의 일정이 좀 더 느슨하게 짜진다. 초대에 답하는 것이 불필요한 형식처럼 보일 수도 있지만, 그렇게 하지 않는 것은 계획과 모임을 망칠 수 있으며 관계에 영향을 줄 수 있다.

리치 링은 때때로 디지털 기술과 모바일 기술을 이런 식으로 사용하는 것이 시간 자체가 '유연해지는' 결과를 초래하는 것처럼 보일 수 있다고 말했다(Ling, 2004). 시간이 좀 더 스펀지 같이 덜 고정된 것으로 인식될 수 있다. 규범들이 자주 불확실하고 잘 변하는 것으로 여겨짐에 따라, 사람들이 시간에 관해 서로에게 거는 기대도 흔히 유연해진다. 어쩌면 아이러니하게도 정확한 시간을 제공하는 기술의 편재성을 감안할 때, 지각이 점점 더 흔해졌다.

'합리성의 불합리성(irrationality of rationality)'이라 불리는 것의 한 예로, 이러한 기술이 우리 생활에 가져다주는 편리함은 실제로 엄청난 '불'편함으로 이어질 수 있다. 생활이 더 편리하고 생산적이 되도록 도와주는 도구들이 일을 너무 잘 수행하는 나머지 계획을 짜거나 세부적인 것에 엄격한 주의를 기울이는 것과 같은 합리적이거나 분별 있는 행동이 줄어들 수 있다. 만약 우리가 실수할 경우 우리를 실수에서 구하기 위해 기술에 의존한다면, 더 많은 실수를 할 가능성이 있다. 이것은 기술 사용의 효과성을 제한할 수 있다.

사회학자 조지 리처(George Ritzer)는 전체 사회가 이러한 경로를 따라가고 있다는 이론을 제시한다(Ritzer, 2009). 그는 많은 사회가 '맥도날드화되어(McDonalized)' 효율성, 예측 가능성, 계산 가능성(calculrability, 가능한 정도까지 사물을 계량화하려는 욕구)과 같이 패스트푸드 레스토랑의 특정한 특성을 받아들이고 있다고 주장한다. 그는 디지털 기술을 포함해 표준화를 초래하는 데 도움을 주는 비인간적(nonhuman) 기술을 사용함으로써 통제가 달성된다고 설명한다. 교육, 보건, 정부와 같은 사회 체계를 포함해 한 사회의 여러 측면이 맥도날드화되었다고, 즉 그들의 체계를 통해 사람들을 예측 가능하고 계산 가능한 방식으로 움직이게 하는 데 관심을 가짐으로써 그 과정에서 사람들이 더 통제되고, 더 적은 역량을 가지며, 다소 비인간화되고(dehumanized) 있다고 주장할 수 있다.

ICT가 스케줄, 시간, 그리고 합리화에 어떤 역할을 하는지 고려해보는 것은 현명한 일이다. 그러나 사람들이 인터넷과 디지털 미디어를 휴식을 취하고 긴장을 푸는 데도 상당 정도 사용한다는 점을 명심해야 한다. 사람들은 재미있게 놀고, 게임을 하고, 즐기기를 원할 때 디지털 공간으로 향한다. 그럼으로써 인터넷과 디지털 미디어는 비인간화되는 것보다 훨씬 더 인간화되는 쪽으로 일상생활에 영향을 미칠 수도 있다.

재미, 놀이, 그리고 오락

디지털 기술에 의해 연결되어 있는 사람들이 만약 그렇지 않다면 한가하거나 따분할 수도 있는 순간을 상시적인 상호작용의 흐름이나 오락으로 채우는 것은 유혹적일 수 있다. 사람들은 매우 자주 온라인에 접속해 즐거운 시간을 갖거나, 게임을 하거나, 문화 활동에 참여하거나, 그렇지 않으면 그냥 즐기거나 재미있게 보낸다. 바쁘거나 스트레스가 많은 와중에도 그러한 환경을 잠시 뒤로 제쳐두고 휴식을 취하고 즐거운 시간을 가질 수 있는 능력을 갖는 것은 인터넷 및 디지털 미디어의 인기 있는 어포던스[2]이다(Fallows, 2006; Gefen, 2004; Glasser, 1982, 2000; Rainie, 2011; Ridings and Sandvig, 2006; Stephenson, 1964a, 1964b; Wasko and Faraj, 2000).

24/7 디지털 환경에는 늘 어떤 종류의 오락이 온라인에서 추구되거나, 발견되거나, 심지어 생겨날 수 있다. 그리고 인터넷이나 디지털 미디어와 함께 보내는 시간은 흔히 가볍고 장난기 많고 도피주의적인 역동성을 가지고 있다. 놀이는 "일상생활과 경계가 지워져 있고, 압박 및 의무와 분리되어 있으며 … 자유롭게 선택되고, 비도구적이고(noninstrumental), 흔히 몰입적이며 도피주의적인" 활동이다(Chayko, 2008: 63; 또한 Danet, 2001; Glasser, 1982, 2000; Huizinga, 1938/1950; Sandvig, 2006 참조). 그것은 매우 중요한 욕구를 충족시키며 따라서 여러 문화에 걸쳐 있는 사람들의 생활의 한결같은 부분이다. 더욱이 놀이는 관계적이어서, 사람들이 사회적 연계를 만드는 중요한 수단이다.

여유 있고 재미있는 환경 속에서도 많은 것을 성취할 수 있다. 그런 환경 속에서도 기술을 연마할 수 있고, 정보를 획득할 수 있으며, 친구관계를 만들고 굳건하게 할 수 있다. 기술과 정보는 이것들 자체를 위해서뿐만 아니라 이러한 맥락에서 공통 기반(어떤 집단의 문화의 일부가 될 수 있는 공통된 정보와 규범 그리고

---

2   5장 참조 — 옮긴이 주.

가치)을 형성하기 때문에 중요하다. 재미있는 활동은 또한 일상의 일과 걱정거리로부터의 휴식이 될 수 있다. 필자가 인터뷰한 사람 가운데 한 명이 설명했듯이, 사람들의 웰빙이 일시적으로 그리고 좀 더 지속적으로 신장할 수 있다:

> 모두의 생활이 각기 다르고 바쁜 스케줄을 가지고 있기 때문에 보통 때는 소통할 기회가 없는 친구에게서 댓글이나 메시지를 받으면 기분이 좋아요. … 그것은 마치 이 친구가 나를 생각하고 있었다는 느낌이 들게 해주고 또 다른 사람이 나를 좋아해주는 것 같은 느낌이 들게 해주며, 그로 인해 내 얼굴에는 늘 미소가 떠나지 않습니다(Chayko, 2008: 57).

디지털 방식이든 대면 방식이든 오락과 게임을 프로슘하고 그것들에 대해 이야기하는 과정에서 연계와 결속이 확립된다. 사람들이 문화적 관심사를 서로 공유할 때, 그들은 서로 마음이 맞는지 살펴보고 이러한 공간에서 상호작용하는 사람이 자신과 비슷하다는 느낌을 갖게 될 수도 있다. 유명 인사, 영화, 책, 혹은 선호하는 미디어에 대한 이야기는 더 깊이 이해할 수 있는 길을 터주고 친구관계가 맺어질 수 있는 시작점을 제공할 수 있다.

8장에서 논의했듯이, 모든 형식의 오락(텔레비전, 영화, 음악, 책) 수용자들은 이제 흔히 다수의 플랫폼(전자, 인쇄, 디지털)에서 한꺼번에 그것들을 즐긴다. 이러한 종류의 '트랜스미디어 오락(transmedia entertainment)'은 사람들이 다양한 방법으로, 다양한 포맷으로 주어지는 텍스트를 읽거나 즐길 수 있게 하고 내용에 깊이 관여하고 전념하게 하면서 이러한 각기 다른 종류의 장르와 텍스트의 팬들에게 극도로 몰입적인 경험을 제공할 수 있다(Jenkins, 2006). 일부 텍스트는 매일매일 그리고 아마도 여러 해에 걸쳐 어떤 형식으로 계속 이어지면서 시리즈물로 연재되는데, 이것은 수용자들의 관여와 즐거움을 상당히 높여준다.

기술적으로 연결되어 있고 네트워크화되어 있는 팬들은 또한 인터넷과 디지털 미디어, 특히 소셜 미디어를 통해 좋아하는 미디어 제공물에 참여할 수 있다. 이러한 플랫폼은 추가적인 정보는 물론 다른 수용자와 연결할 수 있는 수단을 제공함으로써 원래의 텍스트를 보완한다. 팬들은 손쉽게 프로그램에 대해 토론하고 비평하며, 소셜 미디어 쓰레드(thread),[3] 블로그 및 해시태그에 기여하고, 집단 토론에 참여할 수 있다. 소셜 미디어, 특히 트위터는 다른 텔레비전 시청자와 연결하기 위해 사람들이 선택하는 일종의 두 번째 스크린이 되어, 수용자들이 디지털 방식으로 친하게 지내고 동시에 경험을 공유하는 일종의 전자 라운지를 만들어준다(Harrington, 2014). 앞에서 보았듯이, 사회에서 디지털 행아웃(digital hangout)은 중요한데, 왜냐하면 그것은 생산성에 대한 의무나 심지어 직접적인 상호작용 없이 사람들이 모이고 서로의 존재감을 느낄 수 있는 공간을 제공해주기 때문이다. 그리고 디지털 행아웃은 아주 재미있을 수 있는데, 이것은 좀 더 부담스럽고 힘든 의무로부터 한숨 돌릴 수 있는 반가운 시간을 제공하기 때문에 그것 자체만으로도 중요하다.

문화적 관심사를 공유하는 사람들은 계속해서 집단과 커뮤니티를 함께 만들 수 있다. 그와 같은 소셜 서클은 디지털 공간에 아주 많으며 어떤 특정한 관심사를 가진 팬들이 모이는 장소를 제공할 수 있다. 어떠한 커뮤니티에서와 마찬가지로 이러한 커뮤니티는 팬들이 핵심 멤버에게 접근하는 규칙, 의례, 상징적 경계, 입회 관례를 갖춘 완전히 성숙한 문화가 될 수 있다. 그와 같은 집단이 평등주의자일 거라는 보장은 없다: 극도로 열정적인 팬(uber-fan)이나 BNF(big name fan)[4] 현상에서 볼 수 있듯이, 어느 사회 조직만큼이나 위계, 파벌, 갈등을 포함할 가능성이 높다(Jenkins, Ford and Green, 2013; Pearson, 2010).

팬들은 또한 디지털 방식으로 매개되는 시스템 내에서 새로운 역할을 할 기회를 가진다. 팬들은 미디어 제작물에 대해 토론하고 비평하는 것 외에도 팬

---

3   하나의 주제에 대해 회원들이 게시판에 올린 일련의 의견 ― 옮긴이 주.
4   개인 팬이건 팬 커뮤니티에 속해 있건, 글자 그대로 유명세를 타고 있는 팬을 말한다 ― 옮긴이 주.

픽션(fan fiction)을 작성하거나 공유함으로써 매개되는 스토리에도 기여할 수 있는데, 팬 픽션은 어떤 스토리의 열렬한(혹은 '광신적인') 팬들이 그것을 함께 즐기고 심지어 그 이야기를 자신의 즐거움거리로 전용(轉用)하는 매우 인기 있는 방식이 되고 있다(Šesek & Pušnik, 2014). 이러한 것들은 본질적으로 제작자의 승인을 반드시 받지는 않는 리믹스된 저작물이기 때문에 불법 복제 행위, 즉 저작권 침해 행위로 볼 수 있다. 물론 그와 같은 저작물을 원저작물이 명예로 워지고 확장되며 더욱 홍보되게 해줌으로써 원저작물을 돋보이게 하는 수단으로 달리 볼 수도 있다. 그것은 전적으로 사람들의 관점에 달려 있다.

그와 같은 창작물은 특히 블로그와 소셜 미디어를 통해 널리 퍼져나갈 수 있으며, 창작자는 아마추어 전문가가 될 수 있다(Baym and Burnett, 2009). 다른, 아마도 더 만족스러운, 보상이 주어지기 때문에 아마추어 전문가는 흔히 어떠한 종류의 경제적 보상도 요구하지 않는다. 그들은 (때때로 소셜 미디어의 좋아요와 팔로우 수로 측정되는) 주목을 받을 수도 있고, 대인적 연계와 관계를 쌓을 수도 있으며, 또한/혹은 다른 종류의 보상을 받을 수도 있다. 미디어 산업은 일반적으로 이러한 현상을 다루어야 할지 그리고 어떻게 다루어야 할지 확신하지 못하는 것 같다. 그러나 일부 미디어 제작자는 이러한 수용자들의 가치를 인정하고 그들로부터 배우며, 어떤 메시지나 콘텐트(혹은 광고)를 그들에게 직접 내보낼 수도 있는데, 이는 디지털 시대의 오락이 전반에 걸쳐 다각적이며 상호작용적일 수 있도록 도움을 준다(Jenkins et al., 2013).

게임하기(gaming)는 또 하나의 매우 인기 있는 온라인 활동이다. 개인화된 소규모 집단이 즐기는 게임이든 아니면 대규모의 사람을 포함하는 게임이든, 게임은 게이머를 강렬하게 몰입시킬 수 있으며 그러한 몰입감은 오랜 기간, 심지어 수년에 걸쳐 지속할 수 있다. 게임은 플레이어들이 그 속에 자기 자신을 집어넣고, 그 속에 살며, 그 속에 깊이 몰입될 수 있는 환경을 만들어낸다. 고도의 소셜 비디오 게임은 스크린 위와 '뒤'에 플레이어가 알게 되는 다른 사람들로 채워져 있다(Juul, 2005; Klastrup and Tosca, 2004 참조). 일부 게임은 심지어

'가상현실(virtual reality)' 기술로 작동되는데, 가상현실이란 매우 실재적인 방식으로 물리적 경험을 복제하는 몰입적인 컴퓨터 생성 멀티미디어 환경을 말한다. 가상현실 경험과 몰입적 게임은 전투나 의료적 개입과 같이 체화된 경험을 준비시켜줄 수도 있고 그러한 체화된 경험을 시뮬레이션 해보게 할 수도 있다(Gee, 2011; 또한 Chayko, 1993 참조).

디지털 게임하기와 비디오 게임하기 역시 하나의 문화이다. 이러한 문화는 젊은이 지향적이고 남성 지배적인 것처럼 보일 수도 있지만, 모든 게임 플레이어가 10대 남성이라고 가정하는 것은 실수일 것이다. 게이머의 평균 연령은 37세로, 18세에서 50세 사이가 53%를 차지하고 있다. 월드 오브 워크래프트(World of Warcraft)와 같은 대규모 다중 접속자 온라인 역할 수행 게임(MMORPG: massive multiplayer online role-playing game) 플레이어들의 평균 연령은 약 26세로 추정되는데, 이들 가운데 36%는 기혼자이며 22%는 자녀를 두고 있다(Yee in Corneliussen and Rettberg, 2008: 6). 온라인에서 비디오 게임을 하는 여성의 비율은 게임에 따라 적게는 12%, 많게는 50%에 육박한다.

일반적으로 게임하기 문화는 괴롭힘, 특히 여성 괴롭힘을 이미 보여줄 만큼 충분히 보여줬다. 비디오 게임과 게임 광고에서의 여성의 표상은 자주 성애화되며(sexualized), 폭력을 특징으로 하는 게임은 주 수입원이자 주 수익원이다. 남성 동성애자와 소수 인종 같은 다른 비지배적인 집단이 그러하듯이, 여성 역시 스트레인저(stranger)를 포함하는 매우 경쟁적인 게임에서 과도하게 높은 수준의 괴롭힘을 경험했다고 말한다. 어떤 여성(과 다른 사람들)은 익명으로 게임을 하는 반면, 또 어떤 여성은 평등주의적인 행동이 규범인 좀 더 안전한 커뮤니티나 '일족(clan)' 속에서 게임을 한다(O'Leary, 2012). 여성 게임 개발자들이 온라인에서 야만스러운 여성 혐오적 괴롭힘을 경험한 후, 2014년 '게이머게이트(Gamergate)' 논쟁[5](및 해시태그)이 불붙었다. 공격과 역공격이 쏟아졌는데, 그것

---

5   게이머게이트 논쟁(Gamergate)은 퀸스피러시(Quinnspiracy)라고도 하며, 비디오 게임

들 가운데 많은 것이 심각했고 끔찍했다.

모든 유형의 게임은 도전 의식을 불러일으키고 경쟁적이며 매우 전략적이다. 게이머는 과업을 숙지하고 전략을 짜내며 환경을 만들어낸다. 이러한 것들은 모두 게임 밖에서도 유용함이 입증될 수 있는 기량이며 다른 상황에 이전해 사용할 수 있는 기량이다. 적절한 게임 플레이는 의사 결정, 문제 해결, 규율, 지연된 충족(delayed gratification),[6] 심지어 과학적 방법도 가르칠 수 있는데, 왜냐하면 성공적인 게임하기에서 게이머는 흔히 그 게임의 어떤 측면에 대한 가설을 수립하고, 그것을 검정한 다음, 그 결과를 평가해야 하기 때문이다 (Chayko, 2008: 68; Suellentrop, 2007: 62). 많은 비디오 게임과 온라인 게임에서 논리적 사고와 행동은 보상받는다. 이러한 기량은 디지털 작업장과 교육에서 사람들에게 쓸모가 있으며, 많은 게임은 이제 군인과 경찰이 위험스러운 상황에 대비하게 하는 데 사용되고 있다(Volti, 2014: 273).

어떤 사람들은 기술이 포화된 생활을 사는 사람들(특히 젊은 사람들)이 항상 즉각적인 시뮬레이션, 재미, 오락 및/혹은 디지털 연결을 기대하고 심지어 요구하게 될까 봐, 즉 그들이 한시도 따분해지지 않는 것을 기대할까 봐, 걱정한다. 분명 이러한 기술을 마음대로 사용하며 자라온 더 젊은 세대는 그러한 기술에 너무 익숙한 나머지 그들을 즐겁게 해주지 않거나, 진행 속도가 좀 더 느리거나, '지루한' 것처럼 보이는 것에 대해 더 나이가 많은 사람보다 덜 관대할

문화의 성차별주의에 관한 논쟁이다. 2014년 8월부터 시작된 이 논쟁은 비디오 게임 산업 내 여성 다수의 성차별 및 여성혐오 공격이 이루어졌다고 주장한 인디 게임 개발자 조이 퀸에 의해 촉발되었다. 이 사태의 주요 대상은 여성 게임 개발자인 조이 퀸, 브리아나 위, 문화비평가 아니타 사르케시안 등이 있다. 이러한 논쟁은 주로 트위터의 해시태그 #GamerGate로 이루어졌으며, 레딧, 4chan, 8chan과 같은 온라인 포럼에서 이러한 논쟁이 불붙었다. 이러한 공격에는 공격 대상의 신상 정보 개시(신상 털기), 대중 앞에서의 총기 난사와 같은 강간 및 살해 위협 등이 있었다. 이 논쟁은 우두머리 없이 모인 모임의 해시태그를 따라서 게이머게이트 운동(Gamergate movement)으로도 알려지게 되었다 (https://ko.wikipedia.org/wiki/게이머게이트_논쟁) ― 옮긴이 주.

6   욕구 충족을 지연시킴으로써 생활의 가치를 늘리는 것 ― 옮긴이 주.

수도 있다(Chayko, 2008). 그들은 실제로 매 순간을 무언가 할 것으로 채우고 온라인에서 이러한 충족을 찾을 수도 있다. 그 과정에서 그들은 그들 자신이 생활의 많은 측면에서 다중 작업을 시도하고 있다는 것을 알 수도 있다.

다중 작업과 주의 지속시간

사람들은 인터넷과 디지털 미디어를 사용해 한 장소에서 다른 장소로, 이 스크린에서 저 스크린으로 유연하게 이동할 수 있기 때문에, 주의를 어떤 한 토픽에 쏟고 거기에 주의를 유지하는 것이 어렵다는 것을 알게 된다. 이 생각을 했다가 저 생각을 했다가 하면서 주의력이 쉽게 흐트러짐을 느낄 수도 있다. 사람들이 특정한 한 가지 일에 지속적으로 오래 초점을 맞추는 것이 어려울 수도 있는데, 이로 인해 현대인의 주의 지속시간(attention span)이 시험대에 올랐다(McHale, 2005; Ophir, Nass and Wagner, 2009).

'주의(attention)'는 어떤 주어진 일이나 정보 단위에 정신을 집중하는 행동이다. 대부분의 사람이 어떤 작업에 오랫동안 완전히 집중하는 것은 매우 어려운 일이다. 평균 주의 지속시간의 길이가 정확하게 계산된 바는 없지만, 주의 이탈(attention lapse, 적어도 순간적으로나마 사람들이 주의를 딴 데로 돌리는 것)이 매우 빈번히, 거의 몇 분마다 일어난다(Bunce, Flens and Neiles, 2010). 물론 주의를 기울이는 능력은 사람마다 다르고 작업마다 다르다. 사람들은 어떤 일에 몰입되는 것을 느낄 경우 그것에 상당히 오랫동안 주의를 기울일 수 있다. 이것은 사람들이 (너무 쉽거나 너무 어렵지 않고) 적정한 수준으로 복잡한 도전을 수행하는 과정에서 '몰입(flow)'이라 불리는 활기차게 몰두하는 장기 집중 상태가 발생할 때 일어날 수 있다(Csikszentmihalyi, 1990). 사람들이 이런 식으로 어떤 작업이나 경험 혹은 (게임과 같은) 취미에 몰입될 때, 그것에 지속적으로 주의를 기울이는 것은 어렵지 않다. 그러나 대개 우리 대부분은 작업이 길어지거나 경험이 길어질 경우 깨지지 않는 몰입을 지속하기가 매우 어렵다.

디지털 시대에 줄어들고 있는 주의 지속시간을 정확하게 계산하는 것 역시 어렵지만, 이것에 대한 많은 우려가 존재하는 것은 사실이다. 많은 사람은 디지털 업데이트를 자주 게시하거나, 친구의 안부를 확인하거나, 혹은 그저 디지털화된 스크린을 살펴보거나 훑어보는 데 익숙해져 있다. 이러한 활동이 좀 더 긴 시간을 요하는 작업에 몰입을 유지하는 것을 방해하는 것처럼 보일 가능성이 있다. 그리고 치명적인 결과들이 확실하게 밝혀졌는데, 예를 들어 학생들이 공부하는 동안 개인적인 용도로 페이스북, 문자, 혹은 인스턴트 메시지를 확인할 때, 학점 평균과 전반적인 공부시간에 좋지 않은 영향을 주는 것으로 나타났다(Junco and Cotten, 2011; Kirschner and Karpinski, 2010). 그러나 다른 맥락에서는 특정한 작업과 관련된 디지털 활동에 인지적으로 몰입하는 것이 집중을 촉진하고 학업성적을 향상할 수 있는 것으로 밝혀졌다(Prensky, 2001; 또한 Grimley, Allan and Solomon, 2010 참조). 그리고 커뮤니케이션 장애, 특히 비언어적 자폐증을 앓고 있는 초등학교 학생에게 디지털 모바일 기기를 주고 교육 과제를 끝마치라고 하자, 주의 지속시간과 사회적 상호작용 수준이 향상되었다(McEwan, 2014).

특히 ICT와 관련하여 사람들이 다중 작업을 하는지 그리고 한다면 어떻게 하는지를 주제로 한 연구가 많이 이루어졌다. '다중 작업(multitasking)'은 다소 오해의 소지가 있는 용어이다. 몇 가지 복잡한 인지적 일을 동시에 하는 것은 실제로 불가능하다. 사람들은 흔히 그들이 할 수 있는 만큼 혹은 할 필요가 있는 만큼 빠르게 이 일과 저 일 사이를 왔다 갔다 할 뿐이다. 어떤 사람들은 다른 사람보다 이런 일을 더 잘하며 집중력을 크게 잃지 않으면서 서로 다른 작업에 계속 주목할 수 있는 반면, 다른 사람들은 그렇게 할 수 없다. 그 수는 비교적 적지만 극단적인 다중 작업자는 심지어 주의력을 몇 가지 일에 매우 효과적으로 분산시킬 수도 있다. 사람들이 작업을 자주 바꾸고 규칙적으로 다중 작업을 시도하는 데 따르는 전반적인 인지적 비용과 주의력 비용은 여전히 논란이 되고 있다(Alzahabi and Becker, 2011; Grimley et al., 2010; Ophir et al., 2009).

규칙적으로 그리고 만성적으로 다중 작업을 시도하는 사람은 일반적으로 인지 결손(cognitive deficit)[7]과 행동 결손(behavioral deficit)[8]을 겪는다. 그들은 정보를 기억해내는 데 어려움을 겪으며 정보를 처리하는 속도도 더 느리다. 몇 가지 일을 한꺼번에 하려고 하는 것은 인지적으로 (그리고 때로는 신체적으로) 부하가 많이 걸리며, 그 결과 좌절감과 압도당하는 느낌을 느낄 수 있다(Ophir et al., 2009). 필자가 온라인과 오프라인에서 정보 흐름을 어떻게 관리하는지 사람들에게 물었을 때 다음과 같은 매우 강한 대답을 들었다. 필자가 인터뷰한 한 사람은 "그것은 때때로 압도적일 수 있어요 ─ 때때로 '너무' 많은 정보가 흘러들어와서 나를 꼼짝 할 수 없게 만들어요"라고 말했다(Chayko, 2008: 128).

꾸준히 다중 작업을 시도하는 것(다시 말하지만 어떤 사람에게 이것은 어려울 뿐 아니라 불가능함)은 사람들이 동시에 많은 것에 '지속적인 부분적 주의(continuous partial attention)'를 기울이게 만들 수 있다. 이러한 현상, 즉 어떤 주어진 시간에 많은 것에 주의의 일부를 분산하는 것은 현대 미디어 시대에서 흔히 볼 수 있는 일이다(Stone, 2005). 그것은 주로 사람들이 단 하나의 기회에 집중하고 있어야 함에도 다른 새로운 대안적인 기회를 찾기 위해 미디어 환경(혹은 물리적 환경)을 자주 훑어보기 때문에 발생한다. 어떤 의미에서 그들은 어느 때건 최고의 연결, 최고의 활동, 최고의 접촉을 위해 기회를 최대한 활용하고 있는 셈이다. 기술이 풍부한 사회에서는 바쁘고 연결되어 있는 것처럼 보이는 것이 살아 있고 인정받는 것, 즉 의미 있는 것이기 때문에, 지속적인 부분적 주의를 기울이는 것은 이러한 사회에서 하나의 규범이 되었다고 이 용어를 처음 사용한 과학기술자인 린다 스톤(Linda Stone)은 말한다(Stone, 2005).

즉시 이용할 수 있는 모바일 기기는 돌아다닐 많은 '장소'와 '방문할' 사람에

---

7   인지 과정에 장애로 작용하는 어떤 특성을 기술하는 포괄적인 용어 ─ 옮긴이 주.
8   행동이 필요할 때 행동 저장지에 행동 품목이 없는 것 ─ 옮긴이 주.

게 쉽게 접근할 수 있게 해준다. 매우 손쉽게 이용할 수 있는 이러한 다양한 자극이 존재하는 가운데서 단 하나의 토픽에 주의를 기울이는 것은 실제로 하나의 도전이라 할 수 있다. 그러나 이러한 옵션들을 적절하게 관리하는 것은 많은 것을 배우고 많은 것에 참여할 수 있는 사람들의 역량을 향상해줄 수 있다. 깊이를 잃는 것은 넓이를 얻고 더 많은 것을 배우고 더 많은 다양한 활동을 하는 것으로 상쇄될 수도 있다. "만약 우리가 하나의 주제에 관한 열 권의 책을 읽지 않음으로써 무언가를 잃었다면, 우리는 아마도 열 개의 서로 다른 분야의 아이디어들을 쉽게 서로 연결할 수 있음으로써 잃은 만큼 얻었을 것이다"라고 소설가 나오미 올더먼(Naomi Alderman)은 말한다(Naughton, 2010에서 재인용).

미디어가 포화된 환경에서 일하는 것의 득실 모두를 살펴보는 것은 중요하다. 인간이 한 번에 여러 가지 일을 하는 능력에 관심을 기울이는 것은 타당하다. 사람들이 짧은 시간에 효과적으로 할 수 있는 일의 양에는 한계가 있다. 그러나 인간의 뇌는 각기 다른 방식으로 사용될 때 시간이 흐르면서 적응성이 생기며 발전하고 변화한다. 미디어 연구자인 울라 푀어(Ulla Foehr)에 따르면, 현대인의 뇌는 기술이 풍부한 미디어 환경에 진화적으로 적응해가고 있는 것일 수도 있다고 한다. "이러한 미디어로 가득 찬 세계에서는 미디어 다중 작업에 더 능숙한 뇌가 후세에 전해질 것이고 이러한 변화는 자연 선택(natural selection)[9]될 것이다"라고 그녀는 말한다. "결국 정보는 힘이고, 만약 어떤 사람이 더 많은 정보를 한꺼번에 처리할 수 있다면, 아마도 그 사람은 더 큰 힘을 가지게 될 것이다"(Foehr, 2006: 24). 이 이론은 다중 작업을 할 수 있는 능력이 시간이 흐르면서 자연 선택을 통해 개발될 수 있다고 보는데, 이것은 도발적인 전망이다(또한 Jenkins, 2009; Rose, 2010 참조). 물론 그것이 인류의 긍정적인 발전

---

[9] 우리는 진화론의 'natural selection'을 '선택'의 반대 개념인 '도태'로 해석해서 '자연도태설'이라고 하지만, 실제 'selection'은 선택이라는 의미이며, 이 문맥에서는 선택으로 해석하는 것이 합리적이다 — 옮긴이 주.

을 나타내는지 아니면 부정적인 발전을 나타내는지 여부는 논쟁거리이다.

스트레스, 정보 과부하, 그리고 FOMO

많은 일과 기대가 잦은 디지털 기술 사용과 연관되어 있다. 쏟아지는 자극과 정보에 뒤지지 않는 것은 힘들고 부담스러울 수 있다. 할 일이 눈덩이처럼 불어날 수도 있다. 사람들은 뒤지지 않으려면 일을 해야 하고/하거나 디지털 방식으로 밤낮으로 연결되어 있어야 한다고 느낄 수도 있다. 사회적 연계와 친구 관계는 돌봐야 할 필요가 있는데 초연결된 사람들은 많은 연계와 친구관계를 맺고 유지한다. 그러나 이 책에서 자주 언급한 것처럼, 기술 사용이 이러한 스트레스를 야기하는 것은 아니다. 실제로 이러한 스트레스 가운데 일부는 단순히 '돌봄 비용(cost of caring)'이다(Hampton, Rainie, Lu, Shin and Purcell, 2015).

　현대인은 분명 나름대로의 스트레스를 경험하지만, 디지털 기술 및 소셜 미디어 사용자가 일반적으로 디지털 방식으로 덜 연결되어 있는 사람보다 더 높은 수준의 스트레스를 가지고 있는 것은 아니다. 실제로 여성에게는 그 반대의 경우가 더 흔하다. 트위터와 이메일을 사용하고 휴대폰으로 사진을 공유하는 여성은 이러한 기술의 도움으로 친구와 가족이 어떻게 하고 있는지를 확인할 수 있기 때문에 그렇게 하지 않는 여성보다 스트레스 수준이 더 낮다고 말한다. 가족, 친구, 사랑하는 사람을 지속적으로 파악하고 확인하는 것은 흔히 여성의 책임이다. 소셜 미디어는 여성에게 이런 일을 할 수 있는 손쉽고 편리한 수단을 제공함으로써 여성의 스트레스 수준을 낮춰줄 수 있다(Hampton et al., 2015).

　물론 소셜 미디어를 사용하는 과정에서 사람들은 때때로 다른 사람의 생활에서 발생하는 스트레스를 주는 사건이나 힘겨운 사건에 대해 듣게 된다. 그들은 그들이 관심을 가지고 있는 사람이 해고되었거나, 사랑하는 이를 잃었거나,

어려움을 겪고 있다는 것을 알 수도 있다. 다른 사람의 삶에서 발생하는 스트레스에 대한 이러한 '자각(awareness)'은 특히 또다시 여성에게 스트레스를 야기할 수 있고 또 야기하는데, 여성은 이러한 종류의 이슈를 개인적으로 처리할 가능성이 더 높다. 스트레스는 독감과도 같이 전염성이 있다. 사랑하는 사람들이 스트레스를 경험하고 있을 때, 여러분은 그들을 신경 쓰고 또 '그들의 고통을 느끼기' 때문에 여러분도 마찬가지로 스트레스를 느낄 수 있다. 그러나 이러한 느낌과 스트레스는 소셜 미디어에서 시간을 보내기 때문에 생겨나는 것이 아니다. 또다시 말하지만 그것은 단순히 다른 사람에게 관심을 갖는 비용이다(Hampton et al., 2015).

소셜 미디어상에는 FOMO에 대한 이야기가 많이 있다(Turkle, 2012a 참조). FOMO란 'fear of missing out'의 약자로, 온라인에서 항상 발생하고 있는 것처럼 보이는 많은 재미있는 것을 '놓치는 두려움'을 말한다. 그러나 연구들은 대부분의 소셜 미디어 사용자가 FOMO를 특히 스트레스를 주는 것으로 생각하지 않는다는 것 그리고, 다시 한 번 더, 사람들이 압도당하는 느낌을 느낄 때 소셜 미디어를 반드시 비난할 필요가 없다는 것을 보여준다. 실제로 정보 과부하의 두려움은 웹 이전으로 거슬러 올라간다. 바쁘고 빠르게 돌아가는 사회에서는 해야 할 일이 많다. 소셜 미디어는 그와 같은 압박과 요구를 덜어주거나 완화해준다. 다시 한 번 더, 그러한 결과를 초래하는 것은 '사람들이 기술을 사용하는 방식'이다. 따라서 적극적인 소셜 미디어 사용자가 소셜 미디어를 정기적으로 사용하지 않는 사람보다 더 많은 스트레스를 느낄 필요는 없다 (Hampton et al., 2015).

사람들은 소셜 미디어를 통해 발생하고 있는 매우 많은 것에 노출되기 때문에, 늘 놓치는 것이 (많이) 있게 마련이다. 한 여성은 필자와 인터뷰한 많은 사람의 우려를 그대로 되풀이하며 "정기적으로 [내가 좋아하는 사이트를] 확인하지 않으면 소외당하는 느낌이 들어요"라고 말했다(Chayko, 2008: 125). 뉴스와 정보, 심지어 오락과 여가 활동에 뒤지지 않으려고 애쓰는 것이 불가능한 듯 보일 수 있다. 완벽하게 '잘 알고 있는' 상태를 유지하는 것은 불가능하다. 그러나 문제는 "언제나 이용 가능한 너무 많은 정보"를 가지고 있는 것이 아니라 "그것을 관리하는 도구가 여전히 초보 수준에 머물러 있는 것"이라고 미래학자인 저메이 캐시오(Jamais Cascio)는 말한다(Naughton, 2010에서 재인용). 정보 과부하에 대한 우려는 디지털 도구의 전략적 사용을 통해 경감될 수 있으며 정보를 걸러내고 분류하고 체계화하는 것을 도와줄 기술이 계속해서 발전함에 따라 줄어들 것이다.

사람들은 단순히 휴대폰이 울려도 전화를 받을 수 없을 때 불안함을 경험할 수 있다. 저널리즘 교수인 러셀 클레이턴(Russell Clayton), 글렌 레슈너(Glenn Leshner), 그리고 앤써니 아몬드(Anthony Almond)의 연구에서 퍼즐 맞추기를 하는 동안 전화가 울려도 받을 수 없었던 아이폰 사용자들은 불안감과 불쾌감을 느낀다고 말했다. 그들의 심장박동 수와 혈압이 증가했고, 인지적 기능이 떨어졌으며, 주어진 일에 주의를 기울이는 데도 어려움을 겪었다.

삶에서 선택지가 너무 많은 것은 너무 많은 자극처럼 대응하기 힘든 것일 수 있다. 이것은 많은 현대인에게 닥친 이슈로 인터넷 및 디지털 기술 사용자에게 국한된 것은 아니다. 작가 마틴 그론보그(Martin Gronborg)는 심리학 교수인 배리 슈워츠(Barry Schartz)가 '선택의 역설(paradox of choice)'이라고 밝힌 것에 대해 다음과 같이 기술했다: "슈워츠의 요점은 선택은 또한 우리를 불행하게 만든다는 것이다. 우리의 선택 범위와 우리의 행복 정도는 비례하지 않는다. 실제로는 그 반대이다. 적절한 수의 선택이 좋다"(Gronborg, 2012). 슈워츠에 따르면, 어느 정도를 넘으면 사람들이 가지고 있는 선택이 많으면 많을수록 행복을 느끼기가 더 어려워진다고 한다.

디지털 미디어와 소셜 미디어를 사용할 때 사람들은 다른 사람이 스스로를 어떻게 묘사하는지 그리고 어떻게 살고 있는 것 같은지를 매우 잘 알 수 있다. 6장에서 논의했듯이, 디지털 공간에는 생활과 자기(self)에 대해 세심하게 편집된 묘사가 아주 많다. 이에 비해 사람들 자신의 생활은 때로 다른 사람의 생활보다 덜 재미있거나 덜 흥미진진해 보일 수도 있다. 사람들은 참석하지도 않은 사교 행사를 유쾌하게 살고 있음을 보여주는 자랑거리로 보여줄 수도 있다. 다른 사람들 간의 관계가 발전하고 그것이 공개적으로 알려질 수 있는데, 이것을 보는 것이 불편할 수도 있다. 매우 심하게 매개되는 환경 속에서 시기심과 불안감은 이해할 수 있는 반응이다. 아주 많은 일이 벌어지고 있고 그 가운데 극히 일부만이 여러분에게 일어나고 있다!

현대인은 또한 살면서 잦은 결정을 내려야 하는 딜레마에 봉착한다. 사람들은 어떤 주어진 시간에 정확히 어떻게, 누구에게, 그리고 어떤 맥락에서 상대에게 이용 가능하게 되길 원하는지 반드시 결정해야 한다. 앞에서 보았듯이, 많은 다양한 수용자가 상시적으로 온라인에 모여들고 맥락들은 쉽게 붕괴하기 때문에, 그들은 그들이 속해 있는 각각의 환경에서 어떤 정보를 공유할 것인지 반드시 결정해야 한다. 이러한 모든 맥락을 순항(巡航)하기 위해서는 기술과 노력이 필요하다(Castells, 2011; Chayko, 2008; Fortunati, 2002; Katz and Aakhus, 2002; Marwick and boyd, 2011).

기술이 풍부한 사회에서 규범과 가치는 흔히 유동적이다. 때로 규범과 가치는 심지어 혼란에 빠지기도 하는데, 즉 너무 많이 그리고 빨리 변해서 이전의 것을 가려버리는 것처럼 보일 수도 있다. 그와 같은 상황에서는 추방되거나, 혼란스럽거나, 뒤처진 것처럼 느끼기 쉽다(혹은 실제로 그렇게 되기 쉽다). 변화를 이해하고 변화에 뒤지지 않으려 애쓰는 것은 어려울 수 있다. 반면에 사회적으로 여전히 지속하는 것도 많이 있다. 변화, 심지어 기술의 영향을 받은 변화는 완전히 파괴적이기보다는 점진적인 경우가 훨씬 더 많다(Marvin, 1988; Shapin, 2007 참조).

이러한 많은 딜레마가 많은 것이 일어나고 있고, 많은 것이 기대되며, 많은 것이 변하고 있는 현대 사회에서 살아가는 데 대한 이해할 수 있는 대응임을 명심하는 것은 유용하다. 인터넷과 디지털 미디어는 현대 생활이 주는 스트레스와 압박감에 대해 책임이 없다. 인터넷과 디지털 미디어는 대개 사람들이 이러한 스트레스를 관리하는 데 도움을 준다. 다른 사람에게 신경을 쓰는 것과 다른 사람이 직면하고 있는 어려움을 볼 수 있는 입장에 있다는 것 자체가 소셜 미디어 사용자에게 스트레스를 유발하는 경향이 있다. 이러한 어려움은 사람들이 함께하고 서로에 대해 신경을 쓸 때는 언제든 그리고 어디서든 존재한다.

긴급 상황

휴대폰을 늘 가지고 다니는 사람은 이제 서로를 돌볼 수 있고 긴급 상황이 발생할 때 쉽게 서로에게 연락을 취할 수 있다. 많은 사람이 어떤 긴급 상황이 발생했을 때 더 안전하고 더 위안을 받는다는 느낌을 갖기 때문에 휴대폰을 항상 가까이에 둘 필요가 있거나 두길 원한다고 말한다. 다시 한 번 더 말하지만, 이것은 특히 자녀를 위해 휴대폰을 처음 구입하는 가장 중요한 이유이다. 자녀가 언제든 그들에게 연락할 수 있고 그들 역시 필요할 때 자녀에게 연락할 수 있다는 것을 아는 것과 자녀가 어디에 있는지를 늘 알고 있는 것(혹은 자녀가 어디에 있는지 알고 있다고 믿는 것)은 많은 사람에게 위안을 준다.

부모는 긴급 상황이 발생할 때 자녀와 연락을 취할 수 있기를 기대하기 때문에 많은 학교가 휴대폰에 대한 이전의 엄격한 요구조건을 완화했다. 일부 학교는 학생들이 점심시간이나 휴식시간에 휴대폰을 사용하는 것을 허락한다. 한때는 흔치 않았던 것(자녀가 학교에 있는 동안 부모와 연락하는 것)이 규범이 될 수도 있다. 나아가 이것은 심지어 자녀가 대학에 입학하거나 성인이 되어 집을 떠날 때도 정기적이고 지속적인 가족 커뮤니케이션을 촉진한다.

휴대폰의 가장 중요한 이미지 가운데 하나는 "생명줄" 이미지, 즉 안전과 직결되어 있다는 이미지이다(Castells, 2004: 66). 휴대폰은 상징적 보호와 실재적 보호 모두를 제공한다. 때로 사람들, 특히 여성은, 원치 않는 주목에 대한 일종의 방패막이로서 전화 통화를 하는 척하는데, 그렇게 하는 것은 그들이 혼자가 아니라는 메시지를 보낸다. 사람들은 그냥 누군가와 연락하며 지내는 것 같은 느낌을 갖기 위해 혼자 있을 때 문자를 보내거나 이야기를 하기 위해 휴대폰에 눈을 돌리는 것을 흔히 볼 수 있다. 휴대폰은 리치 링이 '대리 보호(vicarious protection)'라고 부르는 것을 제공할 수 있는데, 대리 보호란 우리는 세상에 안전하게 연결되어 있으며 혼자가 아니라는 신호를 보내는 것을 말한다(Ling, 2004; 또한 Geser, 2004 참조).

실제 긴급 상황이 벌어질 때, 구조 노력은 일반적으로 컴퓨터화된 기술을 통해 통합·조정된다. 공중 안전 및 보안 네트워크는 디지털 수단에 의해 통합·조정되고 기동된다. 시민들은 매스 미디어와 디지털 기술을 통해 긴급 상황 소식을 들을 수 있으며 구조에 도움을 주거나 위험을 피할 수도 있다. 불행하게도 범죄와 공격도 흔히 이런 식으로 통합·조정된다. 늘 그렇듯이 기술이 어떻게 사용되느냐에 따라, 다른 사람을 돕는 데 사용될 수 있는 바로 그 기술이 다른 사람을 해칠 수도 있다.

긴급 상황 발생 시 도움이 되고 매우 중요할 수 있는 기술은 또한 더욱더 많은 사건이 긴급 사태의 성질을 띠게 되는 환경을 조성하는 데 기여할 수도 있다. 게다가 현대 기술 사회에서는 삶의 속도가 흔히 매우 빠르다. 사람들은 서로가 언제든 이용 가능하길 기대한다. 생각과 느낌이 빨리 그리고 즉각적으로, 때로는 경솔하게 표현된다. 디지털 기술은 긴급 상황에서 위안과 안전을 제공할 수 있지만, 그것은 동시에 사람들이 일을 빨리 그리고 무모하게 하려는 경향을 띠는 환경을 조성하는 데 기여할 수도 있다.

앞에서 보았듯이, 기술 집약적인 환경에서 단절 가능성 자체가 불안감을 야기할 수 있다. 필자가 인터뷰한 사람 가운데 한 명이 말했듯이, 긴급 상황이 발생할 경우에 대비해 휴대폰을 가지고 다니는 것은 특정한 걱정을 예방해주는 동시에 다른 걱정을 야기할 수 있다:

나는 늘 휴대폰을 가지고 다녀요. 어딘가에 갇혀서 누구에게도 연락하지 못하는 상황이 발생할 가능성이 없다는 걸 알면서도, 휴대폰이 없을 때 나는 마치 패닉 상태에 빠진 것 같아요. "휴대폰을 집에 두고 왔네, 무슨 일이 일어나면 어쩌지? 앞으로 몇 시간 내에 누군가가 나와 연락을 해야 하면 어떡하지?"라는 생각이 들어요. 그렇지만 몇 분 지나지 않아 앞으로 몇 시간 동안 누군가가 나를 기다려주지 못하는 상황은 발생하지 않을 거라는 걸 깨닫게 돼요(Chayko, 2008: 123).

기술은 사람들이 공간과 관계에 단단한 기반을 다질 수 있게 해준다. 만약 어떤 사람이 상시적인 연결성과 가용성에 익숙해져 있다면, 심지어 일시적이나마 연락이 되지 않는 것은 불편할 수 있다. 따라서 사람들은 디지털 방식으로 매개되는 경험에 의존하게(어떤 사람은 중독된다고 표현할 것임) 될 수 있다.

의존과 중독

인터넷, 디지털 미디어, 휴대폰 같은 모바일 기기를 지나치게 자주 사용하는 것이 이러한 기술에 대한 의존이나 중독을 야기할 수 있다는 우려가 실제로 존재한다. 인터넷 중독 모델은 그와 같은 중독의 기준에 인터넷 사용에 대한 개인의 통제력 상실, 심리적, 사회적, 혹은 직업적 문제 발생, 인터넷을 사용하지 않을 때의 집착과 갈망이 포함되는 것을 사실로 받아들인다. 기술 사용이 실제 중독이냐 아니면 의존에 더 가까우냐를 둘러싼 논란이 있긴 하지만, 사람들이 이러한 기기를 사용할 때 흔히 그것을 더욱더 많이 사용하고 싶은 욕망을 느낀다는 것에는 의심의 여지가 거의 없다(Van Rooij and Prause, 2014).

7장에서 기술한 바 있는 디지털 기술 사용 시 정보 추구 및 보상의 도파민 루프가 여기서 작용한다. 일단 우리가 기술을 사용할 때 기분이 좋다면, 그것을 되풀이해서 사용하고자 하는 유인이 존재하게 된다. 도파민 생성을 자극하는 활동은 뇌와 몸을 가득 채워주는 긍정적인 느낌이 되풀이될 수 있도록 하기 위해 사람들이 그것을 반복해서 하기 원하도록 간절히 요청한다. 온라인 비디오 게임하기, 소셜 미디어로 사교활동하기, 기술의 성적인 사용은 인터넷을 기반으로 하는 활동 가운데 가장 강박적이거나 중독적인 활동에 속한다고들 한다. 오프라인에서는 마약 사용 및 음주, 운동하기, 먹기, 쇼핑하기, 게임하기, 도박하기, 포르노그래피 사용, 심지어 섹스와 같은 행동이 과도한 지속을 유도해 중단하기 어려운 것으로 알려져 있다. 이러한 행동들은 때로 중독으로 간주된다.

그러나 어떤 학자는 화학적이나 생리적인 질병이 없는 상태를 중독으로 보는 것은 그리 적절하지 않다고 주장한다. 그들은 인터넷과 디지털 미디어의 과도한 사용을 실제 중독으로 간주할 충분한 증거가 존재하지 않는다고 주장한다(Van Rooij and Prause, 2014). 생리학자이자 도박 연구자인 마크 그리피쓰(Mark Griffiths)가 언급했듯이, 인터넷 사용을 비화학적 의존(nonchemical dependency)으로 간주하는 것이 더 적절할 수도 있을 것이다(Griffiths, 2001). 전문가들은 증가하는 생활 문제들, 대처 기술 결핍, 강화되는 갈망으로 특징지어지는 하향 행동 나선(downward behavioral spiral)에 휘말리게 될 때 의존은 문제가 된다고 설명한다(LaRose et al., 2001; LaRose, Lin and Eastin, 2003).

초연결된 소셜 네트워크에 얽힌 채 많은 시간을 온라인에서 소비하는 사람들은 분명 그와 같은 증상이 나타날 수 있다. 사회적 지위 획득과 온라인에 소속되어 있고 온라인에서 가치를 평가받고 있다는 느낌은 자극적일 수 있으며, 그것은 소속감과 목적의식을 제공할 수 있다. 단순히 오락이나 사회화 목적이 아니라 다른 문제들을 피하거나 그러한 문제에서 벗어나기 위해 온라인 게임을 하는 사람은 그러한 경험에 과도하게 빠져들 가능성이 더 높을 수도 있다(Khazan, 2006). 커뮤니케이션 연구자이자 게임 연구자인 닉 이(Nick Yee)의 대규모 연구에서는 게이머의 45%가 그와 같은 증상을 보이는 것으로 나타났으며(Khazan, 2006에서 재인용), 게임 연구자인 로버트 우드(Robert Wood) 및 로버트 윌리엄스(Robert Williams)의 연구에서는 인터넷 도박자의 42.7%가 '문제 도박자(problem gambler)'로 분류되었다(Wood and Williams, 2007). 고통받는 사람들을 이해하고 돕는 것이 그러한 상태를 중독으로 분류해야 하는지를 판단하는 것보다 더 중요할 수도 있다.

왜 다른 활동 말고 특정한 종류의 활동을 하고 있을 때 '중독(addiction)'이란 용어가 적용되는지 질문하는 것은 흥미롭다. "만약 어떤 사람이 소설책을 과도하게 읽고 있다면, 우리는 독서를 하나의 문화로서 소중하게 여기기 때문에 그것을 '중독'이라고 부를 가능성은 낮다"라고 커뮤니케이션 학자인 드미트리 윌리엄스(Dmitri Williams)는 말한다(Khazan, 2006에서 재인용). 그는 이어서 반면에 "프로테스탄트 노동관(勞動觀)으로 인해 우리는 게임하는 것은 불성실한 짓으로 본다"고 말한다(Chayko, 2008: 78에서 재인용). 마찬가지로 인터넷과 디지털 미디어를 사용하는 것도 때때로 불성실한 짓으로 치부될 수 있지만, 인터넷과 디지털 미디어는 분명 다양한 목적에 사용되며 매우 다양한 효과를 야기한다.

분명 사람들은 게임하기, 포르노그래피 사용, 강박적인 온라인 쇼핑 및 소비주의, 건강하지 못한 관계 추구 등과 같은 행동에 걱정을 불러일으킬 정도로 깊이 빠져들 수 있다. 그러나 이러한 모든 것은 인터넷과 디지털 미디어가 아니더라도 존재하는 문제로, 인터넷과 디지털 미디어가 등장하기 전부터 있었으며 어떠한 맥락에서도 문제로 간주될 것이다. 이 책에서 반복해서 보아왔듯이, 기술 결정론, 즉 기술을 어떤 문제의 유일한 근본 원인으로 보는 것은 이러한 기술이 사람들의 생활에 영향을 미치는 다면적인 방식을 완전히 이해하지 못하도록 방해한다. 그것은 또한 문제에 대한 잠재적인 해결책을 제시하지도 않는다. 우리는 기술 사용의 기저에 놓여 있는 힘과 욕망을 더 잘 이해하고자 할 때, 이러한 매우 현실적인 문제는 최소화하면서 이러한 기술의 긍정적인 잠재력은 최대화할 수 있다.

건강과 기분

때때로 중독이나 의존처럼 보이는 것이 다른 무언가의 징후일 수도 있다. 더 깊이 이해하려고 시도하지도 않은 채 무언가에 급히 꼬리표를 붙이는 것은 도움이 되지 않으며 실제로 해로울 수 있다. 겉으로 보기에 인터넷과 디지털 미디어에 중독되어 있거나 의존하는 것처럼 보이는 것이 좀 더 정확히 보면 건강 문제를 시사하는 것일 수도 있다(LaRose et al., 2001; Morahan-Martin, 2005; Sanders, Field, Diego and Kaplan, 2000).

컴퓨터와 모바일 스크린 앞에서 지나치게 많은 시간을 보내는 것은 기운이 없고 피로해하는 것과 연관되어 있음을 연구들은 보여준다. 쇼핑, 게임하기, 인터넷에서 조사하기에 보내는 시간이 늘어나는 것은 우울 증상이 심해지는 것과 연관이 있다(Morgan and Cotten, 2003). 그러나 친구 및 가족과 긴밀한 접촉을 유지하기 위해 인터넷을 사용하는 것은 시간이 흐를수록 우울증이 줄어드는 것과 연관이 있으며(Bessiere et al., 2010), 다른 사람과 이메일, 채팅, 혹은 인스턴트 메시지를 주고받기 위해 인터넷을 사용하는 것 역시 우울 증상이 줄어드는 것과 연관이 있다(Morgan and Cotten, 2003). 그래서 인터넷과 디지털 미디어가 피로나 우울증 자체를 야기한다고 말할 수 없으며, 인터넷과 디지털 미디어는 또한 사람들이 이러한 상태를 완화하는 방법을 찾는 것을 도와줄 수 있다.

신체 활동 부족은 더 많은 인터넷 사용과 연관되어 있으며 또한 우울증과도 연관되어 있다(Fortunati, 2002; LaRose et al., 2001). 정의에 의하면, 만약 사람들이 주로 앉아서 하는 활동을 하고 있다면 운동을 하지 않거나 많이 움직이지 않게 된다. 너무 오랜 시간 컴퓨터 앞에 있거나 스크린을 바라보는 것 역시 육체적 고통을 동반한다. 등이 아프기 시작할 수 있고 눈에 부담이 생길 수 있다. 실제로 두통, 고관절 통증, 심부 정맥 혈전증[10]을 포함한 많은 신체적 통증이 컴퓨터 앞에서 보내는 시간과 상관관계가 있는데, 지나치게 오랫동안 몸을 움직이지 않는 것은 잠재적으로 다리에 치명적인 혈전을 생기게 할 수 있다(Chayko, 2008). 몸을 움직이는 것은 몸이 적절한 기능을 하는 것과 스트레스 및 불안 감소에 매우 중요하다. 오랫동안 움직이지 않고 컴퓨터를 사용하는 사람은 몸과 뇌가 기민한 상태를 유지하도록 잦은 휴식을 취하면서 스트레칭을 하고 주변을 걷는 것이 좋다.

그러나 사람들이 디지털 기기를 사용하는 동안 움직이지 않을 필요는 없다. 러닝머신, 고정된 운동용 자전거 및 기타 운동장비 위에서 휴대폰, 태블릿, 그리고 기타 휴대용 기기를 사용할 수도 있다. 게다가 건강관리 앱과 기기를 사용해 걸음걸이 수, 소모 칼로리 및 수많은 다른 유용한 정보를 추적할 수도 있다. 디지털 기술은 건강의 중요성을 고취하고 실제로 건강해질 수 있게 하는 데 사용될 수 있다. 그리고 앞에서 보았듯이, 온라인에서 형성되는 소셜 네트워크는 온라인상의 의료 정보와 조언을 폭넓게 찾을 수 있게 해주며, 더 큰 소셜 네트워크는 건강 증진 및 사회적 지지와 긍정적으로 연관되어 있다(Rainie and Wellman, 2012).

소셜 미디어를 사용하는 것은 또한 노인의 노화 효과를 지연시키고 신체적·정신적 웰빙을 향상하는 데도 도움을 줄 수 있다. 엑서터 대학교(University of Exeter)의 한 연구팀은 정신 및 신체 감퇴라는 심각한 위험에 처해 있는 것으로 간주되는 노인 참여자들을 소셜 미디어를 사용해 훈련했다. 소셜 미디어를 사용하지 않은 통제집단과 비교했을 때, 연구 참여자들은 인지력과 자신감이 향상되었고, 정체성이 강화되었으며, 외로움이 감소한 것으로 나타났다. 우울증 위험도 낮아졌다. 온라인에서 게임을 하는 것 역시 반응시간, 주의 지속시간, 시각 인식(visual recognition) 영역에서 노화 효과에 맞서 싸우는 데 도움을 주는 것으로 확인되었다(Sass, 2014 참조). 가상현실 경험은 심지어 불안감을 낮춰줄 수 있는 모의 치료사(simulated therapist)를 소개할 수도 있으며, 로봇이 돌보미

---

10   몸속 깊숙한 정맥에 혈액 덩어리(혈전)가 발생한 질병 — 옮긴이 주.

로 사용되기 시작했다(Aronson, 2014; Kellerman, 2012; Turkle, 2012a).

인터넷과 디지털 미디어를 사용함으로써 기분(mood)이 좋아질 수도 있다. 사람들이 의미 있는 대화로 온라인 커뮤니티에서 시간을 보낼 때, 그들의 기분과 웰빙이 향상되는 경향이 있다(Chayko, 2008; Green et al., 2005; Lindsay, Smith, Bell and Bellaby, 2007). 필자가 인터뷰한 사람 가운데 한 명은 다음과 같이 말했다: "문자 메시지를 보내는 것은 때때로 기분을 좋게 해줘요. 일하는 중에 지치거나 좌절감을 느낄 때 친구가 내가 매우 좋아하는 어딘가로 외출하자는 문자를 보내주면 그날은 하루가 좀 더 빨리 지나가는 것 같아요"(Chayko, 2008: 56). 그리고 물론 사회적 지지를 주고받는 것, 친구관계를 맺는 것, 멀리 있는 친구와 가족에게서 소식을 전해 듣는 것은 기분을 좋게 해주고 사람들의 기분과 건강을 엄청나게 북돋워줄 수 있다.

많은 시간을 온라인에서 보내는 것이 신체와 정신에 미치는 영향을 인식하는 것은 매우 중요하며 여전히 많은 연구가 필요한 영역이다. 단절되기를 꺼리는 것(그리고 단절되는 것을 힘들어하는 것)은 꽤 우려스러운 일일 것이다. 심지어 인터넷과 디지털 미디어가 극단적으로 많이 사용되지 않을 때도 기기와 스크린을 끄는 것이 어떻게 그리고 언제 적절하고 또 필요한지 아는 것은 여전히 어려운 일일 수 있다.

골고루 균형 있게 인생 경험을 쌓고 또 사회적 상호작용을 경험하는 것은 가능한 가장 건강한 생활을 만들어가는 데 도움이 될 수 있다. 다양한 환경과 상황에서 상호작용하는 것 역시 중요하다. 이러한 상황들 가운데 많은 것을 온라인에서 찾고 발견할 수 있다. 그러나 물론 오프라인 활동을 추구하는 것 역시 건강하고 가치 있는 일이다.

혼자 있는 것(solitude)[11]과 단절은 뇌와 몸에 휴식과 회복을 가져다주는 데

---

11   'loneliness'가 혼자 있는 '고통'을 표현한다면, 'solitude'는 혼자 있는 '즐거움'을 표현한다 − 옮긴이 주.

중요하다. 때로는 지루한 것, 즉 디지털 기술 사용에 매우 자주 동반하는 정서성과 격렬함을 식혀주는 것이 사람들을 풍요롭게 해줄 수 있다. 진정으로 깊은 생각에 잠기기 위해서는 일반적으로 평화와 고요함이 요구된다. 우리가 성찰을 위한 평화로운 공간을 노력하여 확보할 때, 생각이 명료해지고 깊어지며 우리의 몸 역시 다시 생기를 느낄 수 있다. 특히 지속적인 디지털 연결성의 세계만을 아는 어린이와 10대는 이런 점에서 지도가 필요할 수도 있다.

사람들이 매우 지속적으로 연결되어 있는 것들로부터 잠시 분리되는 것, 즉 잠시 접촉을 끊는 것은 사람들에게 깨우침을 줄 수 있다. 필자는 다음과 같이 쓴 바 있다: "만약 우리가 서로를 결코 떠나지 않는다면, 서로를 결코 그리워할 수 없거나 재회가 주는 기쁨을 경험할 수 없다"(Chayko, 2008: 136). 혹은 한스 지서(Hans Geser)가 표현한 대로, "인간의 존재는 그리움이나 향수병 … 사랑하는 이가 떠날 때의 슬픔과 마침내 그/그녀가 돌아올 때의 기쁨에 의해 풍요로워진다"(Geser, 2004). 따라서 기술뿐만 아니라 자신의 규칙적인 경험과 일시적으로 단절하는 것은 명백하고도 미묘한 여러 가지 방식으로 풍요로움과 깨우침을 가져다줄 수 있다.

반면에 소셜 미디어 이론가인 네이썬 저겐슨은 오프라인, 즉 우리가 일반적으로 기술과 떨어져 보내는 시간에 '집착하는 것'은 문제가 될 수 있다고 경고한다(Jurgenson, 2012b). 단순히 그들이 오프라인에 있다는 '이유'로만 오프라인 경험을 지나치게 칭송하는 것은 오프라인으로 이동하는 시점을 놓치는 것과 같다고 그는 말한다. 그것은 그러한 경험(과 오프라인에 있는 것)에 어울리지 않게 높은 지위를 부여한다. 사람들은 항상 오프라인으로 가서, 나중에 게시할 수도 (혹은 게시하지 않을 수도) 있는 경험을 수집한다고 그는 지적한다. 3장에서 배웠듯이, 온라인과 오프라인은 서로 얽혀 있으며 일반적으로 하나의 통합체로 경험된다. 온라인과 오프라인은 분리된 공간이나 분리된 실재가 아니다. 오프라인으로 가는 것을 자랑하거나 오프라인으로 가는 것에 집착할 때, 우리는 이러한 공간들이 분리되어 있다고 주장하는 '디지털 이원성'을 강화하는가?

다소 논란의 여지가 있는 저겐슨의 이론은 온라인 세계와 오프라인 세계의 상대적인 중요성을 다루며 모든 경험을 만족스러운 것으로 여기는 것의 중요성에 대해 논하고 있다. 모든 형태의 직접 체험한 경험은 가치를 지닐 수 있고 또 '지니고' 있다. 만약 우리가 늘 새롭게 생겨나는 기술 속에서 삶을 살아가는 것의 신기함에 대해 감정적인, 때로는 두려움의 영향을 받은, 반응[때로 '도덕적 패닉(moral panic)'이라 불림]에 무너지는 것이 아니라, 연구와 이론이 이끄는 대로 따라간다면, 좀 더 객관적이고 편견 없는 상태를 유지할 수도 있을 것이다.

사회에 … 연결되는 것

인간은 이 세상에 편안함을 느낄 필요가 있다. 우리는 이 세상이 지나치게 극적으로, 지나치게 갑자기, 지나치게 예상 밖으로 변하지는 않을 거라고 생각할 필요가 있다. 심지어 우리들 가운데서 가장 혼자 있기를 좋아하는 사람조차도 우리를 둘러싸고 있는 세상에 '연결되어' 있음을, '사회'에 연결되어 있음을 느낄 필요가 있다. 왜냐하면 인간은 사회적 동물이며, 만약 그들이 상호작용하는 일정한 대상이 없고 그들을 둘러싼 세상과 연결되어 있음을 느끼지 못하며 또 그러한 세상을 이해하지 못한다면, 그들은 정신적으로, 정서적으로, 혹은 신체적으로 발달할 수 없기 때문이다.

코드와 충전기가 우리의 기기를 전기 콘센트에 연결하고 있는 것과 똑같이 기술은 우리를 사회에 연결해주고 있다. 기술은 몇 번이고 되풀이해서 우리를 경로, 네트워크, 커뮤니티에 연결해준다. 적어도 친구, 가족, 지인 네트워크의 일부는 거의 항상 도달 가능하며 우리에게 정보, 연속성, 커뮤니티를 제공할 수 있다. 기술이 풍부한 사회의 구성원들은 말 그대로 그 어느 때보다 더 연결되어 있다.

이것은 만족스러운, 보상을 받는 느낌일 수 있다. 이러한 복잡한 가시적인 공간에서 맥락이 붕괴하고, 다수의 수용자를 챙겨야 하며, 또한 자기(self)가 구성되기 때문에, 그것은 동시에 지속적인 도전이 될 수도 있다. 그러나 가장 중요한 것은 연결되어 있다는 것이 혼자가 아니라는 아주 깊은 수준의 안도감을 우리에게 제공할 수 있다는 점이다. 어떤 사람은 인터넷 및 디지털 미디어 사용이 혼자라는 느낌을 더 많이 갖게 만든다고 가정한다. 그러나 연구는 그러한 가정이 옳지 않음을 보여주고 있다. 7장에서 검토된 바 있는 이 토픽에 관한 연구들은 인터넷 및 디지털 미디어 사용이 사람들이 다른 사람과 더 연결되어 있음을 느끼게끔 그리고 다른 사람과 더 연결되게끔 도와준다는 것을 압도적으로 확인해주고 있다.

그러나 좀 더 널리 확산되어 있는 일반적인 의미에서 사람들은 온라인에 접속해 있을 때 더 큰 전체의 일부라고 느낀다. 자주 들르는 온라인 사이트에서 시간을 보내거나, 게임을 하거나 소셜 미디어 사이트를 방문하거나, 혹은 단순히 친구나 동료에게 이메일을 보낼 때, 우리는 우리를 에워싸고 있는 거대한 사람들의 '넷(net)'에 대해 생각하게 된다. "중요한 타자와의 관계 박탈이 사람들을 아노미(anomie)에 빠지게 만드는 것처럼, 중요한 타자의 '지속적인 존재감(continued presence)'이 이 세상에 편안함을 느낄 수 있는 '노모스(nomos)'[12]가 유지될 수 있게 해준다"고 사회학자인 피터 버거(Peter Berger)와 한스프리드 켈러(Hansfried Keller)는 설명한다(Berger and Keller, 1964: 7, 작은따옴표 추가됨). 심지어 모호하게라도 이 세상에서 다른 사람들의 존재감과 그들과의 연결성을 감지하는 것은 이 세상에 더 안전하게 뿌리내리고 있음을 느끼도록 도와주며 사회의 연속성을 깊이 그리고 진정으로 느낄 수 있게 해준다.

우리 모두는 앤써니 기든스의 '존재론적 안정감(ontological security)', 즉 "자연

---

12 노모스는 법과 관습을 지칭하는 그리스어로, 그리스 사회의 절대적인 생활의 기준이었는데, 그리스 사회의 시대적인 변화로 인해 가변적이고 인위적인 속성을 드러내게 된다 ─ 옮긴이 주.

계와 사회적 세계가 보이는 그대로 존재한다는 확신이나 확고한 기대"를 바란다(Giddens1984: 375). 어떤 세계가 지속적인 분열을 반영할 수밖에 없어 그것의 불안한 기초가 우리 발아래에서 늘 움직인다면, 그 세계는 지탱하기가 너무 힘들 것이다. 우리는 매일매일 어떤 종류의 연속성과 동일성을 요구한다. 온라인에서 기술-사회 생활에 참여하는 것은 이러한 종류의 항상성(constancy)을 제공할 수 있는데, 왜냐하면 그것(그리고 우리와 연결되어 있는 적어도 일부 다른 사람)은 늘 믿음직하게 거기에 있기 때문이다. 그것은 단단하게 연결된 사회가 구성원들에게 주는 일종의 선물이다. 즉, 그것은 전체의 일부에 연결되어 있음을, 즉 초연결되어 있음을, 느낄 수 있는 수단이다(Chayko, 2002, 2008).

이러한 연속성과 안정감은 심지어 우리가 오프라인에 있을 때도 지속한다. 우리는 친구와 가족이 거기에 있다는 것과 우리의 관계와 네트워크와 커뮤니티는 대개 계속 이어진다는 것을 확신하기 위해 계속해서 휴대폰을 확인할 필요가 없다. 분명 친구와 가족의 안부를 묻는 것, 즉 그들의 존재와 이상적으로 그들이 부여하는 안정감을 느끼는 것은 매우 큰 만족감을 준다. 이것은 사람들이 경험하고 규칙적으로 검증하기를 원하는 중요한 것이다. 그러나 현대 기술 시대의 존재론적 안정감을 진정으로 휴대 가능한 모바일 현상으로 만들면서, 우리가 어디를 가든 우리는 정말 실제로 이러한 타자들을 데리고 다닌다. 이 장의 첫 페이지에 나와 있는 인용문에서 케이트 폭스가 말했듯이, "주머니 속에 여러분의 사회적 지지 네트워크를 넣어 다니기 때문에 여러분은 결코 혼자 걷는 것이 아니다"(Fox, 2001).

타인과 육체적으로 함께하지 못할 때 그들을 정신적으로 휴대하는 것은 온라인 연결 이전으로 거슬러 올라간다. 우리는 늘 마음속으로 다른 사람에 대해 생각하고 마음속에 다른 사람에 대한 기억을 유지할 수 있다(이것에 대한 많은 사례를 보려면, Chayko, 2002 참조). 다른 사람과 연결되어 있다는 것을 느끼기 위해 문자 그대로 플러그-인될(plugged in), 즉 기술에 의해 연결될 필요는 없다. 그러나 기술(기술은 광의적으로 사람들을 연결하는 다양한 도구, 기법, 수단을 나타내

는 것으로 이해할 수 있다는 점을 기억할 것)은 우리가 언제든 이러한 느낌을 쉽게
가질 수 있게 하고 강화할 수 있게 해준다. 기술은 우리를 서로 연결해주며 또
우리가 속해 있는 네트워크 및 커뮤니티와 연결해준다. 기술은 우리가 초연결
되게 해준다. 그리고 기술의 광범위하고도 지속적인 사용은 초연결된 기술-사
회적 미래에 대한 여러 가지 흥미로운 질문을 제기한다.

제 **10** 장
우리의 초연결된 미래

새롭게 등장하는 기술

미래를 내다보면, 디지털 기술 혁신이 빠른 속도로 계속되고 초연결성은 증가할 따름이라는 것이 분명하다. 현재의 증가 속도라면, 2017년까지 전 세계 인구의 절반이 온라인에 연결될 수 있을 것이다. 광대역 기술을 통해 인터넷에 접속할 수 있는 속도는 초당 10메가바이트에 이를 것으로 예상되는데, 이는 20~30년 전 전화 접속 서비스를 통해 연결하던 속도보다 200배 더 빠르다(가격은 20~30년 전과 대략 같음). 새롭게 등장하는 기술과 애플리케이션이 유례없는 빠른 속도로 개발되고 있다. 디지털 방식으로 구동되는 기기들이 일상생활의 거의 모든 측면에서 사용되고 있다. 앞에서 보았듯이, 어떤 기술은 우리가 사는 방식을 변화시키는 반면, 또 어떤 기술은 좀 더 적정한 수준의 영향을 미침에 따라, 변화와 연속성이 결합되는 결과가 초래되었다(Broadband Commission, 2014; Marvin, 1988; McKinsey and Company, 2014).

몇몇 가장 중요한 발전 가운데는 디지털 구조 자체도 포함된다. 예를 들면, 컴퓨터 하드웨어의 연산 능력은 매 18~24개월마다 두 배로 커지며, 이러한 추이는 앞으로도 계속될 것으로 전망된다. '무어의 법칙(Moore's law)'으로 알려진 이것은 15년 만에 연산 능력이 1000배 증가할 것임을 의미한다. 한편 컴퓨터가 더 작아지고 더 강력해짐에 따라, 더 작고 더 강력한 기기를 통해 인터넷과 모바일 미디어에 접속할 수 있게 되며, 그래픽 표시 장치도 점차 상호작용적이고, 섬세하며, 화소 밀도도 높아지고 있다. 디지털 콘텐트에 접속하는 데 사용되는 많은 기기가 이제 구글 글래스(Google Glass)와 애플 워치(Apple watch)처럼 착용 가능하다. 인터넷 접속이나 모바일 접속을 하거나 유지하는 데 더 크고 너 비싼 컴퓨팅 시스템이 더 이상 필요하지 않음에 따라, 휴대폰과 스마트폰 사용은 선진국과 후진국을 통해 계속해서 확산되고 있다.

컴퓨터 기술의 소형화는 컴퓨터 칩의 발전으로 이어져, 나노칩(nanochip)이라 부르는 크기로 매우 작아졌다. 4장에서 보았듯이, 이러한 칩은 이제 사람 몸속에 심을 수 있는데, 이것은 인간의 존엄성과 개성뿐만 아니라 가장 사적인 개인 정보에 대한 외부 접근이라는 심각한 문제를 야기하고 있다. 대부분의 칩이 영구적이지는 않지만 제거하기 위해서는 수술이 필요하며, 따라서 흉터가 남는다. 적어도 미국의 한 주(州)는 고용주가 강제로 칩을 피부에 이식하는 것을 금지하는 법을 제정할 필요가 있다고 보았다. 어떤 사람은 '칩을 심는 것'이 심박동기, 인공 수족 등을 몸에 이식하는 것과 크게 다르지 않다고 주장하는 반면, 또 어떤 사람은 그것이 가장 개입적이고 가장 괴롭히는 형태의 수직적 감시라고 주장한다. 그것은 또한 인간이 얼마나 기계 같고, 사이보그 같아지도록 스스로 기꺼이 허락할 것인가에 대한 질문을 하게 만든다(Chayko, 2008).

물론 로봇이라 불리는 인간 같은 기계는 수십 년 동안 존재해왔다. 로봇은 이미 인간이 하길 원하지 않거나 할 수 없는 일 또는 일관 작업이나 우주정거장에서 일하는 것과 같이 지루하거나 반복적이거나 위험한 일을 수행하고 있다. 그러나 로봇이 수행하는 일은 더 복잡해지고 있고 더 실제 같아지고 있다. 실리콘 밸리(Silicon Valley)에 있는 한 호텔에는 벨보이 로봇이 물건을 호텔 방으로 옮겨준다. 한 소프트웨어 알고리즘이 ≪로스앤젤레스 타임스(*Los Angeles Times*)≫의 지진에 관한 뉴스 기사를 쓰기도 했다(Miller, 2014).

어르신, 젊은이, 혹은 아프거나 도움이 필요한 사람을 돌보는 것은 힘든 일일 수 있는데, 어떤 곳에서는 로봇이 그와 같은 돌봄과 관련된 일을 떠맡고 있다. 시애틀(Seattle)의 한 병원에서는 로봇이 환자에게 진정제를 투여한다. 로봇이 '이야시(iyashi)', 즉 '치유'로 여겨지는 일본에서는 로봇이 어르신들에게 돌봄을 제공하는 것을 돕고 있다. 유럽에서는 예약시간과 약을 복용하는 것을 상기시켜주고 사회적 활동, 건강한 식사, 운동을 장려하는 인간처럼 생긴 '사회적 동반자(social companion)' 로봇이 개발되고 있다. 미국 연구자들은 수술을 돕고, 병원에서 약과 다른 보급품을 배달하며, 재활을 돕는 로봇을 개발했다. 첨단 로봇은 꽤 감정이입적이고, 친절하며, 심지어 따뜻해 보일 수 있으며 진정한 동반자 의식을 제공할 수 있다. 훨씬 더 사람 같은 사회적 동반자 로봇이 준비 중이지만, 이러한 로봇 개발은 미국인들의 강한 반응을 불러일으켰는데, 이러한 반응의 상당수는 부정적이었다(Aronson, 2014; Miller, 2014; Turkle, 2012a).

사람들의 매스 미디어 및 디지털 미디어 사용 역시 변하고 있다. 새로운 혁신으로 인해 디지털 미디어와 소셜 미디어는 더 상호작용적이고 장소 기반적(place-based)이 되었으며, 사용자의 물리적 위치가 자주 노출된다. 새로운 혁신은 또한 좀 더 전통적인 매스 미디어[전자(라디오, TV, 영화) 및 인쇄 미디어(신문, 잡지, 책) 모두]가 사용되는 방식도 바꿔놓았다. 매스 미디어 사용자들은 점차 인터넷과 디지털 미디어를 통해 콘텐츠에 접속하고 그러한 콘텐츠를 공유하고 논의하며 심지어 만들어낼 수도 있다(Harrington, 2014 참조). 사람들은 이제 미디어 콘텐츠를 모든 종류의 디지털 및 모바일 기기에서, (넷플릭스와 같은) 다양한 플랫폼에서, 그리고 자신만의 스케줄에 따라 볼 수 있는데, 이것은 시청자에게 어느 정도의 통제력을 되돌려준다(예를 들면, 어떤 시청자는 텔레비전 네트워크의 편성시간에 따라 프로그램을 보기보다는 몰아서 보기를 선택할 수도 있음).

계속해서 개발되고 있는 새로운 소셜 미디어 플랫폼, 앱, 블로그는 수용자들이 매개되는 경험을 맞춤화하고 더 많은 선택권을 가질 수 있는 추가적인 기회를 제공한다. 이로 인해 수용자들은 미디어의 영향을 더 크게 받을 수 있고 또 더 큰 목소리를 낼 수도 있다. 이러한 미디어 환경에서는 또한 창업 기회도 잡을 수 있다. 그러나 앞에서 보았듯이, 거대 미디어 복합기업이 좀 더 작은 회사와 개인들보다 더 확실한 이점과 힘을 가지고 있다.

이러한 모든 변화는 사람들이 일하고, 휴식을 취하고, 공부하고, 종교 및 정치 활동을 하고, 즐기며, 건강에 유의하는 새로운 방법을 제시한다. 사회 그 자체와 같이 기술-사회 제도들도 살아 있고, 변하며, 숨 쉬는 실체들이다. 그것들은 생활을 하고, 변화에 대응하며, 미래를 건설하는 사람들의 축적된 행위로 구성되며 그러한 행위에 의해 만들어진다.

앞으로의 기술-사회적 경로

이제 독자 여러분은 이 책에 인용된 전문가들과 거의 동등한 위치에 와 있다. 이러한 하이-테크 혁명은 매우 빠르게 이루어졌기 때문에 아무도 앞길이 어디로 이어질지 100% 확신할 수 없다. 많은 이론이 있는데, 이 책은 그 가운데 많은 것을 소개했다. 물론 여러분은 이러한 이론들을 이해하기를 원하지만, 동시에 여러분 자신의 이론을 개발하고 그것들에 대해 토론을 벌이기를 원한다. 이 책을 쓰고 있는 현재 제시되어 있는 우리의 기술-사회적 미래(techno-social future)에 대한 가장 눈에 띄는 예측 가운데 일부를 여기에서 언급하겠지만, 만약 여러분이 학자처럼 생각하고 있고 이 책이 다룬 것 대부분(혹은 일부?)을 흡수했다면, 여러분 자신만의 몇 가지 예측을 할 준비가 되어 있어야 한다. 아무도 미래에 어떤 일이 일어날지 혹은 일어나지 않을지 정확하게 말할 수 없기 때문에, 여러분의 예측이 맞을 가능성도 충분히 있다.

미래의 기술 사회에 관해 나올 가능성이 가장 높은 예측에는 아마도 계속 증가하는 감시에 관한 것이 포함될 것이다. 사람과 집단의 프로필을 더욱더 구체적으로 작성하려 시도하는 더 많은 회사에 의해 더 많은 종류의 정보가 세상에 밝혀질 가능성이 있다. 사람들의 삶의 측면들을 비밀로 유지하는 것이 훨씬 더 어려워질 것이다. 사람들이 심지어 어떤 형태의 데이터 마이닝을 우회하여 직접 개인 정보를 공유하고 판매하도록 그들에게 유인이 제공될 수도 있다. 데이터 마이닝과 수집은 더 몰래 이루어지고 더 만연해질 것이다. 환경은 우리가 그 속에서 움직일 때 정보를 수집하는 센서(sensor)로 가득해질 수도 있다. 일부 지역에는 이러한 센서가 이미 설치되어 있다. 피부에 이식할 수 있는 칩이 사용되고 있다. 드론이 공공장소에 배치되어 있다. 그와 같은 행위로 인해 이 세상은 모니터당하는 것을 피하는 것이 불가능하지는 않지만 어려워지는 곳이 될 수 있을 것이다. 그리고 디지털 기술이 일상생활의 더욱더 많은 측면과 일에 참여하기 위한 필요조건이 되어가고 있기 때문에, 로그오프하거나 연결을 끊는 것이 현실적인 옵션이 아닐 수도 있을 것이다.

우리 대부분은 우리를 기술(記述)하고 있고 우리와 연관되어 있는 디지털 데이터를 통제하지 못하며 자신의 데이터의 상당 부분에 대한 디지털 권리(digital right)도 가지고 있지 않다. 정부는 8장에서 기술한 바 있는, 에스토니아가 취한 것과 같은 종합적인 디지털 하부구조 설계로 시민들에게 일부 디지털 권리를 돌려줄 수 있다. 그러나 다른 국가들이 그와 같이 대담한 방향으로 움직일지 여부(와 시민들이 그것을 요구할지 여부)는 더 지켜봐야 한다. 보이지 않는 침해적 데이터 검색의 적법성을 용인하고 인정하는 법이 통과될 수 있다. 시민들은 그와 같은 정책의 함의를 어떻게 알아차릴 수 있는가?

컴퓨팅 기기는 거의 모든 것에 내장될 수 있다. '사물 인터넷(internet of things)'을 통해 우리를 둘러싸고 있는 물건들이 매일 디지털 방식으로 가동되거나 연결되고 있다. TV, 부엌 및 가정용 전자기기, 장난감, 자동차와 같은 물건이 이제 인터넷에 연결되어 큰 시스템 속에서 서로 연결될 수 있다. 이러한 시스템은 정보를 생성하고, 데이터를 수집하며, 그것들이 어떻게 사용되고 있는지에 대한 피드백을 제공할 수 있다. 그것들 주위에 있는 인간에 관한 정보도 수집되어, 일상 용품을 감시 도구로 만든다. 사물 인터넷은 라이프스타일과 보안을 향상해줄 수 있지만 동시에 환경적 영향과 윤리적 영향을 미칠 수도 있으며,

이러한 영향은 많은 경우 현재 규제되지 않고 있다. 디지털화된 물건과 환경에 대한 더 많은 규제가 이루어져야 할지 아니면 관리 감독을 최소화하려는 노력이 지배적일지는 더 두고 볼 일이다.

이제 도시 전체가 기술화될, 즉 '스마트'해질 수 있다. 사람들의 행동과 심지어 날씨와 같은 대기 상태를 감지하는 기술이 도시 하부구조와 통합되어 있는 데이터 마이닝 및 감시 도구와 결합될 수 있어서, 도시에서 일어나는 것의 상당 부분이 관찰되고 기록될 수 있을 정도이다. 이미 교차로에 설치되어 있는 (흔히 감춰져 있는) 카메라를 통해 이러한 일을 일부 목격하고 있는데, 이러한 카메라는 여러분(과 경찰)에게 위반 사실을 알려주고 경찰이 관련된 벌칙을 부과할 수 있게 해준다. 교통 및 범죄 패턴 그리고 에너지 및 공공 서비스 사용과 같은 데이터를 추적할 수 있으며, 시민들의 일상 활동도 관찰할 수 있다. 유럽의 많은 대도시가 '스마트 도시'로 변모될 예정이다.

이러한 모든 정보는 분명 사람들이 더 안전해지도록 해주고 도시의 효율성을 높이는 데 사용될 수 있지만, 동시에 그것은 대규모의 조직적 모니터링이라는 중요한 문제도 불러일으킨다. 그와 같은 환경에서 자유, 행위주체성, 인권이 어떻게 절충되고 변화될 수 있겠는가? 기술 학자인 제이선 새도스키(Jathan Sadowski)가 말하는 '사이보그 도시화(cyborg urbanization)'[1]가 주민들이 살고 있는 도시의 정책에 발언권을 가질 수 있는 능력을 감소시키는가(Eschrich, 2014 참조)? 4장에서 자세히 살펴보았듯이, 여기서 누가 권력을 가지고 있으며, 권력이 사람들, 커뮤니티, 사회를 위해 어떻게 유리하게 (그리고 불리하게) 사용될 수 있겠는가?

---

1   제이선 새도스키는 '사이보그 도시화'라는 개념을 통해 몸-기술-도시 간의 인터페이스가 어떻게 변하는지를 살펴보며(https://cns.asu.edu/people/jathan-sadowski), 매튜 갠디 (Matthew Gandy) 역시 이 개념을 통해 우리의 몸이 계속해서 더 복잡해지는 기술 네트워크를 통해 도시 공간에 어떻게 연결되는지를 살펴본다(http://www.matthewgandy.org/index.php?content=projects) — 옮긴이 주.

가전제품, 컴퓨터, 모든 업무 현장이 '스마트'해지고 있고 인공 지능(AI: artificial intelligence)을 갖추게 됨에 따라, 그것들이 어느 정도 인간 노동자를 대체할수 있을 것인가에 대한 질문은 여전히 남아 있다. 자동화와 로봇이 이미 일부노동자를 대체하고 있긴 하지만(8장 참조), 이러한 일은 대부분 지루한 것 외에도 보수가 적고, 경시되고 있으며, 흔히 건강에 해롭고 위험한 일임에 주목해야 한다. 상당 부분 인간이 아닌 것들로 채워지고 있는 노동력에 정확히 경제가 어떻게 적응해갈지는 분명하지 않다. 로봇과 같은 기계가 전투에 사용되어야 하는지, 인간과 더 닮도록 설계되어야 하는지, 그리고 심지어 권리를 가져야 하는지는 미래의 로봇 개발과 로봇을 일상생활에 통합하는 문제를 둘러싼논란거리 가운데 하나이다.

디지털 기술이 풍부한 공동체와 사회에 살고 있는 사람들은 전례 없는 수준의 커뮤니케이션 자원과 풍요로운 정보에 접근할 수 있다. 또한 그들은 지식에기여하고 지식을 수집하는 다수의 플랫폼을 가지고 있다. 그들은 소셜 미디어나 블로그를 통해, 온라인 강좌에서, 그리고 오픈 소스 공간에서 통찰력을 공유하거나 얻을 수도 있다. 이러한 모든 '재조합된 혁신(recombinant innovation)'[2]이 인간의 진보를 신장시킬 수 있는 잠재력은 엄청나다. AI와 인간 두뇌가 잠재적으로 함께 일하게 함으로써 이 세상을 더 잘 이해할 수 있고 또한 이론상급진적으로 향상할 수 있다. 에릭 브린욜프슨(Erik Brynjolfsson)과 앤드루 맥아피(Andrew McAfee)가 예측하듯이, 그와 같은 협업은 영향이 매우 커서 "이전에있던 모든 것을 놀림감으로 만들어버린다"(Brynjolfsson and McAfee, 2014: 96).

집단, 산업, 제도, 그리고 사회의 사회적 규범과 가치가 디지털 시대에 변하고 있다. 이러한 변화 가운데는 다음과 같은 것이 포함되어 있다: 특정한 공간에서의 적절한 디지털 기기 사용; 정보를 광범위하게 공유하는 것의 용인 가능

---

2   완전히 새로운 기술을 개발하기보다 기존 아이디어, 물적 요소, 유리한 조건을 혁신적인 방법으로 재조합하는 것 ─ 옮긴이 주.

성; 일을 어떻게, 어디에서, 언제 해야 하는가; 그리고 무엇을 공적 혹은 사적인 것으로 간주하는 것이 가장 적절한가. 그럼에도 인간은 이러한 대부분의 것을 변화가 아닌 연속성이라는 측면에서 경험한다는 점을 잊어서는 안 된다. 전면적인 혁명이라는 보기 드문 경우를 제외하고 사회는 일반적으로 하룻밤 사이에 다시 만들어지지 않는다. 변화는 매일매일 적정한 정도로 일어나며 사회를 파괴하거나 재구성하는 형태로 일어나기보다는 점증적으로 일어난다.

인터넷과 디지털 미디어는 한때는 좀 더 일탈적이거나 불경스러운 것으로 간주되던 특정 행동을 주류화된 행동으로 만들어주기도 했다. 이것은 문화적 수준에서의 변화이다. 예를 들면, 도박이 성인과 심지어 어린이에게 긍정적인 사회 활동으로 점차 용인되고 장려된다. 소비주의가 계속해서 도를 더해감에 따라, 때로 우리 주위에 있는 모든 것에 광고가 붙어 있거나 모든 것이 판매되고 있는 것처럼 보인다. 포르노그래피와 성적 이미지가 더 광범위하게 이용 가능하며 더 고도로 성애화된 문화에 기여하고 있다. 비록 집단 구성원들은 흔히 그들의 선택을 제한하는 권력 구조 내에서 일을 해야 하긴 하지만, 규범과 가치, 문화의 물질적 생산물, 그리고 하나의 전체로서의 문화는 늘 집단 구성원들의 행위와 행위주체성에 의존한다.

새롭게 등장하는 기술은 가정, 교실, 도시, 정부의 외형과 운영 방식을 변화시키고 있다. 기술이 발전하고 변하고 확산함에 따라, 물리적 공간들 내에서 상호작용하는 양식이 변하는 것처럼 그러한 공간들 역시 변한다. 무인 드론이 전쟁에 사용될 수 있을지 여부나 자율주행 자동차가 일상생활에 받아들여지게 될지 여부처럼 기술이 물리적 세계 속으로 들어오는 것을 어떻게 허용할지에 대한 결정을 내려야 할 것이다. 이러한 결정에 대응해서 규범이 생겨날 것이기 때문에 그러한 결정은 매우 중요하다. 이러한 규범과 행동은 사회가 소중하게 여기는 것이 무엇이며, 무엇이 우리를 변화로 이끌어줄 수 있는지를 보여주는 신호이다.

따라서 우리가 수립하는 규범, 정책, 법에 대해 신중하게 생각할 필요가 있는데, 왜냐하면 그것들은 우리가 살고 있고 또 후속 세대에게 물려줄 사회를 형성하는 데 도움을 주기 때문이다. 우리를 거의 상시적으로 연결해주는 기술들이 계속해서 발명됨에 따라 얻는 것과 잃는 것에 대해 생각할 필요가 있다. 가능하다면, 이러한 것들에 대해 열린 마음으로 생각하는 것이 고정관념에 이끌려가는 것보다 훨씬 더 바람직할 것이다. 흔히 소셜 미디어 같은 디지털 기술에 의해 조정되고 향상되는 집단적 조직화를 통해 역량이 강화된 사람들은 이러한 변화에 영향을 줄 수 있는 기회를 가진다.

5장에서 살펴보았듯이, 전 세계에 걸쳐 있는 사회들은 미시적 수준, 중시적 수준, 그리고 거시적 수준에서 인터넷과 디지털 미디어가 사회 생활에 통합됨에 따라 변하고 있다. 인터넷 접속, 리터러시, 광범위한 사용성(usability)이 결코 전 세계적으로 보편화되어 있진 않지만, 더욱 가난한 일부 지역에서 휴대폰을 보는 것은 드문 일이 아니다. 모바일 기술은 사람들이 정보, 서비스, 일자리에 더 잘 접근할 수 있게 해줌으로써 이러한 개발도상국가들의 사회 변혁(transformation)에 기여하고 있지만, 이것은 전면적인 변혁과는 거리가 멀다. 그러한 기술과 미디어를 소유하고 통제하는 사람은 그렇지 않은 사람보다 더 큰 권력을 가지고 있으며, 그러한 권력의 중심에 선진국이 있다. 한 나라나 권역이 기술 세계에 전적으로 참여하기 위해서는 그 나라나 권역이 자신만의 기술 문화를 개발할 수 있는 능력을 반드시 가지고 있어야 하는데, 그러기 위해서는 자본, 교육, 하부구조에 대한 상당한 투입이 필요하다. 사람들을 빈곤에서 벗어나게 하고 생활에 필요한 기본적인 필수품을 제공하기 위해서는 훨씬 더 많은 것이 요구된다.

정부는 흔히 국민보다 이러한 이슈에 대응하는 데 더 느리다. 인터넷과 디지털 기술을 사용하는 많은 사람은 그들의 세상과 자신 및 다른 사람의 생활이 더 나아지기를 바란다. 사회 변화를 옹호하는 시민들을 조직화해주는 것은 인터넷과 디지털 미디어를 매우 효과 있게 집합적으로 사용하는 것이다. 그러나 정치권력을 가지고 있는 사람은 그러한 권력을 지키고자 할 것이다. 그들은 그렇게 하기 위해, 즉 그들의 생각과 생활 방식이 우위를 차지하고 있다는 점을 확실히 하기 위해, 그러한 기술을 사용할 것이다. 권력을 가진 자들이 하는 것과 동일한 것을 하는 것은 현상 유지에 도전하고자 하는 시민의 의무이다. 사람들과 집단들이 권력을 쥐고 있는 사람에 반대한다는 뜻을 공개적으로 밝히기 위해 그리고 어떤 경우에는 상당한 변화를 일으키기 위해 디지털 기술을 사용하는 데 능숙해지고 있지만, 다시 한 번 더 말하지만 사람들의 삶의 변화가 가장 필요한 일부 지역에서는 이렇게 하는 것이 어렵다. 그러한 지역의 사람들은 디지털 기술에 전혀 접근하지 못할 수도 있으며 더 많은 사회적 자본과 더 높은 기술 준비성(tech readiness)을 갖추고 있는 사람들의 자각과 지원에 의존하지 않을 수 없다. 이 책은 여러분이 최소한 이러한 심각한 전 세계적인 격차와 영향을 인식하고 그것에 대해 더 잘 알게 되기를 간청한다.

이러한 기술 시대에 권력의 역학은 변할 수 있고 또 급격하게 변한다. 디지털 기술 접근과 기량을 갖추고 있는 사람들은 기존 상황을 휘저어놓고, (문화뿐만 아니라) 제품을 만들고 리믹스하며, 변화를 가져올 수 있는 수단을 가지고 있다. 30세 이하의 인터넷 사용자들이 온라인의 정치적 담론에 기여하고(Smith, Schlozman, Verda and Brady, 2009) 정치적 이슈나 시민 관련 이슈에 대한 블로그를 관리하거나 그러한 블로그에 기여할 가능성이 점차 높아지고 있다. 더 젊은 사용자들이 나이가 들어서도 이러한 패턴을 지속할지 아니면 정치적인 적극성을 별로 유지하고 싶어 하지 않을지는 더 지켜보아야 할 일이다. 아마도 시민 참여와 정치 참여는 앞으로 수입 및 교육 정도와는 덜 연관되고 인터넷 사용 정도와는 더 연관될 것이다.

우리 개인의 경로

급격하게 변하는 우리 사회에는 인터넷과 디지털 기술의 미래를 둘러싼 질문이 대답보다 훨씬 더 많이 존재한다. 앞에서 보았듯이, 기술이 규범, 행위, 우리를 둘러싼 세상, 그리고 바로 우리의 '자기(self)'에 어떤 영향을 미칠 수 있을지에 대한 불확실성으로 인해 어떤 사람들은 기술 결정론을 이용해 주위에서 보는 변화를 설명하면서 도구 자체를 비난할 수 있다. 기술이 풍부한 사회에서는 변화가 항시 진행 중이며, 그것을 다루는 것이 늘 쉽지는 않다.

미디어 이론가인 더글러스 러시코프(Douglas Rushkoff)는 현대의 기술화된 시대에서 살아가는 것은 기존 체계에 충격을 줄 수 있다고 주장한다. 우리가 창조한 기술은 지식을 축적하고, 뉴스를 수집하며, 서로 연결하는 것을 돕는 데 없어서는 안 될 지원을 제공한다고 그는 말한다(Rushkoff, 2013). 그러나 이러한 발전 각각에는 엄청난 도전이 뒤따른다. 그리고 이러한 도전, 즉 경제적 어려움, 기후 변화, 전쟁, 여러 사회문제에 대해 더 많이 알게 되면 될수록, 우리는 그것들을 실제로 해결할 가능성을 찾는 데 더 휩싸여버리게 될 수 있다.

이러한 문제들은 너무 복잡해서 해결할 수 없다고 생각하는 것이 가장 쉽다고 러시코프는 말한다. 그러한 문제들을 해결하려 하는 것은 너무 벅차서 많은 사람이 그것을 외면한다. 이것은 아마도 이해할 수 있는 대응일 것이다. 그러나 그것은 우리의 생활과 우리 사회(앞에서 이미 배웠듯이 이것은 우리임)를 다른 사람에게 양도하는 것이다. 기술과 사회는 인간의 창조물이다. 우리 모두는 기술과 사회의 향후 행로를 결정하는 데에 이해관계를 가지고 있다.

사람들은 생활에 영향을 주는 결정에 참여할 수 없다고 느낄 때 더욱 두려워하는 경향이 있다. 사람들은 그들을 둘러싸고 있는 기술이 구체화되고, 발전되고, 사용되는 데 대해 발언권을 가지고 있으며 기술 변화 과정에 영향을 미칠 수도 있다고 느낄 필요가 있다. 사람들의 미래와 관련해 영향력을 행사할 수 없다고 느끼는 것은 "순진한 희망과 피해망상적인 반응의 혼합물"을 만들어낼 수 있다(Volti, 2014: 17). 사람들이 사회에 영향을 주는 도구와 기술을 습득하고 사용할 수 있는 사회에 살고 있을 때는 순진할 필요도 없고 피해망상적일 필요도 없다.

너무 많은 정보와 기술을 살펴볼 수 있는 너무 많은 수단에 직면해 있는 것이 주는 어려움은 매우 실재적이다. 그러나 기술은 해결책 개발에 도움을 줄 수 있다. 사람들은 소셜 미디어를 사용해 사회 문제 해결에 필요한 돈을 모금하고 사회 문제에 대한 인식을 제고할 수 있다. 그들은 자주 친구와 가족의 안부를 물을 수 있고 더 강하고 더 깊은 사회적 유대관계를 유지할 수 있다. 그들은 정보, 기회, 자원, 사회적 지지를 교환할 수 있게 해주는 약한 유대를 소셜 네트워크에서 만들어갈 수도 있다. 그들은 문제를 해결하고 조사하고 결과물을 널리 소개하기 위해 협업할 수 있다. 그들의 생활은 물론 친구와 가족의 생활의 질을 향상해줄 건강관리 앱과 제품을 사용할 수도 있다.

로봇 공학 연구는 정확히 어떻게 그리고 어느 정도까지 인간과 기계가 맞물리게 할지 그 경계를 넓히고 있다. 칩, 인공 심장, 인공 수족이 인간의 몸의 일부가 되고 있고 로봇이 더욱 사람 같아짐에 따라, 우리는 인간-기계 공생(human-machine symbiosis)을 목격하고 있다(Kelly, 2010). 로봇이 진정으로 감정이입적이거나 창조적이어서, 즉 매우 '스마트'해서, 그들의 지능이 인간의 지능을 무색하게 할지에 대해서는 현재 연구 중이다(Carstensen, 2015 참조).

연구자들은 이론적으로 후세를 위해 기계에 업로드될 수 있는 뇌와 의식의 컴퓨터 모델을 현재 개발하고 있다. 생명공학자인 콰베나 보아헨(Kwabena Boahen)에 따르면, "우리는 환경과 의미 있는 방식으로 상호작용하고, 로봇의 뇌가 휴대폰이 사용하는 정도의 전기를 소비하면서 실시간으로 작동하는 완전히 자율적인 로봇을 만드는 것을 구상하고 있다"(Sadowski, 2013에서 재인용). 이 연구의 목적은 인간이 디지털 형태로 영원히 살 수 있도록 인간과 컴퓨터의 지능이 결합되게 하는 것이다. 여러분은 그와 같은 연구의 결과에 이해관계가 걸려 있는가? 여러분의 사회는 어떤가?

이러한 종류의 진보(엄밀히 말해, 그것은 어쨌든 '진보'인가 아니면 더 위협적이고 심지어 사악한 무엇인가)의 윤리와 함의를 둘러싼 논쟁이 한창 진행 중이며, 이러한 연구가 계속됨에 따라 그러한 논쟁도 계속될 것이다. 미래학자 레이 커즈와

일(Ray Kurzweil)과 많은 과학자에게 인간은 더 높은 수준의 복잡성을 향한 물질 진화의 한 단계일 뿐이다. 2029년이 되면 AI가 우리를 속여 그들이 피와 살이 있는 사람이라고 생각하게 만들 수 있을 것이며, 사람들의 뇌에 심어진 봇(bot)[3]이 육체적 감각으로부터 오는 신호를 차단하고 그것을 디지털 방식으로 생성된 신호로 대체할 수 있을 거라고 커즈와일은 예측한다(Rushkoff, 2013: 254~255에서 재인용).

물론 이것에 대한 반론은 인간의 자기(self)는 독특하고 특별해서 기계에 의해 대체될 수 없다는 것이다. 러시코프가 말했듯이, 인간은 "수량화할 수 없는 본질 … 너무 특이하거나, 너무 역설적이거나, 너무 대인적이어서 기계의 생활(machine life)에 의해 모방되거나 재창조될 수 없는 무언가"를 함유하고 있다(Rushkoff, 2013: 258). 많은 이들이 여기에 동의하지만, 어떤 사람들은 확신하지 못한다. 이것에 대한 여러분의 입장은 무엇인가? 인간이라는 것은 진정으로 어떤 의미인가?

사람들은 계속해서 인간성을 표현할 것이며 인터넷과 디지털 미디어의 사용과 함의를 분석하면서 새롭고 다른 방식으로 생각할 것이다. 디지털 공간에서 독서와 글쓰기를 통해 매우 추상적이고, 범주적이며, 논리적인 사고가 개발될 수 있다. 하이퍼링킹(hyperlinking)은 덜 선형적이고, 더 확장적이며, 더 결합적인 양식의 사고를 북돋운다. 대인적 유사성과 의합(意合)이 갈수록 더 밝혀지고 추구됨에 따라, 협업이 더 빈번해지고 정교해진다. 앞에서 보았듯이, 사람들의 마음이 심지어 동조될 수 있고 더 효과적으로 함께 작용할 수 있게 되면서 사람들 간의 이해와 문화들 간의 이해가 더 커지고 더 깊어진다(Thompson, 2013; Chayko, 2008).

인터넷, 디지털 미디어, ICT의 부상과 확산은 사람들이 더 부유한 생활뿐만 아니라 더 면밀히 조사받고 감시받는 생활을 할 수 있는 잠재력을 보여준다.

---

3   특정 작업을 반복 수행하는 프로그램 — 옮긴이 주.

앞에서 보았듯이, 집합적 지식(collective knowledge)과 초연결성을 활용하는 것은 무한한 가능성을 창출하지만, 그 결과는 분명하지 않고 불확실하다. 주눅 들게 하고 지나치게 강하거나 자극적이고 통제되지 않는 것처럼 보일 수 있는 무한한 가능성도 존재한다. 과학 작가인 제임스 글릭(James Gleick)의 표현대로, "우리는 압도당하거나 아니면 간이 커질 수 있다"(Gleick, 2011: 419).

앞으로의 디지털 연결자(digital connector) 세대들은 디지털성(digitality) 그 자체에 주눅 들지도 않고 혼란스러워하지도 않을 것 같다. 기술 집약적인 환경 속에서 성장하고 있는 어린이와 젊은 성인은 온라인에서 사회적 세계와 상호작용하고 사회적 세계를 구축하는 데 대한 편안함과 솜씨, 온라인과 오프라인 영역 사이를 움직이는 민첩성, 디지털 공간에서 일어나는 것을 당연히 매우 '실재적인 것'으로 여기는 것과 같은 몇 가지 유리한 점을 가지고 있다. 앞에서 보았듯이, 온라인과 오프라인이 뒤엉켜 있는 것으로 보는 것은 문제일 수 있는데, 그들은 그런 문제를 가지고 있지 않는 경향이 있다. 머지않아 기술이 풍부한 공동체와 사회에서 사는 어린이들은 이러한 디지털 진보가 없는 세상을 알지 못하게 될 것이다. 그러한 시기가 올 때, 잃는 것은 무엇이고 또 얻는 것은 무엇일까?

사람들은 늘 응집적 정체성(cohesive identity)[4]과 응집적 공동체를 만들고 그들 모두의 작동방식을 이해해야 하는 도전에 직면하게 될 것이다. 현대 기술 세계에서 사람들은 초연결되어 있고 또 계속 그럴 것이다. 인터넷과 디지털 기술을 사려 깊게, 전략적이게, 그리고 상황 판단이 빠르게 사용함으로써 사람들은 기술-사회 생활을 더 잘 관리하고 풍부하고 다양한 경험으로 가득 찬 미래를 만들어갈 수 있다. 그렇게 하기 위해 그들, 즉 우리는 반드시 교육을 받아야

---

4   코헛(Heinz Kohut, 1913~1981)에 따르면, '응집적 자기(cohesive self)'란 자기 스스로의 정서 상태를 안정된 상태로 유지할 수 있으며, 따라서 자기 파편화(fragmented self)의 위협을 느끼지 않는 상태를 말한다 - 옮긴이 주.

하고 교육받은 상태를 유지해야 하며 기술-사회 생활에 대한 리터러시를 갖추고 있어야 한다.

인터넷과 디지털 미디어는 기술, 우리 주위의 세상, 그리고 우리의 생활을 만들고, 형성하고, 비평하고, 향상할 무수한 기회를 제공한다. 기술의 수동적 소비와 다른 사람에 의해 결정되는 변화는 불가피하게 나약함과 절망감으로 이어진다. 사람들은 생활에 대한 어느 정도의 통제력을 느낄 필요가 있으며, 민주주의는 사람들이 선택권을 가지고 있을 것을 요구한다. 만약 우리가 기술적 전문성과 의사 결정을 다른 사람에게 맡긴다면, 우리는 이 책에서 논의한 기술-사회 생활의 모든 측면에 대한 통제권을 그들에게 주게 될 것이다.

그래서 우리가 1장에서 기술-사회 생활에 대한 탐험을 시작했을 때 그랬던 것처럼, 다시 여러분에게 이 책의 교훈을 받아들이고 여러분 및 여러분이 관심을 두고 있는 사람과 가장 크게 관련되어 있는 이슈들을 살펴볼 것을 요청한다. 네트워크를 형성하고, 말하고, 창조하고, 리믹스하고, 행동하고, 여러분이 마음대로 사용할 수 있는 기술과 (여러분이 만들어내는 기술을 포함해) 앞으로의 기술을 사용해 여러분이 살기 원하는 종류의 세상을 만들어가라. 여러분이 믿는 것처럼 여러분을 믿는 다른 사람들과 연결하라. 그러한 연계를 구축하고 유지하기 위해 인터넷, 디지털 미디어, 대면 모임을 조합해서 사용하라. 호기심, 창의성, 비판적 정신(여러분이 이 모든 것을 개발하는 것을 이 책이 도와줄 수 있기를 바람)을 가지고 있다면, 여러분이 떠날 수 있는 여정과 여러분이 자신만의 초연결된 기술-사회 생활에서 만들어낼 수 있는 변화에는 거의 제한이 없을 것이다.

참고문헌

Abidin, C. (2014). #In$tagLam: Instagram as a repository of taste, a brimming marketplace, a war of eyeballs. In M. Berry and M. Schleser (Eds.). *Mobile media making in the age of smartphones*(pp.119~128). New York, NY: Palgrave Pivot.

Adams, R. G., & Allan, G. A. (1998). *Placing friendship in context*. Cambridge, UK: Cambridge University Press.

Akamatsu, C. T., Mayer, C., & Farrelly, S. (2006). An investigation of two-way text messaging use with deaf students at the secondary level. *Journal of Deaf Studies and Deaf Education, 11*(1), 120~131.

Albright, J. M. (2008). Sex in America online: An exploration of sex, marital status, and sexual identity in internet sex seeking and its impacts. *Journal of Sex Research, 45*(2), 175~186.

Alexander, B. (2004). Going nomadic: Mobile learning in higher education. *Educause Review, 39*(5), 28~35.

Alkalimat, A., & Williams, K. (2001). Social capital and cyberpower in the African-American community. In L. Keeble and B. G. Loader (Eds.). *Community informatics: Shaping computer mediated social relations* (pp.174~204). London, UK: Routledge.

Allen, E., & Seaman, J. (2013). Changing course: Ten years of tracking online education in the United States. *Sloan Series of National and Regional Surveys of Online Education*. Retrieved from http://www.onlinelearningsurvey.com/reports/changingcourse.pdf

Alzahabi, R., & Becker, M. W. (2011). In defense of media multitasking: No increase in task-switch or dual-task costs. *Journal of Vision, 11*(11), 102.

Amichai-Hamburger, Y., & Ben-Artzi, E. (2003). Loneliness and internet use. *Computers in Human Behavior, 19*(1), 71~80.

Amit, V. (2002). Reconceptualizing community. In V. Amit (Ed.). *Realizing community: Concepts, relationships, and sentiments* (pp.1~20). London, UK: Routledge.

Anderson, B. (1983). *Imagined communities*. London, UK: Thetford Press.

Anderson, J., Boyles, J. L., & Rainie, L. (2012). The future impact of the internet on higher education. *Pew Research Center*. Retrieved from http://www.pewinternet.org/2012/07/27/the-future-of-higher-education/

Andreassen, C. S., Torsheim, T., & Pallesen, S. (2014). Predictors of use of social network sites at work: A specific type of cyberloafing. *Journal of Computer-Mediated Communication, 19*(4), 906~921.

Andrejevic, M. (2012). Estranged free labor. In T. Scholz (Ed.). *Digital labor: The internet as playground and factory* (pp.149~164). New York, NY: Routledge.

Annafari, M. T., Axelsson, A., & Bohlin, E. (2013). A socio-economic exploration of mobile phone service have-nots in Sweden. *New Media and Society, 16*(3), 415~433. doi:1461444813487954

Aronson, L. (2014, July 19). The future of robot caregivers. *The New York Times*. Retrieved from http://www.nytimes.com/2014/07/20/opinion/sunday/the-future-of-robot-caregivers. html

Associated Press. (2013, January 12). Reddit co-founder Aaron Swartz dies at 26. *CBC News*. Retrieved from http://www.cbc.ca/news/technology/reddit-co-founder-aaron-swartz-dies-at-26-1.1364575

Aviram, I., & AmichaiHamburger, Y. (2005). Online infidelity: Aspects of dyadic satisfaction, self-disclosure, and narcissism. *Journal of Computer-Mediated Communication, 10*(3).

Baker, A. J. (2005). *Double click: Romance and commitment among online couples*. Creskill, NJ: Hampton Press.

Bakshy, E., Rosenn, I., Marlow, C., & Adamic, L. (2012). The role of social networks in information diffusion. In *WWW'12—Proceedings of the 21st Annual Conference on World Wide Web* (pp.519~528). New York, NY: ACM. doi:10.1145/2187836.2187907

Bargh, J. A. (2002). Beyond simple truths: The human-internet interaction. *Journal of Social Issues, 58*(1), 1~8.

Bargh, J. A., McKenna, K. Y. A., & Fitzsimons, G. M. (2002). Can you see the real me? Activation and expression of the "true self" on the internet. *Journal of Social Issues, 58* (1), 33~48.

Bastani, S. (2000). Muslim women on-line. *The Arab World Geographer, 3*(1), 40~59.

Bauer, M. (1998). The medicalization of science news—from the "rocket-scalpel" to the "gene-meteorite" complex. *Social Science Information, 37*(4), 731~751.

Baym, N. (2000). *Tune in, log on. Soaps, fandom, and online community*. Thousand Oaks, CA: Sage.

Baym, N., Zhang, Y. B., & Lin, M. (2004). Social interactions across media: Interpersonal communication on the internet, telephone and face-to-face. *New Media and Society, 6* (3), 299~318. doi:10.1177/1461444804041438

Baym, N. K. (1995). The emergence of community in computer-mediated communication. In S. G. Jones (Ed.). *Cybersociety* (pp.138~163). Thousand Oaks, CA: Sage Publications.

Baym, N. K. (2010). *Personal connections in the digital age*. Cambridge, UK: Polity.

Baym, N. K., & Burnett, R. (2009). Amateur experts: International fan labour in Swedish independent music. *International Journal of Cultural Studies, 12*(5), 433~449.

Becker, H. (1984). *Art worlds*. Berkeley and Los Angeles: University of California Press.

Beer, D. (2008). Social network(ing) sites ··· revisiting the story so far: A response to danah boyd and Nicole Ellison. *Journal of Computer-Mediated Communication, 13*(2), 516~529.

Belk, R. W. (1998). Possessions and the extended self. *Journal of Consumer Research, 15* (2), 139~168.

Bell, C., & Newby, H. (1974). *The sociology of community: A selection of readings*. London, UK: Frank Cass and Company.

Bell, G., & Gemmell, J. (2009). *Total recall*. New York, NY: Dutton.

Bellah, R. N., Madsen, R., Swindler, A., Sullivan, W. M., & Tipton, S. M. (1985). *Habits of the heart: Individualism and commitment in American life*. Berkeley: University of California Press.

Bellur, S., & Sundar, S. S. (2010). *Psychophysiological responses to media interfaces*. Paper presented at the proceedings of the ACM, Atlanta, Georgia. Retrieved from http://www. eecs.tufts.edu/~agirou01/workshop/papers/Bellur-CHI2010-BrainBodyBytes2010.pdf

Beniger, J. R. (1987). Personalization of mass media and the growth of pseudo-community. *Communication Research, 14*(3), 352~371.

Benkler, Y. (2014). Distributed innovation and creativity, peer production, and commons in networked economy. In Turner Publishing (Ed.). *Change: 19 key essays on how internet is changing our lives* (pp.290~306). Nashville, TN: Turner Publishing.

Bennett, L., & Fessenden, J. (2006). Citizenship through online communication. *Social Education, 70*(3), 144~146.

Ben-Ze'ev, A. (2004). *Love online: Emotions on the internet*. Cambridge, UK: Cambridge University Press.

Berger, P., & Kellner, H. (1964). Marriage and the construction of reality: An exercise in the microsociology of knowledge. *Diogenes, 12*(46), 1~24.

Berger, P. L., & Luckmann, T. (1967). *The social construction of reality: A treatise in the sociology of knowledge*. Garden City, NY: Doubleday.

Berkowsky, R. W. (2013). When you just cannot get away: Exploring the use of information and communication technologies in facilitating negative work/home spillover. *Information, Communication and Society, 16*(4), 519~541.

Berlant, L. (2008). *The female complaint: The unfinished business of sentimentality in American culture*. Durham, NC: Duke University Press.

Bernstein, E. (2007). *Temporarily yours: Intimacy, authenticity, and the commerce of sex*.

Chicago, IL: University of Chicago Press.

Berridge, K. C., & Robinson, T. E. (1998). What is the role of dopamine in reward: Hedonic impact, reward learning, or incentive salience? *Brain Research Reviews*, *28*(3), 309~369.

Bessiere, K., Pressman, S., Kiesler, S., & Kraut, R. (2010). Effects of internet use on health and depression: A longitudinal study. *Journal of Medical Internet Research*, *12*(1). doi: 10.2196/jmir.1149

Bilton, N. (2013, June 30). Disruptions: Social media images form a new language online. *The New York Times*. Retrieved from http://bits.blogs.nytimes.com/2013/06/30/disruptions-social-media-images-form-a-new-language-online/?_r=0

Biocca, F., & Levy, M. R. (1995). *Communication in the age of virtual reality*. London, UK: Routledge.

Birch, B. A. (2011, November 9). Studies show internet plagiarism on the rise. *Education News*. Retrieved from http://www.educationnews.org/k-12-schools/studies-show-internet-plagiarism-on-the-rise/

Black, A. D., Car, J., Pagliari, C., Anandan, C., Cresswell, K., Bokun, T. … Sheikh, A. (2011). The impact of eHealth on the quality and safety of health care: A systematic overview. *PLoS Medicine*, *8*(1). doi: 10.1371/journal.pmed.1000387

Blank, G. (2013). Who creates content? Stratification and content creation on the internet. *Information, Communication & Society*, *16*(4), 590~612.

Blood, R. (2002). Weblogs: A history and perspective. In J. Rodzvilla (Ed.). *We've got blog* (pp.7~16). Cambridge, MA: Perseus.

Blum, A. (2013). *Tubes: A journey to the center of the internet*. New York, NY: HarperCollins Publishers.

Boase, J., Horrigan, J. B., Wellman, B., & Rainie, L. (2006, January 5). The strength of internet ties. *Pew Research Center*. Retrieved from http://pewinternet.org/Reports/2006/The-Strength-of-Internet-Ties.aspx

Boase, J., & Wellman, B. (2006). Personal relationships: On and off the internet. In A. Vangelisti and D. Perlman (Eds.). *The Cambridge handbook of personal relationships* (pp.709~723). Cambridge, UK: Cambridge University Press.

Boczkowski, P. J. (2010). *News at work: Imitation in an age of information abundance*. Chicago, IL: University of Chicago Press.

Boesel, W. E. (2012, December 18). Social media and the devolution of friendship: Full essay (pts I & II). Retrieved from http://thesocietypages.org/cyborgology/2012/12/18/the-devolution-of-friendship-full-essay-pts-i-ii/

Boon, S. D., Watkins, S. J., & Sciban, R. A. (2014). Pluralistic ignorance and misperception of social norms concerning cheating in dating relationships. *Personal*

Relationships, 21(3), 482~496.

Boudreau, K., & Consalvo, M. (2014). Families and social network games. *Information, Communication and Society, 17*(9), 1~13. doi:10.1080/1369118x.2014.882964

Bourdieu, P. (1985). The social space and the genesis of groups. *Theory & Society, 14*(6), 723~744.

boyd, d. 2006. Friends, friendsters, and top 8: Writing community into being on social network sites. *First Monday, 11*(12). doi:http://dx.doi.org/10.5210/fm.v11i12.1418

boyd, d. (2007). Identity production in a networked culture: Why youth heart MySpace. *Médiamorphoses*, 21, 69~80.

boyd, d. (2014). *It's complicated: The social lives of networked teens.* New Haven, CT: Yale University Press.

boyd, d., & Ellison, N. B. (2007). Social network sites: Definition, history, and scholarship. *Journal of Computer-Mediated Communication, 13*(1), 210~230.

boyd, d., Hargittai, E., Schultz, J., & Palfrey, J. (2011). Why parents help their children lie to Facebook about age: Unintended consequences of the "Children's Online Privacy Protection Act." *First Monday, 16*(11). doi:http://dx.doi.org/10.5210/fm.v16i11.3850

boyd, d., & Heer, J. (2006). Profiles as conversation: Networked identity performance on Friendster. *Proceedings of the 39th Annual Hawaii International Conference on System Sciences (HICSS'06). IEEE Computer Society.* Retrieved from http://www.danah.org/papers/HICSS2006.pdf

Brenner, J. (2013, September). Social networking fact sheet. *Pew Reserch Center.* Retrieved from http://www.pewinternet.org/fact-sheets/social-networking-fact-sheet/

Brenner, J., & Smith, A. (2013, August 5). 72% of online adults are social networking site users. *Pew Research Center.* Retrieved from http://www.pewinternet.org/Reports/2013/social-networking-sites.aspx

Broadband Commission. (2014). The state of broadband 2014: Broadband for all. *Broadband Commission for Digital Development, International Telecommunication Union (ITU).* Retrieved from http://www.broadbandcommission.org/Documents/reports/bb-annualreport2014.pdf

Brown, S. (2006). The criminology of hybrids: Rethinking crime and law in technosocial networks. *Theoretical Criminology, 10*(2), 223~244.

Bruns, A. (2005). *Gatewatching: Collaborative online news production.* New York, NY: Peter Lang.

Bruns, A. (2008). *Blogs, Wikipedia, Second Life, and beyond: From production to produsage.* New York, NY: Peter Lang.

Bruns, A., & Burgess, J. (2011). *The use of Twitter hashtags in the formation of adhoc publics.* Paper presented at the Sixth European Consortium for Political Research

General Conference, Rekyavik, Iceland. Retrieved from http://eprints.qut.edu.au/46515/

Brynjolfsson, E., & McAfee, A. (2014). *The second machine age: Work, progress, and prosperity in a time of brilliant technologies.* New York, NY: W. W. Norton.

Bunce, D. M., Flens, E. A., & Neiles, K. Y. (2010). How long can students pay attention in class? A study of student attention decline using clickers. *Journal of Chemical Education, 87*(12), 1438~1443.

Bush, V. (1945). As we may think. *Atlantic Monthly, 176*(1), 101~108. Retrieved from http://www.theatlantic.com/magazine/archive/1945/07/as-we-may-think/303881/

Calhoun, C. J. (1986). Computer technology, large-scale social integration, and the local community. *Urban Affairs Quarterly, 22*(2), 329~349.

Campbell, H. A. (2012). Introduction: The rise of the study of digital religion. In H. Campbell (Ed.). *Digital religion: Understanding religious practice in new media worlds* (pp.1~22). New York, NY: Routledge.

Carmichael, P. (2003). The internet, information architecture and community memory. *Journal of Computer-Mediated Communication, 8*(2). doi: 10.1111/j.1083-6101.2003. tb00208.x

Carr, N. (2011). *The shallows: What the internet is doing to our brains.* New York, NY: W. W. Norton.

Carstensen, J. (2015, January 22). Robots can't dance. *Nautilus.* Retrieved from http://nautil.us/issue/20/creativity/robots-cant-dance

Cassell, J., & Cramer, M. (2007). Moral panics about girls online. In T. McPherson (Ed.). *Digital youth, innovation and the unexpected* (pp.53~75). Cambridge, MA: MIT Press.

Cassidy, J. (2006, May 15). Me media. *The New Yorker.* Retrieved from http://www.newyorker.com/magazine/2006/05/15/me-media

Castells, M. (2000). *The rise of the network society* (2nd ed.). Oxford, UK: Oxford University Press.

Castells, M. (2001). *The internet galaxy.* Oxford, UK: Oxford University Press.

Castells, M. (2011). *The rise of the network society: The information age: Economy, society, and culture.* New York, NY: John Wiley & Sons.

Castells, M., Fernandez-Ardevol, M., Qiu, J. L., & Sey, A. (2004, October 8~9). *The mobile communication society: A cross-cultural analysis of available evidence on the social uses of wireless communication technology.* Paper presented at the International Workshop on Wireless Communication Policies and Prospects: A Global Perspective, University of Southern California, Los Angeles.

Caughey, J. L. (1984). *Imaginary social worlds: A cultural approach.* Lincoln: University of Nebraska Press.

Cavanagh, A. (2009). From culture to connection: Internet community studies. *Sociology Compass, 3*(1), 1~15.

Cerf, V., Dalal, Y., & Sunshine, C. (1974). Specification of internet transmission control program. Network Working Group Document. Retrieved from https://tools.ietf.org/html/rfc675

Cerulo, K. A. (1995). *Identity designs: The sights and sounds of a nation.* New Brunswick, NJ: Rutgers University Press.

Cerulo, K. A., & Ruane, J. M. (1998). Coming together: New taxonomies for the analysis of social relations. *Sociological Inquiry, 68*(3), 398~425.

Cerulo, K. A., Ruane, J. M., & Chayko, M. (1992). Technological ties that bind. *Communication Research, 19*(1), 109~129.

Chayko, M. (1993). What is real in the age of virtual reality? "Reframing" frame analysis for a technological world. *Symbolic Interaction, 16*(2), 171~181. doi:10.1525/si.1993.16.2.171

Chayko, M. (2002). *Connecting: How we form social bonds and communities in the internet age.* Albany: State University of New York Press.

Chayko, M. (2008). *Portable communities: The social dynamics of online and mobile connectedness.* Albany: State University of New York Press.

Chayko, M. (2014). Techno-social life: The internet, digital technology, and social connectedness. *Sociology Compass, 8*(7), 976~991.

Chayko, M. (2015). The first web theorist? The legacy of Georg Simmel and "the web of group-affiliations." *Information, Communication & Society.* doi:10.1080/1369118X.2015.1042394

Chemaly, S. (2014, September 9). There's no comparing male and female harassment online. *Time.* Retrieved from http://time.com/3305466/male-female-harassment-online/

Chen, Y., Pavlov, D., Berkhin, P., Seetharaman, A., & Meltzer, A. (2009). Practical lessons of data mining at Yahoo! *Proceeding of the 18th ACM Conference on Information and Knowledge Management,* 1047~1056. doi:10.1145/1645953.1646087

Cheong, P. H., & Ess, C. (2012). Introduction: Religion 2.0? Relational and hybridizing pathways in religion, social media, and culture. In P. H. Cheong, P. Fischer-Nielson, S. Gelfgren, and C. Ess (Eds.). *Digital religion, social media, and culture: Perspectives, practices, and futures* (pp.1~25). New York, NY: Peter Lang Publishing.

Chmiel, A., Sienkiewicz, J., Thelwall, M., Paltoglou, G., Buckley, K., Kappas, A., & Holyst, J. A. (2011). Collective emotions online and their influence on community life. Plos One, *6*(7). doi:10.1371/journal.pone.0022207

Choi, S. M., Kim, Y., Sung, Y., & Sohn, D. (2011). Bridging or bonding? A cross-cultural study of social relationships in social networking sites. *Information, Communication and Society, 14*(1), 107~129.

Chung, C. J., Nam, Y., & Stefanone, M. A. (2012). Exploring online news credibility: The relative influence of traditional and technological factors. *Journal of Computer-Mediated Communication, 17*(2), 171~186.

Citron, D. K. (2014). *Hate crimes in cyberspace.* Cambridge, MA: Harvard University Press.

Claburn, T. (2009, March 4). Court asked to disallow warrantless GPS tracking. *Information Week.* Retrieved from http://www.informationweek.com/architecture/court-asked-to-disallow-warrantless-gps-tracking/d/d-id/1077257?

Clark, H. H., & Brennan, S. E. (1993). Grounding in communication. In R. M. Baecker (Ed.). *Readings in groupware and computer-supported cooperative work* (pp.222~233). San Mateo, CA: Morgan Kaufmann.

Clark, L. S. (2013). *The parent app: Understanding families in the digital age.* Oxford, UK: Oxford University Press.

Clarke, A. E., Shim, J. K., Mamo, L., Fosket, J. R., & Fishman, J. R. (2010). Biomedicalization: Technoscientific transformations of health, illness, and US biomedicine. *Biomedicalization: Technoscience, Health, and Illness in the US, 68*(2), 47~87.

Clayton, R. B., Leshner, G., & Almond, A. 2015. The extended iSelf: The impact of iPhone separation on cognition, emotion, and physiology. *Journal of Computer-Mediated Communication, 20*(2), 119~135. doi:10.1111/jcc4.12109

Clegg, H. (2015). Review of "Web metrics for library and information professionals." *Library Management, 36*(1/2), 183~185.

Cobb, S. (2012, March 20). Google's data mining bonanza and your privacy: An infographic. *ESET Threat Blog.* Retrieved from http://blog.eset.com/2012/03/14/google-data-mining-bonanza-and-your-privacy-infographic

Computer Hope. (2014, June 3). Computer history. Retrieved from http://www.computerhope.com/history/

Cooley, C. H. (1964). *Human nature and the social order.* New York, NY: Schocken. (Original work published 1922)

Cooper, A., McLoughlin, I. P., & Campbell, K. M. (2000). Sexuality in cyberspace: Update for the 21st century. *CyberPsychology and Behavior, 3*(4), 521~536.

Corneliussen, H., & Rettberg, J. W. (2008). *Digital culture, play, and identity: A World of Warcraft reader.* Cambridge, MA: MIT Press.

Cotten, S. R., & Gupta, S. S. (2004). Characteristics of online and offline health information seekers and factors that discriminate between them. *Social Science and Medicine, 59*(9), 1795~1806.

Cramer, K. M., Collins, K. R., Snider, D., & Fawcett, G. (2006). Virtual lecture hall for in-class and online sections: A comparison of utilization, perceptions, and benefits.

Journal of Research on Technology in Education, 38(4), 371~381.

Csikszentmihalyi, M. (1990). *Flow: The psychology of optimal experience.* New York, NY: Harper and Row.

Curran, J. (2012). Reinterpreting the internet. In J. Curran, N. Fenton, and D. Freedman (Eds.). *Misunderstanding the internet.* London, UK: Routledge.

Curran, J., Fenton, N., & Freedman, D. (2012). *Misunderstanding the internet.* London, UK: Routledge.

Curtis, A. (2011). The brief history of social media. Retrieved from http://www.uncp. edu/home/acurtis/NewMedia/SocialMedia/SocialMediaHistory.html

Cuthbert, A. J., Clark, D. B., & Linn, M. C. (2002). WISE learning communities: Design considerations. In K. A. Renninger and W. Shumar (Eds.). *Building virtual communities: Learning and change in cyberspace* (pp.215~246). Cambridge, UK: Cambridge University Press.

Cyber Telecom. (2014, January 14). Internet history: NSFNet. *Cybertelecom: Federal Internet Law and Policy.* Retrieved from http://www.cybertelecom.org/notes/nsfnet. htm#aup

Daer, A. R., Hoffman, R., & Goodman, S. (2014). *Rhetorical functions of hashtag forms across social media applications.* Paper preseted at Proceedings of the 32nd ACM International Conference on the Design of Communication, New York, NY.

Danet, B. (2001). *Cyberplay: Communicating online.* Oxford, UK: Berg.

Davenport, T. H., & Beck, J. C. (2002). *The attention economy: Understanding the new currency of business.* Boston, MA: Harvard Business Review Press.

Davis, M. S. (1983). *Smut: Erotic reality/obscene ideology.* Chicago, IL: University of Chicago Press.

Davis, O. (2015, February 16). Hackers steal $1 billion in biggest bank heist in history: Could they take down the whole system next time? *International Business Times.* Retrieved from http://www.ibtimes.com/hackers-steal-1-billion-biggest-bank-heist-history-could-they-take-down-whole-system-1818010

Day, P., & Schuler, D. (2004). *Community practice in the network society: Local action/ global interaction.* London, UK: Routledge.

Dead Media Archive. (2011). Car phone. *Dead Media Archive.* Retrieved from http:// cultureandcommunication.org/deadmedia/index.php/Car_Phone

DePaulo, B. M. (2004). The many faces of lies. In A. G. Miller (Ed.). *The social psychology of good and evil* (pp.303~326). New York, NY: Guilford Press.

DiMaggio, P. (2014). The internet's influence on the production and consumption of culture: Creative destruction and new opportunities. In Turner Publishing (Ed.). *Change: 19 key essays on how internet is changing our lives* (pp.362~391). Nashville,

TN: Turner Publishing.

Discovery. (2012, December 12). Topic: Big question—how has the internet changed politics? Retrieved from http://dsc.discovery.com/tv-shows/curiosity/topics/bigquestion-how-has-internet-changedpolitics.htm

Ditmore, M. H., Levy, A., & Willman, A. (2010). *Sex work matters: Exploring money, power, and intimacy in the sex industry.* London, UK: Zed Books.

Dixon, L. J., Correa, T., Straubhaar, J., Covarrubias, L., Graber, D., Spence, J., & Rojas, V. 2014. Gendered space: The digital divide between male and female users in internet public access sites. *Journal of Computer-Mediated Communication, 19*(4), 991~1009.

Duggan, M. (2014, October 22). Online harassment. *Pew Research Center.* Retrieved from http://www.pewinternet.org/2014/10/22/online-harassment/

Dunbar-Hester, C. (2014). *Low power to the people: Pirates, protest, and politics in FM radio activism.* Cambridge, MA: MIT Press.

Durkheim, E. (1964). *The division of labor in society.* New York, NY: Free Press. (Original work published 1893)

Durkheim, E. (1965). *The elementary forms of religious life.* New York, NY: Free Press. (Original work published 1912)

Durkheim, E. (1966). *Suicide: A study in sociology.* New York, NY: Free Press. (Original work published 1897)

Dutta, S., Geiger, T., & Lanvin, B. (2015). The Global Information Technology Report 2015: ICTs for inclusive growth. *World Economic Forum and INSEAD.* Retrieved from http://www3.weforum.org/docs/WEF_Global_IT_Report_2015.pdf

Dyson, E., Gilder, G., Keyworth, G., & Toffler, A. (1994). Cyberspace and the American dream: A magna carta for the knowledge age. *Future Insight, 1*(2). Retrieved from http://www.pff.org/issues-pubs/futureinsights/fi1.2magnacarta.html

Eldridge, M., & Grinter, R. (2001). *Studying text messaging in teenagers.* Presented at the CHI 2001 Workshop on Mobile Communications: Understanding Users, Adoption and Design, Seattle, WA.

Ellis, R. A., Goodyear, P., Prosser, M., & O'Hara, A. (2006). How and what university students learn through online and face-to-face discussion: Conceptions, intentions and approaches. *Journal of Computer Assisted Learning, 22*(4), 244~256.

Ellison, N., Heino, R., & Gibbs, J. (2006). Managing impressions online: Self-presentation processes in the online dating environment. *Journal of Computer-Mediated Communication, 11*(2), 415~441.

Ellison, N. B., Lampe, C., & Steinfield, C. (2009). Social network sites and society: Current trends and future possibilities. *Interactions, 16*(1), 6~9. doi:10.1145/1456202.1456204

Ellison, N. B., Steinfield, C., and Lampe, C. (2007). The benefits of Facebook "friends":

Social capital and college students' use of online social network sites. *Journal of Computer-Mediated Communication, 12*(4), 1143~1168. doi:10.1111/j.1083-6101.2007. 00367.x

Ellison, N. B., Steinfield, C., and Lampe, C. (2011). Connection strategies: Social capital implications of Facebook-enabled communication practices. *New Media and Society, 13*(6), 873~892. doi:10.1177/1461444810385389

Erdmans, M. P. (2004). *The Grasinski girls: The choices they had and the choices they made*. Athens: Ohio University Press.

Erikson, K. T. (1966). *Wayward puritans: A study in the sociology of deviance*. New York, NY: Wiley.

Eschrich, J. (2014, October 14). Interview: Jathan Sadowski on the future of cities. *Hieroglyph*. Retreived from http://hieroglyph.asu.edu/2014/10/interview-jathan-sadowski-on-the-future-of-cities/

Ess, C. (2011). Self, community and ethics in digital mediatized worlds. In C. Ess and M. Thorself (Eds.), *Trust and virtual worlds: Contemporary perspectives* (pp.3~30). New York, NY: Peter Lang.

Fallows, D. (2006, February 15). Surfing for fun. *Pew Research Center*. Retrieved from http://www.pewinternet.org/2006/02/15/surfing-for-fun/

Feldman, R. S., Forrest, J. A., & Happ, B. R. (2002). Self-presentation and verbal deception: Do self-presenters lie more? *Basic and Applied Social Psychology, 24*(2), 163~170.

Ferdman, R. A. (2014, October 2). 4.4 billion people around the world still don't have internet. Here's where they live. *Washington Post*. Retrieved from http://www.washingtonpost.com/blogs/wonkblog/wp/2014/10/02/4-4-billion-people-around-the-world-still-dont-have-internet-heres-where-they-live/

Ferenstein, G. (2015, January 16). Netflix binges and the new tech utopia. *The Atlantic*. Retrieved from http://www.theatlantic.com/technology/archive/2015/01/netflix-binges-and-the-new-tech-utopia/384471/

Fernback, J. (2007). Beyond the diluted community concept: A symbolic interactionist perspective on online social relations. *New Media and Society, 9*(1), 49~69. doi:10. 1177/1461444807072417

Fischer, C. S. (1982). *To dwell among friends: Personal networks in town and city*. Chicago, IL: University of Chicago Press.

Flanagin, A. J., Hocevar, K. P., & Samahito, S. N. (2014). Connecting with the user-generated web: How group identification impacts online information sharing and evaluation. *Information, Communication and Society, 17*(6), 683~694.

Flood, A. (2014, August 19). Readers absorb less on Kindles than on paper, study finds.

The Guardian. Retrieved from http://www.theguardian.com/books/2014/aug/19/ readers-absorb-less-kindles-paper-study-plot-ereader-digitisation

Floridi, L. (2007). A look into the future impact of ICT on our lives. *Information Society, 23* (1), 59~64. doi:10.1080/01972240601059094

Foehr, U. G. (2006). *Media multitasking among American youth: Prevalence, predictors and pairings.* Menlo Park, CA: Henry J. Kaiser Family Foundation.

Fortunati, L. (2002). The mobile phone: Towards new categories and social relations. *Information, Communication & Society, 5*(4), 513~528.

Fountain, C. (2005). Finding a job in the internet age. *Social Forces, 83*(3), 1235~1262.

Fox, K. (2001). Evolution, alienation and gossip: The role of mobile communications in the 21st century. *Social Issues Research Centre.* Retrieved from http://www.sirc.org/publik/ gossip.shtml

Fox, S. (2011a, February 28). Peer-to- peer health care. *Pew Research Center.* Retrieved from http://www.pewinternet.org/2011/02/28/peer-to-peer-health-care-2/

Fox, S. (2011b, May 12). The social life of health information, 2011. *Pew Research Center.* Retrieved from http://www.pewinternet.org/2011/05/12/the-social-life-of-health-information-2011/

Fox, S., & Duggan, M. (2012, November 8). Mobile health 2012. *Pew Research Center.* Retrieved from http://www.pewinternet.org/2012/11/08/mobile-health-2012/

Gabrial, B. (2008). History of writing technologies. In C. Bazerman (Ed.). *Handbook of research on writing: history, society, school, individual, text* (pp.27~40). New York, NY: Routledge.

Gabriels, K., Poels, K., & Braeckman, J. (2013). Morality and involvement in social virtual worlds: The intensity of moral emotions in response to virtual life versus real life cheating. *New Media and Society, 16*(3), 451~469. doi:10.1177/1461444813487957

Gajjala, R. (2004). *Cyber selves: Feminist ethnographies of South Asian women.* Walnut Creek, CA: Rowman Altamira.

Gee, J. (2011). Learning theory, video games and popular culture. In M. Bauerlein (Ed.). *The digital divide* (pp.38~43). New York, NY: Tarcher Penguin.

Gere, C. (2012). *Community without community in digital culture.* New York, NY: Palgrave Macmillan.

Gergen, K. (1991). *The saturated self: Dilemmas of identity in contemporary life.* New York, NY: Basic Books.

Gergen, K. J., Gergen, M. M., & Barton, W. H. (1973). Deviance in the dark. *Psychology Today, 7*(5), 129~130.

Gerrig, R. J. (1993). *Experiencing narrative worlds: On the psychological activities of reading.* New Haven, CT: Yale University Press.

Geser, H. (2004). Towards a sociological theory of the mobile phone. *Sociology in Switzerland: Sociology of the Mobile Phone*. Retrieved from http://socio.ch/mobile/t_geser1.htm/

Gibbs, J. L., Rozaidi, N. A., & Eisenberg, J. (2013). Overcoming the "ideology of openness": Probing the affordances of social media for organizational knowledge sharing. *Journal of Computer-Mediated Communication, 19*(1), 102~120.

Gibbs, M., Meese, J., Arnold, M., Nansen, B., & Carter, M. (2015). #Funeral and Instagram: Death, social media, and platform vernacular. *Information, Communication & Society, 18*(3), 255~268.

Gibson, W. (1984). *Neuromancer*. New York, NY: Ace.

Gibson, W. (2010, August 31). Google's earth. *The New York Times*. Retrieved from http://www.nytimes.com/2010/09/01/opinion/01gibson.html?_r=0

Giddens, A. (1984). *The constitution of society: Outline of the theory of structuration*. Berkeley: University of California Press.

Giddens, A. (1991). *Modernity and self-identity*. Stanford, CA: Stanford University Press.

Giddens, A. (1992). *The transformation of intimacy: Sexuality, love, and eroticism in modern societies*. Palo Alto, CA: Stanford University Press.

Giddens, A.(with Beck, U., & Lash, S.). (1994). R*eflexive modernization: Politics, tradition, and aesthetics in the modern social order*. Cambridge, UK: Polity Press.

Gil de Zúñiga, H., Jung, N., & Valenzuela, S. (2012). Social media use for news and individuals' social capital, civic engagement and political participation. *Journal of Computer-Mediated Communication, 17*(3), 319~336.

Giles, D. C. (2002). Parasocial interaction: A review of the literature and a model for future research. *Media Psychology, 4*(3), 279~305.

Glaser, J., Dixit, J., & Green, D. P. (2002). Studying hate crime with the internet: What makes racists advocate racial violence? *Journal of Social Issues, 58*(1), 177~193.

Glasser, T. L. (1982). Play, pleasure and the value of newsreading. *Communication Quarterly, 30*(2), 101~107.

Glasser, T. L. (2000). Play and the power of news. *Journalism, 1*(1), 23~29.

Gleick, J. (2011). *The information: A history, a theory, a flood*. New York, NY: Vintage.

Goffman, E. (1959). *The presentation of self in everyday life*. New York, NY: Anchor.

Goldsmith, J. L., & Wu, T. (2006). *Who controls the internet? Illusions of a borderless world*. New York, NY: Oxford University Press.

Goleman, D. (2006). *Social intelligence: The new science of human relationships*. New York, NY: Bantam Books.

Gottschalk, S. S. (1975). *Communities and alternatives*. Cambridge, MA: Schenkman.

Granovetter, M. (1973). The strength of weak ties. *American Journal of Sociology, 78*(6),

1360~1380.

Gray, T., Liscano, R., Wellman, B., Quan-Haase, A., Radhakrishnan, T., & Choi, Y. (2003). Context and intent in call processing. *Feature Interactions in Telecommunications and Software Systems VII*, 177~184. Retrieved from http://groups.chass.utoronto.ca/netlab/wp-content/uploads/2012/05/Context-and-Intent-in-Call-Processing.pdf

Green, M., Hilken, J., Friedman, H., Grossman, K., Gasiewski, J., Adler, R., & Sabini, J. (2005). Communication via instant messenger: Short- and long-term effects. *Journal of Applied Social Psychology*, *35*(3), 445~462.

Griffin, S. (2000). Internet pioneers. *Ibiblio.Org*. Retrieved from http://www.ibiblio.org/pioneers/

Griffiths, M. (2001). Sex on the internet: Observations and implications for internet sex addiction. *Journal of Sex Research*, *38*(4), 333~342.

Grimley, M., Allan, M., & Solomon, C. (2010). Exploring the association between leisure time digital immersion, attention and reasoning ability in pre-teens. *International Journal of Web-Based Learning and Teaching Technologies*, *5*(4), 56~69.

Gronborg, M. (2012). FOMO. *Scenario*. Retrieved from http://www.scenariomagazine.com/fomo/

Gronewold, N. (2009, November 24). One-quarter of world's population lacks electricity. *Scientific American*. Retrieved from http://www.scientificamerican.com/article/electricity-gap-developing-countries-energy-wood-charcoal

Gross, N., & Simmons, S. (2002). Intimacy as a double-edged phenomenon? An empirical test of Giddens. *Social Forces*, *81*(2), 531~555.

Guillén, M. F., & Suárez, S. L. (2005). Explaining the global digital divide: Economic, political and sociological drivers of cross-national internet use. *Social Forces*, *84*(2), 681~708.

Guldberg, K., & Pilkington, R. (2006). A community of practice approach to the development of non-traditional learners through networked learning. *Journal of Computer Assisted Learning*, *22*(3), 159~171.

Guo, B., Bricout, J. C., & Huang, J. (2005). A common open space or a digital divide? A social model perspective on the online disability community in China. *Disability and Society*, *20*(1), 49~66.

Haberman, C. (2014, December 7). Grappling with the "culture of free" in Napster's aftermath. *The New York Times*. Retrieved from http://www.nytimes.com/2014/12/08/technology/grappling-with-the-culture-of-free-in-napsters-aftermath.html?_r=0

Hafner, K. (1998). *Where wizards stay up late: The origins of the internet*. New York, NY: Simon and Schuster.

Hafner, K. (2004). The epic saga of the WELL. *Wired*. Retrieved from http://archive.wired.

com/wired/archive/5.05/ff_well_pr.html

Hajli, M. N. (2014). Developing online health communities through digital media. *International Journal of Information Management, 34*(2), 311~314. doi:10.1016/j.ijinfomgt. 2014.01.006

Hall, J. (2014, May 21). Personal web page. links.net.

Hall, S. (1996). Who needs identity? In S. Hall and P. duGay (Eds.). *Questions of cultural identity* (pp.1~17). London, UK: Sage.

Hampton, K., Rainie, L., Lu, W., Dwyer, M., Shin, I., & Purcell, K. (2015, August 26). Social media and the "spiral of silence." *Pew Research Center.* Retrieved from http:// www.pewinternet.org/2014/08/26/social-media-and-the-spiral-of-silence/

Hampton, K., Rainie, L., Lu, W. Shin, I., & Purcell, K. (2015). Social media and the cost of caring. *Pew Research Center.* Retrieved from http://www.pewinternet.org/2015/01/15/ social-media-and-stress/

Hampton, K., Goulet, L. S., Marlow, C., & Rainie, L. (2012, February 3). Why most Facebook users get more than they give. *Pew Research Center.* Retrieved from http://www.pewinternet.org/2012/02/03/why-most-facebook-users-get-more-than-the y-give/

Hampton, K., Goulet, L. S., Rainie, L., & Purcell, K. (2011, June 16). Social networking sites and our lives. *Pew Research Center.* Retrieved from http://www.pewinternet. org/2011/06/16/social-networking-sites-and-our-lives/

Hampton, K., & Wellman, B. (2003). Neighboring in Netville: How the internet supports community and social capital in a wired suburb. *City & Community, 2*(4), 277~311.

Hampton, K. N., & Wellman, B. (1999). Netville online and offline: Observing and surveying a wired suburb. *American Behavioral Scientist, 43*(3), 475~492.

Hampton, K. N. (2007). Neighborhoods in the network society: The e-neighbors study. *Information, Communication and Society, 10*(5), 714~748. doi:10.1080/1369118070165 8061

Hampton, K. N. (2010). Internet use and the concentration of disadvantage: Glocalization and the urban underclass. *American Behavioral Scientist, 53*(8), 1111~1132.

Haraway, D. (1998). The persistence of vision. In N. Mirzoeff (Ed.). *The visual culture reader* (pp.191~198). London, UK: Routledge.

Hargittai, E., & Shaw, A. (2015). Mind the skills gap: The role of internet know-how and gender in differentiated contributions to Wikipedia. *Information, Communication & Society, 18*(4), 424~442.

Hargittai, E., & Walejko, G. (2008). The participation divide: Content creation and sharing in the digital age. *Information, Communication and Society, 11*(2), 239~256. doi:10. 1080/13691180801946150

Harkin, J. (2003). *Mobilisation: The growing public interest in mobile technology.* London, UK: Demo.

Harrington, C. L., & Bielby, D. D. (1995). *Soap fans: Pursuing pleasure and making meaning in everyday life.* Philadelphia, PA: Temple University Press.

Harrington, S. (2014). Tweeting about the telly: Live TV, audiences, and social media. In K. Weller, A. Bruns, J. Burgess, M. Marht, and C. Puschmann (Eds.). *Twitter and society* (pp.237~247). New York, NY: Peter Lang.

Harris, S., & Gerich, E. (1996, April). Retiring the NSFNET backbone service: Chronicling the end of an era. *Connexions, 10*(4). Retrieved from http://www.merit.edu/research/nsfnet_article.php

Hartzog, W., & Selinger, E. (2013, January 13). Obscurity: A better way to think about your data than "privacy." *The Atlantic.* Retrieved from http://www.theatlantic.com/technology/archive/2013/01/obscurity-a-better-way-to-think-about-your-data-than-privacy/267283/

Haythornthwaite, C. (2002). Building social networks via computer networks: Creating and sustaining distributed learning communities. In K. A. Renninger and W. Shumar (Eds.). *Building virtual communities: Learning and change in cyberspace* (pp.159~190). Cambridge, UK: Cambridge University Press.

Haythornthwaite, C. (2005). Social networks and internet connectivity effects. *Information, Communication & Society, 8*(2), 125~147.

Haythornthwaite, C., & Hagar, C. (2005). The social worlds of the web. *Annual Review of Information Science and Technology, 39*(1), 311~346.

Haythornthwaite, C., & Kendall, L. (2010). Introduction: Third association of internet researchers. *Information, Communication & Society, 13*(3), 285~288.

Hess, A. (2014, January 6). Why women aren't welcome on the internet. *Pacific Standard.* Retrieved from http://www.psmag.com/health-and-behavior/women-arent-welcome-internet-72170

Hess, A. (2015). The selfie assemblage. *International Journal of Communication, 9*(19), 1629~1646. Retrieved from http://ijoc.org/index.php/ijoc/article/viewFile/3147/1389

Hesse, B. W., Nelson, D. E., Kreps, G. L., Croyle, R. T., Arora, N. K., Rimer, B. K., & Viswanath, K. (2005). Trust and sources of health information: The impact of the internet and its implications for health care providers: Findings from the first health information national trends survey. *Archives of Internal Medicine, 165*(22), 2618~2624.

Hewitt, J. (1989). *Dilemmas of the American self.* Philadelphia, PA: Temple University Press.

Hian, L. B., Chuan, S. L., Trevor, T. M. K., & Detenber, B. H. (2004). Getting to know you: Exploring the development of relational intimacy in computer-mediated communication. *Journal of Computer-Mediated Communication, 9*(3), 9~24.

Higgins, E. T. (1987). Self-discrepancy: A theory relating self and affect. *Psychological Review, 94*(3), 319~340.

Hilden, J. (2002, May 14). FindLaw forum: What legal questions are the new chip implants for humans likely to raise? *CNN*. Retrieved from http://edition.cnn.com/2002/LAW/05/columns/fl.hilden.chip/

Hillery, G. A. (1968). *Communal organizations: A study of local societies*. Chicago, IL: University of Chicago Press.

Hmielowski, J. D., Hutchens, M. J., & Cicchirillo, V. J. (2014). Living in an age of online incivility: Examining the conditional indirect effects of online discussion on political flaming. *Information, Communication and Society, 17*(10), 1196~1211.

Hofer, B. K., & Moore, A. S. (2011). *The iConnected parent: Staying close to your kids in college (and beyond) while letting them grow up*. New York, NY: Simon and Schuster.

Holtzman, D. H. (2006). *Privacy lost: How technology is endangering your privacy*. San Francisco, CA: Jossey-Bass.

Hormuth, S. E. (1990). *The ecology of the self: Relocation and self-concept change*. Cambridge, UK: Cambridge University Press.

Horton, D., & Wohl, R. (1956). Mass communication and para-social interaction: Observations on intimacy at a distance. *Psychiatry, 19*(3), 215~229.

Hovenden, D., & Bartlett, C. (2013, February 26). The digital government. *Strategy + Business Magazine*, 70. Retrieved from http://www.strategy-business.com/article/00155?gko=f32f0&utm_source=taboola&utm_medium=referral

Hu, Y., Wood, J. F., Smith, V., & Westbrook, N. (2004). Friendships through IM: Examining the relationship between instant messaging and intimacy. *Journal of Computer-Mediated Communication, 10*(1), 38~48.

Huffaker, D. A., & Calvert, S. L. (2005). Gender, identity, and language use in teenage blogs. *Journal of Computer-Mediated Communication, 10*(2).

Huizinga, J. (1950). *Homo ludens: A study of the play element in culture*. Boston, MA: Beacon Press. (Original work published 1938)

Hunter, A. (1974). *Symbolic communities: The persistence and change of Chicago's local communities*. Chicago, IL: University of Chicago Press.

Hwang, T., & Levy, K. (2015, January 15). "The cloud" and other dangerous metaphors. *The Atlantic*. Retrieved from http://www.theatlantic.com/technology/archive/2015/01/the-cloud-and-other-dangerous-metaphors/384518/

Ito, M., Baumer, S., Bittanti, M., boyd, d., Cody, R., Herr-Stephenson, B., ··· Tripp. L. (2010). *Hanging out, messing around, and geeking out: Kids living and learning with new media*. Cambridge, MA: MIT Press.

Ito, M., & Okabe, D. (2005). Technosocial situations: Emergent structurings of mobile email use. In M. Ito and D. Okabe (Eds.). *Personal, portable, pedestrian: Mobile phones in Japanese life* (pp.257~273). Cambridge, MA: MIT Press.

International Telecommunication Union. (2014). The world in 2014: ICT facts and figures. *ICT Data and Statistics Bureau: Telecommunication Development Bureau.* Retrieved from http://www.itu.int/en/ITU-D/Statistics/Documents/facts/ICTFactsFigures2014-e.pdf

Iyer, A., Jetten, J., & Tsivrikos, D. (2008). Torn between identities: Predictors of adjustment to identity change. In F. Sani (Ed.). *Self continuity: Individual and collective perspectives* (pp.187~197). New York, NY: Psychology Press.

James, W. (1983). *The principles of psychology.* Cambridge, MA: Harvard University Press. (Original work published 1890)

Jary, D., & Jary, J. (1991). *The HarperCollins dictionary of sociology.* New York, NY: Harper Collins.

Jenkins, H. (1992). *Textual poachers: Television fans and participatory culture* (Studies in Culture and Communication). New York, NY: Routledge.

Jenkins, H. (2006). *Convergence culture: Where old and new media collide.* New York, NY: NYU Press.

Jenkins, H. (2009). *Confronting the challenges of participatory culture: Media education for the 21st century.* Cambridge, MA: MIT Press.

Jenkins, H., Ford, S., & Green, J. (2013). *Spreadable media: Creating value and meaning in a networked culture.* New York, NY: NYU Press.

John Dixon Technology. (2012a). History of the cellular (cell/mobile) phone. Retrieved from http://www.historyofthecellphone.com/

John Dixon Technology. (2012b). History of the cellular (cell/mobile) phone— people— Dr. Martin Cooper. *John Dixon Technology.* Retrieved from http://www.historyofthecellphone.com/people/martin-cooper.php

Johns, M. D. (2012). Voting "present": Religious organizational groups on Facebook. In P. H. Cheong, P. Fischer-Nielson, S. Gelfgren, and C. Ess (Eds.). *Digital religion, social media, and culture: Perspectives, practices, and futures* (pp.151~168). New York, NY: Peter Lang Publishing.

Jones, S. G. (1995). Understanding community in the information age. In S. G. Jones, *Cybersociety* (pp.10~35). Thousand Oaks, CA: Sage Publications.

Junco, R., & Cotten, S. R. (2011). Perceived academic effects of instant messaging use. *Computers & Education, 56*(2), 370~378.

Junco, R., Heiberger, G., & Loken, E. (2011). The effect of Twitter on college student engagement and grades. *Journal of Computer Assisted Learning, 27*(2), 119~132.

Jurgenson, N. (2012a, January 13). The Facebook eye. *The Atlantic.* Retrieved from http://

www.theatlantic.com/technology/archive/2012/01/the-facebook-eye/251377/

Jurgenson, N. (2012b, June 28). The IRL fetish. *The New Inquiry.* Retrieved from http://the newinquiry.com/essays/the-irl-fetish/

Jurgenson, N. (2012c). When atoms meet bits: Social media, the mobile web and augmented revolution. *Future Internet, 4*(1), 83~91.

Juul, J. (2005). *Half-real: Video games between real rules and fictional worlds.* Cambridge, MA: MIT Press.

Kanter, R. M. (1972). *Commitment and community: Communes and utopias in sociological perspective.* Cambridge, MA: Harvard University Press.

Kaptein, M., Castaneda, D., Fernandez, N., & Nass, C. (2014). Extending the similarity-attraction effect: The effects of when-similarity in computer-mediated communication. *Journal of Computer-Mediated Communication, 19*(3), 342~357.

Katz, E., Haas, H., & Gurevitch, M. (1997). 20 years of television in Israel: Are there long-run effects on values, social connectedness, and cultural practices? *Journal of Communication, 47*(2), 3~20.

Katz, J. E. (2003). *Machines that become us: The social context of personal communication technology.* New Brunswick, NJ: Transaction Publishers.

Katz, J. E., & Aakhus, M. (2002). *Perpetual contact: Mobile communication, private talk, public performance.* Cambridge, UK: Cambridge University Press.

Katz, J. E., Barris, M., & Jain, A. (2013). *The social media president: Barack Obama and the politics of digital engagement.* New York, NY: Palgrave Macmillan.

Katz, J. E., & Sugiyama, S. (2006). Mobile phones as fashion statements: Evidence from student surveys in the US and Japan. *New Media and Society, 8*(2), 321~337. doi:10.1177/1461444806061950

Kauffman, R., & Wood, C. (2006). Doing their bidding: An empirical examination of factors that affect a buyer's utility in internet auctions. *Information Technology and Management, 7*(3), 171~190.

Kayany, J. M., Wotring, C. E., & Forrest, E. J. (1996). Relational control and interactive media choice in technology-mediated communication situations. *Human Communication Research, 22*(3), 399~421.

Kellerman, G. R. (2012, October 3). The extremely personal computer: The digital future of mental health. *The Atlantic.* Retrieved from http://www.theatlantic.com/health/archive/2012/10/the-extremely-personal-computer-the-digital-future-of-mental-health/263183/

Kelly, K. (2010). *What technology wants.* New York, NY: Penguin.

Kendall, L. (2002). *Hanging out in the virtual pub: Masculinities and relationships online.* Berkeley: University of California Press.

Kendall, L. (2010). Community and the internet. In R. Burnett, M. Consalvo, and C. Ess

(Eds.). *The Blackwell handbook of internet studies* (pp.310~325). Oxford, UK: Wiley-Blackwell.

Kendzior, S., & Pearce, K. (2012, May 11). How Azerbaijan demonizes the internet to keep its citizens offline. *Slate*. Retrieved from http://www.slate.com/blogs/future_tense/2012/05/11/azerbaijan_eurovision_song_contest_and_keeping_activists_and_citizens_o ff_the_internet_.html

Kennedy, H. (2006). Beyond anonymity: Future directions for internet identity research. *New Media and Society, 8*(6), 859~876.

Khazan, O. (2006, August 18). Lost in an online fantasy world. *Washington Post*. Retrieved from http://www.washingtonpost.com/wp-dyn/content/article/2006/08/17/AR200608 1700625_pf.html

Kim, T., & Biocca, F. (1997). Telepresence via television: Two dimensions of telepresence may have different connections to memory and persuasion. *Journal of Computer-Mediated Communication, 3*(2).

Kim, Y., Kim, Y., Lee, J. S., Oh, J., & Lee, N. Y. (2015). Tweeting the public: Journalists' Twitter use, attitudes toward the public's tweets, and the relationship with the public. *Information, Communication and Society, 18*(4), 443~458. doi:10.1080/1369118X.2014. 967267

Kirschner, P. A., & Karpinski, A. C. (2010). Facebook and academic performance. *Computers in Human Behavior, 26*(6), 1237~1245.

Kjuka, D. (2013, March 6). Digital jihad: Inside Al-Qaeda's social networks. *The Atlantic*. Retrieved from http://www.theatlantic.com/international/archive/2013/03/digital-jihad-inside-al-qaedas-social-networks/273761/

Klastrup, L., & Tosca, S. P. (2004). Transmedial worlds-rethinking cyberworld design. *Proceedings of the 2004 International Conference on Cyberworlds*. Retrieved from http://www.cs.uu.nl/docs/vakken/vw/literature/04.klastruptosca_transworlds.pdf

Koliska, M., & Roberts, J. (2015). Selfies: Witnessing and participatory journalism with a point of view. *International Journal of Communication, 9*(19), 1672~1685. Retrieved from http://ijoc.org/index.php/ijoc/article/viewFile/3149/1392

Korzenny, F. (1978). A theory of electronic propinquity: Mediated communications in organizations. *Communication Research, 5*(1), 3~24.

Korthaus, A., & Dai, W. (2015). Opportunities and challenges for mobile crowdsourcing-conceptualisation of a platform architecture. *International Journal of High Performance Computing and Networking, 8*(1), 16~27.

Kumar, N. (2014). Facebook for self-empowerment? A study of Facebook adoption in urban India. *New Media and Society, 16*(7), 1122~1137. doi: 10.1177/1461444814543999

Kreek, M. J., Nielsen, D. A., Butelman, E. R., & LaForge, K. S. 2005. Genetic influences on impulsivity, risk taking, stress responsivity and vulnerability to drug abuse and addiction. *Nature Neuroscience, 8*(11), 1450~1457.

Lambert, J. (2013). *Digital storytelling: Capturing lives, creating community.* New York, NY: Routledge.

LaRose, R., Eastin, M. S., & Gregg, J. (2001). Reformulating the internet paradox: Social cognitive explanations of internet use and depression. *Journal of Online Behavior, 1*(2).

LaRose, R., Lin, C. A.,& Eastin, M. S. (2003). Unregulated internet usage: Addiction, habit, or deficient self-regulation? *Media Psychology, 5*(3), 225~253.

Lee, H. (2005). Behavioral strategies for dealing with flaming in an online forum. *Sociological Quarterly, 46*(2), 385~403.

Lee, J., & Lee, H. (2010). The computer-mediated communication network: Exploring the linkage between the online community and social capital. *New Media and Society, 12* (5), 711~727. doi:10.1177/1461444809343568

Leeper, T. J. (2014). The informational basis for mass polarization. *Public Information Quarterly, 78*(1), 27~46. doi:10.1093/poq/nft045

Leiner, B. M., Cerf, V. G., Clark, D. D., Kahn, R. E., Kleinrock, L., Lynch, D. C., & Wolff, S. (2009). A brief history of the internet. *ACM SIGCOMM Computer Communication Review, 39*(5), 22~31.

Lenhart, A. (2012, March 19). Teens, smartphones, and texting. *Pew Research Center.* Retrieved from http://www.pewinternet.org/2012/03/19/teens-smartphones-texting/

Lenhart, A., & Madden, M. (2006). Teen content creators and consumers. *Pew Internet and American Life Project.* Retrieved from http://www.pewinternet.org/files/old-media/ Files/Reports/2005/PIP_Teens_Content_Creation.pdf.pdf

Lenhart, A., Purcell, K., Smith, A., & Zickuhr, K. (2010, February 3). Social media and mobile internet use among teens and young adults. *Pew Internet and American Life Project,* Retrieved from http://www.pewinternet.org/files/old-media//Files/Reports/ 2010/PIP_Social_Media_and_Young_Adults_Report_Final_with_toplines.pdf

Lessig, L. (2008). *Remix: Making art and commerce thrive in the hybrid economy.* London, UK: Penguin.

Lev-On, A. (2010). Engaging the disengaged: Collective action, media uses, and sense of (virtual) community by evacuees from Gush Katif. *American Behavioral Scientist, 53*(8), 1208~1227.

Lewan, T. (2007, March 17). Microchips in humans spark privacy debate. *USA Today.* Retrieved from http://usatoday30.usatoday.com/tech/news/surveillance/2007-07-21-chips_ N.htm

Licklider, J. C. R. (1960). Man-computer symbiosis. *IRE Transactions on Human Factors in*

Electronics, 1, 4~11.

Licklider, J. C. R., & Taylor, R. W. (1968). The computer as a communication device. *Science and Technology, 76*(2), 20~41.

Lin, D. C. (2006). Sissies online: Taiwanese male queers performing sissinesses in cyberspaces. *Inter-Asia Cultural Studies, 7*(2), 270~288. doi:10.1080/14649370600673938

Lindsay, S., Smith, S., Bell, F., & Bellaby, P. (2007). Tackling the digital divide: Exploring the impact of ICT on managing heart conditions in a deprived area. *Information, Communication & Society, 10*(1), 95~114.

Ling, R. (2004). *The mobile connection: The cell phone's impact on society.* San Francisco, CA: Morgan Kaufmann.

Ling, R., & Stald, G. (2010). Mobile communities: Are we talking about a village, a clan, or a small group? *American Behavioral Scientist, 53*(8), 1133~1147. doi:10.1177/0002764 209356245

Lingel, J. (2013). The digital remains: Social media and practices of online grief. *Information Society, 29*(3), 190~195. doi:10.1080/01972243.2013.777311

Livingstone, S. (2009). *Children and the internet.* Cambridge, UK: Polity.

Lobinger, K., & Brantner, K. (2015). In the eye of the beholder: Subjective views on the authenticity of selfies. *International Journal of Communication, 9*(19), 1848~1860. Retrieved from http://ijoc.org/index.php/ijoc/article/view/3151/1404

Lombard, M., & Ditton, T. (1997). At the heart of it all: The concept of presence. *Journal of Computer-Mediated Communication, 3*(2).

Lutz, A. (2012, June 14). These 6 corporations control 90% of the media in America. *Business Insider.* Retrieved from http://www.businessinsider.com/these-6-corporations-control-90-of-the-media-in-america-2012-6

Lyon, D. (2007). *Surveillance studies: An overview.* Cambridge, UK: Polity.

Machlup, F. (1962). *The production and distribution of knowledge in the United States.* Princeton, NJ: Princeton University Press.

MacKinnon, G., & Williams, P. (2006). Models for integrating technology in higher education: The physics of sound. *Journal of College Science Teaching, 35*(7), 22~25.

Madden, M., Cortesi, S., Gasser, U., Lenhart, A., & Duggan, M. (2012, November 20). Parents, teens, and online privacy. *Pew Research Center.* Retrieved from http://www.pewinternet.org/2012/11/20/main-report-10/

Madden, M., & Jones, S. (2008, September 24). Networked workers. *Pew Research Center.* Retrieved from http://www.pewinternet.org/2008/09/24/networked-workers/

Madden, M., & Lenhart, A. (2006, March 5). Online dating. *Pew Research Center.* Retrieved from http://www.pewinternet.org/2006/03/05/online-dating/

Madden, M., Lenhart, A., Cortesi, S., Gasser, U., Duggan, M., Smith, A., & Beaton, M.

(2013, May 21). Teens, social media, and privacy. *Pew Research Center.* Retrieved from http://www.pewinternet.org/files/2013/05/PIP_TeensSocialMediaandPrivacy_PDF.pdf

Madianou, M., & Miller, D. (2011). *Migration and new media: Transnational families and polymedia.* Abingdon and New York, NY: Routledge.

Mangen, A., Walgermo, B. R., & Brønnick, K. (2013). Reading linear texts on paper versus computer screen: Effects on reading comprehension. *International Journal of Educational Research, 58*, 61~68.

Mannheim, K. (1960). *Ideology and utopia: An introduction to the sociology of knowledge.* London, UK: Routledge. (Original work published 1929)

Markham, A. N., & Baym, N. K. (2009). *Internet inquiry: Conversations about method.* Thousand Oaks, CA: Sage.

Markoff, J. (2005). *What the dormouse said.* New York, NY: Viking.

Markus, H., & Kunda, Z. (1986). Stability and malleability of the self-concept. *Journal of Personality and Social Psychology, 51*(4), 858~866.

Markus, H., & Nurius, P. (1986). Possible selves. *American Psychologist, 41*(9), 954~969.

Martey, R. M., Stromer-Galley, J., Banks, J., Wu, J., & Consalvo, M. (2014). The strategic female: Gender-switching and player behavior in online games. *Information, Communication & Society, 17*(3), 286~300.

Martin, F. (2014). The case for curatorial journalism ⋯ or, can you really be an ethical aggregator? In L. Zion and D. Craig (Eds.). *Ethics for digital journalists: Emerging best practices* (pp.87~102). London, UK: Routledge.

Marvin, C. (1988). *When old technologies were new.* New York, NY: Oxford University Press.

Marwick, A. E. (2012). The public domain: Surveillance in everyday life. *Surveillance and Society, 9*(4), 378~393.

Marwick, A. E. (2014). Networked privacy: How teenagers negotiate context in social media. *New Media and Society, 16*(7), 1051~1067.

Marwick, A. E., & boyd, d. (2011). I tweet honestly, I tweet passionately: Twitter users, context collapse, and the imagined audience. *New Media & Society, 13*(1), 114~133.

Marwick, A., & Ellison, N. B. (2012). "There isn't wifi in heaven!" Negotiating visibility on Facebook memorial pages. *Journal of Broadcasting and Electronic Media, 56*(3), 378~400. doi:10.1080/08838151.2012.705197

Marx, K. (1887). *Capital.* London, UK: George Allen and Unwin Ltd.

Marx, K. (2012). Economic and philosophic manuscripts of 1844. Mineola, NY: Dover. (Original work published 1844)

Mascheroni, G., & Olafsson, K. (2013). *Mobile internet access and use among European children. Initial findings of the Net Children Go Mobile project.* Milano, Italy: Educatt.

Maximino, M. (2014, August 22). Does media fragmentation contribute to polarization? Evidence from lab experiments. *Journalist's Resource*. Retrieved from http://journalists resource.org/studies/society/news-media/media-fragmentation-political-polarization-la b-experiments

Mazlish, B. M. (1989). *A new science*. New York, NY: Oxford University Press.

McCall, G. J., & Simmons, J. L. (1978). *Identities and interactions*. New York, NY: Free Press.

McCormick, A. (2009, August 5). Revolution's brief history of digital music. *Marketing*. Retrieved from http://www.marketingmagazine.co.uk/article/904234/revolutions-brief-history-digital-music

McCosker, A., & Darcy, R. (2013). Living with cancer: Affective labour, self-expression and the utility of blogs. *Information, Communication & Society*, *16*(8), 1266~1285.

McEwan, R. (2014). Mediating sociality: The use of iPod touch devices in the classrooms of students with autism in Canada. *Information, Communication and Society*, *17*(10), 1264~1279.

McHale, T. (2005). Portrait of a digital native: Are digital-age students fundamentally different from the rest of us? *Technology & Learning*, *26*(2), 33~34.

McKenna, K. Y. A., Green, A. S., & Gleason, M. E. J. (2002). Relationship formation on the internet: What's the big attraction? *Journal of Social Issues*, *58*(1), 9~31.

McKinsey and Company. (2014). Offline and falling behind: Barriers to internet adoption. *Rechnology, Media, and Telecom Practice*. Retrieved from http://www.mckinsey.com/insights/high_tech_telecoms_internet/offline_and_falling_behind_barriers_to_internet_adoption

McLuhan, M. (1964). *Understanding media: The extensions of man*. New York, NY: McGraw-Hill.

Mead, G. H. (2009). *Mind, self, and society: From the standpoint of a social behaviorist*. Chicago, IL: University of Chicago. (Original work published 1934)

Mehra, B., Merkel, C., & Bishop, A. P. (2004). The internet for empowerment of minority and marginalized users. *New Media and Society*, *6*(6), 781~802. doi:10.1177/1461448 04047513

Mesch, G., & Talmud, I. (2010). Internet connectivity, community participation, and place attachment: A longitudinal study. *American Behavioral Scientist*, *53*(8), 1095~1110. doi:10.1177/0002764209356243

Meyrowitz, J. (1985). *No sense of place: The impact of electronic media on social behavior*. New York, NY: Oxford University Press.

Milgram, S. (1967). The small world problem. *Psychology Today*, *2*(1), 60~67.

Miller, C. C. (2014, December 15). As robots grow smarter, American workers struggle to keep up. *The New York Times*. Retrieved from http://www.nytimes.com/2014/12/16/ upshot/as-robots-grow-smarter-american-workers-struggle-to-keep-up.html?smid=tw-s hare&_r=0&abt=0002&abg=1

Milner, R. M. (2013). Pop polyvocality: Internet memes, public participation, and the Occupy Wall Street movement. *International Journal of Communication*, 7, 2357~2390. Retrieved from http://ijoc.org/index.php/ijoc/article/view/1949/1015

Mitchell, A., Rosenstiel, T., & Christian, L. (2012). The state of the news media 2012: An annual report on American journalism. *State of the News Media*. Retrieved from http://www.stateofthemedia.org/2012/mobile-devices-and-news-consumption-some-g ood-signs-for-journalism/what-facebook-and-twitter-mean-for-news/

Mitra, A. (2004). Voices of the marginalized on the internet: Examples from a website for women of South Asia. *Journal of Communication*, 54(3), 492~510.

Mitra, A. (2005). Creating immigrant identities in cybernetic space: Examples from a non-resident Indian website. *Media, Culture & Society*, 27(3), 371~390.

Miyata, K., Boase, J., Wellman, B., & Ikeda, K. (2005). The mobile-izing Yapanese: Connecting to the internet by PC and webphone in Yamanashi. In M. Ito, D. Okabe, and M. Matsuda (Eds.). *Personal, portable, pedestrian: Mobile phones in Japanese life*, 1(pp.143~164). Cambridge, MA: MIT Press.

Morahan-Martin, J. (2005). Internet abuse: Addiction? Disorder? Symptoms? Alternative explanations? *Social Science Computer Review*, 23(1), 39~48.

Moreman, C. M., & Lewis, D. (2014). *Digital death: Mortality and beyond in the online age*. New York, NY: Praeger.

Morgan, C., & Cotten, S. R. (2003). The relationship between internet activities and depressive symptoms in a sample of college freshmen. *Cyberpsychology and Behavior*, 6(2), 133~142. doi:10.1089/109493103321640329

Morley, D., & Robins, K. (1995). *Spaces of identity: Global media, electronic landscapes and cultural boundaries*. London, UK: Routledge.

Napoli, P., & Obar, J. (2013). Mobile leapfrogging and digital divide policy: Assessing the limitations of mobile internet access. Fordham University School of Business Research Paper no. 2263800. Retrieved from https://static.newamerica.org/attachments/3911- mobile-leapfrogging-and-digital-divide-policy/MobileLeapfrogging_Final.8f72 0f33d8e349cfa5c22684815ddeb8.pdf

Naughton, J. (2010, August 14). The internet: Is it changing the way that we think? *The Guardian*. Retrieved from http://www.theguardian.com/technology/2010/aug/15/internet-brain-neuroscience-debate

Naughton, J. (2012). *From Gutenberg to Zuckerberg: Disruptive innovation in the age of the internet*. New York, NY: Quercus.

National Conference of State Legistatures. (2013, December 5). State cyberbullying and cyberharassment laws. *NCSL.* Retrieved from http://www.ncsl.org/research/telecommu nications-and-information-technology/cyberstalking-and-cyberharassment-laws.aspx

Neff, G. (2012). *Venture labor: Work and the burden of risk in innovative industries.* Cambridge, MA: MIT Press.

Neimark, J. (1995). It's magical. It's malleable. It's … memory. *Psychology Today, 28*(1), 44~49.

Nelson, M. K. (2010). *Parenting out of control: Anxious parents in uncertain times.* New York, NY: NYU Press.

Nemer, D., & Freeman, G. (2015). Empowering the marginalized: Rethinking selfies in the slums of Brazil. *International Journal of Communication, 9*(19), 1832~1847. Retrieved from http://ijoc.org/index.php/ijoc/article/view/3155/1403

Newell, B. C., Moore, A. D., & Metoyer, C. (2015). Privacy in the family. In B. Roessler and D. Mokrosinska (Eds.). *The social dimensions of privacy* (pp.104~121). Cambridge, UK: Cambridge University Press.

Newitz, A. (2011, June 23). William Gibson says cyberspace was inspired by 8-bit video-games. *io9.* Retrieved from http://io9.com/5815019/william-gibson-says-cyberspace-was-inspired-by-8-bit-videogames

Newman, J. (2014, October 17). To Siri, with love. *The New York Times.* Retrieved from http://www.nytimes.com/2014/10/19/fashion/how-apples-siri-became-one-autistic-bo ys-bff.html?_r=0

Newman, L., Biedrzycki, K., & Baum, F. (2012). Digital technology use among dis-advantaged Australians: Implications for equitable consumer participation in digitally-mediated communication and information exchange with health services. *Australian Health Review, 36*(2), 125~129.

Ngulube, P. (2012). "Ghosts in our machines: Preserving public digital information for the sustenance of electronic government in sub-Saharan Africa." *Mousaion, 30*(2), 129~136.

Nippert-Eng, C. E. (1996). *Home and work: Negotiating boundaries through everyday life.* Chicago, IL: University of Chicago Press.

Nippert-Eng, C. E. (2010). *Islands of privacy.* Chicago, IL: University of Chicago Press.

Nissenbaum, H. (2009). *Privacy in context.* Stanford, CA: Stanford University Press.

Nowak, K. L., Watt, J., & Walther, J. B. (2005). The influence of synchrony and sensory modality on the person perception process in computer-mediated groups. *Journal of Computer-Mediated Communication, 10*(3).

Ofcom. (2008). Social networking: A quantitative and qualitative research report into atti-tudes, behaviours and use. *Ofcom Office of Communications.* Retrieved from http://

news.bbc.co.uk/2/shared/bsp/hi/pdfs/02_04_08_ofcom.pdf

O'Harrow, R. (2006). *No place to hide*. New York, NY: Simon and Schuster.

Oldenburg, R. (1989). *The great good place: Cafés, coffee shops, community centers, beauty parlors, general stores, bars, hangouts, and how they get you through the day*. New York, NY: Paragon House.

O'Leary, A. (2012, August 1). In virtual play, sex harassment is all too real. *The New York Times*. Retrieved from http://www.nytimes.com/2012/08/02/us/sexual-harassment-in-online-gaming-stirs-anger.html?_r=0.

O'Leary, M. B., Wilson, J. M., & Metiu, A. (2014). Beyond being there: The symbolic role of communication and identification in perceptions of proximity to geographically dispersed colleagues. *MIS Quarterly*, *38*(4), 1219~1243. Retrieved from http://www18.georgetown.edu/data/people/mbo9/publication-77556.pdf

Ophir, E., Nass, C., & Wagner, A. D. (2009). Cognitive control in media multitaskers. *Proceedings of the National Academy of Sciences of the United States of America*, *106*(37), 15583~15587. doi:10.1073/pnas.0903620106

Palfrey, J. G., & Gasser, U. (2008). *Born digital: Understanding the first generation of digital natives*. New York, NY: Basic Books.

Papacharissi, Z. (Ed.). (2010). *A networked self: Identity, community, and culture on social network sites*. New York, NY: Routledge.

Park, E. K., & Sundar, S. S. (2015). Can synchronicity and visual modality enhance social presence in mobile messaging? *Computers in Human Behavior*, *45*, 121~128.

Parks, M. (2011). Social network sites as virtual communities. In Z. Paparachissi (Ed.). *A networked self: Identity, community, and culture on social network sites*. (pp.105~123). New York, NY: Routledge.

Pavlik, J. (1997). The future of online journalism. *Columbia Journalism Review*, *36*, 30~38.

Pearson, R. (2010). Fandom in the digital era. *Popular Communication*, *8*(1), 84~95.

Perreault, C., & Mathew, S. 2012. Dating the origin of language using phonemic diversity. *PloS One*, *7*(4), e35289.

Pew Research Center. (2014, November 6). *Religion and electronic media*. Retrieved from http://www.pewforum.org/files/2014/11/Religion-and-Electronic-media-11-06-full.pdf

Pew Research Center. (2015, March 19). Internet seen as positive influence on education but negative on morality in emerging and developing nations. Retrieved from http://www.pewglobal.org/files/2015/03/Pew-Research-Center-Technology-Report-FINAL-March-19-20151.pdf

Pew Research Center's Global Attitudes Project. (2012, December 12). Social networking popular across globe. *Pew Research Center*. Retrieved from http://www.pewglobal.org/2012/12/12/social-networking-popular-across-globe/

Plotkin, H. (2002, February 11). All hail Creative Commons: Stanford professor and author Lawrence Lessig plans a legal insurrection. *San Francisco Gate*. Retrieved from http://www.sfgate.com/news/article/All-Hail-Creative-Commons-Stanford-professor-2874018.php

Polk, E. (2014). Digital technology and the construction of "glocal" information flows: Social movements and social media in the age of sustainability. In J. Servaes (Ed.). *Technological determinism and social change: Communication in a tech-mad world* (pp.125~141). New York, NY: Lexington Books.

Polson, E. (2015). A gateway to the global city: Mobile place-making practices by expats. *New Media & Society*, *17*(4), 629~645. doi:10.1177/1461444813510135

Poor, N. (2013). Computer game modders' motivations and sense of community: A mixed-methods approach. *New Media & Society*, *16*(8), 1249~1267.

Portwood-Stacer, L. (2012). Media refusal and conspicuous non-consumption: The performative and political dimensions of Facebook abstention. *New Media & Society*. Retrieved from http://lauraportwoodstacer.com/wp-content/uploads/2013/03/mediarefusalandconspicuousnonconsumption.pdf

Postman, N. (1993). *Technopoly*. New York, NY: Vintage Books.

Preece, J. (2000). *Online communities: Designing usability and supporting sociability*. New York, NY: John Wiley & Sons, Inc.

Preece, J., & Maloney-Krichmar, D. (2003). Online communities. In J. A. Jacko, and A. Sears (Eds.). *Handbook of human-computer interaction* (pp.596~620). Boca Raton, FL: CRC Press.

Prensky, M. (2001). Digital natives, digital immigrants. Part 1. *On the Horizon*, *9*(5), 1~6.

Psychology Today. (2007, January/February). Texting Gr8 4U. *Psychology Today*, p.14.

Quan-Haase, A., & Wellman, B. (2002, March 13~16). *Understanding the use of communication tools for ad-hoc problem-solving in mid-size organizations*. Paper presented at the Popular Culture Association and American Culture Association Conference: Electronic Culture and Communications Forum, Toronto, Ontario.

Raab, C. D., & Mason, D. (2004). Privacy, surveillance, trust and regulation. *Information, Communication & Society*, *7*(1), 89~91.

Radway, J. (1984). *Reading the romance: Women, patriarchy, and popular culture*. Chapel Hill: University of North Carolina Press.

Rainie, L. (2006, September 28). New workers, new workplaces: Digital natives invade the workplace. *Pew Research Center*. Retrieved from http://www.pewinternet.org/2006/09/28/new-workers-newworkplaces-digital-nativesinvade-theworkplace/

Rainie, L. (2011, December 2). The internet as a diversion and a destination. *Pew Research Center*. Retrieved from http://www.pewinternet.org/2011/12/02/the-internetasa-diversion-

and-destination/

Rainie, L., Horrigan, J. B., Wellman, B., & Boase, J. (2006, January 5). The strength of internet ties. *Pew Research Center*. Retrieved from http://pewinternet.org/Reports/2006/The-Strength-of-Internet-Ties.aspx

Rainie, L., Smith, A., Schlozman, K. L., Brady, H., & Verba, S. (2012, October 19). Social media and political engagement. *Pew Research Center*. Retrieved from http://www.pewinternet.org/2012/10/19/social-media-and-political-engagement/

Rainie, L., & Wellman, B. (2012). *Networked: The new social operating system*. Cambridge, MA: MIT Press.

Reeves, B., & Nass, C. (1996). *How people treat computers, television, and new media like real people and places*. Cambridge, UK: CSLI Publications and Cambridge University Press.

Rennie, J. (2012, January 9). The overdue death of cyberspace. *Smart Planet*. Retrieved from http://www.smartplanet.com/blog/the-savvy-scientist/the-overdue-death-of-cyberspace/

Renninger, K. A., & Shumar, W. (2002). Community building with and for teachers at the math forum. In K. A. Renninger and W. Shumar (Eds.). *Building virtual communities: Learning and change in cyberspace* (pp.60~95). Cambridge, UK: Cambridge University Press.

Rettberg, J. W. (2014). *Seeing ourselves through technology: How we use selfies, blogs, and wearable devices to see and shape ourselves*. New York, NY: Palgrave Mcmillan.

Rheingold, H. (1993). The virtual community. Reading, MA: Addison-Wesley.

Rheingold, H. (2002). *Smart mobs: The next social revolution*. New York, NY: Basic Books.

Ridings, C. M., & Gefen, D. (2004). Virtual community attraction: Why people hang out online. *Journal of Computer-Mediated Communication*, *10*(1), 1~10

Riley, T. (2013). Self-initiated (re)education of digital technology in retired content creators. *Northern Lights: Film & Media Studies Yearbook*, *11*(1), 51~69. doi:10.1386/n1.11.1.51_1

Ritzer, G. (2009). *The McDonalization of society*. Los Angeles, CA: Pine Forge Press.

Ritzer, G., & Jurgenson, N. (2010). Production, consumption, prosumption. *Journal of Consumer Culture*, *10*(1), 13~36.

Ritzer, G., Dean, P., & Jurgenson, N. (2012). The coming of age of the prosumer. *American Behavioral Scientist*, *56*(4), 379~398.

Roberts, L. D., & Parks, M. R. (1999). The social geography of gender-switching in virtual environments on the internet. *Information, Communication & Society*, *2*(4), 521~540.

Robinson, L., & Schulz, J. (2013). Net time negotiations within the family. *Information, Communication and Society*, *16*(4), 542~560.

Rogers, E. M. (2010). *Diffusion of innovations.* New York, NY: Simon and Schuster. (Original work published 1962)

Rose, E. (2010). Continuous partial attention: Reconsidering the role of online learning in the age of interruption. *Educational Technology Magazine, 50*(4), 41~46.

Rotman, D., & Preece, J. (2010). The "WeTube" in YouTube—creating an online community through video sharing. *International Journal of Web Based Communities, 6* (3), 317~333. doi:10.1504/IJWBC.2010.033755

Rowe, I. (2015). Civility 2.0: A comparative analysis of incivility in online political discussion. *Information, Communication and Society, 18*(2), 121~138. doi:10.1080/1369 118X.2014.940365

Rudi, J., Dworkin, J., Walker, S., & Doty, J. (2015). Parents' use of information and communications technologies for family communication: Differences by age of children. *Information, Communication and Society, 18*(1), 78~93.

Rui, J. R., & Stefanone, M. A. (2013). Strategic image management online: Self-presentation, self-esteem and social network perspectives. *Information, Communication & Society, 16*(8), 1286~1305.

Rushkoff, D. (2013). *Present shock: When everything happens now.* New York, NY: Penguin.

Sadowski, J. (2013, November 14). The business of living forever. *Slate.* Retrieved from http://www.slate.com/articles/business/billion_to_one/2013/11/dmitry_itskov_2045_in itiative_eternal_living_through_science.html

Sakkopoulos, E., Lytras, M., & Tsakalidis, A. (2006). Adaptive mobile web services facilitate communication and learning internet technologies. *IEEE Transactions on Education, 49*(2), 208~215.

Sanders, C., Field, T. M., Diego, M., & Kaplan, M. (2000). The relationship of internet use to depression and social isolation. *Adolescence, 35*(138), 237~242.

Sandvig, C. (2006). The internet at play: Child users of public internet connections. *Journal of Computer-Mediated Communication, 11*(4), 932~956.

Sandvig, C. (2015). Seeing the sort: The aesthetic and industrial defense of "the algorithm." *Media-N.* Retrieved from http://median.newmediacaucus.org/art-infrastructures-infor mation/seeing-the-sort-the-aesthetic-and-industrial-defense-of-the-algorithm/

Sass, E. (2014, December 16). Social media helps fight aging. *Social Media and Marketing Daily.* Retrieved from http://www.mediapost.com/publications/article/240142/social-media-helps-fight-aging.html

Scherer, J. (1972). *Contemporary community: Sociological illusion or reality?* London, UK: Tavistock.

Schilling, D. R. (2013, April 19). Knowledge doubling every 12 months, soon to be every

12 hours. *Industry Tap*. Retrieved from http://www.industrytap.com/knowledge-doubling-every-12-months-soon-to-be-every-12-hours/3950

Scholz, T. (2012). Why does digital labor matter now? In T. Scholz (Ed.). *Digital labor: The internet as playground and factory* (pp.1~10). New York, NY: Routledge.

Schradie, J. (2011). The digital production gap: The digital divide and web 2.0 collide. *Poetics, 39*(2), 145~168. doi:10.1016/j.poetic.2011.02.003

Schradie, J. (2012). The trend of class, race, and ethnicity in social media inequality: Who still cannot afford to blog? *Information, Communication & Society, 15*(4), 555~571.

Schrock, D., Holden, D., & Reid, L. (2004). Creating emotional resonance: Interpersonal emotion work and motivational framing in a transgender community. *Social Problems, 51*(1), 61~81.

Schuler, D. (1996). *New community networks: Wired for change*. Reading, MA: ACM Press/Addison-Wesley Publishing Co.

Schuler, D., & Day, P. (2004). *Shaping the network society: The new role of civil society in cyberspace*. Cambridge, MA: MIT Press.

Schutz, A. (1951). Making music together. A study in social relationship. *Social Research, 18*(1), 76~97.

Schutz, A. (1973). On multiple realities. In M. A. Natason (Ed.). *Collected papers of Alfred Schutz*, Vol.1. The Hague, the Netherlands: Martinus Nijhoff.

Schwammlein, E., & Wodzicki, K. (2012). What to tell about me? Self-presentation in online communities. *Journal of Computer-Mediated Communication, 17*(4), 387~407.

Schwartz, J. (2002, December 29). The nation: Case-sensitive crusader; who owns the internet? You and I do. *The New York Times*. Retrieved from http://www.nytimes.com/2002/12/29/weekinreview/the-nation-case-sensitive-crusader-who-owns-the-internet-you-and-i-do.html

Schwartz, J. (2013, January 12). Internet activisit, a creator of RSS, is dead at 26, apparently a suicide. *The New York Times*. Retrieved from http://www.nytimes.com/2013/01/13/technology/aaron-swartz-internet-activist-dies-at-26.html?_r=1

Schwartz, T. (1981). *Media, the second god*. New York, NY: Random House.

ScienceDaily.com. (2005). Internet dating much more successful than once thought. Retrieved from http://www.sciencedaily.com/releases/2005/02/050218125144.htm

Sedghi, A. (2014, February 4). Facebook: Ten years of social networking, in numbers. *The Guardian*. Retrieved from http://www.theguardian.com/news/datablog/2014/feb/04/facebook-in-numbers-statistics

Senft, T. M. (2008). *Camgirls: Celebrity and community in the age of social networks*. New York, NY: Peter Lang.

Senft, T. M., & Baym, N. K. (2015). What does the selfie say? Investigating a global phenomenon. *International Journal of Communication, 9*(19), 1588~1606. Retrieved from http://ijoc.org/index.php/ijoc/article/viewFile/4067/1387

Sengupta, S. (2012, October 2). Facebook delivers a confident sales pitch to advertisers. *The New York Times.* Retrieved from http://www.nytimes.com/2012/10/03/technology/facebook-delivers-confident-pitch-to-advertisers.html?_r=0

Šesek, L., & Pušnik, M. (2014). Reading popular literature and digital media: Reading experience, fandoms, and social networks. *Anthropological Notebooks, 20*(2), 103~126

Shapin, S. (2007). What else is new? *The New Yorker.* Retrieved from http://www.newyorker.com/magazine/2007/05/14/what-else-is-new

Shaw, J. (2010). Philosophy of humor. *Philosophy Compass, 5*(2), 112~126. doi:10.1111/j.1747-9991.2009.00281.x

Shibutani, T. (1955). Reference groups as perspectives. *American Journal of Sociology, 60* (6), 562~569.

Shklovski, I., Burke, M., Kiesler, S., & Kraut, R. (2010). Technology adoption and use in the aftermath of Hurricane Katrina in New Orleans. *American Behavioral Scientist, 53* (8), 1228~1246. doi:10.1177/0002764209356252

Shklovski, I., Kraut, R., & Rainie, L. (2004). The internet and social participation: Contrasting cross-sectional and longitudinal analyses. *Journal of Computer-Mediated Communication, 10*(1).

Short, J., Williams, E., & Christie, B. (1976). *The social psychology of telecommunications.* New York, NY: John Wiley and Sons.

Silleson, L. B. (2014, November 5). Is this the web's first blog? *Columbia Journalism Review.* Retrieved from http://www.cjr.org/behind_the_news/justin_hall_blog_web.php?page=all

Silverblatt, A. (2004). Media as social institution. *American Behavioral Scientist, 48*(1), 35~41.

Simmel, G. (1898). The persistence of social groups. *American Journal of Sociology, 3*(5), 662~691.

Simmel, G. (1950). *The sociology of Georg Simmel.* (K. H. Wolff, Trans.). Glencoe, IL: Free Press. (Original work published 1908)

Simmel, G. (1962). *Conflict and the web of group affiliations.* New York, NY: Free Press. (Original work published 1908)

Sinnreich, A. (2010). *Mashed-up: Music, technology, and the rise of configurable culture.* Amherst: University of Massachusetts Press.

Sinnreich, A. (2013). *The piracy crusade: How the music industry's war on sharing destroys markets and erodes civil liberties.* Amherst: University of Massachusetts Press.

Smith, A., & Duggan, M. (2013, October 21). Online dating and relationships. *Pew Research*

Center. Retrieved from http://www.pewinternet.org/2013/10/21/online-dating-relation
ships/

Smith, A., Schlozman, K. L., Verba, S., & Brady, H. (2009). The internet and civic
engagement. *Pew Research Center.* Retrieved from http://www.pewinternet.org/2009/
09/01/the-internet-and-civic-engagement/

Solove, D. J. (2004). The digital person: Technology and privacy in the information age.
New York, NY: NYU Press.

Song, L., Son, J., & Lin, N. (2011). Social support. In J. Scott and P. J. Carrington (Eds.).
The Sage handbook of social network analysis (pp.116~128). Thousand Oaks, CA:
Sage.

Sproull, L., Conley, C. A., & Moon, J. Y. (2005). Prosocial behavior on the net. In Y.
Amichai-Hamburger (Ed.). *The social net: Understanding human behavior in cyber-
space* (pp.139~161). Oxford, UK: Oxford University Press.

Srivastava, L. (2005). Mobile phones and the evolution of social behaviour. *Behaviour and
Information Technology, 24*(2), 111~129.

Standage, T. (2013). *Writing on the wall.* New York, NY: Bloomsbury.

Statista. (2014). E-commerce: Statista dossier. *Statista, the Statistics Portal.* Retrieved from
http://www.statista.com/study/10653/e-commerce-statista-dossier/

Stavrositu, C., & Sundar, S. S. (2012). Does blogging empower women? Exploring the role
of agency and community. *Journal of Computer-Mediated Communication, 17*(4),
369~386.

Stephenson, W. 1964a. The Ludenic theory of newsreading. *Journalism & Mass Commu-
nication Quarterly, 41*(3), 367~374.

Stephenson, W. (1964b). *The play theory of mass communication.* Chicago, IL: University of
Chicago Press.

Stewart, B. (2012, July 3). What produsage is and why it matters. *The Theory Blog.*
Retrieved from http://theory.cribchronicles.com/2012/07/03/what-produsage-is-and-why-
it-matters/

Stewart, B. (2014). Living internet. *The Living Internet.* Retrieved from http://www.
livinginternet.com/

Stokes, P. (2012). Ghosts in the machine: Do the dead live on in Facebook? *Philosophy
and Technology, 25*(363), 379. doi:10.1007/s13347-011-0050-7

Stone, L. (2005). Linda Stone's thoughts on attention and specifically, continuous partial
attention. Personal website. Retrieved from https://sites.google.com/a/lindastone.net/
home/

Suellentrop, C. (2007). Playing with our heads. *Utne,* January/February, 58~63. Retrieved
from http://www.utne.com/community/playingwithourheads.aspx

Suler, J. (2004). The online disinhibition effect. *Cyberpsychology and Behavior, 7*(3), 321~326.

Tamkivi, S. (2014, January 24). Lessons from the world's most tech-savvy government. *The Atlantic.* Retrieved from http://www.theatlantic.com/international/archive/2014/01/lessons-from-the-worlds-most-tech-savvy-government/283341/

Tapscott, D. (2011). The eight net gen norms. In M. Bauerlein (Ed.). *The digital divide* (pp.130~159). New York, NY: Tarcher Penguin.

Thomas, A. (2006). "MSN was the next big thing after Beanie Babies": Children's virtual experiences as an interface to their identities and their everyday lives. *E-Learning, 3*(2), 126~142.

Thomas, W. I., & Thomas, D. S. (1928). *The child in America.* New York, NY: Knopf.

Thompson, C. (2013). *Smarter than you think: How technology is changing our minds for the better.* New York, NY: Penguin.

Thurlow, C., Lengel, L., & Tomic, A. (2004). *Computer mediated communication.* London, UK: Sage.

Tiidenberg, K. (2014). Bringing sexy back: Reclaiming the body aesthetic via self-shooting. *Cyberpsychology: Journal of Psychosocial Research on Cyberspace, 8*(1). Retrieved from http://cyberpsychology.eu/view.php?cisloclanku=2014021701&article

Toffler, A. (1980). *The third wave.* New York, NY: Morrow.

Tokunaga, R. S. (2011). Social networking site or social surveillance site? Understanding the use of interpersonal electronic surveillance in romantic relationships. *Computers in Human Behavior, 27*(2), 705~713.

Tonnies, F. (1988). *Community and society.* New York, NY: Basic Books. (Original work published 1887)

Tufekci, Z. (2008). Grooming, gossip, Facebook and MySpace: What can we learn about these sites from those who won't assimilate? *Information Communication and Society, 11*(4), 544~564. doi:10.1080/13691180801999050

Tufekci, Z. (2010). Who acquires friends through social media and why? "Rich get richer" versus "seek and ye shall find." *Proceedings of the Fourth International AAAI Conference on Weblogs and Social Media.* Retrieved from http://citeseerx.ist.psu.edu/viewdoc/download? doi=10.1.1.465.314&rep=rep1&type=pdf

Tufekci, Z. (2012, April 25). Social media's small, positive role in human relationships. *The Atlantic.* Retrieved from http://www.theatlantic.com/technology/archive/2012/04/social-medias-small-positive-role-in-human-relationships/256346/

Tufekci, Z. (2014). Social movements and governments in the digital age: Evaluating a complex landscape. *Journal of International Affairs, 68*(1), 1~18.

Tufekci, Z., & Brashears, M. E. (2014). Are we all equally at home socializing online?

Cyberasociality and evidence for an unequal distribution of disdain for digitally-mediated sociality. *Information, Communication and Society, 17*(4), 482~502.

Turkle, S. (1995). *Life on the screen: Identity in the age of the internet.* New York, NY: Simon & Schuster.

Turkle, S. (2012a). *Alone together: Why we expect more from technology and less from each other.* New York, NY: Basic Books.

Turkle, S. (2012b, April 21). The flight from conversation. *The New York Times.* Retrieved from http://www.nytimes.com/2012/04/22/opinion/sunday/the-flight-from-conversation.html?_r=0

Turow, J. (2013). *The daily you: How the new advertising industry is defining your identity and your worth.* New Haven, CT: Yale University Press.

Turow, J., & Hennessy, M. (2007). Internet privacy and institutional trust insights from a national survey. *New Media & Society, 9*(2), 300~318.

van Dijk, J. A. (2005). *The deepening divide: Inequality in the information society.* Thousand Oaks, CA: Sage.

Van Rooij, A. J., & Prause, N. (2014). A critical review of "internet addiction": Criteria with suggestions for the future. *Journal of Behavioral Addictions, 3*(4), 203~213.

van't Hooft, M., & Kelly, J. (2004). Macro or micro: Teaching fifth-grade economics using handheld computers. *Social Education, 68*(2), 165~168.

Vertesi, J. (2014, May 15). My experiment opting out of big data made me look like a criminal. *Time.* Retrieved from http://time.com/83200/privacy-internet-big-data- opt-out/

Vickery, J. R. (2015). "I don't have anything to hide, but···": The challenges and negotiations of social and mobile media privacy for non-dominant youth. *Information, Communication & Society, 18*(3), 281~294.

Viken, R. J., Rose, R. J., Kaprio, J., & Koskenvuo, M. (1994). A developmental genetic analysis of adult personality: Extraversion and neuroticism from 18 to 59 years of age. *Journal of Personality and Social Psychology, 66*(4), 722~730.

Vinsel, L. (2014, September 23). How to give up the i-word, part 2. *Culture Digitally.* Retrieved from http://culturedigitally.org/2014/09/how-to-give-up-the-i- word-pt-2/

Vissers, S., & Stolle, D. (2014). The internet and new modes of political participation: Online versus offline participation. *Information, Communication and Society, 17*(8), 937~955.

Volti, R. (2014). *Society and technological change.* New York, NY: Worth.

Walther, J. B. (1996). Computer-mediated communication: Impersonal, interpersonal, and hyperpersonal interaction. *Communication Research, 23*(1), 3~43.

Walther, J. B. (1997). Group and interpersonal effects in international computer-mediated collaboration. *Human Communication Research, 23*(3), 342~369.

Walther, J. B., & Barazova, N. N. (2008). Validation and application of electronic propinquity theory to computer-mediated communication in groups. *Communication Research*, *35*(5), 622~645. doi:10.1177/0093650208321783.

Wang, H., & Wellman, B. (2010). Social connectivity in America: Changes in adult friendship network size from 2002 to 2007. *American Behavioral Scientist*, *53*(8), 1148~1169.

Wasko, M. & Faraj, S. (2000). "It is what one does": Why people participate and help others in electronic communities of practice. *The Journal of Strategic Information Systems*, *9*(2), 155~173.

Watts, D. J., & Strogatz, S. H. (1998). Collective dynamics of "small-world" networks. *Nature*, *393*(6684), 440~442.

Weber, M. S. (2012). Newspapers and the long-term implications of hyperlinking. *Journal of Computer-Mediated Communication*, *17*(2), 187~201.

Wei, R., Lo, V., Xu, X., Chen, Y. K., & Zhang, G. (2014). Predicting mobile news use among college students: The role of press freedom in four Asian cities. *New Media and Society*, *16*(4), 637~654.

Weinschank, S. (2012, September 11). Why we're all addicted to texts, Twitter, and Google. *Psychology Today*. Retrieved from http://www.psychologytoday.com/blog/brain-wise/201209/why-were-all-addicted-texts-twitter-and-google

Wellman, B., & Hampton, K. (1999). Living networked on and offline. *Contemporary Sociology*, *28*(6), 648~654. doi:10.2307/2655535

Wellman, B., Smith, A., Wells, A., & Kennedy, T. (2008, October 19). Networked families. *Pew Research Center*. Retrieved from http://www.pewinternet.org/2008/10/19/networked-families/

Wellman, B., & Tindall, D. (1993). Reach out and touch some bodies: How social networks connect telephone networks. *Progress in Communication Sciences*, *12*, 63~93.

Whitty, M. T. (2005). The realness of cybercheating: Men's and women's representations of unfaithful internet relationships. *Social Science Computer Review*, *23*(1), 57~67.

Willson, M. (2010). Technology, networks, communities: An exploration of network and community theory and technosocial forms. *Information, Communication and Society*, *13*(5), 747~764.

Wilson, B., and Atkinson, M. (2005). Rave and straightedge, the virtual and the REAL: Exploring online and offline experiences in Canadian youth subcultures. *Youth and Society*, *36*(3), 276~311. doi:10.1177/0044118X03260498

WIN-Gallup International. (2012). Global index of religiosity and atheism. *WIN-Gallup International*. Retrieved from http://www.wingia.com/web/files/news/14/file/14.pdf

Wolfe, A. (1989). *Whose keeper? Social science and moral obligation.* Berkeley: University of California Press.

Wolfson, T., & Funke, P. N. (2013). Communication, class and concentric media practices: Developing a contemporary rubric. *New Media and Society, 16*(3), 363~380 doi:1461 444813481199

Wood, R. T., & Williams, R. J. (2007). Problem gambling on the internet: Implications for internet gambling policy in North America. *New Media & Society, 9*(3), 520~542.

Yang, C., Brown, B. B., & Braun, M. T. (2013). From Facebook to cell calls: Layers of electronic intimacy in college students' interpersonal relationships. *New Media and Society, 16*(1), 5~23. doi:1461444812472486

Young, A. L., & Quan-Haase, A. (2013). Privacy protection strategies on Facebook: The internet privacy paradox revisited. *Information, Communication and Society, 16*(4), 479~500.

Young, S. (2006). Student views of effective online teaching in higher education. *The American Journal of Distance Education, 20*(2), 65~77.

Yuan, E. J. (2013). A culturalist critique of "online community" in new media studies. *New Media & Society, 15*(5), 665~679.

Zawacki, K. (2015, January 22). Why can't computers understand sarcasm? *The Atlantic.* Retrieved from http://www.theatlantic.com/technology/archive/2015/01/why-cant-robots-understand-sarcasm/384714/

Zerubavel, E. (1981). *Hidden rhythms: Schedules and calendars in everyday life.* Chicago, IL: University of Chicago Press.

Zevallos, Z. (2011, October 11). The sociology of unfollowing on Twitter. *Other Sociologist.* Retrieved from http://othersociologist.com/2011/10/18/twitter-unfollow/

Zhao, S. (2005). The digital self: Through the looking glass of telecopresent others. *Symbolic Interaction, 28*(3), 387~405. doi:10.1525/si.2005.28.3.387

Zhao, S. (2006). Do internet users have more social ties? A call for differentiated analyses of internet use. *Journal of Computer-Mediated Communication, 11*(3), 844~862. doi:10. 1111/j.1083-6101.2006.00038.x

Zickuhr, K., Purcell, K., & Rainie, L. (2014, March 13). From distant admirers to library lovers—and beyond. *Pew Research Center.* Retrieved from http://www.pewinternet. org/2014/03/13/library-engagement-typology/

Zickuhr, K., & Smith, A. (2013, August 26). Home broadband 2013. *Pew Research Center.* Retrieved from http://www.pewinternet.org/2013/08/26/home-broadband-2013/http:// www.pewinternet.org/2013/08/26/home-broadband-2013/

Zittrain, J. L. (2014). Reflections on internet culture. *Journal of Visual Culture, 13*(3), 388~394.

추가 참고도서

Baron, N. (2010). *Always on: Language in an online and mobile world.* New York, NY: Oxford University Press.

Bawden, D., & Robinson, L. (2009). The dark side of information: Overload, anxiety and other paradoxes and pathologies. *Journal of Information Science, 35*(2), 180~191. doi:10.1177/0165551508095781

Bell, C., & Newby, H. (1972). *Community studies.* New York, NY: Praeger.

Bell, D. (1976). *The coming of the post-industrial society.* New York, NY: Basic Books.

Berners-Lee, T., & Cailliau, R. (1990, November 12). WorldWideWeb: Proposal for a hypertexts project. Retrieved from http://www.w3.org/Proposal.html

Carlsen, H., Dreborg, K. H., Godman, M., Hansson, S. O., Johansson, L., & Wikman-Svahn, P. (2010). Assessing socially disruptive technological change. *Technology in Society, 32*(3), 209~218. doi:http://dx.doi.org.proxy.libraries.rutgers.edu/10.1016/j.techsoc.2010.07.002

Chan, M. (2015). Mobile phones and the good life: Examining the relationships among mobile use, social capital and subjective well-being. *New Media and Society, 17*, 96~113.

Chayko, M. (1999). *Technology and togetherness: How we create and live in a world of mental connections.* Ann Arbor, MI: UMI Dissertation Services.

Cole, J., Nolan, J., Seko, Y., Mancuso, K., & Ospina, A. (2011). GimpGirl grows up: Women with disabilities rethinking, redefining, and reclaiming community. *New Media & Society, 13*(7), 1161~1179.

Crawford, L. H., & Helm, J. (2012). Democracy and the smart mob. *New Perspectives Quarterly, 29*(2), 13~17.

Daniels, J. (2009). *Cyber racism: White supremacy online and the new attack on civil rights.* New York, NY: Rowman & Littlefield.

Dean, J. (1999). Virtual fears. *Signs, 24*(4), 1067~1078.

Dugan, L. (2012, March 15). The ultimate timeline of social networks: 1960~2012. *Social Times.* Retrieved from http://www.adweek.com/socialtimes/social-networks-timeline/460981

Dutta-Bergman, M. J. (2005). The antecedents of community-oriented internet use: Community participation and community satisfaction. *Journal of Computer-Mediated*

Communication, *11*(1), 97~113.

Erickson, I. (2010). Geography and community: New forms of interaction among people and places. *American Behavioral Scientist, 53*(8), 1194~1207. doi:10.1177/0002764209 356250

Fischer, C. S. (1992). *America calling: A social history of the telephone to 1940.* Berkeley: University of California Press.

Fischer, C. S. (1985). Studying technology and social life. In M. Castells (Ed.), *High technology, space and society* (pp.284~300). Beverly Hills, CA: Sage.

Friedman, E. J. (2005). The reality of virtual reality: The internet and gender equality advocacy in Latin America. *Latin American Politics & Society, 47*(3), 1~34.

Gennaro, C. D., & Dutton, W. H. (2007). Reconfiguring friendships: Social relationships and the internet. *Information, Communication and Society, 10*(5), 591~618. doi:10. 1080/13691180701657949

Gil de Zúñiga, H., Puig-I-Abril, E., & Rojas, H. (2009). Weblogs, traditional sources online and political participation: An assessment of how the internet is changing the political environment. *New Media and Society, 11*(4), 553~574. doi:10.1177/1461444809102960

Grasmuck, S., Martin, J., & Zhao, S. (2009). Ethno-racial identity displays on Facebook. Journal of *Computer-Mediated Communication, 15*(1), 158~188. doi:10.1111/j.1083- 6101.2009.01498.x

Gray, M. L. (2009). Negotiating identities/queering desires: Coming out online and the remediation of the coming-out story. *Journal of Computer-Mediated Communication, 14* (4). 1162~1189. doi:10.1111/j.1083-6101.2009.01485.x

Grusky, D. B. (2011). Theories of stratification and inequality. In G. Ritzer and J. M. Ryan (Eds.), *The concise encyclopedia of sociology* (pp.622~624). New York, NY: Wiley-Blackwell.

Hartzog, W., & Selinger, E. (2013). Big data in small hands. *Stanford Law Review Online, 66*, 81. Retrieved from http://www.stanfordlawreview.org/online/privacy-and-big-data/ big-data-small-hands

Hillier, L., Mitchell, K. J., & Ybarra, M. L. (2012). The internet as a safety net: Findings from a series of online focus groups with LGB and non-LGB young people in the United States. *Journal of LGBT Youth, 9*(3), 225~246. doi:10.1080/19361653.2012. 684642

Jackson, B., & Jamieson, K. H. (2007). *unSpun: Finding facts in a world of disinformation.* New York, NY: Random House.

Karbo, K. (2006). Friendship: The laws of attraction. *Psychology Today, November/ December.* Retrieved from https://www.psychologytoday.com/articles/200611/friend ship-the-laws-attraction

Kornet, A. (1997). The truth about lying. *Psychology Today, 30*(3), 52~57.

Mallaby, S. (2006, June 26). *Why so lonesome? Washington Post.* Retrieved from http://www.washingtonpost.com/wp-dyn/content/article/2006/06/25/AR2006062500566.html

Marche, S. (2012, April 2). Is Facebook making us lonely? *The Atlantic.* Retrieved from http://www.theatlantic.com/magazine/archive/2012/05/is-facebook-making-us-lonely/308930/

Markham, A. N. (1998). *Life online: Researching real experience in virtual space.* New York, NY: Rowman Altamira.

McPherson, M., Brashears, M. E., & Smith-Lovin, L. (2006). Social isolation in America: Changes in core discussion networks over two decades. *American Sociological Review, 71*(3), 353~375.

McPherson, T. (2008). *Digital youth, innovation, and the unexpected.* Cambridge, MA: MIT Press.

Mitchell, K. J., Finkelhor, D., Wolak, J., Ybarra, M. L., & Turner, H. (2011). Youth internet victimization in a broader victimization context. *Journal of Adolescent Health, 48*(2), 128~134. doi:10.1016/j.jadohealth.2010.06.009

Olds, J., & Schwartz, R. S. (2009). The lonely *American: Drifting apart in the twenty-first century.* Boston, MA: Beacon Press.

Porter, G., Hampshire, K., Abane, A., Munthali, A., Robson, E., Mashiri, M., & Tanle, A. (2012). Youth, mobility and mobile phones in Africa: Findings from a three-country study. *Information Technology for Development, 18*(2), 145~162. doi:10.1080/02681102.2011.643210

Przybylski, A., Murayama, K., DeHaan, C., & Gladwell, V. 2013. Motivational, emotional, and behavioral correlates of fear of missing out. *Computers in Human Behavior, 29*(4), 1841~1848. doi:10.1016/j.chb.2013.02.014

Rey, P. J. (2012). Alienation, exploitation, and social media. *American Behavioral Scientist, 56*(4), 399~420.

Schroeder, R., & Ling, R. (2013). Durkheim and Weber on the social implications of new information and communication technologies. *New Media and Society, 16*(5) 789~805.

Schuler, D. (2008). *Liberating voices: A pattern language for communication revolution.* Cambridge, MA: MIT Press.

Scolari, C. (2013). Media evolution: Emergence, dominance, survival, and extinction in the media ecology. *International Journal of Communication, 7*, 1418~1441.

Shermer, M. (2013, November 19). Is God dying? *Scientific American.* Retrieved from http://www.scientificamerican.com/article/is-god-dying/

Shklovski, I., Palen, L., & Sutton, J. (2008). *Finding community through information and communication technology during disaster events.* Paper presented at ACM 2008

Conference on Computer Supported Cooperative Work, San Diego, CA.

Sigman, A. (2009). Well connected? The biological implications of "social networking." *Biologist*, *56*(1), 14~20.

Stein, M. (1960). *The eclipse of community*. Princeton, NJ: Princeton University Press.

Stoll, C. (1996). *Silicon snake oil: Second thoughts on the information highway*. New York, NY: Doubleday.

Sullivan, D. (2013, February 11). Google still world's most popular search engine by far, but share of unique searchers dips slightly. *Search Engine Land*. Retrieved from http://searchengineland.com/google-worlds-most-popular-search-engine-148089

Sultan, N. (2013). Cloud computing: A democratizing force? *International Journal of Information Management*, *33*(5), 810~815. doi:10.1016/j.ijinfomgt.2013.05.010

Sum, S., Mathews, M., Pourghasem, M., & Hughes, I. (2008). Internet technology and social capital: How the internet affects seniors' social capital and wellbeing. *Journal of Computer-Mediated Communication*, *14*(1), 202~220. doi:10.1111/j.1083-6101.2008.01437.x

Tan, W., & Yang, C. (2014). Internet applications use and personality. *Telematics and Informatics*, *31*(1), 27~38.

Thompson, C. (2006, February 20). The early years. *New York*. Retrieved from http://nymag.com/news/media/15971/

Touraine, A., Aronowitz, S., & Godzich, M. (1988). *Return of the actor: Social theory in postindustrial society*. Minneapolis: University of Minnesota Press.

Vellar, A. (2011). "Lost" (and found) in transculturation. The Italian networked collectivism of US TV series and fansubbing performances. In F. Colombo and L. Fortunati (Eds.), *Broadband society and generational changes*. Oxford, UK: Peter Lang.

Von Braun, W. (1970). World's first TV broadcast satellite. *Popular Science*, *196*, 64~66.

Waldrop, M. M. (2000, January/February). Computing's Johnny Appleseed. *Technology Review*, *103*(1), 66~71.

Wirth, L. (1938). Urbanism as a way of life. *American Journal of Sociology*, *44*(1), 1~24.

Wu, Y., Tao, Y., Li, C., Wang, S., & Chiu, C. (2014). User-switching behavior in social network sites: A model perspective with drill-down analyses. *Computers in Human Behavior*, *33*, 92~103. Retrieved from http://dx.doi.org.proxy.libraries.rutgers.edu/10.1016/j.chb.2013.12.030

Zerubavel, E. (1993). *The fine line*. Chicago, IL: University of Chicago Press.

Zygmunt, B. (2001). *Community: Seeking safety in an insecure world*. Cambridge, UK: Polity.

지 은 이

메 리 차 이 코 Mary Chayko

사회학자인 메리 차이코 박사는 럿거스 대학교(Rutgers University) 커뮤니케이션 및 정보학부(School of Communication and Information) 강의 전담 교수이자 학부생 학제 간 연구(Undergraduate Interdisciplinary Studies) 책임자이다. 그녀는 또한 사회학과 대학원 제휴 교수(affiliate professor)이자 여성 및 젠더학과 제휴 교수이기도 하다. 그녀는 럿거스 대학에서 커뮤니케이션학 및 심리학으로 학사 학위를, 상담 심리학으로 교육학 석사 학위를, 그리고 사회학으로 박사 학위를 받았다.

차이코의 연구 관심사는 인터넷과 디지털 기술이 커뮤니티, 사회, 자기에 미치는 영향이다. 그녀의 저서로는 *Portable Communities: The Social Dynamics of Online and Mobile Connectedness*와 *Connecting: How We Form Social Bonds and Communities in the Internet Age*가 있고, 편저로는 *Pioneers in Public Sociology: Thirty Years of Humanity and Society*가 있다. 그녀는 디지털 기술과 이것의 사회적 영향에 대해 널리 이야기하고 있으며, 럿거스 대학교 우수 학부교육 기여자로 선정된 바 있다.

차이코 박사와는 mary.chyko@rutgers.edu, 트윗 @MaryChayko, 그리고 그녀의 웹사이트인 marychyko.com를 통해 연락할 수 있다. 이 웹사이트에는 그녀의 출판물 발췌문과 미디어 출연 내용 그리고 심지어 약간의 그녀의 음악이 소개되어 있다. 그녀는 여가 시간에 동료 사회학자들과 함께 구성한 사회정의 지향의 포크음악 밴드에서 가수 겸 플루트 연주자로도 활동하고 있다.

울긴이

배 현 석

1984년 연세대학교 사회과학대학 신문방송학과를 졸업하고, 1986년 연세대학교 동 대학원(신문방송학 전공)에서 석사 과정을 마쳤다. 1989년부터 1993년까지 방송위원회(현 방송통신위원회) 연구원을 거쳐, 1998년 미시건 주립대학교(Michigan State University) 텔레커뮤니케이션학과(Dept. of Telecommunication)에서 박사 학위를 받았다. 1998년 영남대학교 언론정보학과 객원교수를 지낸 후, 1999년부터 지금까지 동 대학에서 교수로 재직하고 있다. 주요 관심분야는 미디어의 효과, 특히 교육적 오락물(Entertainment-Education)과 보건 커뮤니케이션이며, *Asian Journal of Communication* 편집자문위원으로 활동하고 있다.

• 주요 논문

Bae, H.-S., Lee, D., & Bae, R. E. (2014). Emotional engagement with the plot and characters: A narrative film on hearing-impaired sexual assault victims. *Narrative Inquiry, 24*(2), 309~327.

Bae, H.-S., Brown, W. J., & Kang, S. (2011). Social influence of a religious hero: The late Cardinal Stephen Kim's impact on cornea donation and volunteerism. *Journal of Health Communication, 16*(1), 62~78.

Kang, S., Gearhart, S., & Bae, H.-S. (2010). Coverage of Alzheimer's disease from 1984 to 2008 in television news and information talk shows in the United States: An analysis of news framing. *American Journal of Alzheimer's Disease and Other Dementia, 25*(8), 687~697.

Bae, H.-S. (2008). Entertainment-education and recruitment of cornea donors: The role of emotion and issue involvement. *Journal of Health Communication, 13*(1), 20~36.

Bae, H.-S., & Kang, S. (2008). The influence of viewing an entertainment-education program on cornea donation intention: A test of the Theory of Planned Behavior. *Health Communication, 23*(1), 87~95.

Lee, B., & Bae, H.-S. (2004). The effect of screen quotas on the self-sufficiency ratio in recent domestic film markets. *The Journal of Media Economics, 17*(3), 163~176.

Bae, H.-S., & Lee, B. (2004). Audience involvement and its antecedents in entertainment-education: An analysis of bulletin board messages and drama episodes on divorce in Korea. *Asian Journal of Communication, 14*(1), 6~21.

Bae, H.-S. (2000). Product differentiation in national TV newscasts: A Comparison of the cable all-news networks and the broadcast networks. *Journal of Broadcasting & Electronic Media, 44*(1), 62~77.

Bae, H.-S. (1999). Product differentiation in cable programming: The case in cable

all-news networks. *The Journal of Media Economics*, *12*(4), 265~277.
Bae, H.-S., & Baldwin, T. F. (1998). Policy issues for cable startup in smaller coun-
tries: The case in South Korea. *Telecommunications Policy*, *22*(4/5), 371~381.

• 주요 역서
『디지털 시대의 위기 커뮤니케이션: 계획 수립·관리·대응(*Ongoing crisis communication:
Planning, managing, and responding*)』(2016).
『대인관계와 소통: 일상의 상호작용(*Interpersonal communication: Everyday encounters*)』
(2015).
『저항과 설득(*Resistance and persuasion*)』(2013).
『커뮤니케이션 정책의 기초: 전자 미디어 규제의 원칙과 과정(*Foundations of commu-
nications policy: Principles and process in the regulation of electronic media*)』(2012).
『미디어 메시지 분석: 양적 내용분석방법(개정판)(*Analyzing media messages: Using quan-
titative content analysis in research*, 2nd ed.)』(2011, 공역).
『방송시장의 경제적 규제: 진화하는 기술과 정책적 과제(*The economic regulation of
broadcasting markets: Evolving technology and challenges for policy*)』(2011).
『국제 커뮤니케이션(개정판)(*International communication: Continuity and change*, 2nd
ed.)』(2009).
『교육적 오락물과 사회 변화: 역사, 연구 및 실제(*Entertainment-education and social
change: History, research, and practice*)』(2008).
『미디어 효과의 기초(*Fundamentals of media effects*)』(2005).

한울아카데미 2064
방송문화진흥총서 181

초연결사회
인터넷, 디지털 미디어, 그리고 기술-사회 생활

지은이 ㅣ 메리 차이코
옮긴이 ㅣ 배현석
펴낸이 ㅣ 김종수
펴낸곳 ㅣ 한울엠플러스(주)
편 집 ㅣ 조인순

초판 1쇄 인쇄 ㅣ 2018년 4월 16일
초판 1쇄 발행 ㅣ 2018년 4월 20일

주소 ㅣ 10881 경기도 파주시 광인사길 153 한울시소빌딩 3층
전화 ㅣ 031-955-0655
팩스 ㅣ 031-955-0656
홈페이지 ㅣ www.hanulmplus.kr
등록번호 ㅣ 제406-2015-000143호

Printed in Korea.
ISBN 978-89-460-7064-6 93300 (양장)
      978-89-460-6462-1 93300 (반양장)

※ 책값은 겉표지에 표시되어 있습니다.
※ 이 책은 강의를 위한 학생용 교재를 따로 준비했습니다.
   강의 교재로 사용하실 때에는 본사로 연락해주기기 바랍니다.

이 책은 MBC재단 방송문화진흥회의 지원을 받아 출간되었습니다.